Ensemble
pour toujours

Du même auteur

Romans
Adèle et Amélie, 1990
Les bouquets de noces, 1995
Un purgatoire, 1996
Marie Mousseau, 1937-1957, 1997
Et Mathilde chantait, 1999
La maison des regrets, 2003
Par un si beau matin, 2005
La paroissienne, 2007
M. et Mme Jean-Baptiste Rouet, 2008
Quatre jours de pluie, 2010
Le jardin du docteur Des Oeillets, 2011
Les Délaissées, 2012
La Veuve du boulanger, 2014

La Trilogie
L'ermite, 1998
Pauline Pinchaud, servante, 2000
Le rejeton, 2001

Récits
Un journaliste à Hollywood, 1987 (épuisé)
Les parapluies du diable, 1993

Recueils de billets
Au fil des sentiments, vol. 1, 1985
Pour un peu d'espoir, vol. 2, 1986
Les chemins de la vie, vol. 3, 1989
Le partage du cœur, vol. 4, 1992
Au gré des émotions, vol. 5, 1998
Les sentiers du bonheur, vol. 6, 2003

Roman traduit en anglais
The Bridal Bouquets (Les bouquets de noces), 1995

En format poche (collection « 10/10 »)
La paroissienne, 2010
Un purgatoire, 2010
Et Mathilde chantait, 2011
Les parapluies du diable, 2011
Marie Mousseau, 1937-1957, 2012
Par un si beau matin, 2012
Quatre jours de pluie, 2012
La maison des regrets, 2013

DENIS MONETTE

Ensemble
pour toujours

autobiographie

Libre Expression
Une compagnie de Quebecor Media

Catalogage avant publication de Bibliothèque et Archives nationales du Québec et Bibliothèque et Archives Canada

Monette, Denis
   Ensemble pour toujours
   ISBN 978-2-7648-1123-8
   1. Monette, Denis. 2. Journalistes – Québec (Province) – Biographies. 3. Écrivains québécois – 20ᵉ siècle – Biographies. I. Titre.
   PN4913.M63A3 2015   070.92   C2015-940321-9

Édition : François Godin
Direction littéraire : Nadine Lauzon
Révision et correction : Michèle Constantineau, Nicole Henri
Couverture : Gaston Dugas
Mise en pages : Axel Pérez de León
Photo de la couverture : Guy Beaupré et collection personnelle de l'auteur
Photos intérieures : collection personnelle de l'auteur

Remerciements
Nous reconnaissons l'aide financière du gouvernement du Canada par l'entremise du Fonds du livre du Canada pour nos activités d'édition.
Nous remercions le Conseil des Arts du Canada et la Société de développement des entreprises culturelles du Québec (SODEC) du soutien accordé à notre programme de publication. Gouvernement du Québec – Programme de crédit d'impôt pour l'édition de livres – gestion SODEC.

Tous droits de traduction et d'adaptation réservés ; toute reproduction d'un extrait quelconque de ce livre par quelque procédé que ce soit, et notamment par photocopie ou microfilm, est strictement interdite sans l'autorisation écrite de l'éditeur.

© Denis Monette, 2015
© Les Éditions Libre Expression, 2015, pour la langue française

Les Éditions Libre Expression
Groupe Librex inc.
Une société de Québecor Média
La Tourelle
1055, boul. René-Lévesque Est
Bureau 300
Montréal (Québec) H2L 4S5
Tél. : 514 849-5259
Téléc. : 514 849-1388
www.edlibreexpression.com

Dépôt légal – Bibliothèque et Archives nationales du Québec et Bibliothèque et Archives Canada, 2015

ISBN : 978-2-7648-1123-8

Distribution au Canada
Messageries ADP inc.
2315, rue de la Province
Longueuil (Québec) J4G 1G4
Tél. : 450 640-1234
Sans frais : 1 800 771-3022
www.messageries-adp.com

Diffusion hors Canada
Interforum
Immeuble Paryseine
3, allée de la Seine
F-94854 Ivry-sur-Seine Cedex
Tél. : 33 (0)1 49 59 10 10
www.interforum.fr

À Michel et Sylvie,
mes deux enfants
que leur mère aimait tant.

Prologue

— Viens, Denis, sois pas gêné, je vais te présenter ma sœur Gisèle. Je ne lui dirai pas que c'est pour que tu sortes avec elle, juste faire sa connaissance, parce que tu es mon ami.

J'avais finalement accepté de suivre Gilles, qui était beaucoup plus le copain de mon frère André que le mien, jusqu'à la rue Saint-Réal où il habitait le second étage d'un duplex. Il était monté pour redescendre avec Gisèle pendant que j'attendais sur le trottoir et il me la présenta tout bonnement. Jolie fille, cheveux châtains tirant sur le blond, mince et élancée, je remarquai d'un seul coup d'œil qu'elle était plus grande que moi, ce qui me fit reculer sur-le-champ. Sans le lui dire évidemment ; elle était tout de même charmante. Nous avions échangé un peu, puis elle était remontée chez elle en me laissant avec Gilles, dit Ti-Pat, qui me demanda :

— Et pis ?

— Ben, voyons ! Elle me dépasse de deux pouces ! Elle est trop grande pour moi !

— Oui, mais t'as pas fini de grandir, t'as juste quinze ans !

— Elle non plus, elle n'en a que quatorze ! Pis, chez nous, on n'est pas grands dans la famille. Tu le sais, ma mère ne mesure pas cinq pieds pis mon père n'est pas un géant avec ses cinq pieds et sept avec ses souliers. Non, elle n'est pas pour moi ta petite sœur. Bien fine, bien belle, mais présente-la à quelqu'un d'autre.

Au même moment, alors qu'il insistait encore sur la possibilité d'une fréquentation avec Gisèle, une jolie brunette, plus petite celle-là, passa devant nous sans nous regarder et monta directement chez elle. Ébahi, je demandai à Gilles :

— C'est qui, celle-là ?

— Micheline, la plus âgée des filles, mais penses-y pas, elle a seize ans, elle est trop vieille pour toi.

— Tu crois ? Elle ne les fait pas et elle est plus petite que l'autre, elle est de ma grandeur, elle est *cute*, elle semble gênée…

— Oui, pas grande, elle retient du père. Mais à seize ans, on cherche un *chum* plus vieux, pas un p'tit jeune de quinze ans. Elle va avoir dix-sept ans en septembre… Penses-y pas, que j'te dis, elle voudra rien savoir de toi et y'a plein de gars qui lui font de l'œil.

Constatant soudain que je n'étais qu'un enfant comparé à cette jeune fille qui, malgré son air juvénile, s'en allait vers sa vie de femme, je revins chez moi avec Ti-Pat qui repartit avec mon frère, pendant que je descendais dans le sous-sol aménagé de notre maison pour écouter les derniers disques de Kay Starr et de Frankie Laine. En tentant d'oublier Gisèle et Micheline, sachant que lorsque le dimanche viendrait, j'irais aux « vues » dans le bas de la ville, pis au restaurant manger une *coconut cream pie* avec Louison, ma copine du moment que j'aimais plus ou moins.

Nous étions en 1952, au mois de juillet si ma mémoire est fidèle, et tout en écoutant les derniers succès du *Hit Parade* sur mon *pick-up* portatif, je revoyais le visage de Micheline que j'avais pourtant à peine entrevu. Et je me disais : *Qu'importe si elle va avoir dix-sept ans en septembre, j'en aurai seize en décembre. Ça fait juste un an et trois mois de différence quand on y pense !* Je faisais des calculs de la sorte sans même savoir si elle était aussi gentille que Gisèle l'avait été. Ce que je savais d'elle, c'est qu'elle était mignonne et ça me suffisait. Pourtant je ne cherchais pas de blonde, j'en avais une ! Pourquoi Gilles s'était-il mis en tête de me présenter sa sœur ce soir-là ? Ah ! ce destin ! Que d'imprévus !

Deux jours plus tard, Gilles m'annonçait que Micheline acceptait de me rencontrer. Il avait organisé le rendez-vous aux coins des rues Saint-Réal et Viel, juste après le souper. Je m'y étais rendu pour me trouver face à une jolie jeune fille d'un pouce de moins que moi, timide, avec un sourire un peu gauche. Elle n'avait pas l'assurance de sa sœur Gisèle, mais je me disais que lorsqu'elle serait dégênée… On parla un peu de l'école, des religieuses qui l'avait enseignée, elle était maintenant dans un *business college* dont je ne me souviens plus du nom. Je lui disais avoir suivi des cours en dessin commercial au Studio Salette après avoir terminé mes études en français, latin, poésie et histoire. De fil en aiguille, on parla de choses et d'autres, disons plutôt qu'elle m'écoutait, car je parlais plus qu'elle. Sans doute par timidité de sa part et par nervosité de la mienne parce que, cette fois, j'étais intéressé. Je finis par lui demander si elle accepterait de m'accompagner au cinéma le dimanche suivant et elle me répondit : « Ça me fait rien. » Intrigué par cette réponse nébuleuse, je lui demandai : « Ça te fait plaisir ? C'est ce que tu veux dire ? » Elle hocha la tête en guise d'approbation et je lui donnai rendez-vous pour le dimanche vers midi, en face de ma maison d'où nous prendrions l'autobus qui passait juste de l'autre côté, sur le boulevard Persillier. Elle repartit chez elle après un léger «OK» et je revins sur mes pas, heureux d'avoir trouvé une jeune fille à mon goût, mais un peu embêté d'être allé si vite en affaires. J'avais quand même une blonde!

Le jour venu, j'étais dans un joli pétrin. Il était onze heures, je savais que Louison se préparait de l'autre côté de la rue, je voyais la porte d'entrée de sa maison à l'arrière de la rue Valmont. Je pouvais même distinguer son perron de la fenêtre de ma chambre. Que faire! Micheline qui arriverait vers midi, l'autre qui se pomponnait… Micheline m'avait tout de même demandé si j'étais libre avant d'accepter la sortie et j'avais répondu «oui». Car elle avait entendu dire que Louison et moi… Plus mal pris que moi, fallait le trouver! Mon petit frère Jean, qui n'avait que dix ans et à qui j'avais raconté «l'affaire», refusa carrément d'aller porter un billet chez Louison. Une simple petite feuille de papier sur laquelle j'avais écrit que c'était fini entre nous, que nous n'irions pas aux vues, que j'avais une autre blonde… Beau petit salaud, non? Jean ne voulait pas du tout se charger de «la mission», de peur, disait-il, d'écoper d'une claque derrière la tête. Je tentai de le convaincre, le temps pressait et je ne voulais pas me retrouver avec deux filles devant ma porte à la même heure. Je parlais, je parlementais, rien à faire, mais, voyant que j'étais désespéré, il semblait fléchir quelque peu. Je lui offris vingt-cinq cents pour la course s'il s'en chargeait. Je lui avais dit: «Tu donnes le billet plié à qui ouvre la porte et tu reviens. C'est juste de l'autre côté! Fais ça pour moi, tu ne le regretteras pas!» J'ai fini par le convaincre, il a traversé, il a sonné et c'est Louison qui est venue lui répondre. Il lui a remis le billet sans dire un mot et il a pris ses jambes à son cou pour revenir à la maison. De ma fenêtre, j'ai vu Louison déplier la petite feuille, lire le contenu, la déchirer et la jeter avec rage dans la poubelle en bas des marches. Un regard vers ma maison et elle rentra en claquant la porte derrière elle. Mais j'étais soulagé! Le « mal » était fait, elle l'avait encaissé.

Quinze minutes plus tard, Micheline s'amenait chez moi. Je m'empressai de traverser la rue avec elle et, fort heureusement, l'autobus arrivait. Je ne sais trop si Louison nous a vus partir ensemble, mais je penserais que oui puisqu'elle ne saluait plus Micheline quand elle la croisait et que cette dernière se demandait bien pourquoi. Quant à moi, elle ne me regardait plus, il va sans dire, et je ne pouvais l'en blâmer. J'ai d'ailleurs eu longtemps sur la conscience le coup bas que je lui avais fait. Néanmoins, Micheline et moi sommes allés au cinéma, je ne me souviens plus du titre exact du film, mais c'était avec Gregory Peck et Ava Gardner. Puis nous sommes allés au restaurant où j'ai eu moins de succès, car Micheline, contrairement à moi et aux deux autres filles avant elle, n'aimait pas le *coconut!* Désormais, la *coconut cream pie* allait être pour moi et le *milk shake* au chocolat pour elle. Je revins enchanté, elle avait la main douce et sa timidité m'amusait. Je lui avais demandé si elle avait aimé le film, et elle m'avait répondu : « C'était pas mal ! » Encore nébuleuse ! Rien de précis avec elle. Le « oui » et le « non » ne semblaient pas faire partie de son vocabulaire, les « peut-être », « je pense que oui, » « ça se peut », « ça m'fait rien », « si tu veux », étaient ses expressions favorites. Mais c'était fait ! J'avais une blonde que j'aimais et à qui je semblais plaire. Ma mère était contente, Micheline était « canadienne-française » ! Elle qui en voulait encore à mon frère Pierre d'avoir marié une Italienne de père, Irlandaise de mère ! Je ne revis pas Louison, bien entendu, et je me mis à fréquenter sérieusement Micheline. D'une façon *steady* comme on disait dans le temps. J'avais quinze ans, elle, seize, et nous ne savions pas ce jour-là que cinq ans plus tard nous allions devenir… mari et femme!

Chapitre 1

Micheline venait d'une famille nombreuse. Elle avait trois frères du premier lit de son père dont l'épouse était décédée prématurément : Edmond, Jean et Marcel. Puis, du deuxième mariage dont elle était la plus vieille, il y avait à sa suite : Gilles, Gisèle, Louis, Françoise et Gérard. Le benjamin de la famille, Réal, était mort accidentellement en bas âge. Chez moi, nous étions un peu moins nombreux. Cinq garçons que ma mère prénomma Pierre, Jacques, André, Denis et Jean. Juste après Pierre, il y avait eu Henri qui, malheureusement, était mort accidentellement lui aussi, avant d'atteindre sa première année. Le père de Micheline se prénommait Joseph, sa mère, Béatrice, tous deux originaires des Îles-de-la-Madeleine. Un Landry, une Vigneault. Chez moi, Georges et Irène, mes parents qui, comme tant d'autres couples de l'époque, ne se sentaient bien qu'éloignés loin l'un de l'autre. Chez Micheline, c'était l'harmonie, chez nous, la discorde. Deux familles, deux mondes, mais on ne parlait pas de ces choses en ce temps-là. On constatait et on se taisait.

Six mois que nous nous fréquentions et Micheline était moins timide qu'au départ. Elle avait du caractère et elle le manifestait. Elle avait même remis à sa place le père d'une amie qui tentait d'être trop entreprenant. Fermement ! Au point que le vieux, honteux, avait dit en la pointant du doigt devant tout le monde : « Est *maline*, la belle Micheline ! » Tel que je l'écris ! Et il était rentré chez lui passablement saoul et humilié d'avoir eu la main un peu longue... sur ma blonde !

En octobre 1953, le 31 plus précisément, jour de l'Halloween, mon père paralysait du côté droit et était transporté à l'Hôtel-Dieu où on lui sauva la vie de justesse. La thrombose avait été forte cependant et il perdit l'usage de la parole et marchait en traînant de la patte gauche, celle de droite. Et en ne se servant que d'un seul bras, d'une seule main. Quelques neurones ayant aussi été affectés, son raisonnement était souvent défaillant. C'est dans cet état qu'on l'avait remis à ma mère qui décida d'en prendre soin à la maison. Je me souviens que, lors de son accident cérébral, elle avait fait une neuvaine à Marie-Reine-des-Cœurs pour qu'elle le garde en vie et, un an plus tard, elle en faisait une autre à la même Vierge pour... qu'il crève ! Non par charité chrétienne, mais parce qu'elle ne l'aimait pas. Elle ne l'avait jamais aimé...

Cette année-là, Micheline avait déjà un emploi de secrétaire, alors que je travaillais pour une compagnie de cartes de souhaits à titre d'expéditeur. Fasciné par l'écriture, j'avais composé un texte pour une carte de « Bon voyage » et, enchanté du résultat, mon patron l'avait utilisé durant des mois et des saisons. Plus tard, dans mes années sombres, je reprendrai l'écriture de souhaits et de poèmes pour cette entreprise, ce qui me permettra de mettre du pain sur la table dans des moments difficiles. Mais, j'y reviendrai…

Le jour de mes dix-sept ans, j'avais dit à ma mère :
— M'man, j'aimerais me marier au printemps avec Micheline.
— Es-tu fou ? T'es pas en âge, t'es juste un enfant ! Pis j'suis certaine que c'est pas l'idée de Micheline, ça ! Ça sort de ta tête folle !
— Non, Micheline est d'accord si les parents le sont.
— Et tu penses que sa mère va la laisser se marier à dix-huit ans avec un p'tit gars plus jeune qu'elle ? Raisonne un peu ! Pis, j'vas lui parler à Micheline, moi ! On verra bien !
— T'as pas à lui parler ! Pis, si tu veux pas, on va se marier obligés !
— Ah oui ? Ben, ça m'surprendrait parce que Micheline est une bonne fille. Jamais elle ferait ça avant le mariage. Elle est catholique et bien élevée. Pis, comme j'te dis, j'vas lui demander si c'que tu m'dis là vient d'elle aussi.
— Bah, laisse faire, t'as pas à t'mêler d'ça, la mère ! C'est entre elle et moi. T'as pas d'affaire là-dedans !
— Ah non ? Tu sauras que t'es mineur mon p'tit gars ! Jusqu'à vingt et un ans, j'ai le contrôle sur toi ! Pis, laisse-moi tranquille avec tes niaiseries, j'ai assez d'avoir ton père sur les bras ! Débarrasse ! J't'ai assez vu pour aujourd'hui !

Ça n'avait pas marché ! Je m'en doutais bien… Ce que je voulais, c'était partir de cette maison où la chicane régnait à longueur de journée. On aurait dit que ma mère se vengeait des absences prolongées de mon père en le gardant à sa merci et en le contrariant régulièrement. Bien sûr que c'était une lourde tâche pour elle, mais elle avait tellement prié que la bonne Sainte Vierge avait fini par l'exaucer.

Et là, elle virait son capot de bord, mais la mère de Jésus ne la suivait pas dans ses volte-face. Elle avait demandé qu'il reste en vie ? Marie-Reine-des-Cœurs allait lui obéir en lui laissant son mari paralysé et impotent sur les bras pendant… dix ans ! Ce qu'elle ne savait pas encore. Et c'était ça que je voulais fuir ! J'en discutai avec Micheline avant que ma mère ne le fasse et elle sursauta. Elle aussi avait envie de partir de chez elle, mais pas si tôt. Je la suppliai de parler à sa mère, ce qu'elle fit timidement, mais madame Landry, après en avoir discuté avec son mari, lui laissa savoir que nous étions trop jeunes, surtout moi, pour nous engager de la sorte et Micheline n'insista pas. Lorsque ma mère tenta de la faire parler par la suite, elle lui répondit :

« Ne vous en faites pas, madame Monette, c'était son idée, pas la mienne, mes parents nous trouvent trop jeunes. »

Ma mère, ravie de sa réponse, m'avait dit le soir venu : « Tu vois ? Elle est plus brillante que toi, ta blonde ! C'était même pas son idée ! Tu te pousseras pas d'moi comme ça, mon p'tit verrat ! L'année dernière, tu voulais t'en aller à Toronto pour suivre ta compagnie de cartes qui déménageait, pis je t'en ai empêché. Même si ton boss, Ross Wood, était prêt à t'héberger ! Pis, r'garde où t'en es ! T'es plus regagnant puisque tu vas travailler maintenant dans le commerce familial. » Plus regagnant ? Ça restait à voir ! L'idée qu'on travaille tous ensemble dans notre entreprise de bijoux en gros ne m'enchantait pas tellement. J'aurais préféré partir, m'exiler à Toronto, parfaire mon anglais et gravir les échelons dans la compagnie de cartes. D'autant plus que mon patron immédiat que j'aimais bien était prêt à me prendre en charge dans la Ville Reine. Et je n'aurais pas perdu Micheline pour autant, j'aurais pu revenir les fins de semaine… Mais non, je me suis retrouvé dans le commerce familial de force. Sans en avoir envie, avec mes frères à longueur de journée. Ce qui n'était guère mieux pour aucun d'eux. Mais la mère en avait décidé ainsi en donnant l'argent de mon père à Pierre, le plus vieux de mes frères.

En juin 1955, Micheline et moi avions décidé de nous fiancer à Noël. Elle avait un bon emploi, je gagnais ma pitance, le commerce allait bien, mais je n'y étais pas heureux malgré le milieu huppé dans lequel j'évoluais. Les artistes de la télévision venaient nous visiter pour acheter ou promouvoir nos dernières créations. Rolande Desormeaux, Muriel Millard, Germaine Giroux, Yvette Brind'Amour et Béatrice Picard étaient des habituées de notre *showroom*, ou salle de montre si vous préférez. C'était moi qui, la plupart du temps, les recevais. Il me fallait être bien vêtu, avoir des cravates dernier cri que j'achetais chez Tie City, un magasin à deux pas de l'immeuble dans lequel nous étions établis, rue Sainte-Catherine, à l'angle de la rue Amherst. J'ai quand même gardé de bons souvenirs de cette époque. Tobie, mon barbier, au rez-de-chaussée de l'édifice, Benny, mon cireur de chaussures qui m'invitait de temps à autre chez lui pour une bière, et le Bowling Amherst au sous-sol où je jouais souvent quelques parties à l'heure du lunch avec mes frères, Jacques et André. Je travaillais au jour le jour, je ne me sentais pas malheureux dans ce milieu, mais je n'étais pas aussi autonome que je l'aurais été à Toronto. J'en ai voulu longtemps à ma mère de m'avoir fait manquer le bateau ! Et mon ex-patron, Ross Wood qui, voyant que ma mère ne m'accordait pas sa permission, avait offert mon poste à quelqu'un d'autre. Amère déception ! J'en ai même pleuré de rage ! Ma mère avait gagné sur toute la ligne ! Voir ses fils travailler ensemble et me garder encore à la maison, avec mon père qui gémissait contre elle et qu'elle envoyait promener.

Elle avait au moins accepté que je me fiance la veille de Noël, cette année-là. Une promesse qui allait nous lier davantage, ma blonde et moi. Nous en parlions et nous en étions venus à l'idée que, les fiançailles conclues, nous pourrions dès lors projeter un mariage et partir tous deux de chez nos parents, où nous nous sentions à l'étroit, pour nous retrouver à deux dans un logement. Mais nous n'en étions pas encore là, ce n'était que l'ébauche du rêve. Car, si ma mère était d'accord avec les fiançailles, elle n'allait pas laisser partir si promptement ensuite celui qui lui était le plus utile. André, qui venait d'avoir dix-neuf ans, s'était marié, lui, sans qu'elle s'y oppose et Pierre et Jacques étaient déjà mariés, mais il n'allait pas en être aussi simple pour moi. Car, après mon départ, il ne lui resterait que Jean, le plus jeune, quinze ans seulement, pour la seconder dans ses tâches. Ce qu'elle ne pouvait envisager.

Je me souviens encore de cette veille de Noël de 1955 dans le logement de mes beaux-parents où les familles s'étaient rassemblées. Dieu qu'il y avait du monde pour un salon, un vivoir et une cuisine remplie de tourtières, de bouchées, de desserts et de bouteilles de bière. Nous avions reçu des cadeaux de fiançailles de partout. J'ai encore sur un de mes murs, encadrées, deux oies brodées au petit point par une amie de travail de Micheline. Et j'ai donné récemment à mon fils la lampe de marbre avec deux oiseaux perchés, qui me venait de mon vieux professeur, J. Donat Tourigny. Je revois Micheline ce soir-là ! Dieu qu'elle était jolie dans sa robe évasée à motifs floraux et cintrée à la taille. Les cheveux bouclés pour ne pas dire «frisés», elle portait le collier et les boucles en pierres du Rhin que je lui avais achetés en guise de présent. À son annulaire, une jolie bague en or blanc sertie d'un diamant de vingt-trois points ; je n'avais pas les moyens de lui offrir le demi-carat comme je comptais le faire. À la messe de minuit, nous avions demandé au curé de bénir cette alliance, ce qu'il avait fait pieusement. Une soirée incomparable ! Nous étions fiancés, Micheline et moi, et heureux de nous embrasser à l'insu des invités quand nous en avions l'occasion, ou discrètement en dansant un *slow* sur un des succès de Ray Anthony, qu'on avait fait jouer sur le tourne-disque de Gilles. De retour à la maison après cette longue nuit à fêter, je me sentais plus adulte, plus sûr de moi, moins enclin à craindre les sermons de ma mère. Au point d'oser lui dire dès le lendemain matin : « On va commencer à parler mariage, Micheline et moi. » Se retournant brusquement, elle m'avait rétorqué : « Commence pas à m'énerver avec ça, toi ! Y en a qui restent fiancés pendant des années ! » Et vlan ! Je l'avais bien cherché !

J'avais dix-neuf ans, j'étais assez beau gars, je le savais, et je travaillais dans la salle d'exposition du commerce familial où je recevais des clients bijoutiers ou des artistes qui venaient de plus en plus nombreux voir nos dernières créations. J'étais sans cesse en contact avec le public, ce que Micheline ne prisait guère. Peut-être n'avait-elle pas tort de s'inquiéter mais, je le jure, je ne la trompais pas. Et je me demande pourquoi je lui racontais en détail mes journées sachant que ça allait la contrarier. Taquin, tout simplement ! J'aimais plaire ! Charmer et rien d'autre. Attiser le feu et l'éteindre dès qu'il s'enflammait. Micheline n'avait donc rien à craindre, mais il n'était pas facile de la convaincre.

Au fil des mois cependant, sûre et certaine de mes sentiments à son égard, la tension diminua. Jalouse au fond d'elle-même quand une fille me faisait la cour, elle ne le démontrait plus. Du moins, elle ne m'en blâmait pas. Elle savait que je n'étais qu'à elle et nos fréquentations se poursuivaient allègrement. Le mardi, le jeudi, le samedi, tel qu'indiqué dans le manuel des soirs de sorties. Mais je la voyais aussi le dimanche quand un bon film arrivait en ville. Elle aimait beaucoup Rock Hudson, moi, c'était Hedy Lamarr. Or, quand l'une de nos idoles jouait dans un nouveau film, nous nous empressions de faire plaisir à l'autre en nous y rendant. Elle n'était quand même pas jalouse d'une vedette de cinéma en âge d'être ma mère ou presque ! Mais si elle avait su à quel point j'ai pu fantasmer devant Hedy Lamarr vêtue en Dalila dans son célèbre film tourné en 1949... J'avais à peine quatorze ans quand j'ai vu ce film pour la première fois. Et jamais une autre actrice n'a pu la remplacer sur mes murs, elle y est encore ! Une douce réminiscence de ma jeunesse.

Je travaillais d'arrache-pied, j'aimais mon emploi, mais je sentais que je n'étais pas né pour faire ça toute ma vie. Il y avait un éveil artistique en moi qui m'empêchait d'être seulement vendeur de bijoux même si le domaine servait très bien mon petit côté *show off*. Car j'aimais bien paraître. J'achetais des bagues, des chaînes en or avec un Sagittaire, mon signe du zodiaque, et j'offrais énormément de bijoux à Micheline, car je la voulais aussi scintillante que je pouvais l'être. C'était beau de vivre dans le faste à toute heure du jour, de recevoir Michelle Tisseyre, Lucille Dumont ou Alys Robi... C'était également être du dernier cri que de participer à des défilés de mode des boutiques les plus en vue à titre de bijoutier, avec des mannequins réputés telles Élaine Bédard et Audrey Morris. Ces artifices étaient quasi magiques pour les yeux, mais le cœur n'y était pas. Je savais que dormaient en moi un artiste-peintre, un poète ou un modeste scribe, qu'en savais-je donc ! J'avais composé des textes pour quelques cartes, j'avais quelque part, dans l'un de mes tiroirs, le manuscrit d'un roman, *Maître de son destin*, écrit à l'âge de treize ans, qui m'avait valu l'éloge de mon professeur... J'avais même un quarante-cinq tours enregistré dans une cabine du parc Belmont sur lequel je chantais *Le ver luisant*. Je m'en souviens encore, il était en vinyle jaune. Hélas, je ne sais trop ce que ma mère en a fait, je ne l'ai jamais retrouvé. Et pourtant, la foule s'était rassemblée autour de la cabine quand j'avais déployé mes cordes vocales ce jour-là. J'avais à peine dix ou onze ans, je ne sais plus... Mais il y avait en moi, un an avant mon mariage, plusieurs choix de carrière qui s'offraient encore... Sans y croire, sans doute, j'ai refusé de m'y arrêter et j'ai continué à vendre des bijoux et à côtoyer les mannequins les plus en vue des défilés, en fermant les yeux sur mes possibilités. Parce que ma mère, de son œil perçant, voulait voir ses enfants travailler ensemble. Sans tenir compte que Jacques était un excellent pianiste et que, de mon côté, j'aurais eu d'autres ficelles à tirer si elle ne les avait pas toutes... grignotées! J'ai donc jeté mon dévolu sur ma douce Micheline, celle que j'aimais et qui allait me sortir de ma torpeur si je parvenais un jour à m'évader des griffes de ma mère.

Jacques avait épousé une Estonienne, un geste que ma mère avait condamné. Une autre « rapace » selon elle! Pourquoi pas Marie-Rose, même si elle boitait? Pourquoi pas Bernadette, même si elle mesurait presque six pieds? Elles étaient au moins canadiennes-françaises, ces deux-là! Mais Jacques avait marié celle qu'il aimait, faisant fi des colères de la mère. Et André avait épousé Yolande, enfin une que ma mère acceptait de bon cœur. Une jeune fille de la paroisse voisine. En décembre 1956, je fêtais mes vingt ans et j'en avais assez d'attendre. Micheline était majeure, mais pas moi. J'affrontai donc ma mère dès que la nouvelle année se leva pour lui dire: « M'man, c'est au printemps qu'on se marie, Micheline et moi ! Et si tu ne viens pas signer pour moi parce que je suis mineur, je te jure que je lâche l'entreprise et que je prends le train pour Toronto. Tu vas me chercher en maudit ! Et quand tu vas me retrouver, je vais avoir vingt et un ans, donc majeur et libre ! » Je m'étais emporté pour rien puisque, prise au piège, craignant mes menaces, elle m'avait répondu : « Bien, marie-toi donc ! J'vais signer ! De toute façon, c'est ta femme qui va te mettre du plomb dans la cervelle ! Moi, j'sais plus quoi faire avec une tête de cochon comme la tienne ! » Pour ensuite ajouter dans un ultime plaidoyer : « Pis, c'est ça ! Laisse-moi seule avec ton père malade, laisse-le-moi sur les bras ! J'vais partir avant lui, pis vous vous arrangerez avec... » Je connaissais ses jérémiades. Les mêmes que lorsque j'étais petit et que, pour me faire aller au marché Jean-Talon, elle me disait : « J'peux pas y aller, j'vas m'écraser, pis tu vas être tout seul après... » Mais, sans attendre la fin de ses doléances ce jour-là, à vingt ans, j'avais franchi la porte avant qu'elle ne revienne avec une autre objection et, rendu chez Micheline, je lui ai mentionné que si elle acceptait de m'épouser, ma mère était prête à signer pour moi. Micheline accepta, même si elle avait peine à croire que ma mère me donnerait son consentement. Je l'aimais, elle m'aimait, nous nous aimions. Profondément ! Avec nos forces et nos faiblesses, nos qualités et nos défauts. Elle en parla avec ses parents qui m'appréciaient et qui acceptèrent de bon gré de m'accorder la main de leur fille. Il ne restait plus qu'à fixer la date du mariage et l'endroit du voyage de noces. J'étais tellement content ! Parce que je l'aimais, Micheline, parce que je savais qu'elle allait être la meilleure des épouses, mais aussi, parce que j'allais enfin quitter ma mère, celle qui avait empoisonné mes jours depuis mon enfance. Délivrance !

J'ai toujours souffert d'anxiété malgré tous les sédatifs qu'on m'a fait prendre durant ma vie. Anxieux au point d'avoir hâte que les choses se terminent avant qu'elles ne commencent. Est-ce par un empressement maladif ou par timidité à faire face aux événements ? J'ai toujours souffert des situations inévitables au point de mal dormir durant les semaines qui les précèdent. J'ai toujours souffert d'anticipation négative. De plus, je n'aime pas la foule, je fuis les foules, et si je dois assister à un mariage, je m'arrange pour me placer près de la porte afin de pouvoir filer à l'anglaise sans qu'on s'en rende compte. Je ne suis bien qu'en tête-à-tête ou dans un souper intime de trois à quatre personnes. C'est ainsi que je décompresse et que j'arrive à profiter des joies du moment. Autrement, c'est l'enfer et je ne me sens soulagé de cette anxiété que lorsque tout est terminé et que je suis de retour chez moi. Il en sera toujours ainsi.

En février 1957, nous étions allés voir le curé de la paroisse avec une date en tête, le 25 mai. Malheureusement, la date était réservée et il nous fallait devancer d'une semaine ou de reporter notre mariage au premier samedi de juin, ce que Micheline aurait préféré. Mais, alarmé, j'ai préféré le 18 mai, histoire d'en finir au plus vite avec ce jour qui allait me rendre malade des mois d'avance. Ma fiancée accepta, malgré ma mère qui disait que juin était un plus beau mois... Moi, tout ce que je voulais d'elle, c'était sa signature, pas son avis ! Pas riche l'un comme l'autre, j'avais loué un smoking et Micheline avait acheté une robe de mariée usagée qui avait servi à la fille d'une amie de ma mère. Encore elle qui ne se mêlait pas de ses affaires ! Micheline aurait préféré une robe bien à elle, mais gênée d'affronter ma mère, elle avait accepté la robe qu'elle lui proposait. Et je me demande encore pourquoi je ne suis pas intervenu! Mon frère aîné me servirait de père et, pour le voyage de noces, comme je n'avais pas de voiture ni beaucoup d'argent, nous avions opté pour l'hôtel La Sapinière à Val-David, lieu privilégié des jeunes mariés de ces années-là. Les cadeaux de noces affluaient chez ma belle-mère. Sur la table nappée à cet effet, de très beaux cadeaux utiles. Mais je n'oublierai jamais le poisson en plâtre sur une plaque de bois que nous avait offert une tante et que nous n'avons jamais installé au mur. Mon professeur d'antan nous avait offert, lui, une autre superbe lampe de marbre, abat-jour rond en marbre aussi, qui trône encore sur la commode de ma chambre aujourd'hui, une œuvre d'art de la maison Dello Sbarba. Nous nous préparions et, plus le printemps passait, plus je sentais l'anxiété m'envahir. Micheline, beaucoup plus calme, ne comprenait pas mon inquiétude, mais Dieu que je me sentais angoissé juste à penser au grand jour... J'en avais des vertiges, je digérais mal, j'avais parfois des nausées, je dormais de moins en moins... Micheline me sentait nerveux, mais elle croyait que c'était le surplus de travail qui me stressait. Pauvre elle! Je ne lui ai jamais avoué souffrir de négativisme anticipé, malaise peu connu dans les années cinquante. Je l'ai caché jusqu'à ce que la psychologie devienne assez accessible pour qu'on parle d'angoisse et d'anxiété à la télévision.

Vera, la femme de mon frère Pierre, avait organisé un *shower* de tasses de porcelaine pour Micheline. Nous en avons reçu plusieurs, toutes différentes les unes des autres, coûteuses et resplendissantes, mais qui n'ont jamais servi! Ma mère, plus pratique, avait tenu à faire sa part et avait concocté, avec Yolande, la femme de mon frère André, un *shower* d'épicerie pour faciliter le début de notre vie commune. Rien de *fancy* avec Irène Monette, pas de tasses, pas de literie, mais de quoi se nourrir et n'avoir rien à acheter à notre retour de voyage. Un garde-manger bien rempli de tout ce que les invitées apportaient dans leur panier. Des boîtes de Kraft Dinner, de céréales, des montagnes de conserves, de la farine, des pâtes, du beurre d'arachides, des biscuits aux dattes, et même du savon Palmolive! On n'aurait rien à acheter sauf les denrées périssables. Bien pensé, mais fort peu élégant pour un *shower* de mariage. Ça faisait drôle de voir les petits parasols en papier crêpé à côté d'une grosse boîte de savon Tide ou parmi les *canes* de *bines* Clark! Micheline avait néanmoins apprécié le geste. Le fait d'avoir organisé tout ça lui prouvait que ma mère l'acceptait et l'aimait bien. Quant à moi... Mais la date fatidique approchait et je me sentais de plus en plus nerveux, voire irritable. Je savais que j'allais être à l'honneur, que j'aurais à franchir l'allée de l'église avec mon frère, que tous les yeux se tourneraient vers nous et j'en suais d'avance... Pourtant, j'aimais plaire, j'aimais qu'on me dise que mes habits étaient magnifiques, que mes souliers de suède étaient superbes, etc. Jeune, je chantais en public. À l'orphelinat, dont j'ai parlé dans *Les parapluies du diable*, j'étais soliste à la messe de minuit... Je ne comprends pas ce qui s'est passé pour que je devienne ainsi moins sûr de moi. C'est ma mère qu'il aurait fallu interroger...

La veille de mon mariage, j'avais deux choix! Ou je m'habillais et je disparaissais dans le noir ou je passais la nuit blanche à me tordre le ventre d'anxiété et d'angoisse jusqu'à ce que j'entende les cloches de l'église sonner. J'ai choisi la nuit blanche et elle l'a été, croyez-moi! Je ne sais comment j'ai fait pour traverser cette journée du samedi, ouvrir la danse au restaurant Prince Charles, lieu de la réception, et tenir le coup jusqu'à ce que mon frère Pierre nous invite à monter dans sa voiture afin de nous conduire à Val-David. Et c'est là, en cours de route, que mon angoisse s'est dissipée. C'était fini ! J'allais être seul avec ma femme durant sept jours. Seuls tous les deux ! Ensemble ! À se dire qu'on s'aimerait pour la vie, à faire des projets, à parler des invités, à nous remémorer les noces, les enfants trop agités, mon neveu le premier. Finis les honneurs et les félicitations qui fusaient de tous côtés. Et finie l'emprise dévastatrice de ma mère sur moi ! Je la quittais enfin ! Était-ce la solution ? D'une mère à une épouse plus vieille que moi ! Allais-je encore... Mais non, nous étions amoureux l'un de l'autre, nous allions vivre une vie à deux dans un charmant petit logement de la rue Jeanne-Mance. Nous inviterions la parenté et ne la visiterions qu'au moment de notre choix. Sans imposition, sans improvisation de leur part. Tout était mieux, en ce jour-là, que le toit de ma mère. Seul avec ma femme dans cette chambre de La Sapinière où, dans un long baiser, elle m'avait murmuré : « Je suis maintenant à toi. » Parce que Micheline était vierge quand je l'ai épousée.

Chapitre 2

Nous étions mariés depuis quatre mois lorsque Micheline tomba malade. Très faible, vomissant sans cesse, j'avais fait venir le médecin qui m'avait demandé après l'avoir examinée :
— Depuis quand êtes-vous mariés ?
J'avais répondu :
— Depuis le mois de mai.
Et il avait rétorqué :
— Bien, cherche pas plus loin, ta femme est enceinte.
Surpris, j'avais riposté :
— Ben, voyons docteur, elle est jaune comme un citron ! On va-tu avoir un Chinois ?
Il ne l'avait pas trouvée drôle, il était reparti en fronçant les sourcils et, sur les conseils de ma belle-mère, nous avions fait venir un autre médecin qui, sûr de lui, avait déclaré :
— C'est la jaunisse, monsieur ! Ça va passer, mais elle va être faible longtemps. Va falloir la ménager... Tenez-vous

loin pour un bout de temps, ça peut être contagieux. Et puis, quand elle sera sur pied, pas de don de sang à la Croix-Rouge de sa part, on ne l'acceptera pas.

C'est tout ce que je me rappelle, mais je savais mieux que le premier médecin, moi, que ce n'était pas parce qu'elle était enceinte que Micheline avait le teint jaune !

L'année suivante, nous étions déménagés sur le boulevard Saint-Laurent, entre les rues Prieur et Fleury, encore dans le quartier Ahuntsic. Un beau cinq-pièces cette fois, au deuxième étage d'un duplex dont le bas était habité par le demi-frère de Micheline, Marcel, avec sa femme Gisèle – une autre du même prénom dans la famille – et leurs quatre enfants, Serge, Lise, Nicole et Yves. Ce dernier était né peu après notre mariage l'année précédente. Marcel et Gisèle, en bon Québécois de cette génération, allaient avoir trois autres enfants avec le temps, Danielle – notre filleule – Claude et Alain. Tout comme nous, ils étaient à loyer dans ce duplex qui appartenait à un dénommé Fauvel. Pour ma part, j'étais très content d'habiter dans ce beau logis avec balcon à l'avant, galerie à l'arrière, mais il n'en était pas de même pour Micheline qui trouvait que le boulevard Saint-Laurent était bruyant, que les autobus, les voitures de patrouilles, les pompiers et les ambulances... tout y passait jour et nuit ! Mais c'était si pratique avec le Marché Dionne juste de l'autre côté de la rue, la pharmacie à quelques pas, le dentiste Livernoche pas loin, un *snack-bar* au coin pour les *hot dogs* et les frites, bref, plein de commodités. Nous avions une entrée commune, ce qui brisait un peu l'intimité, mais comme c'était le frère de Micheline qui habitait le bas, ça m'arrangeait, j'allais y jouer aux cartes avec eux et leurs amis. Micheline ne suivait pas toujours, elle n'aimait pas ces tablées de cartes, même si les paris n'étaient pas élevés, mais assez pour sortir un tantinet gagnant. Elle trouvait que c'était bruyant, que les joueurs parlaient fort, que tout le monde fumait... Aujourd'hui, je la comprends mieux, elle sortait à peine d'une maison tumultueuse qu'elle retombait dans une autre. Ce qu'elle cherchait, c'était le calme, la paix, un coin tranquille juste à nous, mais je n'avais pas l'argent nécessaire pour une maison, pas même le *cash down*! J'avais un salaire raisonnable, elle aussi, mais rien pour nous jeter par terre. On joignait les deux bouts comme plusieurs couples de cette génération. Le seul avantage était que, désormais, j'allais avoir une voiture fournie par notre entreprise parce que j'avais accepté d'être représentant sur la route. Beau titre! J'étais plutôt un vendeur de bijoux avec deux grosses et lourdes valises d'échantillons sur roues à traîner dans la neige l'hiver et à grimper sur les chaînes de trottoir, l'été. J'avais en horreur cet emploi! J'ai toujours détesté être un vendeur! Mais comme j'avais, en plus de mon salaire de base, une petite commission sur les commandes rapportées, j'endurais mon sort. Surtout pour la voiture qui me permettait de me déplacer autrement qu'en autobus.

Micheline et moi allions assez souvent au cinéma, même si nos goûts différaient beaucoup. J'aimais les films policiers, les films d'horreur, elle préférait les drames sentimentaux qui la faisaient pleurer. Je faisais des compromis, elle aussi, sauf pour les films d'horreur, elle n'aimait pas sursauter. Nous allions chez ses parents le dimanche après être allés visiter ma mère et mon père le samedi, c'était un rituel, mais la semaine nous appartenait. En 1959, j'eus la grande joie d'apprendre que j'allais être père! En novembre! J'étais fou de joie! Elle... un peu moins! Ce qui m'avait surpris. Je rêvais d'avoir plusieurs enfants mais, sans qu'elle le lui dise clairement, j'ai compris que

Micheline aurait préféré attendre plus longtemps, elle venait à peine de sortir d'une famille où elle avait pris soin de ses frères, surtout des plus jeunes. Mais les années cinquante pour les couples n'étaient pas celles du dialogue. Il fallait presque deviner ce que l'autre pensait ou désirait, sans chercher à se questionner l'un l'autre. D'où les altercations verbales qu'on aurait certes pu éviter si on s'était confiés comme on le fait maintenant.

Au travail, je m'occupais encore de la salle de montre des Créations Pierre, nom de notre entreprise en l'honneur de l'aîné de la famille. Nous étions de plus en plus connus du milieu artistique et, en 1959, mon frère Jacques avait créé de ses mains d'artiste la tiare avec tiges et perles pour le couronnement de Michelle Tisseyre, reine de la télévision cette année-là. Les années précédentes nous avions comblé de bijoux Monique Miller et Béatrice Picard qui avaient hérité de ce titre qui se clôturait par le Gala des Splendeurs auquel j'assistais avec Micheline. C'était prestigieux d'être de ces occasions qui nous permettaient d'être élégamment vêtus et de nous retrouver dans les journaux de fin de semaine parmi les vedettes en vue.

Au début de novembre 1959, j'avais conduit Micheline à l'hôpital du Sacré-Cœur suite à ses premières crampes. L'enfant devait naître le 3 et il a fini par sortir du ventre de sa mère le 5. Après quarante-huit heures de fortes contractions, allant en s'intensifiant. Je me souviens, ça lui faisait tellement mal à certains moments, qu'accrochée à mon bras, elle m'avait enfoncé ses ongles dans la peau en se tordant de douleur. Nous avions une infirmière qui, peu compatissante à la douleur, m'avait dit alors que je lui demandais de la soulager : « Toutes les femmes souffrent lors d'un accouchement, monsieur, pas seulement la vôtre ! » J'aurais pu l'étrangler ! Je voyais le doux visage de ma femme se crisper, elle mordait son oreiller, ses larmes coulaient sur ses joues, j'avais le cœur en morceaux et on l'a laissé endurer le martyre durant quarante-huit heures avant de la rentrer dans la salle d'accouchement où j'entendais des cris et des hurlements venant de je ne sais trop quelle future maman. De nos jours, on lui aurait sûrement fait une césarienne, mais à l'époque, ce n'était pas monnaie courante et elle avait fini par accoucher à minuit et cinq minutes, le 5 novembre, d'un beau poupon de sept livres. Un petit garçon au visage rond et avec quelques cheveux blonds. Mais Dieu qu'elle avait souffert! Et davantage sur la table d'accouchement lorsque je n'étais plus là pour lui éponger le front, car en ces années, on envoyait le père fumer pendant que la mère, livrée à elle-même, se tordait le ventre sans personne à ses côtés. J'étais très ému lorsque le docteur me montra ce beau bébé qui avait donné du fil à retordre à sa mère. J'étais heureux! J'étais papa! À vingt-deux ans! Retrouvant Micheline après ce pénible accouchement, j'espérais la voir heureuse, mais elle me regarda froidement pour me dire: «Jamais plus, Denis! Jamais je n'en aurai un autre!» Ce qui m'avait peiné, mais je tentai de la comprendre, elle avait failli mourir de cet accouchement. Le médecin me disait que sa réaction était normale et qu'elle reviendrait à de meilleurs sentiments. Ce qui a pris quelque temps, car elle me fit sentir coupable durant plusieurs semaines. Peu agréable envers moi, je lui demandais ce qui se passait, la raison de ses regards réprobateurs et elle me répondait: «C'est de ta faute! J'ai failli en crever! C'est toi qui voulais un enfant, pas moi!» Ce qui m'avait terriblement blessé. Il était si beau, ce petit, si rond, le regard triste parfois, souriant à l'occasion juste un peu, mais tellement beau que je n'avais de cesse de le regarder quand je l'avais dans les bras. Nous l'avons appelé Michel, un prénom que j'aurais aimé porter. Mais le pire de cette histoire de bébé, c'est que Micheline avait perdu son emploi à cause de sa grossesse. En effet, dès que son patron avait appris qu'elle était enceinte, il l'avait remerciée de ses bons services en lui disant que l'assurance-chômage allait s'occuper d'elle. Après quatre ans de loyaux services ! Bel écœurant ! Comme si c'était péché, dans le temps, de concevoir un enfant pendant qu'on travaillait ! Quelle époque ! Nous allions avoir à nous priver un peu, car il n'y avait que mon salaire qui rentrait, mais Micheline avait ce don de couper un marché en deux sans que cela paraisse. L'important pour moi, c'était d'avoir un petit dans les bras. Un bébé qui nous a fait passer des nuits blanches durant des mois jusqu'à ce qu'on trouve le lait qui lui convenait. Car Micheline ne pouvait l'allaiter après avoir eu la jaunisse et, de toute façon, il était de moins en moins à la mode de donner le sein à son poupon.

Qu'importaient les nuits blanches ! Je l'aimais, ce petit, je le serrais sur mon cœur quand il pleurait sans relâche la nuit. Avec une patience d'ange ! Et je ne peux comprendre ni pardonner ce crime odieux des bébés secoués. Ces petits êtres adorables, ces bébés sans défense qui ne pleurent jamais pour rien. Ils ont faim, ils ont des coliques, ils ont mal quelque part, ils ont quelque chose, c'est à nous de le trouver et, en attendant ce moment, il faut les consoler, marcher de long en large avec eux dans les bras, chuchoter des mots tendres. Parce qu'un bébé que rien ne dérange s'endort chaque soir dans sa bassinette, les deux petits poings bien serrés. Le post-partum a fini par céder sa place au sourire et Micheline est devenue la plus merveilleuse des mamans. Son bébé en or, elle le surprotégeait. Quand elle était seule avec lui et que je rentrais sur la pointe des pieds, je l'entendais lui murmurer des mots tendres. Moi, je n'avais aucun exemple devant les yeux pour devenir père, le mien avait été si absent autrefois. J'ai donc appris sur le tas comment le prendre, comment le changer, comment le faire manger et digérer, mais chose certaine, je n'ai eu besoin de personne pour m'apprendre comment l'aimer. Avec un petit, Micheline avait décidé de rester à la maison et de l'élever elle-même. Quitte à tirer le diable par la queue pour un certain temps. Mon salaire nous permettait de vivre, nous n'avions besoin de rien de plus. Quand il nous arrivait de sortir le samedi soir, une jeune voisine venait le garder pour vingt-cinq cents l'heure, et nous allions avec mon frère Pierre et sa femme Vera voir un spectacle et prendre un verre à l'hôtel La Feuille d'Érable de Vimont, à l'hôtel Central de Chomedey ou au Faisan Bleu de Laval où nous avions pu entendre chanter Luis Mariano en personne. De plus, c'était mon frère aîné, le « grand boss », qui payait toutes les dépenses de la soirée. Généreux de sa part, mais drôle à dire puisque l'argent qu'il dépensait était, en somme, aussi le mien, ça venait des économies de mon père. Mais comme c'était lui qui administrait…

De notre galerie arrière, nous étions collés sur celle des voisins d'à côté. Un couple de notre âge, Céline et Lauréat Lebel, que nous avons fréquenté durant de nombreuses années et que nous n'avons jamais perdu de vue. Ils avaient un fils de l'âge du nôtre et Michel et Marco s'amusaient bien ensemble. Je travaillais fort, j'économisais le plus possible pour en donner davantage à Micheline qui gérait le budget. Nous allions souper chez les voisins, nous les invitions chez nous et, parfois, Micheline et moi allions au cinéma Crémazie de la rue Saint-Denis voir un film. Nous revenions tôt et Michel ne dormait pas encore, il avait tenu tête à la gardienne. Dès qu'il voyait sa mère, marchant à peine, il lui prenait la jupe pour ne plus la laisser jusqu'à ce qu'elle le couche. Nous avions aussi emmené Michel au parc Belmont de Cartierville voir les manèges, mais il avait tellement eu peur de la grosse bonne femme qui riait fort dans le grillage du *Tapis magique*, que nous étions revenus à la maison plus tôt que prévu.

En 1962, histoire de modifier un peu l'entreprise, mon frère aîné avait loué un peu partout à Montréal et ailleurs, des magasins vides qu'on remplissait de bijoux et que nous revendions à des particuliers. En attendant de passer les armes, il fallait bien les faire rouler, ces commerces, et j'avais été attitré à celui de la rue Mont-Royal Est, au 1266 si ma mémoire m'est fidèle. Ces magasins avaient, comme enseigne, Le Coffret à Bijoux. Je suis resté un bon bout de temps dans celui de la rue Mont-Royal et nous l'avions fermé, incapables de le vendre. Je suis ensuite allé tenir celui de la rue Sainte-Catherine à l'est de Saint-Laurent, en plein quartier des prostituées, des clubs de danseuses, des clochards, des bandits… et j'ai eu peur. La clientèle se faisait rare et je me faisais plus souvent voler que j'arrivais à vendre. Je n'ai pas tenu le coup longtemps et on l'a finalement vidé et j'en suis venu à oublier ces coffrets damnés.

Mais cette même année allait nous réserver une grande surprise. De nouveau enceinte malgré son serment de ne plus avoir d'enfant, Micheline prenait du poids à vue d'œil. La naissance était prévue pour le 20 ou 21 juin, et c'est le 20 juin 1962 à sept heures trente du matin que Sylvie est née. Une belle grosse fille, cette fois, qui n'avait pas donné trop de mal à sa mère. Micheline avait eu un « accouchement naturel », comme on disait dans le temps, devant plusieurs jeunes médecins internes, car ce genre d'accouchement était récent et à l'étude pour eux. Suivie pendant les neuf mois, cours de préparation, cours de respiration, elle avait eu l'enfant en quatre ou cinq heures si je ne m'abuse, avec quelques douleurs, mais avec les respirations adéquates pour les contrôler. Une jolie poupée de sept livres dont j'étais fier! Moi qui n'avais pas eu de sœur, j'allais enfin savoir ce qu'était une petite fille dans une maison. Plus heureuse de sa délivrance, cette fois, Micheline était plus joyeuse et tout marchait bien à la maison. Néanmoins, elle ne voulait plus avoir d'autres enfants, même si, intérieurement, j'en aurais voulu un troisième. Nous avons donc pris les moyens du bord comme contraceptifs et, lorsque j'ai avoué au curé au confessionnal que j'utilisais des condoms, il a refusé de me donner l'absolution! J'en ris encore! Sans le dire à ma belle-mère qui était très pieuse, je cessai d'aller à la messe. Micheline, plus encline aux dévotions s'y rendit toute sa vie, mais sans moi, sauf à Noël et à Pâques, parfois. Question de tradition, quoi!

Au bureau, les affaires roulaient, mais moins rondement, je le sentais. La clientèle diminuait et la gestion de l'entreprise défaillait. Je fronçais les sourcils, mais je n'en parlais pas. Je me fiais sur « le plus vieux » comme l'appelait ma mère, pour que chaque jour qui se levait soit pareil à celui de la veille. Depuis 1959, chaque année, nous organisions le concours *Miss Bijoux* en collaboration avec un journal artistique. Le tout se terminait à l'hôtel Mont-Royal où un mini-gala était organisé avec, comme animatrice, nulle autre que Michelle Tisseyre. Les gens présents avaient même droit à un tour de chant d'une artiste locale et, lors du premier événement, Muriel Millard était venue égayer la soirée. Cette chère Muriel qui nous invitait par la suite dans sa vaste maison de Chomedey afin de profiter de sa piscine creusée. En 1962, la dernière *Miss Bijoux* à être couronnée après Rachel Jacques et Colette André avait été Lucie Gauthier qui, plus tard, fit sa marque à la télévision.

Des comédiennes, des chanteurs, des animatrices venaient encore voir notre salle d'exposition. Je me souviens de Réjane Des Rameaux, la grosse *Georgianna* des *Belles Histoires*, la femme à *Todore*. Elle était si fine, cette femme, si gentille… Elle avait animé plusieurs défilés de mode auxquels je participais.

Venaient aussi à notre commerce Michel Louvain et son frère André Roc, la chanteuse Andrée D'Amour qui fit la promotion en photo d'un superbe collier, Claude Girardin qui devint un ami, Lucille Dumont, Iris Robin et plusieurs autres, dont la jeune comédienne Catherine Bégin.

Sur le plan affaires, je m'en faisais peut-être pour rien, j'avais repris la route et on m'avait loué une Chevy Nova de l'année. Fier de l'acquisition, je disais à tous que je l'avais achetée. L'aîné, lui, roulait dans une rutilante Lincoln Continental d'un rouge orangé flamboyant. Ce qui faisait homme d'affaires à l'aise, avouons-le. Je trouvais les moyens et l'argent pour m'habiller dernier cri sur la rue Saint-Hubert, en plus des complets sur mesure d'un tailleur de notre immeuble. Carte de mode, vingt-cinq ans, épouse superbe, deux enfants magnifiques, que pouvais-je désirer de plus ?

Je me souviens de ce Noël 1962 avec le sapin décoré et illuminé, les enfants qui déballaient leurs cadeaux, Micheline qui enfilait à son poignet un bracelet en or que je lui avais offert, sans parler de tous les bons plats qu'elle avait préparés. Nous étions tous allés chez ma mère pour le souper de Noël dans le sous-sol de la maison familiale de la rue Viel : Pierre, avec sa femme et ses quatre enfants, Jacques et son épouse avec leur fille unique, André, Yolande et leurs quatre enfants, que de marmots autour de la table. Ma mère était contente, elle était grand-mère plusieurs fois. J'étais monté voir mon père dans sa chambre, paralysé, assis sur son fauteuil, devant son petit téléviseur. J'avais emmené mon fiston avec moi, mais quand mon père a essayé de lui tendre les bras en émettant des sons rauques, le petit recula, se mit à pleurer et se sauva jusqu'à l'escalier. Il en avait eu peur, le pauvre enfant. Je le confiai à sa mère et j'en profitai pour remettre à mon père les cadeaux qu'il attendait de nous chaque fois. Des boîtes en fer-blanc de cigarettes Export sans filtres en format de 50, des chocolats Ex-Lax pour ses intestins, des boîtes de papiers-mouchoirs Face-Elle et une caisse de *ginger ale* Canada Dry pour sa digestion. Que ça pour le rendre heureux! Eh oui! même paralysé, mon père n'a jamais cessé de fumer. Comme une cheminée! C'est malheureux à dire, mais ce n'est pas ça qui l'a tué!

Le soir, de retour à la maison, nous étions « brûlés », Micheline et moi, à cause des cris des enfants, de la surveillance constante, des pleurs de certains ou des réprimandes d'une belle-sœur. Nous avons couché les enfants, nous nous sommes embrassés amoureusement et nous avons dormi comme des loirs jusqu'au petit matin, avec Michel entre nous; comme d'habitude, il venait nous rejoindre chaque nuit! Pas facile de faire l'amour avec un enfant collé sur sa mère. Il m'arrive encore de me demander où et quand nous avions fait... Sylvie!

Le jour de l'An, par contre, se fêtait chez mes beaux-parents. Ma belle-mère avait fait ses tourtières avec la tête vidée d'un porc comme chaque année. Dieu qu'elles étaient bonnes! Nous fêtions, nous buvions de la bière Dow ou O'Keefe entre hommes, pendant que les femmes se préparaient des Screwdrivers ou des Bloody Mary. Nous allumions le *pick-up* et nous dansions au rythme des derniers succès que Gilles venait d'acheter. Je me demande encore comment notre petite Sylvie pouvait dormir dans nos bras avec cette musique constante. Sage comme une image, elle dormait partout, celle-là. Elle faisait toutes ses nuits, ne pleurait jamais, n'avait aucun problème avec le lait ordinaire. Quel soulagement! Tout le contraire de son frère! Nous nous sommes souhaité la bonne année, nous sommes allés à la messe le matin. C'était le premier janvier 1963 et Micheline et moi en anticipions toutes les bénédictions du Ciel, sans nous douter un instant que c'étaient les affres de l'enfer qui nous attendaient.

Chapitre 3

L'hiver se déroula sans heurts en 1963 et nous vivions, Micheline et moi, des jours paisibles. Au travail, tout semblait se maintenir, quoique je trouvais que mon frère aîné était plus souvent que de coutume avec ses comptables et le gérant de banque. Je n'osais pas le questionner. Personne n'osait. Ni Jacques ni André, et encore moins Jean qui avait rejoint les rangs depuis peu. J'étais tout de même inquiet. Je ne sais pas si les autres l'étaient aussi, nous n'en discutions pas entre nous. Mais je me souviendrai toujours du jour où l'aîné m'avait demandé de faire un emprunt personnel de cinq mille dollars à la banque afin de régler la paye des employés. Pourquoi moi? Je me méfiais un peu. Pourquoi pas André ou Jacques? Non. Il voulait que ce soit moi; le gérant m'attendait à la banque pour le prêt. De toute façon, ce n'était que jusqu'au lundi seulement, avait-il ajouté, parce qu'il attendait une rentrée d'argent et que le prêt allait être remboursé en entier dès l'ouverture de la banque. Je lui ai fait confiance, je m'y suis rendu, j'ai emprunté les cinq mille dollars que le gérant, selon le désir de mon frère, m'avait prêté sur une simple signature. Les employés avaient reçu leur paye ce vendredi-là, moi aussi, mais ça allait être la dernière, ce que je ne savais pas. Le lundi, alors que je m'apprêtais à me rendre au bureau, je recevais un coup de fil de mon frère André qui me parlait de syndics et de clé dans la porte. Je venais de comprendre que nous avions fait faillite. Brusquement! Sauvagement! Sans même avoir été prévenus, sans même s'y attendre. Je pensai immédiatement aux cinq mille dollars que j'avais empruntés et j'en frémissais. À savoir s'ils avaient été remboursés au petit matin, la réponse fut négative. J'ai compris que mon frère aîné, qui était au courant de ce qui s'en venait, ne voulait pas laisser les employés sans un dernier chèque de salaire. Méritoire, il va sans dire, mais au détriment de son petit frère qui allait devoir rembourser cette somme énorme pour l'époque, durant sept ou huit ans, à dix dollars par mois, avec les intérêts en plus. Je fulminais! J'étais enragé! J'avais une femme et deux enfants! Comment avait-il pu me faire cela? Je lui ai déchargé tout ce que j'avais sur le cœur, mais à quoi bon, le mal était fait, la dette était bien là, remboursable par moi seulement. Il m'avait dit: «Je vais t'arranger ça, t'en fais pas!» et je n'en ai jamais eu signe de vie. Il faut dire que ce coup bas a eu comme conséquence l'arrêt brutal de nos fréquentations. J'ai été, je ne sais combien de temps sans lui parler. Mais j'ai plus tard repris contact avec lui pour sa femme que j'aimais bien et ses enfants, entre autres Georges, l'aîné, que je choyais depuis sa naissance. Mais j'avais fait fi des supplications de ma mère que je tenais responsable de tous mes malheurs. Encore aujourd'hui, je le redis avec autant de conviction: ma mère m'a toujours été défavorable, elle m'a sans cesse mis des bâtons dans les roues et je lui dois en bonne partie mes malheurs! Depuis ma naissance ! Dieu ait son âme ! Je me souviens avoir pleuré d'avoir été ainsi dupé. Oui, j'ai pleuré de rage, puis de peine, quand je voyais ma petite fille sucer son pouce en me tendant les bras, sans comprendre que son papa traversait de durs moments. J'en ai encore voulu à ma mère d'avoir insisté pour que tous ses enfants travaillent dans cette entreprise « familiale » qui a fini, avec le temps, par nous éloigner les uns des autres. Il aurait mieux valu nous laisser parcourir chacun notre chemin, ce qui nous aurait sans doute gardés unis. Mais, famille dysfonctionnelle un jour...

Néanmoins, je n'ai pas déprimé, Micheline non plus. Je n'ai pas frôlé la dépression une seule fois dans ma vie. Elle non plus, Dieu merci ! Parce que ce ne sont pas les occasions qui ont manqué. Mais une grande force de caractère du côté de Micheline comme du mien nous solidifiait pour passer ensemble à travers toutes les épreuves. Du bois dur, comme on dit. Main dans la main et le pas par en avant. Voilà ce qui nous décrivait si bien, elle et moi.

Dans notre petit logis, avec rien en poche ou presque, une centaine de dollars à la banque, Micheline qui ne travaillait pas, il nous fallait nous retrousser les manches et voir comment nous allions traverser les jours à venir. C'en était fini des galas, des vedettes qui venaient au *showroom* et des sorties dans les cabarets avec la Lincoln orange. Dieu que j'étais content que tout cela s'éteigne ! Comme un spectacle qui avait trop longtemps duré. Plus de Amherst Building, plus de cinéma Electra, plus de salle de quilles, plus de Benny qui m'invitait à prendre un verre chez lui, tout cela était désormais derrière moi. De toute façon, dès que nous avons fait faillite, aucun artiste ne s'est manifesté, pas même pour sympathiser. Ils ont dû aller quémander leurs bijoux chez un compétiteur. « Le roi est mort, vive le roi », n'est-ce pas ? Le seul fait de me retrouver avec ma femme et mes enfants était comme remplacer un lourd manteau d'hiver par un imperméable léger pour la pluie qui allait tomber. Parce que, dès lors, il a plu beaucoup dans notre vie à deux. Je me souviens des premiers mois alors que j'avais demandé à mon propriétaire, monsieur Fauvel, si je pouvais lui payer le loyer en trois versements pour un bout de temps. Chaleureux, ayant appris mes déboires et sympathique à ma cause, il accepta de bon cœur. Un loyer de soixante-dix dollars par mois que je ne pouvais régler en entier ! Je me souviens d'une semaine où, économies épuisées, Micheline avait fait un marché avec la moitié de la moitié qu'elle dépensait pour déjà réduire les dépenses. Mais les enfants n'ont pas crevé de faim pour autant. Ah ! ce bel âge de l'innocence ! C'est ce qui nous sauvait ! Des enfants plus grands auraient risqué d'être perturbés devant une telle situation, mais pas deux petits anges dont le seul bonheur était de me voir à quatre pattes jouer avec le clown sur boule qui ne se renversait jamais ou la poupée de chiffon de la petite, que je faisais mine de faire parler pour l'entendre rire.

Micheline aurait voulu emprunter cinq cents dollars à son père pour tenir le coup, mais je m'y opposai. Le beau-père n'était pas riche, il avait encore d'autres enfants à la maison et je ne tenais pas à ce que mes déboires fassent le tour de la famille. J'avais encore un complet neuf, des souliers en cuir verni, des cravates de choix, je serais donc présentable pour les emplois qui s'offriraient. Je me rappelle que Muriel Millard qui avait traversé elle aussi des mauvais jours, m'avait dit : « Je me suis départie de bien des choses, Denis, mais jamais de mon vison ! Pour être en mesure de négocier ! » Cette leçon m'a servi toute ma vie et je me complais à la répéter à des jeunes qui font parfois face à des temps difficiles. Le pouvoir de négocier.

Ne pas avoir l'air de mendier une situation, de paraître désemparé, de s'abaisser... Pour l'instant, il fallait se tirer d'affaire. Un coiffeur m'avait offert sa protection et son argent, lui pourtant pingre. Ai-je à préciser en échange de quoi ? Or, comme on devait venir reprendre ma voiture de l'année louée, j'ai demandé à rencontrer les responsables sur la rue Saint-Hubert pour la leur remettre avec les clés. Ce qu'ils ont accepté. Je ne voulais pas subir l'humiliation de les voir arriver chez moi et repartir avec ma voiture au vu et au su de mon entourage. Deux jours plus tard, alors que les voisins se demandaient où était passée la voiture, je leur mentais en leur disant que j'avais eu un sérieux accrochage, qu'elle était en réparation... Ils ont dû être très surpris de ne jamais la voir revenir et de m'apercevoir, un an plus tard, au volant d'une Pontiac passablement usagée. Qu'importe ! Chaque chose en son temps ! Mon beau-frère Marcel, qui habitait le rez-de-chaussée, savait, lui, que nous n'étions plus en affaires. Mais je ne pouvais certes lui demander un coup de main, les enfants arrivaient successivement et il n'avait que son salaire de chauffeur d'autobus pour faire vivre sa famille.

Avec mon frère Jacques, nous avons « désespérément » décidé de faire des démonstrations de bijoux à domicile. Nous prenions en consignation les bijoux d'une compagnie reconnue et, ce que nous vendions, nous le payions pour ensuite partager les maigres profits. Et c'était le bouche-à-oreille qui nous conduisait d'une maison à une autre. En autobus la plupart du temps, avec trois boîtes à trimballer, à moins que la dame qui nous recevait s'offre de nous véhiculer, ce qui n'arrivait pas souvent. Je me souviens d'un après-midi où, cassé comme un clou dans notre petit local désuet, j'ai senti un petit creux, une faim soudaine. Fouillant dans le fond de ma poche, je ne découvris rien. Regardant autour de moi, j'ai aperçu sept bouteilles vides de Pepsi et de Seven-Up. Je les rinçai, je me rendis chez le dépanneur les vendre et avec quatorze cents en poche plus un sou noir trouvé sur une étagère, je me suis rendu au restaurant le plus près pour demander au comptoir: «C'est combien pour un sandwich aux tomates *toasté*?» Le gars m'a répondu: «Vingt cents! Tu en veux un?» Mal à l'aise, je lui demandai combien c'était, si je le prenais *plain*, pas *toasté*, avec un peu de mayonnaise, pas de salade, et il me répondit: «Quinze cents!» Je commandai et il ajouta: «Avec les croûtes enlevées?» Et j'ai répondu: «Non.» J'avais tellement faim ce jour-là que j'ai gardé les croûtes, moi qui les coupais toujours à la maison. Croyez-le ou non, ce fut mon seul repas de la journée avec un verre d'eau comme breuvage. Moi qui avais été dans les hautes sphères des défilés de mode, et attitré au luxueux salon de démonstration de l'entreprise lors des *gift-shows* à Montréal et à Toronto, j'en étais réduit à vendre des bouteilles pour m'acheter un sandwich. Plus bas que ça, c'était le fond du baril! Aujourd'hui, quand j'y repense, je me dis que c'était peut-être bon pour mon humilité, mais combien néfaste pour mon anxiété. Le soir venu, nous étions allés faire une démonstration dans une maison où se trouvait une douzaine de femmes qui semblaient plus intéressées par les jeunes hommes que nous étions que par la camelote que nous vendions. Malgré les invitations et les insinuations à peine feutrées, nous avons fait notre boulot et nous sommes sortis de là d'un seul morceau, avec vingt-quatre dollars de profit que nous avons partagé, Jacques et moi. Voyant que Micheline s'inquiétait pour nous, qu'elle en était même chavirée, je la rassurai de mon plus beau sourire, ce qui la tranquillisa. Puis, je lui demandai si, le lendemain, un vendredi, elle pouvait faire le marché de la semaine avec les dollars de la veille que j'avais glissés dans son sac à main. Elle avait répondu oui et, croyez-le ou non, nous avions mangé toute la semaine, les enfants aussi, avec une commande d'épicerie de douze piastres qu'elle avait dû compter au fur et à mesure sur un bout de papier. Bien sûr qu'il y avait du Kraft Dinner, des macaronis en boîte Franco-Américain, du bœuf haché – et pas le plus maigre – avec lequel elle avait fait un ragoût de boulettes. Mais il y avait tout ce qu'il fallait pour les petits, même la tartinade préférée de Michel. À ce moment-là, toutefois, anéanti, meurtri et défait par cette vie de misère, j'avais réagi intérieurement dans un sursaut d'indignation. Il me fallait sortir de cette impasse le plus tôt possible, je n'en pouvais plus de tirer le diable par la queue, j'en avais assez de ces démonstrations et de ces avances de la part de femmes qui cherchaient plus souvent à me retirer mon pantalon qu'à glisser quelques dollars dans la poche de mon veston pour un collier bon marché. Oh! si j'avais voulu! Si seulement Jacques et moi avions cédé! Mais c'étaient des bijoux que nous avions à vendre... Or, après avoir retrouvé mes esprits, j'ai écrit à la compagnie de souhaits à Toronto afin de me rappeler à leur bon souvenir et leur offrir, par le fait même, des textes et des poèmes pour leurs cartes. Malheureusement, Ross Wood, mon ex-patron que j'aimais tant et sur lequel je misais pour un coup de pouce, n'était plus à leur emploi. Et c'est à ce moment-là que je l'ai perdu de vue... J'avais encore son adresse, mais la maison avait été vendue... Peine perdue!

Néanmoins, un des nouveaux dirigeants de la compagnie de cartes de souhaits qui allait venir à Montréal prochainement me demanda s'il pouvait me rencontrer. J'acceptai de bon gré et je lui donnai rendez-vous dans l'entrée principale de Dupuis Frères, rue Sainte-Catherine. Je n'oublierai jamais cette rencontre qui m'avait tenu réveillé toute la nuit. Ah! cette anxiété! Il s'amena avec un autre homme, sans doute son adjoint, et ils m'invitèrent à prendre un café à quelques pas de là. Puis, sans préambule, il me remit une boîte que le jeune collègue tenait sur ses genoux. Le grand rouquin m'avait dit en anglais : « On va te remettre douze cartes différentes que tu devras remplir de textes appropriés et, si nous aimons ce que tu écris, nous t'en enverrons plusieurs par la suite. » Condescendant, il avait ajouté que, même si ces premiers textes s'avéraient bons et qu'ils les gardaient, je n'allais pas être payé, c'était un test, tout simplement. N'importe quoi ! Tout… mieux que rien ! Je ne me suis pas obstiné et, de retour chez moi, j'avais entrepris le soir même, sur un coin de la table de la cuisine, la composition de textes pour des cartes de condoléances, de fêtes des Mères, des pères, de mariage, de baptême, des textes humoristiques aussi, et j'en passe ! Une bonne vingtaine, devrais-je dire, parce que, parfois, je soumettais deux textes pour la même carte. J'ai relevé le défi en trois soirs pour ensuite poster le tout dans un advienne que pourra. À Toronto, après étude de mes textes, on me téléphona pour m'annoncer que je serais leur seul et unique « composer » ou « writer » désormais, je ne me souviens plus du terme exact, et qu'un graphiste allait entrer en contact avec moi pour le lettrage qu'il ferait à la main de mes textes. Un dénommé Yvon Provost, que j'ai gardé comme ami toute ma vie. Un artiste peintre émérite et de renom maintenant. Or, deux jours plus tard, je recevais cinquante cartes à composer. On me payait deux dollars la carte, que je ponde cinq ou sept lignes, que ce soit un court texte ou un long poème. Ce qui était très équitable pour moi, quoique ces colis n'arrivaient pas chaque semaine. Je pouvais rester quinze jours ou trois semaines sans nouvelles d'eux et, soudainement, recevoir une dizaine de cartes. Difficile d'établir un budget avec des petits montants éparpillés, mais Micheline y parvenait. Pour joindre les deux bouts encore plus, nous avions loué la chambre arrière de notre logement à Huguette – ex-flamme d'un de mes beaux-frères – qui adorait Michel avec qui elle jouait sans cesse. Après son long séjour, une autre ex-amie du même beau-frère a pris la relève jusqu'au jour de son mariage et, avec ce surplus d'argent, nous avons remonté un peu la côte, tout en versant les dix dollars par mois que je devais à la banque pour l'emprunt forcé... du *payroll*!

En juin de la même année, mon père est décédé de sa paralysie avec laquelle il vivait depuis dix ans. La deuxième neuvaine à Marie-Reine-des-Cœurs avait finalement été exaucée, le cœur avait cédé. Ça tombait mal, par contre, personne n'avait d'argent pour l'enterrer. C'est mon frère Pierre qui s'en est chargé, mais je me demande encore comment il avait pu rédiger un chèque de la défunte entreprise... J'avais deviné juste, le chèque n'avait pas été honoré, mais mon père reposait dans son cercueil, au cimetière, avec sa mère et son frère, et personne ne l'en avait délogé pour autant.

J'avais vingt-six ans, bientôt vingt-sept, et je n'avais vraiment rien de solide devant moi, les emplois n'étant pas faciles à trouver. Je n'avais pas de hautes études, aucune expérience particulière dans d'autres domaines et je ne tenais pas à reprendre la route avec des échantillons pour une firme concurrente. Mon frère André eut l'idée de louer un petit local et de partir une entreprise de boutons de manchettes avec Jacques et moi, si je voulais bien me joindre à eux. J'acceptai de faire partie de la bande, n'ayant rien trouvé de mieux, et le petit local de la rue Papineau, un sous-sol étroit, fit bientôt place à un autre plus adéquat sur la rue Fleury, angle Meunier. Disons que ça marchait bien, que je pouvais au moins compter sur une paye et que nous étions encore « en affaires ». Entre-temps, Micheline avait trouvé un emploi de soir à Bell Canada, au 411 plus précisément. Donc, lorsque je rentrais vers quatre heures de l'après-midi, elle partait pour être au poste de cinq heures à minuit. Ce relais de chaque jour faisait que les enfants étaient toujours avec maman ou papa. Lorsque j'avais à m'absenter, je les laissais aux bons soins de notre jeune gardienne de dix-sept ans, Yolande Vachon, que les petits adoraient. Ma belle-mère et ma petite belle-sœur, Françoise, venaient aussi nous dépanner, ce qui faisait que les enfants avaient toujours un visage familier pour les entourer. Le petit commerce marchait assez bien, mais pas suffisamment pour que nous puissions songer à des projets personnels avec ce que nous gagnions. C'était quand même la fin de la période des vaches maigres. Avec mon modeste salaire et celui de Micheline, nous pouvions faire de plus gros marchés, payer le loyer au complet, changer la Pontiac pour une Plymouth, usagée aussi, mais plus récente, et aller à la campagne l'été, au chalet que j'avais loué cette année-là, à Saint-Calixte. Nous avions délaissé les clubs de nuit, nous allions plutôt au restaurant avec nos amis voisins, Céline et Lauréat, ou à la Comédie-Canadienne où plusieurs artistes de l'époque se produisaient. Il nous arrivait aussi d'aller à la boîte à chansons du Café Saint-Jacques où Rina Ketty avait fait de beaux jours, ou, après une dure semaine, me rendre *Chez Clairette* avec mon frère, André. Endroit où j'avais eu l'honneur d'entendre un soir Jacques Brel en personne qui m'avait offert son plus beau sourire. Dieu que j'avais été ému ! Brel, là, devant moi ! Et il m'avait remarqué à deux tables près de son micro. Je me sentais privilégié, je l'écoutais chanter *La valse à mille temps* pour ensuite enchaîner avec *Quand on n'a que l'amour*, et je pensais à Micheline qui, en congé ce soir-là, m'attendait avec les enfants, heureuse que je me défoule un peu avec l'anxiété que je vivais. Chère femme, qui pensait beaucoup plus souvent à moi qu'à elle.

Donc, tout roulait, souvent sur des rails un peu croches, mais je ne m'en faisais pas, j'étais dompté. *Advienne que pourra*, me disais-je. *Ça ne peut pas être pire que la première fois.* Hélas, comme la mode des boutons de manchettes avait tendance à disparaître avec les poignets simples des chemises, de nouveau en vogue, nous avons commencé à éprouver des difficultés. André se mit donc en tête de transformer le commerce en magasin de détail où nous vendions maintenant des diamants et de l'or sous toutes ses formes. Des gourmettes, des bracelets, des torsades, bref, des breloques de toutes sortes, la tendance était forte à ce moment-là. Une fois de plus, « on se débrouillait », mais j'étais toujours à salaire, Jacques aussi, avec un revenu pas très élevé. André, avec une femme et cinq enfants, en profitait sans doute davantage, ce qu'on ne lui reprochait pas, il était celui qui avait songé à fonder cette entreprise. Toujours est-il qu'une fois de plus le commerce a fini par fermer ses portes. Cette fois, ce fut la séparation totale d'entre les frères. Chacun partit de son côté et André, de chez lui, opéra encore un commerce de ventes d'or et de diamants qui devait perdurer longtemps. Et, une fois de plus, j'ai été pris au piège ! Mon frère Jacques aussi ! André, qui s'était occupé de la comptabilité de la fabrique de boutons de manchettes et qui nous avait versé notre salaire, n'avait pas remis, aux paliers des gouvernements, les retenues qui leur revenaient. Ce qui nous a valu la méchante surprise d'avoir chacun, Jacques et moi, cinq mille dollars à remettre en impôts. Imaginez notre colère ! Dans mon cas, deux fois, deux frères ! C'était de la négligence, je le conçois, des oublis involontaires comme il nous l'assurait, mais il nous fallait remettre d'un seul coup ce que mon frère, le gestionnaire, aurait pu verser chaque mois. Il y avait des limites à devoir rembourser des montants que, dans le fond, nous ne devions pas. Nous lui avions fait confiance… Micheline et Salme, l'épouse estonienne de Jacques, étaient démoralisées. On se remettait à peine sur pied ! Encore chanceux que la Caisse populaire ait accepté de nous prêter le montant exigé par les gouvernements. Et je vous l'avoue, en toute honnêteté, ma relation avec mes frères, dans les deux cas, s'était effritée. Je m'étais juré… Mais comme j'ai le don d'oublier mes rancœurs dès que ça va mieux, j'ai rouvert ma porte et mon cœur à l'un comme à l'autre, après quelques saisons d'un noir silence.

1967, j'ai trente ans, le métro ouvre, les wagons roulent et ça nous prend à peine vingt minutes pour descendre au centre-ville, moi qui mettais deux heures en autobus lorsque je travaillais à l'édifice Amherst. On ne parle que de l'Expo, le maire Drapeau en est fier, ce sera l'événement de l'année. Les gens allaient venir de partout. Mon petit Michel, qui n'avait pas encore huit ans, tenait à avoir son passeport comme tous les autres. Je le lui ai acheté, ainsi qu'un autre pour moi, car Micheline ne comptait pas s'y rendre trop souvent avec la petite qui allait être moins attirée par les pavillons que par les petits manèges pour enfants du parc Belmont. Mon plus beau souvenir de 1967 n'en demeure pas moins l'Exposition universelle qui avait lieu à l'île Sainte-Hélène. Et c'est là que j'ai dépensé, avec mon fiston, le peu d'économies que j'avais de côté dans mon carnet bancaire. Nous avions chacun notre passeport et nous nous y rendions tous les deux jours, parfois plus souvent. Nous visitions tous les pavillons et Michel sortait chaque fois enchanté de voir le nom d'un autre pays tamponné dans son passeport. À bien y penser, j'étais un bon père ! Pour un homme qui n'avait jamais eu d'exemples sous les yeux, j'étais très dévoué pour mes petits. Ces passeports, payés trente-cinq dollars chacun, mon fils et moi les avons présentés à de nombreux pays : le Canada, la Guyane, la Yougoslavie, les États-Unis, la France, la Tunisie… et j'en oublie ! Ils étaient tellement remplis que le Kenya n'avait réussi à trouver sa place que tassé dans le bas d'une page. Mais Michel était si content, il montrait chaque soir à sa mère les noms qui s'y ajoutaient. Micheline nous accompagnait parfois avec notre petite Sylvie qui, du haut de ses cinq ans, aimait bien le Monorail, mais pour un tour seulement.

Sur le plan des finances, ça roulait au gré des rentrées et des sorties d'argent. Les années qui suivirent furent en dents de scie, mais nous parvenions à ne pas priver les enfants de quoi que ce soit, jouets inclus, et à avoir constamment une table bien garnie et quelques bières dans le frigo. Je composais encore des textes pour les cartes, maintenant à cinq dollars le souhait, mais c'était irrégulier. Micheline, qui gagnait un assez bon salaire à Bell Canada, avait un meilleur horaire depuis que Michel allait à l'école et que je gardais Sylvie.

Disons qu'on « s'arrangeait », ma femme et moi, pour employer un terme à la mode. Nous recevions de la visite, des habitués la plupart du temps, comme Rachel, nièce de Micheline, et son fiancé Enzo, qu'elle allait épouser bientôt. Nous sortions le jeu de cartes de l'armoire et nous passions des soirées agréables avec eux. Nous allions chez mon frère Jacques et son épouse. Jacques jouait du piano et, comme Micheline adorait la musique classique, il la comblait avec les œuvres de Chopin et le *Clair de Lune* de Debussy, sa pièce préférée. Nous menions une petite vie bien tranquille. Une vie de couple des années 1960 comme tant d'autres, avec des différends parfois, des obstinations aussi, mais avec de l'amour dans le cœur l'un pour l'autre.

Quelques saisons, une année de plus, et une autre tuile allait cependant nous tomber sur la tête. Encore ! Tout allait trop bien, je crois ! Monsieur Fauvel, notre propriétaire, avait vendu son duplex à une dame qui avait décidé d'habiter le bas et de louer le haut à sa fille. Ce qui voulait dire que Marcel, Gisèle et leurs sept enfants allaient être obligés de déménager. Nous également. Quel drame ! Malgré tout, mon beau-frère eut la chance de trouver une maison sur la rue Prieur, avec un loyer plus élevé à payer, mais comme la mère de sa femme habitait avec eux, ils allaient se tirer d'affaire. De mon côté, j'ai cherché partout dans le quartier sans rien trouver. Il n'était pas facile, à la fin des années soixante, de trouver un logement avec deux enfants. Plusieurs nous refusaient à cause de nos petits ! Ils étaient pourtant de bons enfants, mais il aurait fallu qu'ils « marchent sur la tête » pour ne pas déranger le proprio qui habitait en bas. Nous avons fini par trouver, à Chomedey, un logis de cinq pièces, un autre haut de duplex, avec un petit balcon en avant, rien de plus. Sur une avenue si tranquille que le soir, je m'ennuyais. Les proprios, monsieur et madame Morency, nous avaient cependant bien accueillis et Michel et Sylvie trouvèrent des amis en Yves et Johanne, les deux enfants du couple. Ça faisait néanmoins beaucoup plus loin pour Micheline pour se rendre à son travail, et je lui disais pour l'encourager : « Ne t'en fais pas, dès que je trouverai un emploi, on va acheter. » Mais j'avais beau le chercher, ce fameux emploi, je ne trouvais rien. Je composais des poèmes pour les cartes, mes tarifs augmentaient, j'en étais maintenant à dix dollars le texte. Ce qui me permettait de payer le loyer et d'habiller les enfants. Micheline, avec son salaire, s'occupait de tout le reste. Nous sortions peu, sauf pour aller chez ma mère ou la sienne ou encore visiter nos amis ou la parenté. Nous avions une voiture, mais le hic, c'était que Micheline ne conduisait pas. Du moins pas encore. Elle n'a appris à conduire que quelques années plus tard, ce qui a fait d'elle une « conductrice peureuse et lente », mais prudente. Nous habitions donc à Laval, quartier Chomedey, paroisse Saint-Maxime, et les enfants avaient terminé leur année scolaire à une nouvelle école. Ce qui était désagréable pour les enfants de cette époque, avec les déménagements au mois de mai. Personne n'avait encore songé à changer les baux de juillet à juillet, ou à trois mois d'avis comme ça se faisait ailleurs...

L'été s'amena et, comme nous n'avions pas reloué le chalet de Saint-Calixte, Micheline se rendit à celui de sa sœur à Saint-Rémi-d'Amherst, pour y passer ses vacances avec les enfants. Puis, pour des fins de semaine de plus en plus régulièrement. Je suivais de temps à autre mais, la plupart du temps, je restais en ville pour mon travail temporaire, les cartes de souhaits, ou pour recommander des gens à mon frère afin d'encaisser le pourcentage de commission que ça me rapportait. La bonne entente était revenue entre nous. Cordiale, mais suffisamment solidaire. André avait maintenant une maison à Laval, pas loin de notre logis, et nous allions avec les petits nous baigner dans sa piscine... creusée ! Faut dire que la vie semblait lui avoir réussi, lui ! Avide de gains, il passait sept jours par semaine à recevoir des clients chez lui, d'où il travaillait. Aucun voyage en vue, très casanier, peu de déplacements, ses cinq enfants aux études et son confort chez lui, nulle part ailleurs. Mais c'était là son choix et comme sa femme ne s'en plaignait pas... Micheline et moi avons traversé l'automne avec une certaine mélancolie. Habitués au boulevard Saint-Laurent où il y avait un brouhaha pour ne pas dire un vacarme continuel, nous avions de la difficulté à nous adapter à ce silence quasi total de la 65ᵉ Avenue. Pas un chat ne passait, peu d'autos... Nous en étions même à nous plaindre de l'accalmie après avoir traversé tant d'orages! C'était bête, non? Et pourtant, la nouvelle décennie qui allait se lever nous réservait un autre baluchon d'épreuves... que je trouve pénibles à revivre sur papier.

Chapitre 4

Juillet 1970, Micheline et les enfants étaient en vacances au chalet de Gisèle et Gabriel à Saint-Rémi-d'Amherst. J'y étais allé souvent en juin, j'avais même peint sur la façade arrière du chalet Blanche-Neige et les sept nains. Ce qui m'avait valu l'admiration des enfants et les attaques... des mouches noires! Démontrant un talent inné depuis mon jeune âge, j'avais pris des photos de ces personnages que je conserve encore dans un album. Mon beau-frère a gardé le « conte de fées » jusqu'au moment où la peinture a commencé à s'écailler et qu'il lui a fallu repeindre les murs.

En ce mois de juillet passablement chaud, je m'y étais rendu pour voir Micheline et les enfants. Tout allait bien pour eux, ils profitaient du bel été et des baignades à Brébeuf, non loin de là, dans le lac derrière le chalet des Bénard, amis de la famille. Or, de retour chez moi, le nez dans mes cartes de souhaits, je travaillais pour gagner ma pitance. C'était l'époque des trente-six métiers, trente-six misères ! À vrai dire, je prenais tout ce qui passait : la vente de bijoux, les clients référés à mon frère, les textes à écrire et j'en oublie, en attendant... l'emploi exceptionnel ! Vendredi soir, je reçois un appel de Micheline qui me dit que Michel n'est pas bien, qu'il a beaucoup maigri en l'espace d'une semaine et qu'il est sans cesse fatigué. Étonné, je lui promis d'arriver plus tôt que prévu le lendemain pour constater de visu ce qui n'allait pas avec mon petit gars.

J'ai jonglé toute la nuit, je m'en souviens, je tentais de deviner, mais en vain. Ça ne semblait pas tellement sérieux selon sa mère, mais ce qui m'inquiétait, c'était cet amaigrissement soudain dont elle parlait. Refusait-il de manger ? Mais non, il mangeait tout autant, m'avait dit Micheline. Et il avait soif constamment. Je réussis tant bien que mal à fermer l'œil au petit jour, mais pour une heure ou deux seulement. Puis, après la douche matinale et un bref déjeuner, je me suis habillé et j'ai pesé sur l'accélérateur en direction de Saint-Rémi-d'Amherst. C'était quand même à quatre-vingt-dix milles de Montréal ! J'y suis arrivé en fin de matinée et le petit, affaissé dans un fauteuil, m'inquiéta grandement. En une semaine, il avait maigri à en faire peur ! J'ai dit à Micheline : « Reste ici avec Sylvie, lui, je l'emmène en ville voir un docteur ! » En cours de route, je suis arrêté dans un restaurant afin de lui acheter une boisson gazeuse. Un Cream Soda, ça me revient ! Sans le savoir, je lui ai peut-être sauvé la vie avec ce breuvage-là, car ragaillardi quelque peu, il semblait plus en forme qu'au départ du chalet. Mais ce que je ne savais pas et que j'allais apprendre assez vite, c'est que Michel était devenu diabétique.

Bête comme ça ! Sournoisement ! À dix ans seulement ! Un assommoir pour moi, un immense chagrin pour Micheline. Comment cela se pouvait-il ? C'était pourtant simple, c'était un diabète juvénile accidentel. Trois ans plus tôt, alors que les enfants avaient souffert des oreillons, Michel avait eu une complication au pancréas. Le docteur Tellier, le médecin qui le soignait, m'avait dit : « Ne vous surprenez pas si dans deux ou trois ans, votre fils devient diabétique. Peut-être que non, mais ça pourrait arriver. C'est bien souvent la conséquence d'une pancréatite. » Revenant à Michel, c'est avec le cœur en morceaux que j'ai vu l'infirmière lui désigner un lit à l'hôpital Sainte-Justine. Il y avait là d'autres enfants avec le même mal que le sien et d'autres aux prises avec des maladies beaucoup plus graves, mais nous n'avions d'yeux que pour lui. Micheline, venue me rejoindre à l'hôpital était bouleversée. Comment se pouvait-il que le Ciel nous éprouve encore ? Et par le biais d'un pauvre petit qui n'avait pas à être pris en otage de la sorte… par le bon Dieu ! Oui, oui, vous avez bien lu, ma révolte à ce moment-là est montée jusqu'à Lui ! Puis, graduellement, voyant que Michel s'adaptait plus que nous à son état, à l'insuline, à cette nouvelle vie, j'ai accepté peu à peu ce que mon petit gars tolérait mieux que moi et, tout en l'épaulant, j'ai remis son sort entre ses mains de jeune guerrier. Ce que Micheline n'a jamais pu faire ! *Mère un jour, mère toujours*, selon l'adage, elle s'est inquiétée jour et nuit de « son gars », comme elle le désignait, sans jamais lui faire entièrement confiance. Pour elle, Michel était encore petit, quoique grand. Elle l'avait sans cesse à l'œil et elle s'emportait contre une dose d'insuline injectée en retard, tout comme d'un réveil tardif ou d'une rentrée passée l'heure, même à l'adolescence. Et plus tard encore… Lorsque le ciel nous était tombé sur la tête avec sa maladie, elle en vint même, involontairement, à oublier la petite, n'ayant de fixation que sur lui. Je lui avais dit : « Micheline, il y a Sylvie aussi… Je sais que Michel traverse un dur moment, mais ce n'est pas parce qu'elle est en santé que l'on doit négliger la petite. » Elle avait levé ses yeux embués de larmes sur moi pour me répondre : « Elle ne manque de rien... Et prends donc la relève avec elle pendant que je me dévoue pour lui. Tu as deux bras, toi aussi, non ? » Et vlan ! J'avais eu sa réplique ! Elle n'avait pas tout à fait tort. C'est comme si je l'avais regardée faire sans réagir. Sentant qu'elle avait été outrée de ma remarque, je n'ajoutai rien et je pris charge de la petite qui, câlinée et choyée comme au temps où elle suçait son pouce, retrouva peu à peu le sourire.

Septembre s'amena, l'école avait recommencé et nous anticipions un reste d'année tranquille, même si Micheline, les yeux sans cesse sur notre fils, s'inquiétait encore... et à tort ! Il était si solide du haut de ses dix ans, si sûr de lui, qu'il ne voulait pas qu'on s'apitoie sur son sort, encore moins qu'on en parle. Il avait refusé de porter le bracelet attestant sa maladie et ce n'est qu'à force de pourparlers qu'il avait accepté de porter, sous sa camisole, une médaille en or que j'avais fait graver. Sa maladie, son diabète, c'était à lui... Non pas qu'il se sentait le seul sur terre avec ce mal dépendant de l'insuline, mais la consigne était donnée, il ne fallait pas en parler. J'ai toujours respecté son choix, ma femme aussi, mais je n'ai jamais réussi à lui arracher le « pourquoi » d'une telle discrétion. Je lui parlais du joueur de hockey, Bobby Clark, qui, malgré son diabète, était entièrement ouvert aux autres. Il s'en foutait ! En ce qui le concernait, dans son cas à lui, c'était « privé ». Et j'ai peu à peu compris qu'il se sentait diminué, à part des autres avec ce mal incurable. Je lui vantais les mérites de l'insuline, je lui disais qu'avant la découverte des docteurs Banting et Best, il n'aurait pas survécu, il faisait la sourde oreille...

Octobre, novembre, et Micheline était souffrante. Un terrible mal de dos qui l'empêchait même de marcher. On lui donnait des anti-inflammatoires, mais ça ne changeait rien, le mal restait stable. J'étais à peu près certain que ce problème venait du stress vécu ces derniers temps, de ses nuits blanches à cause du petit, de ses larmes trop souvent retenues… Elle était si tendue depuis la fin de l'été. De mon côté, j'avais vu un médecin à cause de maux au foie. Il m'avait dit après avoir regardé les radiographies: « C'est la vésicule biliaire, monsieur, il va nous falloir l'enlever. Et tant qu'à y être, nous allons aussi retirer l'appendice, pour ne pas avoir à le faire plus tard. » J'avais protesté: « Voyons donc! La vésicule à mon âge! Des pierres… » Il m'avait interrompu: « Vous avez sans doute plus de pierres que vous avez d'années sur les épaules. Vous voulez parier? » Non, je n'ai pas gagé, j'aurais perdu. Mais je ne tenais pas à être opéré avant l'an prochain, parce que je n'avais pas les moyens de défrayer un tel coût et que le nouveau plan médical du ministre Castonguay allait entrer en vigueur en janvier 1971. Je me ferais donc opérer « pour rien » comme on disait, « gratuitement » pour être exact et je souhaitais être parmi les premiers sur la liste. De plus, avec le mal de dos qui affectait Micheline, je ne voulais pas l'angoisser davantage avec cette éventualité. Je ne lui ai même pas parlé du diagnostic du médecin, je voulais qu'elle décompresse de son côté. Dans mon cas, il était évident que l'anxiété et l'angoisse ne m'avaient aidé en rien, mais les excès de table et de vin en ces années permissives n'avaient pas non plus aidé ma vésicule… à évacuer sa bile!

N'allez pas croire que 1970 allait s'en aller sans faire de bruit… Pas pour nous. C'était une année infernale qui n'avait pas encore dit son dernier mot. À l'horizon? Un drame épouvantable! Le fait d'en faire la narration, moi qui avais tourné la page, me redonne les frissons de ce triste événement. En novembre, le 30 plus précisément, j'étais allé chercher ma belle-mère chez elle pour qu'elle passe la soirée avec Micheline qui avait peine à se déplacer. Nous comptions même la garder à coucher puisque Micheline devait subir une ponction lombaire le lendemain matin à la clinique de l'hôpital. Comme je devais travailler au bureau de mon frère, ce soir-là, j'étais allé quérir belle-maman après le souper pour l'emmener à Chomedey. Toujours empressée, dès que rendue chez nous, madame Landry avait remis son manteau pour rentrer les quelques vêtements qui étaient encore sur la corde à linge. Micheline lui avait dit de n'en rien faire, qu'il faisait noir, qu'il faisait froid, que je m'en chargerais à mon retour, mais belle-maman, sans l'écouter, ouvrit la porte et, la refermant derrière elle, s'avança sur le petit balcon en direction de la corde qui donnait sur l'escalier en spirale. Les minutes passaient et elle ne rentrait pas, ce qui alarma Micheline qui se traîna jusqu'au balcon pour se rendre compte que sa mère n'était plus là. Un regard de côté et elle aperçut la corde brisée qui se balançait dans le vide avec les vêtements encore accrochés. Tremblant de tous ses membres, elle appela : « Maman ! Maman ! », mais aucune réponse ne vint. Comme il faisait noir, elle demanda aux enfants de ne pas la suivre et réussit tant bien que mal à sortir sur le balcon pour regarder en bas et apercevoir sa mère gisant sur un carré de ciment. Le seul carré pavé de cette vaste pelouse. Elle cria de toutes ses forces et la propriétaire, qui habitait en bas, ouvrit la lumière, sortit, et aperçut la pauvre femme baignant dans son sang. Regardant en haut, elle vit Micheline qui, debout, accrochée aux barreaux du balcon, hurlait dans ses sanglots : « Appelez l'ambulance ! Elle est tombée ! Oh ! non ! Maman ! Maman ! » Les enfants, sans rien voir, étaient figés dans la cuisine. Ils sentaient que quelque chose de grave se passait… Mais Micheline les tenait à l'écart pour leur éviter la scène tragique. Les ambulanciers arrivèrent en trombe, on transporta madame Landry à l'hôpital du Sacré-Cœur et, avisé de l'accident par téléphone, je m'y rendis à toute vitesse pour entendre un médecin dire à un autre : « Elle est morte. » Je me suis effondré sur une chaise, je tremblais de tous mes membres, je pleurais, je me tenais le cœur... Et c'est moi qui ai eu à apprendre à Micheline, à l'insu des enfants, que sa mère était décédée, qu'ils n'avaient rien pu faire pour la sauver. Après avoir failli s'évanouir, elle avait fondu en larmes dans mes bras pour ensuite s'agripper à ma chemise en hurlant : « Mais, qu'est-ce qu'on a fait au bon Dieu ? »

Un drame effroyable que mes enfants n'ont jamais oublié. Yolande, l'épouse de mon frère, était venue les chercher pour en prendre soin. Puis ce fut la crise d'hystérie de mon beau-frère Gilles qui, arrivé à l'hôpital, se roulait par terre. Les pleurs de Gisèle, de Louis, de Françoise, de Gérard, de Marcel, d'Edmond, et le grand désarroi de mon beau-père qui, muet devant une fin aussi brutale, une mort aussi violente, pleura sa femme en silence. Nous avions passé outre à la ponction lombaire du lendemain et, fait curieux, sous l'effort déployé pour secourir sa mère, sous le choc terrible de l'accident, c'était comme si le mal étrange de Micheline s'était dissipé. Sa mère l'avait-elle emporté avec elle dans sa tombe ? Seul le Ciel pouvait répondre.

Noël, sans contredit, fut bien triste cette année-là et Micheline, blottie contre ma poitrine, se réchauffait au rythme des battements de mon cœur. Je n'étais pourtant pas fort, mon mal de foie avait empiré avec ces bouleversements, mais je me souviens que, la veille du jour de l'An, j'avais mangé des pâtés de porc de ma belle-sœur Annette, puis bu de la bière, du rye, du vin et de la crème de menthe, pour ensuite dire à Micheline, consciente maintenant de mon état de santé et de ce qui m'attendait : « Je vais me payer une bonne crise cette nuit ! La vésicule va risquer d'éclater, ils ne vont pas m'opérer pour rien ! » L'excès était sans doute dû à une vive réaction aux vicissitudes de la vie. À un certain désir de vengeance face à l'écœurement subi... Peut-être que oui, peut-être que non, je ne sais trop, j'étais dans un état second. Mais comme Micheline avait quitté le logis pour aller habiter avec son père qui, seul, se sentait bien démuni, j'étais momentanément séparé d'elle et des enfants. Ce qui n'aidait en rien le creux de vague que je traversais. Alors, n'en pouvant plus, même si nous allions être à l'étroit, j'étais allé la rejoindre. Pour la réconforter, pour lui démontrer qu'elle pouvait compter sur moi et pour lui murmurer à l'oreille que je l'aimais. Sans faire de bruit... Parce que dans la chambre d'à côté nos enfants dormaient. Comme deux petits anges qu'on ne voulait pas réveiller.

Puisses-tu épargner mon faible cœur de tous les sanglots qu'il a versés. Je m'adressais à l'année qui se levait en traçant ces quelques mots, en guise de prière, sur la première page de mon journal intime de 1971. Je voyais Micheline pleurer sa mère en silence et ça me bouleversait. Je voyais mes enfants qui, chez leur grand-père où ils habitaient maintenant, ne recevait pas d'affection de ce dernier qui souffrait encore de la perte de sa tendre moitié. Micheline n'était pas revenue à Chomedey ; elle était incapable de revoir cette maison où le drame s'était déroulé. Nous habitions chez son père, nous étions à l'étroit, mais ma femme croyait lui devoir ce dévouement puisque sa femme était morte... à cause d'elle ! Elle a longtemps culpabilisé, elle revivait sans cesse le soir où, sortie sur le balcon pour enlever les vêtements sur la corde à linge, sa mère n'était jamais rentrée. À force de patience et de bonnes paroles, j'ai fini par lui faire accepter la fatalité, l'assurer que c'était là le destin de sa pauvre mère, aussi cruel fût-il, et que personne de la famille ne la blâmait de cette mort accidentelle inattendue.

Il faisait froid en ce mois de janvier 1971 et j'étais entré à l'hôpital Fleury avec les premiers bénéficiaires du régime Castonguay, pour être opéré... sans payer! De ma fenêtre du septième étage, je n'avais d'images que celles du passé. Surtout de la dernière année. Je revoyais mon petit Michel à l'hôpital Sainte-Justine, je distinguais ma femme dans son fauteuil, incapable de bouger jusqu'à ce qu'une espèce de miracle lui donne la force de se «lever», alors que sa mère était «tombée». Quelle étrange antithèse! Je revoyais le visage inondé de larmes de Micheline, les enfants encore figés à mon arrivée... Marqué par cette tragédie de fin d'année, dans ma petite chambre privée aux quatre murs blancs, je fermais les yeux et les rouvrais pour essuyer une larme tombée durant ce bref rappel qui me trouait encore le cœur. Ce qui me faisait plus mal que les pierres qui tentaient de défoncer ma vésicule!

On m'a opéré, et le docteur Beauregard avait raison. J'avais trente-huit pierres à la vésicule, quatre de plus que mon âge, et de la grosseur d'un pois. Mais ce jour-là, quelles atroces souffrances après le réveil difficile. L'appendice en plus! Mon seuil de douleur élevé a certes contribué à amoindrir les déchirements, mais si j'ai pu, entubé, contrer ainsi le mal, c'est parce que j'avais la main de Micheline dans la mienne. C'est elle qui fut le baume sur ma plaie ce jour-là. Le soir, les visiteurs affluèrent, mais c'était trop tôt. J'avais mal, j'avais des nausées, j'avais peine à parler et, à ce moment-là, on fumait dans les chambres des patients. Imaginez! En janvier, les fenêtres fermées, et cette fumée de tout un chacun qui me provoquait des haut-le-cœur. Si forts que je chuchotai à l'oreille de mon infirmière: «Faites-les partir. Tous! Sauf ma femme.» Ce qu'elle fit avec doigté et, douze minutes plus tard, je me rendormais avec, dans le cœur, le sourire que Micheline m'avait offert en me massant l'avant-bras. Il a fait de plus en plus froid cette semaine-là, si bien que le 12 janvier, à dix ou quinze degrés sous zéro, seul mon brave neveu Georges avait traversé la ville et la tempête pour être à mon chevet. Au bon moment, j'avais le moral dans les talons ce soir-là.

J'ai enfin pu quitter l'hôpital, regagner la maison du beau-père et retrouver les enfants qui m'attendaient à bras ouverts. Surtout la petite, car il est dit, et c'est vrai, qu'une petite fille est plus près de son père que de sa mère. Toutefois, après deux ou trois jours de ce séjour, j'avisai Micheline que je devais poursuivre ma convalescence à Chomedey. Pourquoi ? Parce que mon beau-père fumait la pipe qu'il bourrait de gros tabac fort et que l'odeur me donnait des nausées. J'étais encore fragile, je dormais peu, je mangeais peu, et ces relents de tabac qui empestaient le logement... On ne pouvait quand même pas l'empêcher de fumer sa pipe, le pauvre homme, il était chez lui et, avec ce qu'il venait de traverser... Je décidai donc de retourner à Chomedey. Entre-temps, durant mon séjour à l'hôpital, mon professeur d'antan, J.-Donat Tourigny, avait rendu l'âme sans que je puisse aller lui rendre un dernier hommage. Ce brave instituteur qui m'avait enseigné la littérature, le latin, le français, la poésie, la liturgie, l'histoire... Celui qui m'avait prédit que je vivrais un jour de ma plume, après avoir lu mon manuscrit *Maître de son destin* que je lui avais présenté lorsque j'avais treize ans. Il venait de mourir à quatre-vingt-treize ans ! Un âge plus que vénérable ! Sans lui, sans sa confiance en moi, je ne serais jamais devenu celui que j'allais devenir plus tard.

De retour chez moi à Chomedey, la première nuit j'ai dormi, mais d'un sommeil étrange. Il me semblait revenir de loin. Anxieux, angoissé, était-ce le second choc dû à l'intervention? Micheline s'en rendait compte au bout du fil, mais elle ne disait rien. Elle me percevait... en silence! Lors de nos rencontres, je sentais néanmoins que son regard me soutenait. Lorsque plus en forme je quittai enfin mon refuge pour la retrouver chez son père, j'ai senti que son cœur battait fort, que je la rassurais.

À la Saint-Valentin, j'avais offert à Micheline un flacon de *Fleurs de Rocaille*, son parfum préféré. Michel, pour sa part, avait acheté à sa mère une boîte de chocolats en forme de cœur. Il avait dépensé tout son argent de poche. Il avait même eu assez de monnaie pour rapporter un cadeau à sa petite sœur. Le soir même, j'avais écrit sur lui dans mon journal: *Cœur très généreux que le sien. Il sera sûrement sentimental.* Et l'accalmie régnait maintenant sous le toit de mon beau-père même si, dehors, les tempêtes poursuivaient leurs ravages. Chaque matin, je voyais avec rage... ma voiture engloutie sous la neige!

Lors de mon opération, j'avais demandé à mon chirurgien si je pouvais obtenir les pierres retirées de ma vésicule. Surpris, il avait agréé, se demandant bien ce que je voulais faire avec ces pierres que les infirmières avaient déposées dans un petit récipient pour le laboratoire. Avant mon départ, on me les avait remises telles qu'elles étaient, pas trop invitantes, dans un liquide gluant. Mais j'avais une idée en tête. J'avais attendu d'être à Chomedey pour téléphoner à mon frère Jacques et lui demander s'il pouvait me confectionner des boutons de manchettes avec ces pierres de ma vésicule. Il m'avait trouvé fou d'avoir pensé à une telle chose et il m'avait répondu: «Bien, si tu les laves et que tu les peins toi-même, je ne dis pas non...» Je m'étais donc mis en frais de les désinfecter, de bien les laver et de les peindre une à une en rouge et en noir. Minutieusement. Sans en échapper une seule et sans les presser avec mes doigts, car elles éclataient facilement. J'ai travaillé durant trois jours avec précision sur ces pierres et à la fin j'avais, dans un petit bocal, *Le Rouge et le Noir* de Stendhal, comme j'appelais « mon œuvre ». Je les remis à Jacques qui, avec un doigté exceptionnel, réussit à les monter sur une base plaquée or et à en faire des boutons de manchettes « exclusifs » que je déposai avec soin dans un écrin. Avec le surplus de pierres, il avait même conçu un petit fixe-cravate des deux mêmes tons. Je ne les ai portés qu'une fois, pour épater la galerie, et je n'ai plus osé les mettre à mes poignets de peur de les voir s'effriter. Personne n'avait le droit d'y toucher et, lorsque je demandais aux gens quelles étaient ces pierres, on me répondait : « des agates ? » ou « des rochets ? », jusqu'à ce que je leur dévoile que c'étaient les pierres de ma vésicule. Ce qui les émerveillait tout en les faisant reculer, il va sans dire. Plus tard, ces boutons de manchettes ont été illustrés dans le magazine *Elle et Lui* avec la mention : « Un douloureux souvenir » juste en dessous de la photo. J'ai encore ces boutons de manchettes, intacts dans leur écrin, dans un tiroir. Quand je les ai fait voir à mes petits-enfants en leur expliquant la provenance, ils avaient les yeux si grands ouverts que je me demandais si c'était par admiration pour les bijoux ou par le « drôle de bonhomme » qu'était leur grand-père. Impressionnés certes, mais en me regardant de travers… J'en souris encore.

À la fin de février, après de violentes tempêtes qu'on comparait à celles de 1890, notre petit Michel, sur ordre de son médecin, devait faire un autre séjour à Sainte-Justine à cause d'une déstabilisation de son diabète. J'avais le cœur serré comme dans un étau et Micheline, peinée, avait la larme à l'œil. Décidément, il nous fallait apprendre à vivre avec les épreuves, elles se succédaient aussi vite que les jours au sein de notre petite famille. Michel, pour sa part, ne semblait pas contrarié de retourner à l'hôpital, c'est nous qui étions angoissés. Pourtant, pauvre garçon, une très haute glycémie...

J'ai vécu le dernier jour de février 1971 à l'hôpital Sainte-Justine aux côtés de mon fils qui, malgré ma présence, était contrarié de l'absence de sa mère qui n'avait pu venir. Côté santé, pour lui, ça allait bien un jour, moins bien le lendemain. Après une journée entière passée avec lui, alors que j'étais prêt à partir, il m'avait demandé : « Est-ce que maman va venir demain ? » J'ai tristement compris que c'était elle qu'il désirait à ses côtés, pas moi. Il m'aimait bien, j'en conviens, mais c'était sa mère qu'il réclamait. Plus près d'elle que de moi ? Possible. Comme la plupart des petits gars ! Mais ça me chicotait parce que je l'aimais autant qu'elle...

Tempête catastrophique le 5 mars, Michel est encore à l'hôpital, mais il a compris, au bout du fil, que personne ne pouvait se déplacer par ce temps. Tôt le soir, les pieds dans nos pantoufles, nous comptions regarder *En pièces détachées*, de Michel Tremblay, à la télévision. Dehors, il ventait à écorner les bœufs et, la main de ma femme dans la mienne, je sentais que sa tête était ailleurs. Elle songeait à Michel constamment... *J'espère qu'ils prennent son taux de glycémie, il était trop bas hier...*

Je fis quelques pas en direction de la chambre de notre petite Sylvie et elle dormait comme un ange. Ce qui me rassura, car elle avait souvent l'habitude d'ouvrir les yeux pour voir si j'étais là. Je revins au salon et, regardant Micheline, je lui dis : « J'y vais, je m'en vais voir Michel, il avait le cœur en boule au téléphone. » N'écoutant que mon courage malgré les « Non, n'y va pas, ça n'a pas de sens... » de ma femme, j'enfilai mon parka, ma tuque, mes bottes et mes gants, et je suis parti dans le noir, au grand froid, pour me planter au coin de la rue et faire... du pouce ! Un premier samaritain qui rentrait de peine et de misère chez lui, m'a emmené jusqu'à Ville Saint-Laurent, ce qui n'était pas bien loin. Quelques minutes à faire encore du pouce et un brave camionneur m'a fait monter jusqu'à Outremont, ne pouvant se rendre plus loin, sa femme l'attendait. Là, j'ai gelé! Peu d'autos en vue, pas de restaurants tout près, nulle part pour me réchauffer. Quinze minutes sinon vingt, et une automobile se pointe et s'arrête. Un costaud, qui sans crainte bravait le temps, m'a pris en charge et qui, après lui avoir expliqué le but de mon déplacement par ce temps de chien, m'a dit: « Ça m'touche pas mal c'que tu m'dis là; j'vais t'emmener jusqu'à la porte de l'hôpital, pis j'reviendrai sur mes pas! » Quel brave homme que celui-là! Enfin, à la grande surprise de Michel qui semblait penaud dans son coin, je suis arrivé à discerner un vague sourire de satisfaction sur ses lèvres. Nous avons joué aux cartes tous les deux, nous avons causé avec le rondelet Gilbert, un jeune patient de son étage, en fauteuil roulant, qui nous faisait bien rire. Comme on lui avait permis de veiller plus tard, Michel avait accepté que je prenne enfin congé de lui et que je rentre à la maison. Les services d'autobus étaient rétablis, quoique très lents. J'aurais préféré sauter dans un taxi, mais il fallait en trouver un et, comme je n'en avais guère les moyens, j'ai choisi le transport en commun, même si j'ai mis deux heures pour rentrer chez moi. J'ai toujours pensé que notre fils aurait préféré voir surgir sa mère, ce soir-là. Mais, il s'est « contenté » de moi. « C'était mieux que rien, n'est-ce pas, mon grand? »

De toute façon, il en était toujours ainsi lorsque c'est moi qui arrivais à son chevet et non Micheline. Il en était ainsi et il allait en être sans cesse ainsi. Du moins, jusqu'au moment où il décida de prendre lui-même sa maladie en main. Jusqu'au moment où, adolescent, il lui avait dit: « M'man, laisse-moi m'arranger avec mon problème, maintenant. » Elle avait compris, pas moi. Parce qu'à moi, il n'avait rien dit. Qu'à sa mère, attentive mais envahissante. Qu'à sa mère, comme un enfant sans père ! Voilà ce que je ressentais en ces moments lointains. Avec les ans, avec la sagesse, j'ai compris que Micheline avait été beaucoup plus présente que moi au fil des jours. J'étais là dans les moments graves, mais pour le quotidien, pour les injections et le suivi, c'était elle... Il était donc normal qu'il ne s'adresse qu'à elle.

Les loisirs n'étaient pas nombreux pour le couple que nous formions. Faute de temps, faute d'argent, nous nous contentions de la télévision où nous avions vu, au cours de l'hiver, la pièce de John Steinbeck, *Des souris et des hommes*, dans le cadre des *Beaux Dimanches*. Pas de temps libre pour le cinéma ni pour les sorties tardives. À temps perdu, je composais tout doucement un recueil de poèmes, dont l'un d'eux, *L'arbre de Noël*, avait été publié dans le journal *Le Petit Monde*. Enfin, quelque chose d'autre que des souhaits pour les cartes ! Mais, ce qui comptait avant tout, c'était ce que Micheline et moi ressentions l'un pour l'autre. Avec les épreuves, le lien était encore plus fort. Comme si pleurer à deux solidifiait le verbe aimer que nous conjuguions à notre façon. Il était admirable de la voir s'occuper de son père et des enfants en même temps. Tout en allant gagner quelques dollars le soir comme téléphoniste à Bell Canada. Je prenais donc la relève auprès des enfants et je tentais de retrouver un état de santé convenable avec les quelques livres reprises et une image un peu moins hideuse... qu'avec les joues creuses !

Enfin, le bout du tunnel ! Gérard, frère de Micheline, et son épouse Ghislaine, un couple sans enfants, avaient accepté de venir vivre avec le paternel, alors que nous et notre petite famille irions habiter le haut du duplex de Gisèle et Gabriel, non loin de là, rue Poincaré, près de la voie ferrée. Quelle joie ! Un logement juste à nous après un si long partage. J'aimais bien mon beau-père, il était fort aimable avec moi, sauf que pour Micheline, avec un mari et deux enfants, c'était une dure corvée. Moi, ce qui ne me manquerait pas, il me faut le souligner, c'était l'odeur… de son gros tabac québécois !

Le mardi 27 avril 1971, j'ai emmené Michel au forum voir la partie de hockey entre les Canadiens et les North Stars du Minnesota. Moi qui n'aimais pas le hockey, j'ai applaudi autant que mon fils de voir les Canadiens remporter le match. Le sentir radieux, content, heureux me faisait tellement plaisir. Imaginez sa fierté de voir « en personne » ses joueurs préférés réaliser cet exploit. Que ne ferait-on pas pour son p'tit gars !

Le premier jour de mai, enfin, c'est le déménagement. Aidé de mes beaux-frères et de mes neveux, c'est la navette entre Chomedey et la rue Poincaré afin de tout déménager avec une remorque louée. Ce n'était pas le confort souhaité : quatre pièces et demie pour quatre personnes, nous allions certes être tassés, mais nous serions sous notre toit. Une nouvelle vie commençait pour Micheline et moi. Pas dans le grand luxe, mais dans l'amour l'un de l'autre, dans la joie de voir que les enfants heureux trouvaient « grand » ce logement, même si Michel devait coucher dans la petite entrée où était le téléviseur. Que lui importait donc ! Il allait se coucher plus tard ! Quand nous fermions l'appareil, il ouvrait le *hide a bed* sur lequel nous étions assis, et ça devenait son lit. Non, ce n'était pas grand, rue Poincaré, mais c'était, pour nos cœurs en convalescence, aussi vaste que l'univers.

Le lendemain du déménagement, comme pour clore le baluchon de nos déboires, une mauvaise nouvelle allait affliger la famille entière. Mon beau-frère Jean, époux de Françoise, décédait à l'hôpital des suites d'une pancréatite aiguë. Un beau-frère que j'aimais bien. Parti à vingt-sept ans! Laissant derrière lui une jeune épouse de vingt-six ans et une enfant de cinq ans. Quelle désolation!

Un pas plus loin et je me revois un certain soir, complètement découragé, alors que Micheline et sa sœur Françoise avaient emmené les enfants voir le spectacle sur glace *Disneyland* au forum. Abattu, accablé, presque déprimé parce que je n'avais aucun emploi en vue. Rien! Malgré mon piètre état, je trouvais la force et la prestance pour aller rencontrer les professeurs des enfants et j'étais content ensuite de venir leur transmettre les compliments de leurs enseignants ainsi que leurs bonnes notes. Dieu que j'étais fier d'eux! Beaucoup plus que de moi. Il m'arrivait de visiter ma mère, mais quelle déception chaque fois. Elle déblatérait sur le compte de sa sœur, de sa cousine, de la voisine, bref sur tout ce qui bougeait, et je sortais de chez elle la tête pleine de sa mauvaise volonté. Quand elle retrouvait sa bonne humeur, c'était pour me dire ce qu'une concurrente avait gagné à *The Price is Right* qu'elle regardait chaque matin, pour ensuite sourciller parce que la *Iris* de son *soap* préféré, *Another World*, avait fait un mauvais coup à sa belle-sœur. Pauvre mère! Jamais radieuse ni heureuse... Sans pour autant ouvrir son cœur sur ses déboires les plus secrets.

Micheline et moi avions regardé *La Piscine* à la télévision, un film avec Alain Delon. Les cinémas n'étaient plus à notre agenda. Non pas qu'on ne pouvait se payer un film au cinéma, mais avec les horaires de fous que nous avions tous deux, nous préférions rester à la maison avec les enfants. Le 6 décembre 1971, j'ai trente-cinq ans révolus! *Il faut que ma vie change!* avais-je pesé de ma plume dans mon journal intime, le soir venu. Et j'avais ajouté: *Je viens de naître aujourd'hui et je veux grandir cette fois, non dans la médiocrité, mais dans la célébrité.* Sans savoir qu'un jour… Le 23 décembre, ma mère fêtait ses soixante-six ans. En pleine forme ! Elle qui disait sans cesse, naguère : « J'vais m'écraser pis j'vais crever, et vous allez rester pris avec vot' père ! » Mais ce Noël qui arrivait, c'était pour les enfants. Que pour eux ! Pour leur rendre l'amour dont ils nous inondaient. Des cadeaux, des sourires, de la joie ; Michel passant autour de son cou la chaîne en or avec son signe du zodiaque, le Scorpion, Sylvie déballant le jeu *Les Grands Maîtres* qu'elle possède encore, d'autres présents… Le sapin scintillait, le bonheur s'écoulait d'heure en heure et, le soir venu, nous nous étions couchés plus tôt que de coutume. Comme dans les contes d'antan où les parents, bonnet de nuit sur la tête de la mère et le chandelier dans la main du père, regagnaient leur chambre en silence.

Le 28 août 1972, je me rendais, sur la recommandation d'une amie, à la Résidence Dorchester pour une entrevue en vertu d'un emploi dans l'administration. Je fais bonne impression, le salaire n'est pas élevé, qu'importe ! Mais je n'ai pas obtenu le poste. Pas assez d'expérience selon eux… Pas même auprès des malades, je ne m'y connaissais pas en gérontologie. Je n'en ai pas fait un drame, je trouvais l'endroit déprimant. Faute d'emploi, je me suis inscrit au collège André-Grasset afin de poursuivre des études entreprises plus tôt en psychologie. Mais pour être admis, il me fallait choisir un autre cours et le seul qui s'offrait à moi était la linguistique. J'ai accepté, je n'avais pas le choix, mais quels « emmerdements » que les monèmes fonctionnels, la sémantique et tout ce qui en découlait. À la fin de la longue session, j'ai réussi avec brio en psychologie et j'ai passé de justesse la linguistique ! Aussi curieux que cela puisse paraître, mon professeur de psychologie, monsieur Desbioles, un charmant Belge, m'avait dit en me remettant ma note : « Ce n'est pas une thèse sur le père et l'enfant, que vous m'avez remis, mais un superbe roman. Ma femme et moi en avons été très émus ! » Un autre qui venait me souligner à sa manière, comme monsieur Tourigny naguère, que j'allais vivre de ma plume, un jour. C'est bien pour dire… Entre-temps, ce qui était étrange, c'est que j'écrivais autre chose que des textes de souhaits. J'avais entrepris un recueil de poésie intitulé *L'encre de mon cerveau* qui contenait, à ce jour, une vingtaine de poèmes. Avant d'aller plus loin, j'avais téléphoné à la librairie Tranquille pour savoir comment procéder avec des éditeurs potentiels. Chanceux, je suis tombé sur Henri Tranquille lui-même qui m'écouta religieusement et qui me recommanda quelques maisons d'édition où soumettre mon manuscrit. Il avait été fort aimable avec moi, lui qui avait pourtant la réputation d'être impatient, voire intraitable.

En septembre, Micheline quittait Bell Canada. Elle n'en pouvait plus de cet horaire inqualifiable, de ce temps partiel qui ne la rémunérait guère, de ce qu'on lui offrait comme temps plein. Et de ces abonnés au bout du fil qui n'étaient pas toujours plaisants lorsqu'elle ne trouvait pas le numéro demandé. Elle était stressée, sous tension, son mal de dos avait refait surface et, avant qu'elle retombe inerte dans un fauteuil, j'étais soulagé de la voir se délivrer de la cause de sa santé encore hypothéquée. Mais je sentais qu'il me fallait trouver un emploi. Au plus vite ! Nous avions quelques économies, mais… Avec les cinquante-cinq dollars par semaine que Micheline recevait de l'assurance-chômage, le sertissage de pierreries, les cartes de souhaits et quelques ventes de bijoux parfois, nous arrivions à nous débrouiller. Nous étions maintenant en novembre, l'année tirait lentement à sa fin et, sur l'incitation d'un ami, je suis allé à la revue *La Consommatrice* où l'on cherchait un rédacteur. Enfin, dans un élément qui était plus de mon ressort! Mais aussi gentille fût-elle, la directrice m'avoua n'avoir pas les fonds pour me payer, du moins pour un certain temps. Travailler bénévolement? Tout de même!

J'ai trente-six ans et c'est avec peine que je vois mes trente-cinq ans s'envoler. Cet âge sur lequel je misais tant et qui ne m'a rien apporté... sauf des désillusions! Mais il y avait l'appui de Micheline, l'amour que nous ressentions l'un pour l'autre, la tendresse des enfants et l'avenir. J'avais ouvert mon journal intime à la page du 6 décembre 1972 pour y écrire ce soir-là: *Je vais reprendre ma quête d'emploi, je vais tenter d'effacer les mauvaises images de l'année et ne conserver que les bonnes. Je vais essayer de comprendre, de modifier ma vie. Je vais enfin tenter de vivre... pour vivre!*

Chapitre 5

Début 1973 et j'avais rendez-vous chez Dupuis Frères pour un emploi au salaire minimum que je refusai. J'avais quand même de l'ambition. Aussi bien prendre un poste de plongeur dans un restaurant, à ce prix-là! J'ai postulé à un autre emploi chez Benson & Hedges, mais j'y suis arrivé trop tard, le candidat avait été choisi. On allait garder mon CV dans un dossier, disait-on, au cas où... *Bullshit!* Ce qui ne m'empêcha pas de garder le sourire, d'aller patiner avec les enfants dans la cour arrière et de me plonger dans la biographie de Balzac, le soir venu. Néanmoins, j'avais enfin terminé mon recueil de poèmes, *L'encre de mon cerveau*. Fouillant par-ci, par-là dans l'annuaire téléphonique afin de voir qui publiait de la poésie, j'ai fait parvenir le manuscrit chez René Ferron éditeur et aux Grandes Éditions du Québec. Advienne que pourra! Un autre emploi en vue chez Simpsons cette fois. Je m'y rends, nous étions plusieurs et l'on a choisi une dame âgée qu'on payerait sûrement moins cher. *Bah! et puis, après?* me disais-je.

Je faisais mine d'être indifférent, mais ces refus m'obsédaient; j'avais tellement besoin de travailler. Pour me sortir de ce marasme, mon neveu Georges m'avait invité à la taverne Chez Pit pour une ou deux bières. Peut-être plus… Ce qui n'avait pas noyé mon désarroi, mais qui m'avait causé un « maudit » mal de tête! Micheline m'avait regardé de travers le lendemain matin en me disant tout simplement: « Tant pis! »

Ma voiture était au garage, une réparation ou deux, une facture de vingt et un dollars, mais j'étais cassé! Chanceux une fois de plus, une belle-sœur était venue chez moi acheter une paire de boucles d'oreilles en or et ça m'avait permis de reprendre ma voiture. Une autre entrevue au siège social des Librairies Pilon; on allait me rappeler. Mais je n'en croyais rien, on cherchait plutôt un p'tit jeune qu'on allait entraîner. J'étais trop vieux, dans la trentaine. Déjà trop âgé! C'était la première fois qu'on me refusait en vertu de mon âge… avancé! Mais ça m'avait fait peur! S'il fallait que ça se reproduise? De retour chez moi, j'avais reçu un appel d'un certain Norman McNally des magasins Towers/Bonimart qui attendait un retour d'appel de ma part. Je l'ai fait nonchalamment et ce monsieur m'invitait à venir le rencontrer le lendemain matin. Sans doute une annonce de *La Presse* à laquelle j'avais répondu. Je ne m'en souvenais plus… ou presque. Honnêtement, je n'avais pas envie de m'y rendre. C'était à Ville Mont-Royal, un poste d'acheteur adjoint dans les bijoux, horloges, articles de cuir, etc. Je n'avais aucune expérience dans le domaine des achats. Je connaissais les bijoux pour en avoir vu défiler au temps où nous étions à notre compte dans les affaires, mais je n'avais jamais fait d'achats de ma vie. Me creusant la tête, je me souvenais leur avoir écrit que j'avais été acheteur pour l'entreprise familiale à Providence et à New York, mais c'était plutôt mon frère aîné qui avait vécu ces expériences. Je l'avais accompagné une fois ou deux, mais c'était lui qui gérait les achats. J'avais aussi écrit être parfaitement bilingue alors qu'il m'en manquait des bouts. Bref, j'avais soumis un CV truffé de pieux mensonges et gonflé de fausses prétentions. On allait certes me demander de quitter après la quatrième question… Pour une fois, j'avais peur d'une entrevue que je sentais perdue d'avance. Micheline me disait pour m'encourager : « Qu'est-ce que tu as à perdre, Denis ? Vas-y, on ne sait jamais ! Et si ça ne marche pas, il y aura autre chose. » Compréhensive, encourageante, elle m'avait vite convaincu de m'y rendre. Il était certain que je n'avais rien à perdre, mais j'étais tanné de « perdre » mon temps et de revenir le plus souvent bredouille. Entre vous et moi, ce que je n'aurais jamais dit à ma femme, c'est que c'était humiliant de sortir constamment d'une rencontre… perdant ! Je me sentais le dernier des derniers lorsque je devais avouer à Micheline que ça n'avait pas fonctionné. Au point de lui dire souvent qu'ils avaient choisi quelqu'un avant moi, alors qu'ils ne m'avaient peut-être pas aimé… la face ! Un de plus le lendemain ? Lorsque je me suis levé mal en point, fourbu de toutes ces entrevues, j'ai failli ne pas me rendre à cette rencontre. Mais j'avais tellement besoin de travailler… Une femme, deux enfants, un loyer à payer, le marché à faire chaque semaine… Nouant ma cravate pour la septième fois sinon plus, j'ai enfilé mon veston, mon manteau d'hiver et je me suis donné… un coup de pied au derrière ! À dix degrés sous zéro ! Il faisait froid à ne pas mettre un chat dehors et je suis descendu de ma voiture dans le stationnement de Towers/Bonimart, avec le vent glacé dans le cou. L'immeuble n'était que d'un seul plancher, mais d'une longueur excessive. Je me sentais un peu gêné d'entrer, j'avais si peu des compétences requises et tout allait se dérouler en anglais. Monsieur McNally me reçut dans son bureau et m'offrit un café, ce qui me mit à l'aise. Après un bref entretien, il me demanda de le suivre et me présenta à l'acheteuse du département en question, celle qui avait besoin d'un assistant, un homme de préférence. Elle était dans la cinquantaine, les cheveux blonds, une robe rouge, le visage rond et elle parlait fort. Si fort que j'en reculais! Elle me questionna brièvement, me sourit gentiment et après un examen de la tête aux pieds, elle me questionna sur mes antécédents dans les bijoux et je lui défilai mes connaissances comme on le fait d'un rouleau de fil. Elle n'intervint pas, elle semblait même satisfaite. Se pouvait-il? Toutefois, après trente minutes dans son bureau, elle m'avisa que Norman McNally allait me rappeler si j'étais, après mûre réflexion, le candidat idéal pour elle. Je n'avais pas saisi son nom, elle le répéta: Tillie Kish. Une Hongroise d'origine, mais native de Toronto. Elle m'avoua habiter maintenant Montréal et se leva comme pour me signifier que la rencontre était terminée. Je sortis de son bureau et je croisai sa secrétaire, Betty Mason, qui me fit un grand sourire. De retour dans ma voiture de nouveau congelée, je revins à la maison en me disant en cours de route: « Une autre perte de temps... Mon chien est mort! Mon anglais n'est pas assez bon, il y a d'autres candidats, ce sera négatif... »

Towers/Bonimart possédait quarante magasins ou plus à travers le Canada et comptaient en ouvrir d'autres sous peu. Moi, les horloges, les montres, les articles de cuir, je ne m'y connaissais pas. L'emploi consistait à être acheteur adjoint et de planifier les budgets de tous ces magasins. Allons donc! Je n'avais jamais été fort en mathématiques, j'étais un homme de lettres, pas de chiffres! Racontant ma journée à Micheline, elle dut admettre avec moi que ce poste était sans doute au-dessus de mes capacités et, pour me réchauffer de cette froide journée, j'avais repris la biographie de Balzac sous les couvertures, pendant que Micheline entrouvrait les premières pages d'un nouveau roman de Guy des Cars. Un sourire, une caresse et les deux livres étaient maintenant par terre. Dans les bras l'un de l'autre, nous nous étions jetés à corps perdu dans un élan du cœur. Ce qui valait certes le feu de toutes les cheminées des chaumières qu'avait habitées l'illustre Honoré !

Le vendredi s'amena, février s'était levé et Norman McNally me rappela pour me demander de me présenter lundi, car le grand patron du secteur de Montréal, que je n'avais pas vu la première fois, désirait s'entretenir avec moi. « Tiens ! tout n'est donc pas perdu ? » Regardant Micheline, je me souviens lui avoir dit : « Cette fois, je vais l'avoir l'emploi ! Je vais tout mettre en œuvre pour qu'on m'engage ! Regarde-moi bien aller ! » J'étais déterminé. Il fallait que l'argent rentre, que je n'aie plus à me fier à la vente de boucles d'oreilles pour faire le marché. L'emploi n'était pas dans le sac, mais je me jurais de l'y mettre. Grand boss ou pas, j'allais être sûr de moi devant lui et c'est ce qui arriva.

Détendu, bien vêtu, je me sentais à l'aise devant monsieur Roitman, un homme presque chauve à l'orée de la cinquantaine. Il était courtois, mais pas empressé comme monsieur McNally. Il me toisa du regard, m'accorda enfin un sourire et me tendit la main. Je sentais néanmoins sa méfiance sur le fameux curriculum que je leur avais envoyé. Il le trouvait chargé : Providence, New York et Boston pour des achats... J'étais resté calme, c'était vrai ce qu'il lisait, mais c'étaient là les voyages de mon frère aîné la plupart du temps. Je lui parlais de *costume jewellery*, bijoux de tous les jours, et lorsqu'il me ramenait aux montres et aux horloges, je changeais de sujet et je lui parlais des entreprises américaines comme Mille Fleurs et autres du genre, en plus des nouvelles pierres givrées *frostana*, des *findings* à trois griffes, du plaquage *rhodium*, ce qui semblait du chinois pour lui. Il m'avoua que madame Kish avait jeté son dévolu sur moi parmi tous les candidats, même si certains avaient plus d'expérience dans les magasins à chaînes. Le sentant encore méfiant, voyant qu'il voulait me prendre en faute, je le regardai et lui dis : « Écoutez monsieur, si vous n'êtes pas sûr de mes capacités, ne m'engagez pas tout de suite. Essayez-moi durant trois semaines en me donnant la moitié du salaire que vous prévoyez verser et, si je ne fais pas l'affaire, vous n'aurez qu'à me renvoyer. » Surpris, voire embarrassé, constatant que je tenais à ce poste, il me sourit et me répondit : « Non, je vous engage au plein prix. Vous aurez tout le temps de faire vos preuves et, si vous ne faites pas l'affaire, c'est madame Kish qui sera chargée de vous le dire. De ce pas, vous passez la voir et vous commencez lundi prochain. » Je laissai échapper intérieurement un soupir et, alors que je m'apprêtais à sortir, il me retint pour me demander : « Vous ne tenez pas à savoir quel est le salaire ? » Voyant que je restais figé, il poursuivit : « Vous aurez trois cent cinquante dollars par semaine, c'est le salaire d'un assistant. Cela vous va ? » Je lui fis un signe de tête affirmatif et refermai la porte derrière moi. Je n'en revenais pas ! Enfin ! Un emploi avec un salaire plus que décent ! Beaucoup plus que ce à quoi je m'attendais. Je pris une grande respiration et je me rendis au bureau de Tillie Kish qui, me voyant apparaître, savait que le grand boss m'avait engagé. Très heureuse, elle me tendit la main avec un : *Welcome, Dennis !* que je n'oublierai jamais. Parce que pour ces anglophones, j'allais être Dennis et non Denis. Tillie était ravie, elle me disait qu'elle m'attendrait dès le lundi suivant, qu'il n'y avait pas de bureau de libre pour l'instant, mais qu'elle partagerait le sien avec moi et que nous aurions à travailler sur le budget du magasin 24. D'un seul trait! Elle portait encore la même robe rouge et j'en profitai pour lui dire que sa toilette était impeccable, la teinte aussi. Moi qui détestais le rouge! Néanmoins, ce petit compliment venait de renforcer auprès d'elle le choix qu'elle avait fait en insistant pour m'avoir comme adjoint. Un homme rempli de délicatesse en plus d'être expérimenté. Expérimenté? J'en tremblais déjà... Mais charmer une dame par de gentilles remarques, j'en avais l'habitude. Et comme Tillie Kish était veuve et sans enfant, une attention particulière n'était certes pas à dédaigner. De retour à la maison, lorsque j'appris à Micheline que j'avais obtenu l'emploi et que je lui fis part du salaire, elle était folle de joie. Moi aussi, mais un peu moins... Je savais que mon CV ne valait sûrement pas celui des autres candidats, que le mien était de la frime, que j'aurais à tout apprendre sur le tas sans que cela paraisse. Ce qui me faisait peur, mais je n'avais plus le choix, il me fallait maintenant relever le défi. Quarante magasins sur les bras et en anglais par-dessus le marché! Mais je cessai d'y penser le soir venu, alors que je composais des textes pour des cartes de souhaits. Car, je n'allais pas laisser tomber ce revenu supplémentaire ni la vente de bijoux parce que j'allais avoir un emploi régulier. Régulier et encore... Pour combien de temps? Non, à quoi bon penser de la sorte, je me devais de prendre ce qui se présentait. Expérience ou pas! Et je me souviens avoir puisé l'énergie nécessaire dans le bonheur de mes enfants lorsqu'ils apprirent que leur papa avait décroché un emploi.

Le lundi 12 février 1973, j'entrais au service de Towers/Bonimart à titre d'acheteur adjoint dans les bijoux, montres, horloges et articles de cuir. Je n'étais pas gros dans mes souliers, mais n'en laissai rien paraître. Comme les pupitres des secrétaires de tous les départements étaient à ciel ouvert, inutile de vous dire qu'on m'a dévisagé ce matin-là. Betty Mason, une charmante Irlandaise de mon âge, secrétaire de notre département, m'offrit un café bien chaud tout en me murmurant en anglais: « Il ne sera pas facile de travailler avec elle... » Je m'en doutais, j'entendais du couloir madame Kish engueuler une gérante de l'une des succursales. Mais comme rien n'est facile en ce bas monde, je me disais qu'elle ou une autre... Quand on est valet, on n'est pas roi, non ? La journée s'écoula tout de même sans problèmes. Elle m'avait donné une liste de bracelets de montre à commander pour plusieurs magasins, ce qui me prit presque toute la journée avec Tillie par-dessus mon épaule. Je voyais Betty sourire quand la patronne, parfois, s'impatientait, pour ensuite s'excuser parce que c'était ma première journée. Le pire, ce n'était pas ce qu'elle pouvait me reprocher, mais de l'entendre sans arrêt s'en prendre à tous les gérants ou fournisseurs qu'elle avait au bout du fil. Une commande arrivée en retard dans un des magasins, et c'était l'esclandre ! Et comme je partageais son bureau... De retour à la maison, alors que Micheline s'informait de ma première journée, je lui avais dit: « Ça va aller, ma patronne est agréable et la secrétaire, charmante. » Va pour la secrétaire, mais la patronne... Je ne tenais pas à inquiéter mon épouse après une seule journée de travail.

    La voix forte de Tillie Kish et ses emportements me tapaient sur les nerfs ! En quelques jours seulement, elle avait failli me rende fou, mais elle avait bon cœur, elle me trimballait chez tous les fournisseurs pour que je voie sa façon d'agir, ce qui n'allait pas être la mienne. Le midi, elle me demandait d'aller dîner avec elle au petit restaurant Dunbar de la rue du même nom. Un restaurant où rien n'était cher, mais qui vendait bière et vin. Tille Kish prenait sa bière chaque midi et, voyant que j'hésitais, elle me dit le lendemain *Come on ! Have one with me !* et elle me la paya. Ce qui allait devenir un rituel. Un *liver and bacon* ou un *hamburger steak* avec une Molson! Mais chacun payait sa facture. Avec mon premier chèque de paye en main, je sentais que j'avais enfin « mon emploi à moi », pas « une job » incertaine dans le clan familial. Les cartes de souhaits, le chèque de paye garanti, c'était pour moi le paradis. Et Micheline, sans le crier sur les toits, en était ravie.

Je ne sais comment j'ai fait pour être à la hauteur de tout ce que ce travail exigeait de moi. D'autant plus qu'avec le temps je suis devenu acheteur du département. Madame Kish avait demandé un transfert à Toronto et on avait misé sur moi pour prendre tout en main. Et ce, même si j'étais toujours nul dans le domaine des budgets et que je m'en sortais avec l'aide de quelques autres acheteurs qui étaient plus habiles que moi sur les calculatrices. J'avais maintenant un salaire élevé et deux fois plus de responsabilités, mais je me tirais assez bien d'affaire. La période avec Tillie Kish m'avait demandé une dose excessive de patience mais, contrairement aux autres, je ne détestais pas cette femme. Elle nous invitait parfois, Micheline et moi, pour un souper chez elle et nous la recevions ensuite à notre tour. Charmante au plus haut point dans ces moments-là, elle n'oubliait jamais d'apporter quelque chose aux enfants. Elle les aimait beaucoup et ils le lui rendaient bien malgré sa forte voix de baryton. De ces années, maintenant qu'elles sont loin derrière moi, j'ai gardé le souvenir de multiples voyages à New York, Chicago, Boston pour des achats, et la visite de plusieurs de nos magasins, aussi bien à Charlottetown à l'Île-du-Prince-Édouard, qu'à Saint John au Nouveau-Brunswick, à Toronto maintes fois et dans quelques régions du Québec. Mais je n'étais pas heureux dans la peau d'un acheteur. Moi, les affaires... Je tirais mon épingle du jeu, j'étais bien rémunéré, on m'invitait à dîner partout, les fournisseurs surtout: quarante magasins et plus, ce n'était pas à dédaigner pour eux. Avec cet emploi, j'étais devenu parfaitement bilingue, mais mon cœur était ailleurs ; j'aurais souhaité qu'un éditeur s'intéresse à mon manuscrit. J'aurais aimé faire le saut des chiffres aux lettres, mais je n'en parlais pas à Micheline, parce que pour elle, l'emploi que je détenais n'était pas une bouteille à la mer. Le compte en banque grimpait, la table était mieux garnie, les enfants étaient plus choyés, la visite arrivait de tous côtés, bref, c'était le succès. Et pour Micheline, même si j'étais crevé, j'ai eu la force de continuer ce que j'ai bien souvent failli lâcher !

Car il n'est jamais facile de laisser « son univers » antérieur derrière soi, de mettre de côté ses sorties dans les clubs, le *show time* du samedi soir, les recueils de ses poètes préférés comme Nelligan, Baudelaire, Paul Morin et son *Paon d'émail...* juste pour faire de l'argent ! Non ! Que dis-je ? Pour bien faire vivre ses enfants. Ah ! si seulement j'avais eu le comportement de Micheline, son côté pragmatique, son raisonnement. Je n'avais pas eu d'enfance, encore moins d'adolescence, il y avait donc en moi un jeune Rimbaud qui protestait, mais je fermais les yeux... Je n'avais pas le choix, il me fallait être patient, car, sans le savoir encore, j'allais être là durant... quatre ans !

Le 23 février 1973, en rentrant du travail, une lettre des Grandes Éditions du Québec m'apprenait que mon recueil de poésie, *L'encre de mon cerveau*, avait été accepté en première lecture. J'étais fou de joie... quoique méfiant ! Mon manuscrit devait encore franchir deux autres étapes. J'imaginais déjà mes plus beaux poèmes comme *Propos galants, Les chats, Mots d'amour* et *J'aime...* en lettres stylisées dans un superbe livre imprimé. Côté santé, tout allait bien malgré le surmenage, sauf que je fumais beaucoup, que je toussais et qu'il me fallait arrêter. Ce que j'ai réussi à faire durant quatre années pour ensuite... recommencer !

Quelle amère rechute ! Cette parenthèse fermée, ragaillardi par l'espoir d'être édité, j'ai retrouvé le sourire malgré les embêtements en milieu de travail. Les fins de semaine, Micheline et moi pouvions nous retrouver amoureusement avec une musique de fond, deux bons coussins, un nouveau roman de Guy des Cars pour elle et *Pointe-Calumet, Boogie Woogie* de Claude Jasmin, pour moi.

Le 23 mars 1973, ma femme et moi étions allés voir Adamo à la Place des Arts. Imaginez ! Notre idole en chair et en os ! Quand il entama *Mon cinéma*, je sentis des frissons me parcourir l'échine et, lorsqu'il enchaîna avec *Quand les roses*, la main de ma femme se glissa dans la mienne. Qui aurait pu prédire ce soir-là que beaucoup plus tard, alors que je serais en poste au *Lundi*, j'allais rencontrer Adamo à sa chambre d'hôtel pour une longue entrevue ? N'est-ce pas que tout peut arriver dans la vie ? Mais la réalité me sortit de ma rêverie le lendemain ; madame Kish devait aller à Chicago par affaires et elle me supplia de l'accompagner, moi qui craignais l'avion. Je l'avais déjà pris maintes fois, mais je n'ai jamais été confortable entre ciel et terre. Encore aujourd'hui ! Cela vient sans doute de ma mère qui avait peur des airs et de l'eau. Elle disait : « Les oiseaux dans le ciel, les poissons dans l'eau et les hommes sur terre ! » J'ai tout de même accompagné cette pauvre Tillie qui semblait rassurée de m'avoir à ses côtés. Pas pour le vol au-dessus des nuages, elle n'avait peur de rien, sauf de ses déplacements dans cette ville dont elle se méfiait à cause du gangstérisme dont on affublait encore Chicago en ce temps-là. Déambulant avec moi sur les trottoirs des grandes rues, madame Kish se sentait en sécurité. Nous n'avons pourtant pas rencontré le fils d'Al Capone. Ce qui, pour moi, n'aurait pas été désagréable... Non, je plaisante, mais j'avoue avoir toujours été attiré par les films du genre *Dillinger* ou *Le Parrain*. Je dois tenir ça de ma mère qui ne pouvait se passer de son *Allô-Police*, afin d'y suivre les procès de toutes sortes qu'on étalait en première page.

En avril, Micheline avait dû être hospitalisée pour y subir une hystérectomie totale. Elle avait peur, elle était nerveuse... Mais mon fils et moi étions auprès d'elle pour l'encourager. Sylvie était chez sa tante Ghislaine pour la journée. L'opération s'était bien passée selon le chirurgien, mais « la patiente est faible », avait-il ajouté. Michel ne voulait pas la quitter d'une semelle, il savait qu'elle allait lui manquer terriblement les jours suivants. Je le laissai donc avec elle et je repartis chercher ma fille qui, ce soir-là, donnait son premier récital de ballet avec d'autres élèves. Je me devais d'être là ! Imaginez si la pauvre enfant n'avait eu personne de sa famille pour la voir faire ses pointes en public ? Je la revois avec son joli chignon, ses chaussons blancs, ses beaux yeux bleus et son sourire. Elle semblait si heureuse de s'exécuter ainsi devant moi ! Chère petite ! *Ce soir-là, j'aurais donné n'importe quoi pour que tu ne grandisses pas d'un pouce, pour que tu restes toujours l'insouciante petite ballerine que j'applaudissais à tout rompre.* Gisèle, sœur de mon épouse, et Michel avaient passé la soirée auprès de Micheline. Elle n'allait pas très bien, elle était souffrante, l'intervention avait été pénible. Elle répétait à sa sœur qu'elle ne serait plus la même désormais... À trente-sept ans ! Le lendemain, lorsque j'étais allé la voir en matinée, elle m'avait pris la main pour me dire : « Ça va mieux ce matin, c'est moins douloureux... Ils me donnent de bons calmants. » Mais je voyais, par ses yeux humides, qu'elle avait pleuré. Devinant son trouble je lui avais dit : « Ne t'en fais pas, Micheline, tu seras la même qu'avant. » Et elle m'avait répondu : « Tu penses ? » avec le regard fuyant vers la fenêtre de sa chambre. Elle semblait lointaine, triste, affligée. Pas encore le choc postopératoire, mais les effets de l'anesthésie de la veille. Le dimanche, jour de Pâques, Micheline était encore à l'hôpital où je l'appelai pour lui dire : « Je t'aime... » Deux petits mots tendres du fond du cœur qui la réconforta. Ses sœurs étaient allées la visiter avec Michel qui lui avait apporté des chocolats en lui disant : « Pour plus tard, maman », sachant qu'elle avait des nausées. J'y étais allé le soir avec quelques fleurs et une carte sentimentale. La main sur mon avant-bras, trop émotive pour me dire merci, elle m'avait souri avec une larme qui s'échappait de sa paupière. J'effleurai sa joue d'un doigt empreint de douceur ; son silence venait de m'avouer qu'elle m'aimait.

Maman venait s'occuper de Micheline et une autre parente la remplaçait le jour suivant. Ainsi tournait la roue de la convalescence. Encore sous le choc de son opération, elle se sentait mutilée, incomplète. Ce que je lui fis oublier dans un débit amoureux qui l'assura que je l'aimais autant, que nous avions convenu depuis longtemps de ne plus avoir d'enfants. Le dimanche de la fête des Mères se leva et, avec l'aide de mon fils, je déballai devant ses yeux le magnifique téléviseur couleur que j'avais acheté à son insu et qu'on m'avait livré alors qu'elle marchait lentement jusqu'au parc avec Sylvie, un après-midi. Elle était très émue, les enfants étaient fous de joie. Un téléviseur payé six cents dollars alors qu'ils sont meilleur marché de nos jours !

Quinze jours plus tard, je reçois une lettre de la part des Grandes Éditions du Québec qui m'annonce qu'on va publier *L'encre de mon cerveau* à l'automne. J'étais content, il va sans dire, mais sans plus. Mon manuscrit avait été trop longtemps inanimé pour que j'en espère quoi que ce soit. C'était certes une bonne nouvelle, mais je me gardai bien de la répandre... *Qui vivra verra*, m'étais-je dit, sans même en parler à Micheline qui ne souhaitait sûrement pas me voir troquer mon emploi contre un recueil de poèmes.

Bon père à ce moment-là ? Non ! Trop absent ! Pas assez avec eux. Leur ai-je manqué ? Sylvie, peut-être, car Michel était comblé par la présence de sa mère. Néanmoins j'en ai aujourd'hui des regrets. Ils étaient à l'âge où l'on a besoin d'un père pour nous encourager dans nos études. Ce que j'ai négligé de faire trop souvent. *Pardonnez-moi si j'ai été fautif, mais j'étais si malheureux à cet emploi qui me permettait que de vous gâter… Oui, vous choyer seulement, alors que vous auriez peut-être désiré partager vos joies et vos peines avec moi. Ma seule consolation, c'est que votre mère était là, elle, avec son cœur grand ouvert.* Une consolation, mais non une excuse… Une autre tentative de justification… Vous voyez ? On a beau se sentir coupable qu'on cherche encore un motif à ses écarts de conduite.

À l'été de la même année, pendant que Michel et sa mère partaient pour Saint-Rémi-d'Amherst, je prenais le train avec ma petite Sylvie pour North Bay, en Ontario, où Alma, la cousine de ma mère, nous avait invités. Pas la famille entière, elle n'avait qu'un modeste appartement. De toute façon, Michel n'était pas intéressé par ce voyage et préférait de beaucoup la campagne chez sa tante où son copain André Ricard l'attendait. Nous nous étions donc partagés ; Micheline avec son fils et moi avec ma fille. Quel beau voyage en train pour Sylvie qui, à onze ans, le prenait pour la première fois. North Bay ! Très belle ville, l'endroit où ma mère était née. Sylvie partageait son temps avec Julian, petits-fils de l'oncle Paul. On aurait pu se croire en 1950 tellement les gens étaient restés fidèles aux traditions. L'église catholique où nous étions allés à la messe le dimanche était bondée de gens pieux, affables, accueillants, bref, extrêmement sympathiques. Nous étions allés à Corbeil voir la maison natale des célèbres jumelles Dionne et Sylvie avait été enchantée de revenir avec une carte postale les regroupant toutes les cinq dans leur robe à crinoline. Elle avait acheté des souvenirs pour sa mère, nous avions pris des photos et ce fut, je crois, le plus beau moment du voyage de ma fille. Et j'étais allé visiter la cathédrale où ma mère avait été baptisée en 1905. Que d'émotions! C'était la première fois que j'allais à North Bay, ma mère ne m'y avait jamais emmené. Son p'tit dernier, oui, mais pas moi. Pourtant, elle y allait chaque année... Un petit reproche en passant? Peut-être... Moi, les passe-droits... Aujourd'hui, il ne reste plus personne de ma famille à North Bay. Tous décédés! En laissant derrière eux des images inoubliables du passé...

Repu par la tâche difficile que j'avais à accomplir au travail, je me détendais le soir, en me plongeant dans un roman ou une biographie. J'avais terminé depuis trois jours *Le Père Goriot*, de Balzac et j'avais pris aussitôt *Tendre est la nuit*, de F. Scott Fitzgerald, pour ensuite lire la biographie de Cromwell. Telles étaient mes lectures. Diversifiées, mais instructives. Micheline, de son côté, plus sentimentale, préférait les romans parfumés à « l'eau de rose », comme on les qualifiait. Au mois d'août, Françoise, sœur de Micheline, dont l'époux était décédé à vingt-sept ans, se remariait avec Claude, un type un peu plus âgé qu'elle, célibataire, fonctionnaire et habitant Québec. Elle allait donc s'y installer avec sa fille et son nouvel époux à qui elle donna une autre fille. Ainsi va la vie... Micheline, qui se tournait un peu les pouces à la maison avec deux enfants qui devenaient grands, avait décidé de reprendre le travail et, comble de chance, elle décrocha un emploi à Hydro-Québec par l'entremise d'une amie. Qualifiée pour le poste, elle commença à travailler le jour de ses trente-huit ans! Pour elle, c'était comme un cadeau, pour moi, une petite contrainte... Je m'en faisais pour le dîner des enfants, mais elle avait tout prévu... Bien en poste, elle y est restée jusqu'au jour de sa retraite. Voilà ce qu'est une native de la Vierge avec les deux pieds sur terre ! Son salaire allait enfin nous permettre d'en mettre un peu de côté !

Après tant de déboires et de soucis, en octobre, j'étais allé au cinéma voir *Deux femmes en or*. Un film valable... pour moi ! Micheline avait refusé de m'accompagner ! J'en souris encore... Le lendemain, l'éditeur m'écrivait pour me dire que la publication de mon recueil serait retardée jusqu'en février prochain. *So what !* Je m'en étais détaché. « Qu'il aille au diable ! » pensai-je, en me remémorant le manuscrit. Pourtant, au travail... Enclin à tout quitter une fois de plus ce soir-là, je me suis tourné sur mon oreiller pour entrevoir le doux visage de Micheline qui reposait dans la quiétude. Reprenant mon souffle et revoyant la triste rue Bates qui m'attendait le lendemain, j'ai fermé brusquement les yeux pour entendre la voix de ma conscience me murmurer : « Ben, voyons donc, t'as déjà vu pire, non ? »

Chapitre 6

En avril 1975, j'emmenais ma fille Sylvie à la Place des Arts pour voir et entendre Dalida en personne interpréter ses plus grands succès. Sylvie, qui n'avait pas encore treize ans à ce moment-là, aimait beaucoup cette chanteuse dont elle fredonnait souvent le refrain de *Paroles, paroles*, sa plus récente chanson que ma femme détestait. Taquine, elle insistait sur celle-là plus que sur les autres! Pour que sa mère lui crie: «Arrête, ça me tombe sur les nerfs!» Moi, je ne dédaignais pas cette chanson et encore moins la chanteuse. Je la trouvais unique avec sa voix grave, et très jolie femme avec ses longs cheveux et sa taille élancée. J'avais, d'ailleurs, un faible pour *Il venait d'avoir dix-huit ans*, parce que c'était sensuel et marginal... Ah! ce poète en moi!

Seize jours plus tard, c'était au tour de mon fiston de quinze ans d'être choyé par son père. Après demande sur demande et insistance de sa part, je lui ai enfin acheté la mobylette dont il rêvait. Pas n'importe laquelle, la Québécoise de Yamaha. Un peu plus de cinq cents dollars, c'est écrit dans mon journal intime. Toute une somme il y a quarante ans ! Il était si content, il n'en revenait pas. Je n'avais pas lésiné sur le prix, mais j'étais inquiet, voire craintif, de le savoir sur ce petit bolide motorisé à son âge. Sa mère aussi. Mais, sage, connaissant les dangers de la route, Michel l'avait transportée à Saint-Rémi où il se rendait chaque fin de semaine pour se promener à son aise sur les routes de terre et d'asphalte du village, là où peu de voitures passaient. Je l'avais rendu si heureux ! On veut toujours donner plus qu'on a reçu, ce que je faisais instinctivement. Comme si ma petite enfance dépouillée me commandait de choyer celle de mes enfants !

Ce début de l'année 1975 avait été marqué d'un triste événement. Mon beau-père, qui ne s'était jamais remis de la mort de sa chère femme, était allé la rejoindre au paradis. Le chagrin avait été lourd pour la famille, mais pas autant que lors du décès tragique et inattendu de belle-maman. Lui, fatigué, le cœur usé… Disons qu'on s'y attendait alors qu'il respirait mal sur son lit d'hôpital. Le deuil a été moins pénible, quoique la peine se lisait dans les yeux de ses enfants. Joseph était parti rejoindre sa chère Béatrice… et c'est sans doute cette image qui en allégeait la tristesse.

Les mois s'écoulaient, j'étais toujours à cet emploi que je n'aimais pas, ma vie était plus régulière sur le plan pécuniaire, mais je n'étais pas heureux comme acheteur pour tous ces magasins et ceux qu'on comptait ouvrir en Ontario. « Arrête de te plaindre ! » me criait ma conscience. Et elle avait raison de me rappeler à l'ordre, je faisais de l'argent, j'étais respecté, on m'invitait sans cesse à dîner, j'avais le beau jeu. Mais je n'étais pas heureux. Ce que je n'ai pas répété à ma conscience de peur d'être réprimandé. N'empêche que je sentais en moi quelque chose qui bougeait et que je ne pouvais discerner. Quelque chose qui allait faire de moi un autre homme… Je cherchais, je me creusais les méninges, mais je ne trouvais pas le chemin à prendre…

C'est durant cet hiver que les Grandes Éditions du Québec m'avaient remis mon manuscrit au complet, prêt à être imprimé. Le montage était fait, la couverture aussi, il ne restait que l'assemblage et l'impression. À court d'argent, ne pouvant plus poursuivre sa mission, la maison se résigna à fermer ses portes juste au moment où c'était au tour de mon recueil d'être publié. On m'avait dit : « Avec tout en main, un autre éditeur va vite s'emparer de votre recueil, ça ne lui coûtera presque rien ! » Je regardais le manuscrit monté, je voyais la belle couverture en noir et rouge conçue par mon ami Yvon Provost, je relisais le titre *L'encre de mon cerveau* et, soupirant d'aise et de tristesse à la fois, je déposai le recueil à l'état brut dans un coffret de métal que je n'ai jamais rouvert. Fataliste, je me disais : *Ce qui doit arriver arrive*. Ce recueil n'avait pas à naître. Un barrage venant du Ciel ou je ne sais d'où s'était érigé entre l'œuvre et l'imprimeur. Avec le recul, je sens que c'était la meilleure chose qui pouvait m'arriver. Ce recueil de poèmes m'aurait desservi avec le temps. Il aurait entravé la marche du billettiste et du romancier que j'allais devenir plus tard. Je le conserve pour mes enfants, il ne verra jamais le jour. Cet éditeur, qui m'a retrouvé il y a quelques années, m'a écrit : « Si j'avais su ce que vous alliez devenir, j'aurais emprunté pour l'éditer, ce recueil ! »

Bon, ça y était, il nous fallait déménager, quitter la rue Poincaré et ce logement où nous étions à l'étroit. Avec mon emploi rémunéré et celui de Micheline, nous pouvions magasiner cette fois… pour une maison ! Notre premier chez-soi… à nous ! Nous avons regardé un peu partout, mais en hiver, il est difficile de voir les alentours, le voisinage, les commodités, la cour arrière enneigée…

Nous avions quelques dollars de côté, mais pas un *cash down* à tout casser. Il nous fallait donc être vigilants et ne pas chercher quelque chose qui serait au-dessus de nos moyens. S'il fallait que je perde mon emploi ? Or, pour ne pas trop nous éloigner, nous avons exploré les quartiers voisins et avons finalement déniché une coquette petite maison sur le boulevard Henri-Bourassa, à Ville Saint-Laurent, pas loin de l'autobus et du train de banlieue que Micheline empruntait chaque matin. Ce n'était pas tellement grand, mais chacun allait y trouver son compte. Une petite maison comme on en voyait dans les contes de fées, celui des *Trois Petits Cochons* en particulier, sauf qu'elle n'était pas de paille. Une maison du *Wartime* comme il y en avait plusieurs à Montréal et que nous avons pu obtenir pour la somme de vingt-neuf mille dollars. La cuisine n'était pas grande, le salon était cependant assez vaste. Avec deux autres petites pièces au rez-de-chaussée, une pour notre chambre et une autre qui me servirait de bureau. À l'étage supérieur, une chambre assez vaste pour Sylvie et une autre, moins grande, que Michel se promettait de rénover à son goût, lui qui avait le talent pour le faire. De qui avait-il donc hérité de ce savoir-faire ? Sûrement pas de son père, je plante même les clous de travers ! Tous à l'œuvre, nous l'avons enjolivée, cette chaumière. Nous en avons fait un abri plus que confortable. Sylvie adorait le grenier qui lui permettait de ranger toutes ses affaires, Michel en faisait autant de son côté. Accroché à la cuisine, un vestibule qui servait de rangement pour les bicyclettes et autres utilités du genre. L'été venu, nous pouvions profiter d'une petite terrasse et nous installer dans une balançoire pour lire. Ce n'était pas la maison de mes rêves, mais c'était à nous et, chaque sou que nous versions l'était cette fois pour nous, pas pour quelqu'un d'autre. Le 19 juin 1976, un jour avant les quatorze ans de Sylvie, nous nous y installions après avoir tout déménagé de notre logement avec l'aide de… la parenté! Je n'en croyais pas mes yeux! Notre maison! Enfin! Moi qui me souvenais encore du temps où je payais mon loyer de soixante-dix dollars par mois en trois versements! Installé avec ma petite famille, je laissais derrière moi un lourd passé chargé d'épreuves et de quelques joies. Quelques-unes seulement, car la remontée avait été difficile après la chute de nos entreprises, de la plus grosse à la plus petite. Je revoyais le Coffret à Bijoux de la rue Mont-Royal, celui de la rue Sainte-Catherine près de la *Main*… Que de souvenirs parfois grotesques! J'étais rendu beaucoup plus loin et je comptais poursuivre mon ascension sans songer à ce qui pouvait me pendre au bout du nez. Ça ne pouvait être pire que… Passons! En fin de la trentaine, il ne fallait pas que je retombe au bas de l'escalier si durement monté. Ne dit-on pas encore, de nos jours, que la vie commence à quarante ans? Je m'y acheminais tout doucement…

Après mes semaines ardues dans les achats où je travaillais avec réticence, c'était les indigestions de cinéma avec Michel: *Vol au-dessus d'un nid de coucou*, *The Omen*, et j'en oublie. Chaque dimanche après-midi, première représentation, dix ou douze bancs sur le côté gauche de la salle… Puis, le récital de Julie Arel à la Place des Arts avec Micheline. Plusieurs sorties qui nous permettaient de nous évader du quotidien. Le soir venu, nous lisions alors que les jeunes étaient partis chez des amis. Elle, plongée dans *La corruptrice*, de Guy des Cars, et moi, dans *Les murmures de Satan*, de Michel de Saint-Pierre. Il y avait aussi la télévision, mais sur ce plan, Micheline et moi avions des goûts différents. Surtout quand il s'agissait… d'élections! Elle devenait hors d'elle durant nos obstinations! Comme chez tous les couples, nous avions nos mauvais quarts d'heure, ma femme et moi. Plus tard, nous en avons souri. Parce que les incendies de nos trente ans deviennent des étincelles avec le temps.

En octobre, je recevais une offre de La Baie qui cherchait un acheteur dans mon domaine. J'y ai songé, mais je ne m'y suis pas rendu. C'eût été changer le mal de place. Néanmoins, les choses se gâtaient à mon travail, les démissions étaient nombreuses et le nouveau *merchandise manager* n'était pas facile à côtoyer. Les ventes baissaient dans nos magasins et on jetait le blâme sur les acheteurs sans voir la compétition qui augmentait de plus en plus… Mais je devais sûrement faire bonne figure puisqu'on m'accorda une forte augmentation de salaire avant les Fêtes. La fin de semaine, nous allions en famille jouer aux quilles au Laurentian Lane. C'étaient les années fortes pour le *bowling*. Micheline marquait les points, les enfants jouaient, j'en faisais autant. Ça me défoulait…

De retour au bureau après les festivités, je me rendis compte que les acheteurs diminuaient au sein des employés et que l'on confiait double tâche à d'autres. Plusieurs avaient démissionné… En mars, une semaine de vacances, une seule ! Et j'en profitai pour aller à Freeport aux Bahamas avec Micheline, sa sœur Gisèle et son mari Gabriel. Dans un chalet loué. Des baignades, des soirées au casino où nous avions vu le spectacle *French Dressing*, avec plusieurs danseuses presque nues. Ce que Micheline et Gisèle n'avaient guère apprécié… Mais Gabriel et moi les avions trouvées superbes !

Bon ! Revenons sur Terre ! J'en avais assez de cet emploi, je devais trouver autre chose ailleurs. Je me souviens de m'être installé sur la table de la cuisine avec le journal grand ouvert devant moi. J'y allais à tâtons et j'apposais des crochets avec mon crayon aux côtés des annonces qui me semblaient pertinentes lorsque, par hasard, mes yeux quittèrent la colonne pour se poser sur un petit encadré qui annonçait un concours pour être publié dans un magazine dont on ne mentionnait pas le nom. Il suffisait de composer une nouvelle intitulée *Les chats diaboliques* et de la poster à une certaine case postale. Je découpai l'annonce, je la mis de côté et je poursuivis ma recherche dans les emplois divers pour ensuite fermer le journal et me concentrer sur cette petite annonce qui m'intriguait au plus haut point. J'aurais dû la conserver, elle m'a été si précieuse. Elle allait changer ma vie. Le lendemain, alors que j'étais seul à la maison, je me mis à griffonner un texte sur les fameux chats et, l'ayant révisé, je l'ai tapé à la machine pour ensuite le poster, le 18 avril 1977, dans un advienne que pourra. Curieusement, je n'avais contacté aucun des autres emplois affichés que j'avais découpés. Je les avais jetés en me disant que j'endurerais mon sort encore quelque temps et que, la petite annonce concernant l'écriture... C'est drôle à dire, je n'allais certes pas être le seul en lice, mais j'étais confiant.

Une semaine plus tard, je recevais une lettre d'un dénommé Jean-Serge Turcot, rédacteur en chef du magazine *Elle et Lui*, m'annonçant que mon texte intitulé *Les chats diaboliques* avait été choisi parmi tous les autres et qu'il serait publié dans le numéro de juin du magazine en question. J'avoue avoir été sidéré. Ça sentait bon, cette nouvelle-là! Je jubilais! Enfin, un pas dans l'écriture! Et un chèque de quarante dollars qui valait pour moi un million! J'en parlai à ma secrétaire Betty, au bureau, qui m'avait répliqué: « Bravo! Ça va te sortir d'ici! » Mais je ne voulais pas trop répandre la nouvelle. Je craignais que ça tourne aussi mal que mon recueil de poèmes, je préférais attendre le *Elle et Lui* de juin et constater le fait avant de m'emballer. Le 2 mai, c'était au tour de ma fille de quatorze ans d'être heureuse, elle avait remporté le troisième prix pour son texte : *Un immigrant, un Québécois... deux amis !* dans le cadre d'un concours scolaire. Elle avait reçu sa mention d'honneur des mains du lieutenant-gouverneur Jules Léger au Chalet de la montagne. Puis, Michel avait exposé ses premières toiles dans une caisse populaire du quartier Hochelaga. Élève de mon ami Yvon Provost, Michel avait exposé avec son maître ainsi qu'avec Yvon Breton, artiste-peintre de renom. Il en était très fier. Et nous donc ! Deux enfants admirables ! L'une qui allait manier la plume aussi bien que moi et l'autre, les pinceaux de l'artiste beaucoup mieux que moi ! J'étais bon en dessin, en art commercial, mais j'aurais préféré peindre des nus ou des natures mortes... Ma mère, qui m'en avait empêché, m'avait dit à cette époque : « T'es bien mieux d'apprendre à dessiner des bouteilles de ketchup, c'est avec ça que tu vas gagner ta vie ! »

Le 18 mai, nous fêtions nos vingt ans de mariage. Déjà ! Avec des enfants devenus grands et main dans la main, Micheline et moi. Nous retracions notre parcours, nous en étions parfois émus, parfois souriants, mais nous ne regrettions rien. Pas même ces années difficiles qui nous avaient rapprochés davantage. Pour l'occasion, je lui avais offert le livre, *La nostalgie n'est plus ce qu'elle était*, la biographie de Simone Signoret qu'elle désirait lire. Je m'en souviens, j'avais glissé une rose rouge au milieu des pages. Nous étions allés souper dans un restaurant où le carafon de vin était de mise, pas davantage pour elle. Et nous nous étions couchés en espérant que la seconde partie de notre vie commune nous apporte plus de joies que de peines, pour ensuite nous endormir comme au tout premier jour, l'un contre l'autre.

Nous étions à la fin du mois de mai, le 23 plus précisément et, à Dorval, alors que j'allais prendre l'avion pour

Toronto, je remarquai, sur le présentoir d'un libraire, le numéro du *Elle et Lui* de juin, bien en vue. Déjà? Je n'en croyais pas mes yeux. Sur la couverture, il y avait la comédienne Claudine Chatel et l'homme qu'elle aimait. Je m'empressai de l'acheter et de tourner les pages jusqu'à ce que j'arrive à ma nouvelle : *Les chats diaboliques*, accompagnée d'une illustration couleur pleine page. Je sentais mon cœur battre, je me voyais parti pour la gloire... Mon nom imprimé au-dessus du texte me classait, selon moi, parmi les écrivains de la nouvelle vague. J'étais fébrile et, entre ciel et terre, les yeux rivés sur ces deux pages, je sentais que ce n'était que le début d'une autre carrière. Je relisais ma nouvelle dont j'étais fier et, en route pour le magasin Towers à visiter, j'avais le sourire cette fois. Cette nouvelle qui ne m'avait donné que quarante dollars valait à mes yeux beaucoup plus cher que tous mes salaires. Parce que ce jour-là, pour la première fois, j'étais riche... de moi! On m'avait publié! On avait aimé ce que j'avais composé! Quelqu'un avait eu confiance en moi et je n'avais encore rencontré personne de ce magazine. Installé à l'hôtel, admirant encore ces pages du *Elle et Lui*, je m'étais dit : *C'est ici que ça commence! C'est maintenant que ma vie change!* Et j'avais téléphoné à Micheline et aux enfants pour leur annoncer la bonne nouvelle.

Le mois suivant, j'avais rédigé un autre texte pour le *Elle et Lui* qui s'intitulait : *Les confidences du mari d'une femme libérée*. Publié une fois de plus me donnait l'espoir de me sortir de ma torpeur. À la mi-juillet, écœuré, j'ai commencé à vouloir quitter sérieusement mon emploi. J'en avais marre des budgets, des déplacements à travers le Canada et les États-Unis, de mes visites dans les différents magasins, des fournisseurs que je recevais en rang d'oignons... Il fallait que je m'en sorte, car le nouveau directeur était devenu insupportable pour tous. La plupart des acheteurs ne le toléraient que pour leur salaire, mais chacun cherchait ailleurs. Pas moi ! Je n'en pouvais plus et je ne m'arrêtais plus à l'argent et au supposé prestige de cette situation. Quitte à en arracher pour un bout de temps ! Ma petite chaumière était payée, nous donnions le double de l'hypothèque depuis l'acquisition. Nous la voulions à nous cette petite maison et nous y étions parvenus en peu de temps en coupant sur le superflu pour nous contenter du nécessaire. Pour moi, il était temps de refermer ce chapitre de ma vie pour en ouvrir un autre. Avec l'accord de Micheline qui me sentait au bout de ma corde !

Après une vive discussion avec le nouveau directeur, il m'avait dit : « Si vous ne cessez pas de me contrarier, je vais vous congédier ! » Sautant sur l'occasion, j'avais répliqué : « Vous n'aurez pas à le faire, je viens tout juste de démissionner ! » J'avais vu, en effet, le chef du personnel pour lui dire que je n'allais pas terminer la journée, que j'en avais assez, de me remettre tous mes papiers... Il m'avait regardé sortir, estomaqué, pour ensuite me voir entrer dans le bureau de celui que j'allais affronter. Et ça s'était réglé rapidement. Au vu et au su des secrétaires alignées qui avaient vite rapporté la nouvelle à leurs patrons, les autres acheteurs. Débarrassé de ces corvées ! Délivré de cet odieux *merchandise manager* ! J'avais eu à peine le temps de serrer la main de quelques confrères, Yves, Jean-Guy et John, de serrer Betty dans mes bras, et l'emploi d'acheteur était déjà derrière moi. Au volant de ma voiture, je sentais vingt livres de tracas de moins sur mes épaules. Merci, mon Dieu, vous aviez enfin répondu à mon... sauve-qui-peut !

Le 20 juillet, le magazine *Elle et Lui* me demandait une photo de moi et le lendemain, le rédacteur en chef de la publication, Jean-Serge Turcot, m'approchait pour que je rencontre la fiancée canadienne de Jacques Mesrine pour une entrevue. Imaginez ! J'avais certes écrit quelques textes et nouvelles pour le magazine, un recueil de poèmes qui n'avait pas été publié, mais je n'avais jamais fait d'interviews. Je n'étais pas journaliste, je n'étais qu'un humble écrivain qui rédigeait de son petit bureau avec les yeux dans le vide par une fenêtre donnant sur un arbre. C'était beaucoup demander à l'autodidacte que j'étais... J'ai tenté de me défiler, de leur faire comprendre, mais on avait confiance en moi. On était certain, disait-on, que j'étais apte à faire une bonne entrevue avec elle. Je m'y suis plié et, nerveux, pas trop sûr de moi, j'étais allé rencontrer celle que Mesrine appelait Joyce, qui ne savait pas que j'en étais à mes débuts. Mais, elle fut si charmante que l'entrevue en question se poursuivit dans un entretien où les confidences s'échappaient d'elles-mêmes. Le photographe Guy Beaupré, que je connais maintenant depuis trente-huit ans, était venu prendre des photos. *Cher Guy ! Que d'entrevues nous avons réalisées ensemble... Que de bons moments nous avons partagés dans l'aventure des magazines.* Or, la rencontre avec la fiancée de Jacques Mesrine avait été un succès et mon papier avait eu beaucoup d'effet. Le genre d'entrevue romancée qu'on aime lire. Avec une bonne description de la jolie jeune femme et de son Jacques dont elle parlait avec amour... Avec sa sensibilité, ses émotions, sa passion pour Édith Piaf dont elle adorait les chansons, son goût pour un cognac de renom, bref, de tout ce qui lui avait fait ouvrir son cœur, ce soir-là. Quelques semaines après la publication, je recevais une superbe missive écrite de la main de Jacques Mesrine qui, de sa prison en France, me remerciait d'avoir si bien recueilli les sentiments de « Joyce » envers lui. Il avait même dessiné, à la main, dans le coin gauche de sa lettre, un homme derrière les barreaux. À l'encre noire et rouge ! Une lettre de deux pages que je garde encore entre les pages d'un livre pour la conserver intacte. On sait ce qui a suivi, ce que Jacques Mesrine a dû affronter avant d'être abattu en pleine rue. On en a fait des livres, des films... que j'ai lus et vus. Mais personne d'autre que moi ne possède une lettre aussi intime écrite de sa main derrière les barreaux. Et je la conserve jalousement. Parce qu'elle m'était arrivée en même temps que mes premiers pas dans ce métier qui allait être le mien pour longtemps.

Entre-temps, on m'appelait encore de partout dans le domaine des chiffres. Miracle Mart m'offrait le même emploi que j'avais quitté avec un plus gros salaire, et deux autres chaînes de magasins en faisaient tout autant. Mais je fermais les yeux. Pour rien au monde je ne voulais régresser et tourner le dos à une carrière qui m'ouvrait à peine ses portes. Le sort en était donc jeté. Quelques jours plus tard, alors que je me rendais au bureau du *Elle et Lui* de la rue Saint-Laurent afin de rencontrer Jean-Serge Turcot, j'attendais dans la salle d'attente lorsqu'un homme est sorti d'un bureau adjacent pour me demander: «Vous êtes Denis Monette, n'est-ce pas?» Je répondis par l'affirmative et il me pria de le suivre dans son bureau. C'était la première fois que je me trouvais face à face avec Claude J. Charron, le grand patron de l'entreprise. Très affable, il me pria de m'asseoir et je remarquai qu'il me détaillait du regard. Fort heureusement, je portais un complet noir trois-pièces avec chemise et cravate, ce qui eut l'heur de lui plaire. Bien vêtu lui aussi, souriant, plus jeune que moi, la trentaine à peine, il commença par me féliciter pour l'interview avec la fiancée de Mesrine, pour ensuite me parler de ma nouvelle *Les chats diaboliques* qu'il avait beaucoup aimée. Puis, de fil en aiguille, il me demanda si j'étais intéressé à faire des entrevues pour le magazine *Le Lundi*, l'hebdomadaire de son entreprise. Passant vite du vous au tu, il avait ajouté : « De cette façon, ce sera plus payant pour toi. Une entrevue par semaine, une nouvelle, plus le *Elle et Lui*. » J'avais compris qu'il m'invitait à me joindre à son équipe bien en place et, étonné mais fort content de la proposition, j'acceptai sur-le-champ. Il m'était fort sympathique cet homme-là. Il était au courant de mon aventure dans le domaine des chiffres et il savait, par mon curriculum, que j'étais marié et père de deux enfants. Bref, il s'était renseigné avant de se faire une idée. Moi qui ne savais même pas encore qui était le fondateur de cette société d'édition ! Je venais de l'apprendre ! Je n'avais eu, jusqu'à ce jour, que des échanges épistolaires ou téléphoniques suivis d'une brève rencontre avec monsieur Turcot. Je me souviens qu'en sortant du bureau de Claude J. Charron avec lui, Jean-Serge Turcot, rédacteur en chef du *Elle et Lui* lui avait dit en nous apercevant : « C'est ça ! Viens chercher mes meilleurs, Claude ! » Cela dit à la blague, évidemment, mais la boutade m'avait fait plaisir. On m'appréciait. C'était beaucoup !

Il y avait quand même la famille, ce qui comptait plus que tout pour moi. En juillet, Micheline et moi étions allés à la Place des Arts voir la comédie musicale *South Pacific* avec Howard Keel et Jane Powel. Main dans la main, des soupirs de la part de ma femme durant les chansons d'amour, nous étions heureux. En août, nous partions avec les enfants pour une semaine de vacances au Lake George dans les Adirondack, État de New York. Nous avions logé au motel Balmoral, muni d'une piscine extérieure, ce qui plaisait à Michel et à Sylvie. Puis, nous avions visité le Musée de Frankenstein pas très loin, et mangé au McDonald's ou au Mountaineer, peu coûteux. Que demander de plus ? Nous étions allés au Gaslight Village où les manèges étaient nombreux, nous avions visité le musée de vieilles voitures dont celle dans laquelle John F. Kennedy avait été assassiné.

Plus loin, celle de Greta Garbo... Que de bonheur ! Les quatre ensemble, cette fois !

En août, Claude J. Charron me demande de retourner le voir. Je m'y rends et il me demande si je peux écrire des nouvelles pour le magazine *Le Lundi* cette fois. Il m'offre quarante dollars de la nouvelle, ce qui n'est pas beaucoup, je faisais plus d'argent avec mes textes de cinq lignes pour les cartes de souhaits, mais j'acceptai de bon gré pour la notoriété que ces nouvelles allaient m'apporter. Comme j'étais au bas de l'échelle dans ce domaine, je ne pouvais être exigeant et demander plus que ce qu'on m'offrait. Claude J. en profita pour me présenter Marc Cogoli, son directeur adjoint, ainsi que Bernard Lavoie, rédacteur en chef du *Lundi* qui comptait sur moi pour des entrevues ultérieures. *Des pas dans la nuit* a été la première nouvelle que je leur ai livrée, suivie de *Un cœur sous une cagoule* et de plusieurs autres qui allaient s'ajouter. Avec les entrevues pour ce même magazine, les textes que j'écrivais pour le *Elle et Lui* et les cartes de souhaits, j'allais certes pouvoir joindre un peu plus les deux bouts. À soixante dollars l'entrevue, ce n'était pas le gros lot, mais je me disais que peu à peu, j'allais monter des échelons et que peut-être, un jour... Toujours est-il que ma première rencontre s'avéra être avec Muriel Millard que je connaissais depuis mes débuts dans l'entreprise familiale. Elle m'avait reçu aimablement et le travail de journaliste fut très facile avec elle. Le prochain entretien allait être avec le comédien Réjean Lefrançois. Il m'avait donné rendez-vous au restaurant Butch Bouchard et je m'y étais rendu avec un peu moins d'assurance cette fois, ne le connaissant pas du tout. Malgré tout, l'interview se déroula fort bien et Réjean apprécia notre tête-à-tête. J'avais sûrement ce qu'il fallait pour bien rendre leurs confidences puisque Muriel et Réjean me remercièrent de l'entrevue, alléguant que c'était la meilleure qu'ils avaient eue à ce jour. Constatant que j'écrivais peut-être différemment des autres, que j'avais une introduction et une conclusion d'envergure chaque fois, Bernard Lavoie me commanda cette fois une première page avec Pierre Marcotte et Shirley Théroux. C'était bel et bien parti ! Un couple des plus populaires à ce moment-là ! Et comme l'interview de première page rémunérait davantage le journaliste, c'était certes à prendre... Quoique je me sentais déjà payé, côté fierté. Micheline se délectait de ma bonne humeur, j'avais retrouvé le sourire et je me levais chaque matin heureux d'avoir à rencontrer quelqu'un ou à composer un texte pour le *Elle et Lui*. J'ai donc rencontré Shirley et Pierre à leur résidence sur la rive sud et ce fut le déclic. Ils avaient été tous les deux très gentils et je me sentis vite à l'aise. Je ne dirai pas que ce fut mon entrevue la plus forte, car interviewer deux personnes en même temps, un couple de surcroît, laissait moins de place à l'improvisation. Mais le résultat fut apprécié des lecteurs et lectrices qui commençaient à me faire parvenir des mots d'appréciation que Bernard Lavoie publiait dans le courrier du lecteur.

Tillie Kish est en ville ! Elle insiste pour me voir. Je n'en avais pas envie, mais sur les conseils de Micheline, je l'invitai pour le dimanche qui venait. C'était quand même elle qui m'avait sorti du trou en m'engageant alors que j'étais cassé comme un clou ! Je n'étais pas un ingrat... Et, ô surprise, ne sachant pas encore que je me débrouillais fort bien, elle m'offrit de me prêter de l'argent pour m'aider financièrement, me croyant dans le besoin. Ce qui m'avait touché. Je crois que c'est la dernière fois que je revis madame Kish. Je n'en suis pas certain... Mais je n'ai appris sa mort que six mois après son enterrement et je lui ai fait chanter une messe. Il y a de ces personnes qu'on rencontre et que le temps n'efface pas.

À bien y penser, entre les chiffres et les lettres, je n'avais même pas eu un mois de répit. Les uns se sont enchaînés aux autres… J'avais travaillé fort comme acheteur et voilà que je travaillais aussi fort comme journaliste. Mais avec passion, cette fois ! Et d'autres entrevues se succédèrent. Une avec Ovila Légaré, ce doyen ou presque de nos comédiens qui m'avait reçu chez lui à Ahuntsic. Une de ses filles nous avait apporté le thé et, confortablement assis dans son fauteuil préféré, il m'avait raconté sa petite histoire sans oublier son rôle inoubliable du *père Didace* dans *Le Survenant*, comme celui plus récent de *Georges*, dans *Grand-papa*. « Je ne veux pas dételer, je veux mourir sur scène », m'avait-il dit. J'en étais revenu ému… Était-ce là sa dernière entrevue ? Je ne pourrais l'affirmer mais, quelques mois plus tard, il s'était éteint paisiblement, entouré des siens et non sur scène, le pauvre homme. Une autre entrevue avec France Nadeau, la mère de Pascale, de qui j'avais tracé un beau portrait dans la rubrique à cet effet. Côté nouvelles, je venais de rédiger *La Vieille* qui avait été appréciée, et ainsi se terminait l'été qui m'avait été bénéfique. En feuilletant, je retrouve, quelque part dans mon journal intime de cette année foisonnante de hauts et de bas, *La vie a encore quelque chose à m'offrir !* En quelques mois seulement, je venais de le découvrir.

Septembre 1977 et l'on m'offre sur un plateau d'argent une rencontre avec nulle autre que l'incomparable Alys Robi. Celle dont ma mère avait fredonné les chansons telles que *Tico Tico, Amour, Symphonie, Je te tiens sur mon cœur*… Alys Robi dont on avait tant parlé dans les journaux sous tous les angles. Celle que j'avais vue sur la scène du cabaret La Feuille d'Érable, chanter *Babalu* et demander aux gars saouls de se taire. Fermement ! J'avoue que je craignais une forte réaction si l'une de mes questions n'avait l'heur de lui plaire. J'étais inquiet, mais j'acceptai avec empressement de la rencontrer. Je l'avais invitée au restaurant, elle s'était confiée et, après publication de ses aveux, elle avait été ravie de ce qu'elle avait lu. Bref, elle m'avait aimé comme homme et comme journaliste ! J'ai ensuite fait je ne sais combien d'entrevues avec elle ! Notre dernière rencontre remonte à l'époque où l'on venait de tourner la minisérie sur sa vie avec Joëlle Morin. Nous nous étions rencontrés chez le photographe Guy Beaupré où Joëlle se trouvait déjà. Et je me souviens avoir vu Alys en colère pour la première fois. Parce que la maquilleuse avec ses petits pots voulait qu'on change de place pour l'interview ! On ne déplaçait pas comme ça madame Robi quand elle était installée. J'ai fini par lui faire comprendre qu'on serait mieux à l'écart pour causer et elle m'avait gentiment suivi. Parce que j'avais su la calmer d'une voix douce et rassurante. Plus tard, elle me demanda d'écrire sa biographie et j'ai malheureusement refusé. Non pas que je n'aurais pas eu le temps, mais elle voulait s'installer quinze jours chez moi. En décembre ! Je ne pouvais imposer à Micheline et aux enfants une telle présence au temps des Fêtes et c'est quelqu'un d'autre qui se chargea de rédiger ses mémoires. Je l'aimais bien, Alys, mais imprévisible comme elle pouvait l'être... J'ai néanmoins éprouvé un grand chagrin lorsque j'ai appris son décès en 2011. Une grande dame s'éteignait ce jour-là. Une femme qui avait défié et vaincu tous les préjugés. La première à mettre le Québec sur la carte et la plus grande chanteuse de notre petite histoire, selon moi.

Pour les quarante-deux ans de Micheline, je lui avais offert une longue torsade en or, même si je n'en avais guère les moyens à ce moment-là. Elle le méritait tant, ce cadeau signé de mes plus profonds sentiments. Les enfants lui avaient offert une jolie montre-bracelet et la biographie de Michèle Morgan, *Avec ces yeux-là*, que leur mère avait adoré lire. Émue, elle avait senti combien nous l'aimions.

J'ai eu, malgré tout, un peu de difficulté à m'adapter à ce milieu où tout se voulait inattendu. En plus de croiser des gens de tous genres. Des gentils, des jaloux, des vilains, des charmants... Mais j'ai vite appris à discerner et à repousser à bout de bras ceux et celles dont la désinvolture n'allait pas de pair avec ma droiture. Claude J. Charron savait qu'il avait entre les mains un père de famille, ce qu'il respectait énormément, en étant un lui-même. Nous dînions souvent ensemble et après notre entretien d'affaires, la conversation glissait sur ma femme, mes enfants, sa femme et ses deux filles. Chaque vendredi, je m'en souviens, j'allais m'asseoir dans la salle d'attente du bureau, non pas pour recevoir mon chèque, mais pour avoir en main le numéro qui allait paraître le lendemain. Claude J. Charron s'en était rendu compte et avait finalement compris que, non seulement j'aimais *Le Lundi*, mais que j'en étais insatiable. Je repartais ensuite et, dans ma voiture, je le feuilletais pour découvrir les entrevues qui étaient miennes et dont j'étais plutôt fier. Comme on avait la bonne habitude d'ajouter la photo-témoin du journaliste avec la vedette, cela nous identifiait de plus en plus auprès des lecteurs. Quelle joie que de la montrer ensuite à mes enfants, surtout si l'artiste à mes côtés faisait partie d'une émission populaire ! Mais, comme ma plume avait ce côté émotif qui plaisait tant à Bernard Lavoie, il me confia également des entrevues dans le domaine social. Des rencontres avec des handicapés qui acceptent l'épreuve, des entrevues avec un psychologue ou un policier, des entretiens avec des gens du gouvernement, genre : *L'homme derrière le...* Il pouvait s'agir d'un député, d'un juge ou même d'un ministre... Bref, je touchais à tout et je gagnais de la sorte un peu plus d'argent que prévu. Mais au prix de quel acharnement, de quel courage, car tous les journalistes de la boîte devaient trouver des sujets et convaincre les dirigeants d'en faire un papier. Il fallait ensuite appeler les gens ou les artistes sélectionnés, les rencontrer, enregistrer l'entretien et, de retour chez soi, écouter et rédiger l'entrevue à la machine à écrire avant de rapporter le tout en cinq feuillets, rarement plus. Ouf! Je me souviens de mes collègues de ma première année au *Lundi*. Un type comme Yves Mallette qui n'avait pas des rencontres faciles, le doigté de Marcelle Ouellette qu'on désignait pour les gens de théâtre et les écrivains, Ginette Auger qui réalisait beaucoup d'entrevues au bout du fil ou qui partait, telle une fusée, interviewer une vedette qui lui avait été suggérée, et j'en oublie. C'est déjà si loin dans ma mémoire...

Récapitulons. Dans cette nouvelle aventure, pour ne pas dire emploi puisque je travaillais à la pige, je recevais cinquante dollars par nouvelle publiée, soixante par entrevue de cinq feuillets, et quatre-vingt-cinq lorsque mon article de huit feuillets allait dans le cadre de la rubrique *Personnalité* ou en première page. C'était loin de ce que je gagnais comme acheteur, mais j'étais heureux. Libre de mon temps, dans «les lettres» comme je l'avais tant souhaité, prêt à relever tous les défis qu'on m'imposait. C'est ainsi que j'ai pu rencontrer Édouard Carpentier. Pour l'occasion, monsieur Carpentier nous avait reçus, Guy Beaupré et moi, en maillot de lutteur pour la séance de photos. Quel homme! Et beau, mesdames, je vous l'assure! Poli, il nous avait fait visiter le luxueux appartement qu'il partageait avec une dame.

Le soir venu, de retour à la maison, je trouvai dans ma boîte aux lettres mon premier chèque d'assurance-chômage. Bien sûr que j'en avais payé durant quatre ans et que ça me revenait... Je m'étais même rendu remplir les formulaires à cet effet et j'étais reparti en vitesse de peur qu'on me trouve un emploi dans les achats. Et là, avec le premier chèque en main, j'avais honte... Je ne pouvais comprendre que je recevais du chômage qui me revenait de droit, alors que je donnais un nouveau souffle à ma vie. Je me disais toutefois que c'était moins humiliant que d'aller vendre des bouteilles pour m'acheter un sandwich. Je ne me souviens plus combien j'en ai reçu... Deux, trois ou quatre, pas plus, puisque je les avais prévenus de ma pige et qu'on retrancha mes gains de mes prestations pour, enfin, ne plus rien recevoir de leur part. J'étais en train de me bâtir un nom. Je relisais scrupuleusement mes articles. J'avais appris mon métier sur le tas, j'avais encore des points à assimiler, mais je tenais à garder intacte cette intégrité dont on m'honorait dans le milieu. Ce que Claude J. Charron avait compris dès le premier jour où il m'avait serré la main. D'où, par la suite, le long chemin...

À Québec, j'avais fait une entrevue avec Marc Tardif, capitaine des Nordiques, et ce, sans rien connaître du hockey. Il avait d'ailleurs été surpris de me voir cerner l'homme et non le joueur avec tout le mérite qu'on lui attribuait cette année-là. Très mal à l'aise dans les entrevues intimistes, il avait toutefois réussi à m'ouvrir un tout petit volet de son cœur. De là, je m'étais rendu chez Claude Stében, chanteur et animateur. Il pleuvait à boire debout, il était grippé, il craignait le résultat des photos, mais nous avions réussi à le convaincre. J'étais rentré à Montréal épuisé. Deux entrevues le même jour en plus du long trajet, c'était beaucoup.

Pas possible ! Un autre fournisseur de Toronto m'appelle pour me proposer un emploi d'acheteur en chef chez Zellers ! C'était gentil de sa part, mais j'étais déjà si

loin de ce milieu d'affaires... Comment le lui expliquer?
J'ai tout simplement poliment refusé. Deux jours plus tard,
j'étais avec Aimé Major que j'avais trouvé vieux jeu, voire
ennuyant, sur ses gardes, peu enclin à se livrer en entrevue.
Je lui parlais de son traditionnel *Chevaliers de la table ronde*
que nous écoutions sur disque, de sa belle voix de baryton.
Ça le flattait, mais pas davantage. J'en ai pris mon parti et
je rédigeai un bon papier sur lui avec le peu qu'il m'avait
confié. Content, il m'appela pour me remercier et m'invita même à dîner chez lui.

Après ces entrevues artistiques, un saut dans le « social »
et je rencontre, à tour de rôle, un psychiatre, un journaliste aveugle, un facteur, etc. C'était une section du magazine que j'aimais bien. Puis une entrevue avec Georges
Whelan qui faisait les beaux jours de Télé-Métropole. Il
m'avait reçu chez lui en compagnie de son épouse, une
femme charmante. La sensibilité de Georges m'avait
touché et un lien d'amitié s'était créé. Le couple m'avait
ensuite invité avec mon épouse pour le baptême de leur
fille, Karine. Je les ai perdus de vue, hélas, mais j'ai gardé
un très bon souvenir d'eux.

5 novembre 1977 et notre fils Michel fête ses dix-huit ans! Comme le temps passe vite! Majeur et beau garçon
en plus. Sylvie lui a offert dix-huit dollars chiffonnés dans
une grosse boîte! Hippie sur les bords, les cheveux longs,
ce qui nous faisait sourciller, il adulait Jimi Hendrix et Janis
Joplin. Imaginez! Un tel vacarme venant de sa chambre,
alors que je tentais d'écouter un prélude de Chopin ou les
chansons tendres d'Adamo. Pour Micheline et moi, c'était
loin de notre musique, ces deux... bêtes-là! Mais c'était
de son temps, il s'affirmait, il n'était plus un enfant. Sylvie,
de deux ans sa cadette, s'alignait plutôt vers le disco. John
Travolta et son *Saturday Night Fever*, les Bee Gees et Donna
Summer. Ce qui nous plaisait davantage, d'autant plus que

notre fille, loin du genre de celles en salopettes et à bottines de bûcheron de l'époque, avait déjà un faible pour les *jumpsuits* et les talons hauts. Ouf! Une de sauvée! se disait-on en riant.

D'autres entrevues suivirent, Monique Joly, Bernard Derome, et Guy Boucher qui m'avait fait visiter sa maison de douze pièces, et dont le chien s'appelait *Monsieur*. Je touchais maintenant à toutes les sphères du vedettariat. Comédiens, animateurs, chanteurs, politiciens et aucun d'entre eux ne me donnait le trac des premiers temps. Ministre en poste ou chanteuse à ses débuts, c'était pour moi, lors d'une rencontre, deux personnes qui causaient, rien de plus. Personne ne m'impressionnait. On se quittait sur une poignée de main et la machine à écrire prenait la relève. Je tenais de ma mère de voir les gens à égalité dans leur intimité. Elle me disait souvent en parlant de la reine d'Angleterre: « Tu sais, lorsqu'elle va à la toilette, quand elle... » Je vous épargne le reste!

Dieu que je travaillais, au *Lundi*! En plus de mes entrevues, je traduisais des textes sur les vedettes américaines, je rédigeais aussi de petits reportages inusités qui plaisaient beaucoup, je continuais d'écrire pour le *Elle et Lui*, et je composais encore des textes pour des cartes de souhaits. J'avais la main engourdie lorsque, le soir venu, je déposais la plume ou refermais la machine à écrire dont le ruban était usé. Mais j'adorais ce métier! Et Claude J. Charron s'en rendait compte. Toujours un bon mot pour moi lorsqu'il entrait alors que j'attendais la livraison du prochain exemplaire du *Lundi*. Il avait vite dénoté la passion qui m'habitait, ce goût sans frein du travail bien fait. Un peu plus tard, une rencontre avec Reine Charrier, *Madame X*, de regrettée mémoire. Celle que tous ou presque écoutaient à la radio avec son courrier du cœur qui jouissait d'une grande popularité. Une femme au vécu douloureux durant la Seconde Guerre, une femme qui hébergeait des adolescents sans famille dans sa maison de Saint-Luc où j'étais allé la voir. Ému, je lui avais rendu un bel hommage pour lequel elle m'avait grandement remercié. Si on poursuit dans mes rencontres, je mentionne Vincent Bilodeau, Jean Besré – dont le destin a été tragique – et Reine Malo, qui m'avait longuement parlé du décès de son mari et de sa petite Émilie. Puis avec Ginette Ravel, chez elle, en compagnie de Guy Beaupré, le photographe. Nous avions tous deux eu droit à une chanson de sa voix grave au piano. En toute intimité. Que de confidences de la part de celle que j'étais allé voir dix ans plus tôt à la Comédie-Canadienne, en file dans la neige, transi par le froid, Micheline collée à mon bras, nos amis grelottant derrière nous... Inutile d'ajouter que je possédais tous ses disques depuis le début de sa carrière. Ravie de cet aveu, elle m'avait permis d'enregistrer sur ma cassette la chanson qu'elle nous offrait au piano. Puis, comme pour m'évader du site enchanteur de Sainte-Marguerite où elle résidait, je rencontrais, le lendemain, la propriétaire du Palais des Nains de la rue Rachel, petite personne elle-même, qui me fit visiter les appartements en me parlant du comte et de la comtesse Nicol qui en avaient été les fondateurs. J'y allais avec ma mère lorsque j'étais jeune, j'y étais retourné avec mes enfants pour une visite, et voilà que j'en écrivais l'historique. Ah ! ce que la vie nous réserve...

Je venais d'avoir quarante et un ans, j'étais plus qu'heureux dans cette nouvelle vie et, quelques jours plus tard, Bernard Lavoie m'offrait le poste de directeur adjoint du *Lundi* à raison de trois cents dollars par semaine... que j'ai refusé. Je ne voulais pas retomber dans la routine du neuf à cinq. Du moins, pas encore. J'aimais la pige, la liberté, la diversité. Ce qui ne l'avait pas empêché, lors du premier souper de Noël auquel j'ai assisté, de faire mon éloge devant tous les autres. Ce qui m'avait fort gêné, je l'avoue. Mais, j'avais retrouvé à cette table conviviale, des collègues qui étaient déjà des amis tels Marcelle Ouellette, Guy Beaupré, Jean-Marc Allard, photographe au *Elle et Lui*, Yves Mallette, les directeurs des deux magazines, les maquettistes, la secrétaire et, bien sûr, Claude J. Charron qui présidait cette soirée. Je sentais que je faisais partie intégrante du groupe. Ce qui me mit à l'aise aux yeux de ceux que je connaissais à peine à ce moment-là. Et, discret, personne n'a appris lors de ce repas qu'on m'avait offert un poste de cadre au sein de l'entreprise. J'avais gardé pour moi l'approche pour le poste et le refus de ma part. En guise de respect pour qui me l'avait offert.

Une tournée de comédiens s'amorce. Sous forme d'entrevues, bien entendu. Roger Garceau qui, à ce moment-là, vivait avec madame Hirzig, la célèbre astrologue. Un homme hautain, quasiment froid, de qui j'avais soutiré quelques confidences concernant le métier, rien de plus. Puis, Jean-René Ouellet, un type charmant qui m'avait reçu chez lui au Grand Marnier. C'était la première fois qu'on m'accueillait aussi élégamment. Nous avions causé de son rôle dans la série *Les As* de Victor-Lévy Beaulieu. Je lui parlai également du film *Je t'aime* dans lequel il avait joué aux côtés de Jeanne Moreau. Que de classe chez cet homme ! Il allait ensuite devenir l'un des meilleurs comédiens de notre télévision, sans oublier le théâtre, puisque j'ai eu le plaisir de le voir à l'œuvre à Québec dans la pièce *Citrouille*, alors que j'étais de passage. Et enfin, Jean-Pierre Bélanger, un grand jeune homme fort agité. Une seule question et sa vie se déroula d'un trait. Devenu conjoint d'Andrée Boucher, ma bonne amie, nous nous sommes visités très souvent. Sauf que maintenant, avec la distance qui nous sépare, la santé et l'âge… Des deux côtés, évidemment.

Décembre s'amène et le *Elle et Lui* me demande une entrevue avec Martha Adams, la « madame » très en vue dont tous parlaient. Plus souvent sur les pages frontispices des journaux policiers, je me voyais mal l'interviewer pour le *Elle et Lui*, un magazine qui n'avait rien en commun avec ses démêlés avec la justice. Je commençai par refuser, on insista davantage, j'ai hésité et, sur un coup de tête, j'ai accepté ce déplacement jusqu'à Cowansville. Le photographe allait suivre dans sa propre voiture. Le temps était risqué en ce 28 décembre, on annonçait une tempête. N'écoutant que mon courage, je m'y suis rendu et Martha Adams et Clément, son ami de cœur du moment, m'avaient reçu à bras ouverts. Malgré sa réputation, Martha Adams avait un cœur qui lui faisait parler avec tendresse des enfants, des hommes de sa vie, de ses parents, de sa jeunesse, de ses années tourmentées... Bref, un récit qui valait mieux qu'une biographie. À la fin de l'entrevue, regardant par la fenêtre, c'était la tempête. On annonçait que les routes étaient de glace et madame Adams m'offrit le gîte pour la nuit, craignant pour moi un retour très risqué. J'ai téléphoné à Micheline, la priant de ne pas s'inquiéter, et j'ai passé la nuit dans une chambre d'amis où les nombreux chats de Martha venaient me rendre visite. À un certain moment, j'avais eu l'impression d'être entouré des... *chats diaboliques* de ma première nouvelle! Retour pénible le lendemain, les routes glissantes, le vent qui persistait, la vision mauvaise, mais je suis arrivé sain et sauf à la maison. Confortable dans mes pantoufles, Micheline m'apprit que Sylvie était partie fêter le Nouvel An à Saint-Rémi, au chalet de sa marraine. Toutefois, en ouvrant le tiroir de mon bureau, j'y trouvai une petite note sur laquelle ma fille me souhaitait une bonne année par quelques phrases stylisées. J'ai senti mes yeux s'embuer en lisant ces mots de son cœur d'enfant. Parce que, pour moi, à dix-huit et seize ans, Michel et Sylvie étaient encore… mes petits !

Le 31 décembre au soir, mon neveu Georges était venu réveillonner avec son amie Diane, une fort jolie fille qui allait devenir sa femme. Nous étions peu nombreux, mais l'échange des vœux fut aussi soutenu que si nous avions été plusieurs. Après le départ des convives aux petites heures, Micheline et moi avions regagné notre chambre et, lumière tamisée, je lui avais avoué à quel point je pouvais l'aimer. Ce à quoi elle avait répondu, dans un léger murmure : « Moi aussi. »

Chapitre 7

Il faisait froid, c'était janvier, celui de 1978, et après avoir reçu un appel de Jean-René Ouellet qui me remerciait de l'article sur lui paru dans *Le Lundi*, ce qui fait toujours chaud au cœur, je me suis dirigé vers un chic restaurant-bar de l'ouest de la ville afin de faire une entrevue avec la barmaid de l'endroit, pour la section sociale du magazine. Une charmante jeune femme qui me servit un scotch avec soda et qui me raconta les hauts et les bas de son dur métier. J'ai passé pas moins d'une heure avec elle, on a pris des photos et, à mon départ, le proprio de l'établissement qui m'avait reçu avec une poignée de main vint me retrouver pour me remercier et me remettre... la facture du scotch qu'elle m'avait servi ! C'est bien pour dire ! Avec toute la publicité que l'article allait lui rapporter ! Deux jours plus tard, j'apprends que Jean-Serge Turcot n'est plus à son poste au *Elle et Lui*. Ce qui m'a peiné, je m'entendais bien avec cet homme. Je n'ai jamais su ce qui s'était passé et je n'ai pas questionné, je n'étais qu'un pigiste. J'ai appris que Bernard Lavoie, directeur du *Lundi*, allait temporairement assumer la relève de ce magazine, rien d'autre. La vie continue et je repars en entrevue un samedi de janvier par un soir de tempête, chez le comédien Gérard Poirier. Tout se passa bien, mais le retour fut difficile sur le boulevard Décarie, c'était glissant et les accrochages étaient nombreux, mais je suis revenu sain et sauf, heureux de stationner ma voiture dans mon entrée. Mais pourquoi étais-je donc allé me foutre dans la tempête? Parce que j'aimais mon métier au point d'y consacrer mes jours de congé? Ce que ma femme me reprochait souvent. Pour son bien-être comme pour le mien. Pour notre couple, quoi!

D'autres rencontres se succédèrent: Pascal Rollin, Julie Arel, Guy Godin... Au point de faire l'acquisition d'une nouvelle machine à écrire chez Pilon. On était encore loin du temps de l'ordinateur, mais j'avais au moins un magnétophone, ce qui était plus pratique que le bloc-notes. Quelques jours plus tard, lors d'un dîner au Granada avec mon patron, nous avions croisé Yves Mallette et Francine Fleury, deux journalistes que j'appréciais beaucoup. Francine Fleury, journaliste de la section sociale, experte en cas vécus, est devenue avec les ans l'amie la plus fidèle sur qui j'ai pu compter. J'ai assisté à son mariage avec son cher Fred, ainsi qu'au baptême de leur premier et de leur deuxième enfant. Une amitié comme il s'en tisse rarement au cours d'une vie.

D'autres rencontres suivirent, une avec Claudette Lambert, animatrice à *Femme d'aujourd'hui* à Radio-Canada, qui devait éventuellement devenir une collaboratrice au *Lundi* en effectuant des entrevues à Paris avec des artistes de renom. Puis, avec Jacques Michel, un auteur-compositeur que j'aimais aller voir en spectacle avec ma femme et ma fille, un artiste rencontré fort souvent par la suite. Donc, tout allait bien pour moi sur le plan professionnel mais, côté familial, une ombre au tableau : ma mère venait d'être hospitalisée à l'hôpital du Sacré-Cœur. Rien de trop grave, un malaise qui lui avait valu un examen général. Et c'est là, lors de radiographies, qu'elle apprit en même temps que nous qu'elle avait vécu toute sa vie... avec un seul rein ! Comme elle n'avait jamais été hospitalisée, sauf pour avoir ses enfants, aucun examen profond avant ce jour n'avait pu détecter cette anomalie. Ce qui ne l'avait pas empêchée de se rendre jusqu'au troisième âge sans encombre. La Saint-Valentin se montra une fois de plus et j'offris à Micheline un jonc en or serti de diamants. Elle en était ravie, mais pas autant que des mots qu'elle put lire dans une carte choisie pour elle par les enfants. La tendresse la faisait beaucoup plus facilement pleurer que les présents. Aussi coûteux fussent-ils, ce n'était chaque fois qu'un cadeau de plus, tandis qu'une carte remplie de mots d'amour et d'affection... Elle avait la larme facile, ma femme. De joie ou de peine, elle pleurait sur-le-champ.

Les entrevues se succédaient, une au restaurant avec Catherine Bégin, à peine aimable, et une autre avec Monique Miller, polie mais distante. Ah ! ces comédiennes ! Celles qui font du théâtre et ne parlent que de scène durant des heures ! Un autre monde ! Heureusement, il y avait les Mario Lirette, un bon vivant, Angèle Coutu, charmante, et Michel Jasmin avec qui je faisais ma première entrevue. Au pinacle de la gloire, ce dernier avait depuis longtemps fait les manchettes avec son accident d'automobile qui l'avait laissé handicapé. On en avait parlé une fois de plus, bien sûr, mais j'avais découvert, en causant avec lui, un homme qui tentait d'être heureux personnellement malgré les obstacles. Il était conscient de sa réussite professionnelle, mais là ne s'arrêtait pas sa quête de bien-être. Nous avions parlé longuement lors de cette première entrevue, mais pas autant que lors de nos rencontres subséquentes. Nous allions devenir, sans le savoir alors, de très bons amis.

Voilà que Micheline s'évade à la Barbade avec des collègues du bureau et j'en suis content pour elle. J'aurais pu m'ajouter au groupe, mais avec le travail, les rendez-vous avec les artistes, les nouvelles à rédiger... Non, impossible pour moi d'y penser. Pas encore! Et il allait en être ainsi fort souvent. Elle, voyageant de son côté alors que moi, peu enclin aux déplacements, je ne voyageais que par affaires. Micheline aimait les bords de mer et le soleil, moi les grandes cités. Nous n'avions guère de goûts en commun, mais comme notre devise était de « vivre et laisser vivre », nous nous accommodions fort bien. Ne dit-on pas que les contraires s'attirent?

Je reprends la route des rendez-vous et, après avoir rencontré successivement Rita Lafontaine, Georges Guétary, Alain Marillac, l'hypnotiseur, Yvonne Laflamme – la petite Aurore, l'enfant martyre – et Tante Lucille qui avait fait le bonheur de Sylvie, enfant, je me rends compte que je suis en train de me tuer à la tâche. C'est bien beau aimer son métier, mais pas au point d'y laisser sa santé. Micheline me prévient, je prends une pause et, juste comme j'allais reprendre le sillon de l'euphorie, Claude J. Charron m'approche lui-même, cette fois, pour devenir l'adjoint de Bernard Lavoie au *Lundi*. Plus insistant, plus convaincant, j'ai eu plus de mal à refuser... mais je l'ai fait! Je n'étais pas prêt à assumer un tel poste, à me confiner de neuf à cinq dans un bureau, à subir la pression... J'avais été trop malmené dans les achats pour subir ce malaise une fois de plus. Claude J. n'aimait guère essuyer un refus, mais dans mon cas il avait compris. Après mon long plaidoyer, il n'avait pas insisté, conscient tout de même de ce que j'accomplissais pour

Le Lundi et le *Elle et Lui* à partir de ma machine à écrire dans mon humble maison. Le soir, pour me détendre un peu, j'avais invité ma femme et mes enfants au Théâtre des Variétés voir les sketches de La Poune, Léo Rivet et Robert Desroches, pour ensuite applaudir Georges Guétary et son fameux *Cet anneau d'or*, dans son tour de chant. C'est ce dernier qui m'avait offert les billets lors de notre rencontre. Michel et Sylvie avaient bien ri des réparties grivoises de La Poune, Micheline, un peu moins. Fatigué, épuisé une fois de plus, je rêvais de gagner la 6/49 de Loto-Québec pour me sortir de ce gouffre dans lequel je m'enfonçais moi-même. Trente-cinq ans plus tard, j'attends encore... ce gros lot! Un soir de 1978, néanmoins, c'est écrit dans mon journal, manquant de cigarettes, j'en profite pour cesser de fumer. Je jette donc le paquet vide de Viscount dans la poubelle et, me frottant les mains d'aise, je me dis: *Ça y est! C'est fini!* Mais j'ai recommencé à fumer. Ma bonne intention n'aura duré que... trois jours! Quelle disgrâce! Il faut croire que j'étais trop nerveux avec toutes ces entrevues, tous ces textes à rédiger... *Le moment est mal choisi*, m'étais-je dit comme pour me pardonner mon échec. Puis, ô surprise, deux jours plus tard, Bernard Lavoie m'annonce qu'il va quitter son poste et qu'il sera remplacé par Gilles Perreault, l'infographe en chef et directeur de la production. J'étais vraiment perplexe. J'aimais beaucoup Gilles Perreault, mais c'était un visuel, pas un rédacteur comme l'avait été monsieur Lavoie. Peut-être en avait-il aussi les capacités? Restait à voir!

Bernard Lavoie nous quitte. On s'y attendait, mais pas si vite. Claude J. Charron me convoque et me demande de rédiger le *Carnet* hebdomadaire de Bernard par intérim jusqu'à ce que quelqu'un d'autre prenne la relève. J'avoue avoir songé à lui demander de me donner le *Elle et Lui* pour le diriger, mais je ne l'ai pas fait... Je craignais que ça lui redonne l'idée de m'offrir un poste permanent.

Le vendredi soir, alors que les enfants étaient partis chez des amis, j'ai invité Micheline à souper dans un chic restaurant et attraper ensuite un film au dernier programme de la soirée. Après le dernier café, nous étions allés voir le film *Van Gogh*, avec Kirk Douglas. Une soirée qui avait réussi à nous détendre. Et nous étions rentrés à la maison pour entendre Sylvie nous demander : « Mais où étiez-vous donc ? »

Le 10 mai de cette même année, je rencontrais Michel Girouard pour la première fois. Nous avions eu un bel échange, il n'était pas « surexcité » comme à la télévision. Calme, pondéré, il me parla de sa vie, de ses amours, de sa mère qu'il adorait... De fil en aiguille, il se livra entièrement, ce qui me valut un très bel écrit pour *Le Lundi*. J'allais éventuellement rencontrer sa mère pour une autre entrevue avec elle et son fils et, sept ou huit ans plus tard, collaborer avec Michel en écrivant sa biographie intitulée : *Je vis mon homosexualité*, qui se vendit à des milliers d'exemplaires. C'était son histoire, ses mots, ses sentiments, je ne lui ai prêté que ma plume pour peaufiner ses confidences. J'ai toujours eu beaucoup de respect pour cet homme qui a travaillé d'arrache-pied pour se rendre où il est. Je ne l'ai pas vu depuis nombre d'années, mais je sais qu'il a toujours un bon mot pour moi lorsque mon nom se glisse dans ses conversations. *Et moi de même, Michel ! J'aimais beaucoup ta mère, et son décès m'a chagriné. J'y pense encore...* Cette rencontre coïncidait presque avec la fête des Mères que je ne laissais jamais passer. Une visite à la mienne qui appréciait encore les chocolats aux cerises et les boucles d'oreilles, et j'avais rendu un hommage à Micheline en lui offrant une carte de ma composition et de l'argent. Hélas, je m'étais vite rendu compte qu'elle n'avait pas apprécié le cadeau. De l'argent ! Ce qui signifiait que je n'avais pas pris le temps d'aller lui choisir un présent. Et c'était vrai, j'étais débordé ! Je m'en suis excusé, mais j'ai toujours regretté de l'avoir déçue ce jour-là. Pauvre Micheline... Je m'étais juré de faire amende honorable en l'invitant à souper le lundi soir, ce que je fis en compagnie des enfants.

Le travail me garde en haleine et, après avoir rencontré Hughette Proulx avec qui j'avais ressassé les années des Miss Télévision alors qu'elle était journaliste et moi, bijoutier, je me rendis chez la comédienne Suzanne Langlois qui avait été la belle-mère de *Symphorien* à la télévision et qui se rappelait aussi son rôle de *Phonsine* dans *Le Survenant*. Très accueillante, très gentille, nous avions causé longuement ce soir-là et quelle ne fut pas ma surprise de recevoir par la suite plusieurs appels téléphoniques de sa part. Au point de me rendre compte que je ne lui étais pas indifférent... Pourtant, j'étais marié, j'avais des enfants, elle le savait, mais dans sa solitude, éprise soudainement, elle me téléphonait même au bureau... Comme je l'ai déjà dit, on m'a fait beaucoup plus la cour que moi j'ai pu le faire dans ma carrière. Plus âgée que moi, je n'aurais jamais pensé provoquer chez elle un tel sentiment... Une autre journaliste avait pris la relève pour les entrevues avec elle, ce qui l'avait déçue, mais il fallait bien que cet engouement cesse. Ce qui ne fut pas le cas, puisqu'elle leur parlait longuement de moi, s'enquérait de ce que je devenais... Lorsqu'elle est morte en 2002, ça m'a peiné. Suzanne Langlois, malgré ce « coup de foudre » passager, était une comédienne de calibre, une femme cultivée, bref, une grande dame. Dieu ait son âme.

Voilà que Micheline et moi fêtions nos vingt et un ans de mariage ! En me levant, j'avais trouvé sur ma table de chevet une jolie carte remplie de mots d'amour qu'elle m'avait laissée avant d'aller travailler. Après ma douche, habillé, avant même de déjeuner, j'étais vite allé lui en acheter une que j'avais glissée dans un bouquet de violettes africaines qu'elle avait trouvé le soir en rentrant. Inséparables ! Voilà ce que nous étions ! Après toutes ces années, un tas d'embûches, des hauts et des bas, nous étions encore ensemble, liés l'un à l'autre.

Après deux entrevues, une avec Christine Chartrand, l'autre avec Mireille Daoust, on me convoque au bureau le 26 mai. Je m'y rends donc pour rencontrer Claude J. Charron et Gilles Perreault qui m'invitent à passer dans le bureau principal. Je me demande un peu ce qu'on me veut, ça semble si officiel… Claude J. Charron m'approche alors pour le poste de rédacteur en chef du *Lundi* ainsi que du *Elle et Lui*. Étonné, je ne sais quoi répondre et il m'offre un salaire de quatre cent cinquante dollars par semaine pour cet emploi à temps plein. Gilles Perreault ne semble plus vouloir assumer la fonction rédactionnelle, ce n'est pas de son ressort et il l'avoue bien humblement. Il préfère poursuivre dans le secteur de l'infographie qui n'a plus de secrets pour lui, tout en conservant son titre de directeur. J'hésite, je ne m'attendais pas à une telle offre. Quelque peu cerné des deux côtés, je demande à Claude J. de me permettre d'y réfléchir quelques jours avant de me prononcer, mais devant mon hésitation, Gilles Perreault renchérit en m'offrant cinq cents dollars par semaine pour le poste. C'est au tour de Claude J. d'être surpris parce qu'il avait compris, lui, que je n'hésitais pas pour une question d'argent. Mais Gilles, empressé d'en finir avec le poste qui ne lui convenait pas, semblait désireux de me voir accepter sur-le-champ. Poussé par cette confiance, je finis par dire « oui » et accepter l'emploi. Voyant cela, on me demande d'entrer en fonction le lundi qui suit pour tout prendre en main. Je me souviendrai toujours de ce

26 mai 1978 où, officiellement, je devenais rédacteur en chef des deux magazines. Avec un salaire plus élevé que prévu par le grand patron. Cet accord avait coûté cinquante dollars de plus par semaine à Claude J. Charron, mais il n'allait pas les regretter. Il savait que je les valais... Je dirais même qu'avec ce qui m'attendait je valais déjà plus que le salaire qu'on me verserait. Et cela dit sans prétention. J'allais travailler comme je n'avais encore jamais travaillé dans ma vie.

Le 29 mai, je fais mon entrée au bureau et je m'installe au poste que Gilles Perreault me désigne. Les gens m'accueillent avec enthousiasme sauf Francine Fréchette, l'adjointe à la rédaction, qui le fait plutôt cordialement pour ne pas dire froidement. Et c'est pourtant avec elle que j'allais devoir travailler de plus près. Sagittaire tous les deux, nous avions des traits de caractère en commun. Je ne parlerai pas de toutes ces années que nous avons partagées ensemble au *Lundi*, mais ce sont celles dont j'ai le plus de souvenirs. Nous avons fait la paire au travail et sommes vite devenus de très bons amis. Encore aujourd'hui, les coups de téléphone sont fréquents. Elle est maintenant à la retraite, voyage beaucoup et se fait un devoir de me tenir renseigné sur ceux et celles que nous avons connus durant nos années ensemble.

Je me sentais à l'aise dans ce bureau, celui qu'avaient occupé Jean-Serge, Bernard et Gilles avant moi. Je regardais par la fenêtre, je roulais mes manches et je me disais : *Il ne me reste plus qu'à faire mes preuves !* J'étais maintenant rédacteur en chef des deux magazines auxquels j'avais participé. Je me revoyais, au temps des *chats diaboliques*, m'inscrire au concours du journal... Je me revoyais aussi avec la fiancée de Jacques Mesrine, ma première entrevue et, un an plus tard, j'étais responsable des deux publications. Pour une ascension, c'en était toute une ! Devenu patron de Guy Beaupré, Marcelle Ouellette, Yves Mallette, Carole La Pan, Ginette Gauthier, Francine Fleury et les autres, je me promettais de bien les traiter, de travailler avec eux dans l'harmonie, de les garder longtemps, de ne pas les voir être attirés par d'autres magazines ou journaux populaires... Comme j'avais été journaliste, il me serait facile de comprendre leurs revendications, leurs doléances, mais j'allais être aussi exigeant pour eux que je l'avais été pour moi en ce qui avait trait aux articles livrés tels que prévu. J'avais tout de même émis une condition avant d'accepter le poste qu'on m'offrait. J'avais demandé à Claude J. Charron de ne pas briser ma plume pour autant, de me laisser continuer à écrire des textes et à effectuer des entrevues, sans me payer en surplus pour ces écrits. Je ne tenais pas à devenir strictement un dirigeant comme je l'avais été durant tant d'années dans les achats. J'avais goûté à la liberté, au bien-être d'être pigiste, de m'appartenir et de ne ressentir aucun stress de cette façon... Je voulais bien accepter ce défi qui allait me confiner la plupart du temps dans un bureau, mais je n'eus pas à m'expliquer davantage, il m'avait répondu: « Entendu, Denis. » De toute façon, ce que je rapporterais sur ce plan n'allait rien leur coûter et Claude J., qui aimait les effets de mon style d'écriture sur les lecteurs, n'en sortirait que gagnant. De plus, le *Carnet* que je rédigeais par intérim allait changer de vocation. On me demandait d'écrire plutôt un billet hebdomadaire d'aspect humain, ce qui eut l'heur de me plaire. Cette chronique étalée en page deux, parfois à la dernière page, avait porté les titres de *Entre nous, Entre vous et moi, Du fond du cœur,* pour finalement s'intituler *Le billet de Denis Monette,* titre qui allait persister durant vingt-cinq ans et me valoir, en cours de route, la publication de six recueils qu'on trouve encore en librairie. Dans ces billets, je parlais d'amour, d'enfants, de bonheur perdu, de la vie avec un handicap, de la perte d'un être cher, de rupture, d'envie des autres, bref, de sujets du quotidien. Et le courrier affluait. On m'écrivait de partout pour me féliciter d'un billet en particulier, ou pour me dire qu'il les avait rejoints personnellement. Un jeune homme m'avait même envoyé un mot pour me remercier de l'avoir sauvé du suicide avec un billet sur «l'espoir» quelques semaines avant les Fêtes. Ce qui m'avait vivement secoué. Une simple feuille glissée dans une enveloppe, sans adresse de retour, signée: *Richard, 19 ans.* J'aurais tellement voulu l'encourager davantage... Ces mille et un billets furent à la base de la renommée que j'ai pu acquérir avec le temps. Chaque fois que je vais dans un salon du livre, il y a toujours une personne ou deux qui viennent me dire: «Vous savez, je lisais tous vos billets dans *Le Lundi*...» L'une d'entre elles les avait même découpés chaque semaine pour les coller dans un *scrapbook* qu'elle possède encore. J'en reparlerai plus loin...

Un autre maquettiste, Jean-Pierre Carbonneau, s'était ajouté au groupe. Gilles Perreault en était très satisfait. Ce cher Jean-Pierre, de regrettée mémoire, avec qui nous allions si souvent dîner à la taverne Chez Pit pour lui permettre de profiter de ses deux *drafts* avant d'entreprendre l'après-midi. En juin de cette année, pour sortir un peu des cadres de la direction, j'étais allé moi-même interviewer chez elle la chanteuse Margot Lefebvre dont la carrière déclinait. Elle m'avait reçu gentiment, m'avait parlé longuement de l'amour de sa vie, Michel, et insista pour que je me rende l'entendre chanter le soir même au Sambo de la rue Sherbrooke où elle se produisait. Pris au piège, je téléphonai à Micheline et lui demandai si elle voulait venir me rejoindre chez Margot Lefebvre après son travail. Elle hésita, balbutia quelques excuses, pour enfin accepter de m'accompagner, sentant que j'étais pris dans un engrenage. Soit dit en passant, Micheline ne voulait se mêler d'aucune façon à ma vie mondaine et artistique, elle avait sa voie, moi, la mienne. C'est pourquoi peu de personnes parmi les collègues et les vedettes l'ont connue ou rencontrée durant mes années au *Lundi*. Discrète, elle me laissait m'épanouir de mon côté et s'émancipait du sien. Mais ce soir-là, elle avait accepté et, aussitôt rentrée chez Margot, elle fut accueillie familièrement par : « Allô, Miche. T'es donc bien belle ! » Nous nous étions rendus au Sambo où l'attendait Michel, un costaud des plus sympathiques qui nous invita à la table réservée pour l'occasion. Le Sambo était plutôt un bar où les couples dansaient alors que le petit orchestre jouait et que la chanteuse... chantait ! Ce n'était pas un récital que Margot Lefebvre y donnait, c'était un gagne-pain, un *entertainment* avec un chèque de fin de semaine. *Chacun garde dans son cœur, La faute au bossa nova*, toutes les chansons de son répertoire défilaient. J'étais chaviré de voir cette artiste qui avait eu ses heures de gloire au petit écran et qui avait été couronnée *Miss Télévision 1965*, en être réduite à gagner sa vie dans un bar où les gens dansaient et parlaient entre eux, beaucoup plus qu'ils ne l'écoutaient. Mais elle ne vivait que pour l'amour de son homme ainsi que pour son fils unique devenu grand dont elle m'avait parlé longuement. Micheline était navrée. Une chanteuse si populaire ignorée de la sorte par des gens qui l'avaient sans doute admirée au petit écran... Malgré son empathie, en rentrant à la maison, celle qui avait été « Miche » toute la soirée m'avait dit : « Une fois n'est pas coutume... »

Deux jours plus tard, je me retrouvais sur le bateau de Paolo Noël qui m'accueillait avec sa chère Diane pour une longue entrevue. Puis, le 20 juin, Sylvie a seize ans en ce jour ! Elle en est fière. *Sweet sixteen !* comme disent les Américains. Nous l'avions comblée de cadeaux, d'un gâteau avec seize chandelles et de plein d'affection puisque ses amies, Reine et Line, s'étaient jointes à nous pour l'occasion.

Lors d'un entretien avec Claude J. Charron, je lui avais demandé pourquoi il ne me remettait pas de budget pour le montage des magazines. Il m'avait répondu que ce n'était pas nécessaire pour ensuite changer de sujet. Plus tard, beaucoup plus tard, lors d'un repas au restaurant Magnani, il m'avait avoué ne m'avoir jamais donné de budget parce que j'arrivais toujours en dessous de ce qu'il aurait pu m'allouer. Alors, à quoi bon ? J'en avais souri, j'en étais même flatté. Il était vrai que j'étais vigilant côté production, que j'obtenais gratuitement des photos venant de studios de cinéma plutôt que de les acheter d'une agence, que je ne jetais jamais un texte ou un article payé, que je trouvais toujours le moyen de le passer avec un excellent titre ou, quand le texte était faible, de le glisser entre deux autres plus forts en lui ajoutant un exergue frappant. J'avais cependant réussi à inaugurer le paiement sur livraison des articles des journalistes et non sur parution seulement. Claude J. avait hésité, mais comme je voulais une équipe solide au *Lundi*, c'était la seule façon d'y parvenir. Et ce fut un grand pas en avant, car depuis ce jour, les pigistes de tous les magazines ont toujours été payés sur remise de leurs écrits. Je m'étais mis dans leur peau… C'était long, parfois, avant que l'article soit publié. Et comme on doit faire son marché chaque semaine… C'est curieux, mais après toutes ces années, certains anciens journalistes, comme Yves Mallette et cette chère Ginette Gauthier, me parlent encore de ce geste, et m'en demeurent reconnaissants.

En juillet, rencontre avec Marguerite Blais, ex-chanteuse qui allait devenir animatrice de télévision à Sherbrooke un peu plus tard pour ensuite être nommée ministre de la Famille et responsable des Aînés dans le cabinet libéral de Jean Charest. Tout un parcours que le sien ! Puis, pour le *Elle et Lui,* je décide de présenter aux lecteurs et lectrices d'âge moyen des biographies d'acteurs et d'actrices de cinéma des années 1940 et 1950. Évidemment, j'allais me payer la traite et les rédiger moi-même. C'est ainsi qu'on avait eu droit aux histoires de vie de Veronica Lake, Alan Ladd, Hedy Lamarr, Tyrone Power, Maria Montez, Gary Cooper et j'en passe. Le succès fut tel que les gens les découpaient pour s'en faire des albums que certains possèdent encore. Avec la direction des magazines et l'écriture de textes en plus de rencontres, il va sans dire que je travaillais comme un forcené. Mais j'adorais ce métier. *Le Lundi* était toute ma vie, après celles de ma femme et de mes enfants, naturellement. Micheline, de son côté, était des plus heureuses à Hydro-Québec où elle s'était entourée d'amis qui venaient parfois à la maison. Léonne, Mireille, Hélène, Claude et plusieurs autres. Sans oublier, bien sûr, son lien très fort avec ses deux sœurs, Gisèle et Françoise, desquelles elle était très près. Et je retrouve Béatrice Picard que je n'avais pas revue depuis son élection au titre de Miss Télévision 1958, alors que nous l'avions couverte de bijoux ! Toujours aussi agréable, elle m'avait reçu chez elle et m'avait fait voir sa magnifique volière dans laquelle il y avait une multitude d'oiseaux de toutes sortes. Que de beaux souvenirs nous avions évoqués ensemble ! Je m'étais rendu, quelques jours plus tard, chez Gaby Desmarais, le photographe et portraitiste québécois le plus en vue sur les continents aussi bien américain que français. Il m'avait reçu chez lui, dans sa belle résidence du quartier Ahuntsic, et il m'avait présenté sa charmante épouse, Lorraine, qui nous avait versé, avec élégance, un verre de vin blanc. Gaby, comme il signait ses œuvres, avait photographié des premiers ministres d'ici et d'ailleurs, des hommes d'État et des personnalités comme

Lester B. Pearson. Charles de Gaulle, Grace de Monaco, le Dr Albert Schweitzer et Jean Cocteau, des vedettes de cinéma comme Irene Dunne, Fred Astaire, Yul Brynner et Jayne Mansfield… Cette dernière était même venue de la Californie pour être photographiée par Gaby dans son jardin à Ahuntsic. Dans une pose à la « Vénus de Milo », appuyée sur une colonne de marbre. Elle était arrivée incognito, à l'insu de tous les photographes de presse et, surtout, du voisinage qui surveillait les allées et venues des gens qui arrivaient chez lui en longue limousine noire. J'avais donc effectué une entrevue prestigieuse avec Gaby, avec photos à l'appui des gens célèbres mentionnés. Il avait ensuite été ravi de l'exposé que je lui avais donné dans le *Elle et Lui*, mais il allait devenir accaparant avec le temps. Ce dont je reparlerai plus loin…

Sylvie était revenue de Saint-Rémi où elle avait séjourné et, après un bon souper en famille, j'étais resté seul avec Micheline pendant que les enfants retrouvaient leurs amis. Je laissai passer la soirée et, à un certain moment, je la regardai pour lui dire : « Je m'excuse, je suis si souvent absent… » Elle m'avait presque interrompu pour me répondre : « Qu'importe ! Tu es heureux et je t'aime ! » J'en étais resté estomaqué ! Parce que ma femme avait beaucoup plus l'habitude de m'écrire cet aveu dans une carte que de me le dire de vive voix. Ce beau mois d'été se termina avec un lot de cartes de souhaits à rédiger. Malgré mon travail, mon succès et mon aisance pécuniaire, je restais fidèle à ce boulot occasionnel, parce qu'il m'avait naguère sorti de la misère.

En août, une entrevue avec Nicole Germain, cette noble dame qui allait plus tard répondre au *Courrier du cœur* de notre magazine. À la fin du mois, vacances avec ma fille à Toronto où je l'ai vue fumer sa première cigarette. Ce qui m'avait fait drôle ! Elle fumait en cachette et je n'en savais rien. Sylvie et moi avions visité le CN Tower, l'Ontario Place, et le soir, nous étions allés voir Donny et Marie Osmond en spectacle non loin de notre hôtel. Micheline avait travaillé durant cette semaine, ses vacances ne viendraient que plus tard. Michel, pour sa part, avait des projets, donc peu intéressé à nous suivre, sa sœur et moi. Bref, cinq jours d'évasion pour un père et sa fille, et le goût de me remettre au boulot me tenaillait déjà.

Septembre, et Micheline fête ses quarante-trois ans. En pleine force de l'âge, plus belle que jamais. Le soir venu, je l'avais invitée au chic restaurant Renaldo où nous avions mangé de bons mets italiens. Que nous deux. En tête-à-tête. Ce qu'elle apprécia grandement, parce que ça n'arrivait pas souvent.

Le 12 septembre, un cocktail en l'honneur de Dominique Michel à l'hôtel Champlain où je me rends. J'y rencontre Mireille Daoust, Georges-Hébert Germain, Tony Roman, Edward Rémy et Danielle Ouimet avec qui j'échange quelques mots. En octobre, mon fils me demande de l'accompagner à l'Outremont voir le spectacle de Paul et Paul. Je m'y rends, la salle est comble, on les aime, on rit, moi beaucoup moins. Je n'ai jamais été friand d'humour. Le 12 octobre, je rencontre Michèle Richard pour la première fois. Elle m'avait invité à son appartement du centre-ville et le déclic avait été si fort entre nous que nous avions bavardé durant trois heures; deux cassettes remplies au-dessus de tasses de thé, et une amitié était née.

Une idée me tenaillait beaucoup. Celle de vendre ma maison et d'en acheter une plus grande. Je voulais que l'hiver qui venait soit le dernier passé dans cette maison trop petite. Je voulais changer de quartier, je voyais, à l'horizon, une belle maison... À la fin du mois, Gaby

Desmarais, le photographe interviewé à Ahuntsic, m'appelle et me demande si je serais intéressé à me rendre en Haïti en décembre afin de visiter le pays et d'y rencontrer le président Jean-Claude Duvalier. Étonné, peu attiré par les voyages, je lui demande une ou deux journées de réflexion. Je m'informe à gauche, à droite, et on me dit que le célèbre photographe était devenu une espèce d'ambassadeur pour Haïti. Logé dans une spacieuse résidence, nourri, payé, son travail consistait à inviter des journalistes et des personnalités afin de redorer le blason de Duvalier fils, dont la réputation ne valait guère mieux que celle du père. Décembre approchait et une petite escapade au chaud saurait me faire du bien. J'acceptai donc et, demandant à Micheline si elle désirait m'accompagner, elle m'avait répondu : « Non, j'ai beaucoup de travail en ce moment, je fais même des heures supplémentaires, demande aux enfants. » Ce que je n'ai pu faire, ils étaient tous deux aux études, en fin de session d'automne. Je décidai donc d'y aller seul puisque c'était là une mission professionnelle et non un voyage d'agrément. Je rappelle Gaby, j'accepte et il me dit que l'avion ne s'y rendait qu'une fois par semaine et que je devais prendre celui du 26 novembre afin d'avoir accès au « palais » du président. Je l'avais prévenu que je ne voulais pas parler de politique avec Duvalier, qu'il était contesté ici, qu'on ne l'aimait guère parmi la communauté haïtienne et que je ne parlerais que des arts de ce pays, les peintres en vue, dont Jac Gabriel, et peut-être des écoles que je visiterais. Le dimanche 26 novembre 1978, en me présentant à l'aéroport de Mirabel, quelle ne fut pas ma surprise d'y rencontrer Ginette Ravel qui se rendait elle aussi en Haïti afin d'y donner deux spectacles. J'avoue que sa présence me rassurait, j'avais peur de l'avion et davantage de ce pays qui était déjà en chuchotement d'une éventuelle révolte.

Ginette Ravel ainsi que Claude Valade étaient les deux chanteuses du Québec les plus populaires de ce pays. Elles s'y produisaient tour à tour et les Haïtiens les adoraient. Ginette parlait le créole, ce qui n'était pas à dédaigner. Je me souviens encore du déjeuner où un jeune serveur lui avait demandé : *poté té misieu ?* Elle avait compris qu'il voulait savoir s'il devait apporter du thé au monsieur, ce que je n'avais pas saisi. Toujours est-il que la coïncidence qui m'avait fait voyager avec ma chanteuse préférée m'avait permis de faire d'une pierre deux coups puisqu'à bord de l'avion j'avais pu avoir un long entretien avec elle sur son succès en Haïti, ses récitals, sur le docteur Jean Pierre qui l'accueillait chaque fois dans sa spacieuse résidence. Gaby et son épouse m'attendaient à l'aéroport pour me conduire à l'hôtel El Rancho de Port-au-Prince après avoir salué poliment madame Ravel qui montait à bord de la voiture du docteur qui l'hébergeait. Il faisait un temps magnifique ! C'était presque le paradis sur terre et pourtant… Avec Gaby, je visitai Port-au-Prince, les quartiers huppés puis ceux de la misère où des enfants quémandent des sous aux passants. J'ai eu le malheur de donner une pièce de dix cents à un petit garçon et une meute d'enfants s'était précipitée sur moi. Comme des guêpes sur un carré de sucre ! Ils étaient prêts à me déshabiller pour trouver une pièce qui tomberait de mes poches. Gaby m'avait vite fait remonter dans sa voiture pour ensuite me dire : « Vous n'auriez pas dû ! Ne faites plus cela, on va vous sauter dessus ensuite… » Il aurait pu me prévenir, non ? Mais il y a au moins un petit Haïtien qui est reparti content. Avec dix sous en poche et la meute qui le suivait pour en avoir une part. Comme c'était triste à voir !

Toujours avec Gaby, j'ai visité la galerie d'art de Rona Roy, une blonde haïtienne de vingt ans. Ravie de l'entrevue que je lui faisais, elle me demanda de choisir une toile parmi plusieurs étalées par terre. Un bref regard et, peu attiré par l'art haïtien, j'en choisis une signée Beaumont, un ermite des montagnes, disait-on. Un tableau que j'ai longtemps gardé malgré les disproportions entre les arbres, les huttes et les personnages, et que j'ai ensuite donné à Jean-Marie Lapointe et Érick Rémy lors d'une présence à leur émission *Les fils à papa*, pour être vendue à l'encan pour une bonne œuvre.

Une autre journée et je visite le Domaine Barbancourt où le rhum coule à flots dans les barils. Je déguste, mais pas trop, j'ai d'autres rendez-vous avec Gaby en après-midi. Une visite chez le célèbre peintre Jac Gabriel qui nous reçut dans sa très humble demeure, quasiment une piaule, où s'entassaient ses œuvres. On parla de peinture, bien sûr, mais cet homme captivant m'entraîna aussi dans la poésie des grands de ce monde qu'il dépeignait dans ses tableaux. Le lendemain, jour fatidique de mon séjour, j'allais rencontrer le président Duvalier... en personne ! Ce qui impressionnait beaucoup plus monsieur Desmarais que moi. Il m'avait prévenu qu'il fallait l'appeler « Excellence » et ne pas trop s'en approcher, voire garder ses distances, ne pas lui demander une photo avec moi avant qu'il le fasse, bref, un protocole à suivre. Les portes du Palais national s'ouvrirent afin de nous livrer le passage et, comme j'avais une mallette avec moi, les tontons macoutes me l'enlevèrent avant que je pénètre dans le vaste bureau où siégeait monsieur le président. J'étais entré suivi de Gaby, et Jean-Claude Duvalier, derrière son énorme bureau, me salua de la tête sans même se lever. Il me dit d'un ton officiel : « Vous pouvez commencer l'entrevue, monsieur. » Comme s'il était pressé d'en finir ! Il avait une petite voix haute et faible comme celle d'une soprano après un trop long récital. C'est à peine si j'avais saisi ce qu'il m'avait dit mais, le devinant, je lui avais répondu : « Je ne peux pas, Excellence, on m'a retiré ma mallette et mon enregistreuse se trouve à l'intérieur. » Gaby Desmarais, fort mal à l'aise, n'osait intervenir de peur de contrarier son bienfaiteur. Duvalier pesa sur un bouton, un tonton macoute entra et le président lui signifia en créole de me remettre mes effets. Et ce, en lui reprochant d'un regard assez dur de les avoir confisqués. Deux minutes plus tard, le tonton revenait avec ma mallette qu'il me remit et, l'ouvrant, j'y retrouvai toutes mes choses dont mon magnétophone, les photos de ma femme et de mes enfants et mes cassettes contenant mes autres entrevues. Le président ne m'impressionnait pas, mais ses tontons macoutes m'effrayaient. J'imaginais, juste en les regardant, comment ils devaient traiter les prisonniers qu'ils gardaient dans leurs cachots. Passant outre, me sentant en sécurité, je ne savais trop par où commencer et, apercevant une jolie toile au-dessus du large fauteuil de Son Excellence, je lui dis : « Ce tableau est très beau, il est d'un peintre d'ici ? » Et, croyez-le ou non, je venais de rompre la glace avec lui, il m'avait offert son plus joli sourire, le tableau était... de lui ! Quelle chance pour moi ! Plus à l'aise dès lors, je fis l'éloge des couleurs de son tableau qui, à vrai dire, ne cassait rien, mais il se comporta tel un enfant qu'on louange pour un dessin. Me sentant dans ses bonnes grâces, j'eus l'audace de lui dire que nous étions assis trop loin l'un de l'autre, que sa voix ne portait pas, que la cassette allait mal enregistrer ses propos... Il se leva, approcha une chaise et me fit signe de le rejoindre. Or, côte à côte, je lui rendis enfin le sourire dont il m'avait... honoré ! J'ai donc pu lui parler librement des arts de son pays, un peu des écoles, de sa vie de célibataire, de ses passe-temps, du cinéma américain dont il raffolait, bref, de tout ce que j'aurais demandé à un artiste dans mes entrevues locales, n'ayant pas les connaissances nécessaires pour aborder la politique. Ce que je n'aurais pu faire, de toute façon, Duvalier aurait vite mis un terme à ce genre de questions. Plus intéressé que jamais à poursuivre la conversation, il se servit d'un micro à sa portée pour demander à qui de droit d'annuler son rendez-vous avec les délégués de la Croix-Rouge ce matin-là, parce qu'il allait passer plus de temps avec moi. Nous devions être là durant vingt minutes tout au plus et la rencontre avait duré presque deux heures. Il m'avait même demandé si j'avais une femme et des enfants et, lui laissant voir les photos que j'avais dans ma serviette, il me dit que j'avais une belle famille et que son désir le plus cher était d'en avoir une lui aussi, lorsqu'il rencontrerait celle qui deviendrait sa femme. À la toute fin de l'entrevue, je lui demandai s'il voulait bien faire une photo avec moi pour justifier la rencontre et il accepta de bon gré. Timide, encore sous l'effet du choc causé par mon aisance, Gaby n'en avait pris qu'une seule pour ensuite fermer son appareil, alors que Son Excellence aurait certes accepté d'en prendre deux ou trois, debout ou assis selon le cas. Mais j'en ai au moins une, réussie plus ou moins, que je conserve précieusement. Il m'avait serré la main lorsque j'avais quitté et il m'avait même invité à revenir en Haïti avec ma famille quand bon me semblerait. Entré quasiment en mouton, je ressortais du Palais national en lion, sous les regards interrogatifs des tontons macoutes qui se demandaient sans doute qui j'étais pour avoir eu autant d'influence sur leur maître. « Ouf ! » laissai-je tomber dans un soupir, alors que la voiture de Gaby se mettait en branle. Tout en regardant droit devant lui dans ces courbes inattendues, il m'avait avoué : « Je ne sais comment vous avez fait, mais je n'ai encore vu personne séduire et approcher de si près le président. Pas même Rita Hayworth qui est venue dernièrement ! Imaginez ! Annuler la Croix-Rouge ! » Pour ensuite ajouter : « Vous lui avez fait tout un effet, Denis. » Et j'avais rétorqué : « Non, Gaby, il suffisait de lui dire que son tableau était joli… et le bal était parti ! » Il avait ri de bon cœur et ajouté : « Mais vous ne saviez pas qu'il était de lui, ce tableau… » Ce à quoi j'avais répondu : « Non, mais pour l'avoir juste au-dessus de son fauteuil, il fallait qu'il soit de quelqu'un qui lui était cher, en ai-je déduit ! »

Gaby Desmarais semblait des plus heureux de cette rencontre qui allait lui être plus bénéfique qu'à moi. Mais le soir venu, j'avais été invité en compagnie de Ginette Ravel chez le docteur Yves Jean-Pierre pour un fastueux repas d'apparat donné en mon honneur. Pourquoi ? Parce que j'avais eu le privilège de rencontrer leur président ! Une grande table d'au moins trente convives et, après les présentations officielles, on attendait que je m'assoie pour en faire autant. Je me sentais regardé de toutes parts, envié même, parce que j'avais eu l'honneur de converser plus d'une heure avec Son Excellence, Jean-Claude Duvalier. Des dames me demandaient « Comment est-il ? » comme si elles n'avaient aucun moyen de le rencontrer. C'était curieux, bizarre même… S'enquérir à un journaliste venu de loin de l'attitude de son président quand on vit là où il réside. Gaby et son épouse n'avaient pas été conviés à ce souper. Comme si monsieur « l'ambassadeur » n'était pas prisé de tous en Haïti. Le docteur Jean-Pierre était un hôte charmant et son épouse Danielle, une Québécoise de race blanche, était des plus recevantes. Nous avions causé longuement elle et moi, et sa sœur Claire était venue se joindre à nous.

J'aurais bien aimé visiter une ou deux écoles avant de quitter le pays, mais Gaby m'avait dit que ce n'était pas nécessaire, que ça ne valait pas la peine, que les classes étaient vides. Pas nécessaire, bien sûr, il avait eu ce qu'il désirait de moi, une rencontre avec le président ! Que demander de plus ? Il espérait une bonne entrevue intime de ma part sur celui qui le faisait bien vivre, pas un témoignage sur ce que j'avais vu et ressenti dans un pauvre bidonville. Revenu le 3 décembre à travers les tempêtes, je ne pensais jamais arriver vivant à Mirabel. Mais l'avion s'y était posé calmement et, sorti de cet appareil digne de l'enfer, je retrouvai Michel qui me ramena dans ma petite maison de Ville Saint-Laurent où m'attendaient Micheline et Sylvie, les bras tendus en guise d'affection. Comme j'étais heureux de les retrouver ! Sylvie me questionnait, Micheline aussi, et je n'avais pas le souffle requis pour leur répondre. Je leur demandai d'attendre au lendemain, de me faire un bon café et de regarder ce que je leur avais rapporté de ce pays sans hiver. Et j'étais tombé mort de fatigue dans mon lit de la petite « chambre des maîtres » de ma chaumière. Lorsque l'article sur Jean-Claude Duvalier parut, j'eus maille à partir avec la communauté haïtienne d'ici parce que j'avais osé écrire dans une phrase que « Bébé Doc », qu'ils détestaient, avait été aimable avec moi. Un seul mot : AIMABLE, et je fus cité par leur radio, invité à m'expliquer, furieux que j'aie osé aller interviewer un barbare de son espèce. Tout se tassa graduellement, d'autres Haïtiens avaient compris que je n'encensais pas le fils de « Papa Doc », que je ne faisais que mon métier sans me mêler de la politique du pays. Aujourd'hui, quand je pense à tout cela, je me demande si on croirait encore que j'étais réfractaire aux Haïtiens en apprenant que je suis un ami de Dany Laferrière et que j'ai été l'invité d'Harry Delva à son émission télévisée, *Noir de Monde*, lors de la parution de mon roman *M. et Mme Jean-Baptiste Rouet*.

Avant de partir pour ce voyage, en début novembre, mon fils, Michel avait eu dix-neuf ans, ce qui en faisait un homme à mes yeux. De retour enfin, je reprenais le boulot et j'étais allé rencontrer chez lui Daniel Hétu, de regrettée mémoire, pour une première page éventuelle, parce qu'il raflait la première place de tous les palmarès avec *Je t'attendais*, que toutes les sentimentales fredonnaient. Puis, une entrevue au Méridien avec Gérard Lenorman, suivie d'un verre avec Lorraine Cordeau, agente d'artistes, femme tout à fait charmante, qui représentait les plus grands d'ici et d'ailleurs, tels Joe Dassin, Zachary Richard et plusieurs autres !

J'ai quarante-deux ans ! Qu'est-ce que ça change ? Quand on a digéré le « quarante », les chiffres qui suivent ne font que s'ajouter... J'étais quadragénaire, quoi ! Claude J. Charron m'avait invité pour un dîner d'anniversaire chez Magnani, ce qui m'avait fait plaisir. Au bureau, des cartes de souhaits, des poignées de main, le verre de l'amitié au Granada avant de partir... À la maison, on m'avait choyé : un gâteau avec chandelles, des cadeaux, de l'affection... Que demander de plus ? Puis, le lendemain, j'ai finalement cessé d'écrire des textes pour les cartes de souhaits. Je les ai avisés, j'étais déjà surchargé avec mon emploi et mes déplacements. J'avais profité de la retraite de celui qui m'avait engagé jadis pour le faire. Des nouveaux prenaient la relève et j'ai sauté sur l'occasion pour tirer ma révérence. Pour ensuite aller rencontrer Marcel Giguère, le père de l'autre, le doyen de la famille à être monté sur les planches. Il avait été très sympathique. Et je n'oublierai jamais le jour où, beaucoup plus tard, souffrant d'un cancer et travaillant encore avec Gérard Vermette, il m'avait répondu en bégayant sur un étonnement de ma part : « T'ou... t'oublies l'mal, pis l'mal t'oublie ! » Je n'ai jamais oublié cette phrase et je me suis surpris à l'employer souvent en prenant de l'âge. Elle avait certes sa portée puisqu'elle lui avait permis de vivre cinq années de plus que prévu lors de sa longue maladie.

Avec Micheline, ça va toujours. Ça tourne bien... Sauf qu'il y a des jours où je lui pardonne tout et d'autres où je n'excuse rien. Ah! la dure quarantaine! La décennie où les couples remettent beaucoup de choses en question. Mais ce n'était pas elle, le problème, c'était moi. Ce ne fut qu'un léger incendie, sa vie était plus rangée que la mienne, son cercle d'amis mieux choisi, et sa patience, incomparable. Elle ne méritait pas mes sautes d'humeur. Le démon du midi? Non, pas dans mon cas, je travaillais comme un fou et je n'avais qu'elle au fond de mon cœur. Une mauvaise passe, quoi! Lorsque j'en ai pris conscience et que le bon Dieu m'a parlé dans le tuyau de l'oreille, je suis revenu à de bons sentiments et, pantois, je lui avais murmuré : « Je m'excuse, Micheline, je m'excuse mille fois... » Compréhensive, elle avait souri et passé l'éponge. J'avais honte de l'avoir sans doute fait pleurer, c'était l'épuisement qui m'avait poussé à bout. Il était temps que je décroche un peu du travail. Il ne fallait pas que ma femme ou mes enfants aient à encaisser les soubresauts de ma fatigue extrême. Micheline n'avait pas à subir les conséquences de mes frustrations, encore moins de mes litiges professionnels. Elle avait sûrement assez des siens dont elle ne parlait pas. Quelle femme extraordinaire! Voilà pourquoi je l'aimais tant!

Décembre, entrevue avec Pierre Bouchard, joueur de hockey, fils de Butch Bouchard, un gars très sympathique avec qui j'avais parlé beaucoup plus des choses la vie que de sa défense près des filets. Je me rends aussi compte à ce moment-là que j'ai de moins en moins de nouvelles de mon frère Jean, ainsi que de mon neveu Georges. Je crois qu'ils sentaient que j'étais pris à la gorge dans cet « autre monde » et qu'ils préféraient se faire discrets, croyant sans doute que je n'avais plus de temps pour eux. De cœur, ce n'était pas le cas, mais de circonstances, oui. Je n'avais plus une seule minute à moi dans « ce métier qui tue », selon les dires de Bernard Lavoie du temps où il était en poste. Le 23 décembre, ma mère fête ses soixante-treize ans. Micheline et moi étions allés la voir et nous lui avions offert un beau service de vaisselle pour remplacer ses assiettes craquées et la plupart, dépareillées. Le matin même, Claude J. Charron m'avait dit être très satisfait de moi. Il m'en avait fait l'aveu tout en me promettant une augmentation de salaire dès janvier. Ce qui avait mis un baume sur le surplus de travail que j'effectuais. Pas l'augmentation, l'aveu ! Il s'était rendu compte des heures interminables que je consacrais au *Lundi* et au *Elle et Lui,* en plus des entrevues que je faisais sans arrêt, et ce, gracieusement. Pour autant que l'encre de ma plume coulait, j'étais heureux. Directeur, oui, mais écrivain avant tout. Des premières pages de plus en plus nombreuses, des nouvelles comme *La Peur,* ma plus récente, des *Billets...* Bref, deux magazines à faire bien rouler, *Le Lundi,* davantage.

La veille de Noël, j'étais allé à la messe de minuit à l'église Saint-Vincent-Ferrier, rue Jarry, là où j'avais fait ma première communion. Micheline et Sylvie m'accompagnaient. Le lendemain, une tempête en plein jour de Noël... Dieu merci, Micheline avait vu la crèche la veille et donné son aumône à l'ange de plâtre. Ce temps des Fêtes avait été calme et pour cause, ce qui ne nous avait pas empêchés, Micheline et moi, de nous rapprocher fortement. Avec le même amour. Sans se le dire aussi souvent... faute de temps. Et la veille du Nouvel An, nous étions invités aux fiançailles de mon neveu Georges avec sa jolie Diane, à Saint-Hubert, chez les parents de la fiancée où les tourtereaux s'étaient promis l'un à l'autre. Il pleuvait ce soir-là et je craignais que la pluie tourne en glace.

Nous étions si loin de chez nous... Après quelques danses et un goûter, nous reprenions le chemin de la maison et, le temps de nous défaire de nos manteaux, nous nous étions enlacés pour saluer la nouvelle année. Demain, un monde serait à refaire ou à se poursuivre au gré de nos convictions. Et ma résolution première était d'acheter une nouvelle maison. J'étais déterminé... Il me fallait la trouver!

Chapitre 8

Le 2 janvier 1979, déjà au travail ou plutôt en devoir puisque je me rends à l'hôtel Windsor rencontrer la très belle Shirley Harmer pour une entrevue. Les gens de plus de soixante ans se souviendront sans doute de cette jolie chanteuse qui avait fait les beaux jours de CBC TV à Toronto. Je la retrouve dans le hall et je suis renversé. Encore plus belle que lorsque je la voyais au petit écran ! Racée et féminine, cette superbe brunette de quarante-cinq ans m'avait fait tout un effet. Elle chantait encore dans les *night clubs* et tentait un retour à la télévision.

Puis, je décide de me consacrer à Micheline et, après l'avoir invitée à souper en tête-à-tête, nous étions allés voir la pièce *Cet animal étrange*, avec Monique Miller et Albert Millaire. Une soirée monotone, quoi ! Nous avions préféré de beaucoup, le lendemain, le film *Cabaret* avec Liza Minnelli et Michael York qu'on présentait à la télévision, sans savoir à ce moment-là que je les rencontrerais tous deux lors d'un voyage à Hollywood. Selon mes souvenirs... Lui ?

charmant! Elle? détestable! Mi-janvier, une tempête de neige et mon voisin Danny promène son chien *Brutus,* un gros Saint-Bernard. L'animal s'en donne à cœur joie dans la poudrerie. Je ne pensais jamais que l'hiver que je déteste puisse plaire à ce point. Même... à un chien! Une dizaine de jours plus tard, je rencontrais Gérard Tybalt, vedette du film *Le dernier amant romantique,* qui allait ensuite changer son nom en celui de Gérard Ismaël. Malgré sa popularité soudaine, cet acteur européen s'avéra un gars sans prétention et fort aimable. Et le mois se termina sur ma première rencontre avec René Simard qui n'avait pas encore dix-huit ans et qui s'avéra être fort sympathique. Au point que je suis devenu un ami de la famille avec le temps. On m'invitait souvent à manger et sa mère, mieux connue sous le nom de *Maman Simard,* est devenue avec les ans la cuisinière attitrée du *Lundi* avec sa bonne cuisine. Nous avions même publié deux livres de recettes avec elle. Je me souviendrai toujours du jour où elle m'avait dit: «C'est toi qui m'as sortie de ma coquille!» Parce que Gabrielle Simard, une femme timide, se tenait à l'écart du succès de ses enfants. Mais quel accueil de sa part et des siens quand j'arrivais pour souper. Et je les aimais tous! Odette, Martin, Line, Régis, Jean-Roger, René et la petite Nathalie. Du bon monde, comme on dit! Puis en février, première rencontre avec Ginette Reno lors d'un cocktail à CJMS. J'ai causé avec elle quelque peu... Ça n'allumait pas et je n'ai jamais trouvé la mèche puisque je n'ai jamais fait d'entrevues avec elle. J'ai quand même acheté plusieurs microsillons de Ginette Reno. J'aimais beaucoup l'artiste en elle, surtout dans les chansons que lui écrivait Diane Juster comme *À ma manière* et *Je ne suis qu'une chanson.* Quelques semaines plus tard, je rencontre Denise Filiatrault pour la première et la dernière fois. Aucune onde positive avec elle! À peine étais-je arrivé, qu'elle me demandait: «Ça va être long ? » en poursuivant son travail sur la machine à écrire. Inutile de vous dire que… ça n'a pas été long ! Pas facile, ce métier de journaliste ! Souvent traité avec condescendance… Fort heureusement, d'autres rencontres plus agréables allaient suivre…

Durant ce temps, Micheline et moi cherchions encore une maison, mais sans succès. Trop chères ou mal situées. À la fin du mois de mars, l'agent immobilier nous appelle pour nous dire qu'il croit avoir trouvé ce que nous cherchions. Nous allons visiter la maison, nous en sortons emballés et, le soir même, je fais une offre d'achat. Évidemment, j'avais offert beaucoup plus bas que ce que le vendeur demandait. Le courtier est revenu avec une contre-offre que j'ai acceptée, c'était exactement ce que j'avais en tête de débourser. Or, en agréant, je devenais propriétaire de cette maison de Cartierville qui nous plaisait tant. Un beau cottage avec chambre des maîtres spacieuse à l'étage, une autre grande chambre pour Sylvie et une plus petite qui allait me servir de bureau. Au premier, une cuisine acceptable, une belle salle à manger et un grand salon où nous pourrions nous détendre. Au sous-sol quasi fini, la salle de lavage, et Michel, aidé d'amis et de son oncle Gabriel, étaient prêts à en entreprendre la finition et l'habiter. Endroit qui serait pour lui et où il pourrait, avec ses amis, *jammer* sur sa guitare sans trop nous déranger. La maison dont nous rêvions, quoi ! Ce soir-là, j'avais écrit dans mon journal intime : *Je me souviens du lieu de ma naissance et cette maison sera celle de ma délivrance !* À ce jour, je n'aurais pu mieux dire, trente-cinq ans plus tard j'y suis encore !

Une visite à ma mère pour qu'elle me parle d'elle… Des doléances, bien sûr, sa brouille, la centième avec sa sœur Jeannette, ses varices qui la faisaient souffrir, la voisine de palier qui écornifllait chez elle, mais elle semblait ravie d'entendre que nous avions acheté une plus grande maison. Toutefois, inquiète comme d'habitude, le front plissé, les yeux creux, elle m'avait demandé : « Vas-tu être capable de la payer ? » Le mois de mai se lève et, un soir, Claude J. Charron se pointe au magazine alors que j'étais en train de fermer un numéro de la semaine suivante. M'apercevant, surpris, il me demande : « Sais-tu quelle heure il est, Denis ? » Évasivement, je relève la tête et je me rends compte que l'horloge indique 10 h 45. Il n'était monté que pour prendre un document oublié en partant. Affairé, je ne m'étais pas rendu compte du temps qui passait. J'étais là depuis 8 h 30 du matin, pourtant. J'avais dîné, j'avais reçu des journalistes, j'avais travaillé et je n'avais même pas pris la peine de souper tellement j'étais passionné par le travail. Voyant mon étonnement, il avait ajouté : « Va te coucher ! Va te reposer, tu finiras demain… Pense à Micheline, n'en fais pas trop, tu vas te mettre à terre ! » Bien sûr que je ne voyais pas les heures passer, je m'oubliais complètement devant un programme en blanc à remplir pour un magazine à venir. Sans compter mes efforts pour le *Elle et Lui* que je ne négligeais pas. Mais comme Claude avait insisté pour que je rentre chez moi, je l'avais fait ; j'avais une autre grosse journée à traverser le lendemain.

Un soir de mai, je m'étais rendu au restaurant Alpine du centre-ville où mon frère Jacques s'installait au piano pendant que les clients commandaient déjà leur repas. Dieu qu'il jouait bien ! D'un *Nocturne* de Chopin au thème de *Love Story*, c'était impeccable. Mais il était ingrat de jouer avec son cœur alors que les gens mangeaient et parlaient. Il y avait certes quelques intéressés qui écoutaient, mais pas nombreux. J'en étais peiné, parce que je me disais que cet autodidacte du clavier méritait beaucoup plus que ce travail de second plan dans un restaurant aussi huppé fût-il. Je l'imaginais à la télévision, moi, au même titre qu'un André Gagnon. Il était passionné de son art, lui aussi. Il jouait avec son âme. Et je suis aussi fier aujourd'hui que je l'étais naguère, de lui rendre cet hommage : *Tu avais un immense talent, Jacques !* J'ai su qu'il avait à jamais refermé le couvercle de son piano quelques années avant de décéder, mais je demeure assuré que *La Danse rituelle du feu* de Manuel de Falla ainsi que la *Mazurka* de Claude Debussy sont restées imprégnées dans ses cendres.

Bonne fête des mères, maman ! C'était le 13 mai 1979 et nous avions invité ma mère à venir passer la journée avec nous, ce qui l'avait ravie. Je l'avais comblée de cadeaux et les enfants en avaient fait tout autant avec leur mère au moment du repas. Cinq jours plus tard, Micheline et moi fêtions nos vingt-deux ans de mariage. La veille, j'avais téléphoné à un fleuriste pour qu'il lui livre, le jour même, un bouquet de marguerites des champs. Un long baiser avait scellé ce bel anniversaire. Ensemble encore... Avec le même amour.

Tiens ! Une rencontre avec Nicole Martin, une chanteuse que j'aimais et dont ma fille possédait plusieurs disques. Nous nous étions donné rendez-vous au restaurant La Lanterna Verde de Pointe-Claire, pas loin d'où elle habitait. Je l'avais déjà croisée dans des lancements, mais c'était ma première longue entrevue avec elle. En ce 22 mai, jour d'élections fédérales, on ne servait aucun alcool dans les restaurants et les lieux publics. C'était la loi... de l'époque ! Fort déçue de ne pouvoir m'offrir un verre de vin, Nicole insista auprès du patron, mais c'était peine perdue. S'il avait fallu que d'autres clients s'aperçoivent d'un tel passe-droit. Je lui avais dit : « Nous allons trinquer avec de l'eau fraîche, Nicole, ce sera aussi sincère ! » J'avais eu un bon entretien avec elle, sa voix quelque peu feutrée, ce qui faisait son succès, ne lui liait pas la langue pour autant. Elle me parla de sa jeunesse, de sa mère qu'elle adorait, de ses amours, de l'homme présent dans sa vie et, à la toute fin, au moment du dessert, quelle ne fut pas notre surprise de détecter dans notre café quelques gouttes de cognac. Un privilège qui nous avait fait sourire, elle et moi. Le patron, qui était affligé de la déception de Nicole, nous avait fait plaisir sans que personne ne s'en rende compte. J'ai fait plusieurs autres entrevues avec Nicole Martin. Quelle femme superbe ! Quel grand cœur que le sien ! Et quel chanceux que ce Lee Abbott de l'avoir dans sa vie ! Elle a repris sa carrière dernièrement avec des chansons *soft soul* qu'elle interprète de sa voix encore voilée mais unique. Ce jour-là, j'avais tout de même perdu mes élections ! Pierre-Elliott Trudeau avait été défait par Joe Clark et le Parti conservateur prenait le pouvoir.

Le samedi, un autre événement allait prendre de nos énergies. C'était le mariage de mon neveu Georges avec sa très jolie Diane. Dieu qu'elle était belle, cette mariée ! Et lui, élégant et fort séduisant. Mon frère Pierre semblait fier de son fils et ma belle-sœur Vera avait la larme à l'œil en les voyant monter l'allée nuptiale. Somme toute une belle journée et lorsque je regarde les splendides photos du jeune couple, j'ai un pincement au cœur... Parce que, hélas, l'union des tourtereaux n'allait pas durer. Les sourires allaient faire place aux rictus amers lorsque surviendrait la rupture.

Le mois de mai se terminait et, en ce dernier jour des bourgeons en fleurs, je rencontrais nulle autre que Guilda qui m'attendait chez lui en compagnie de son fils adoptif, Ivan. Je l'avais vu(e) maintes fois sur scène, même au temps de mes vingt ans, au cabaret La Feuille d'Érable, mais je me sentais mal à l'aise devant lui. J'avais toujours vu Guilda en femme, jamais en homme, ce qui me déroutait de mon entrevue préconçue. Je réussis tant bien que mal à faire de cet entretien un bon papier. Son fils qui était danseur dans la troupe avait été si gentil que ça m'avait facilité la tâche. Dieu ait son âme! Il est mort très jeune, ce garçon, alors que Guilda, de son côté, a rendu le dernier souffle, octogénaire. Ce qu'on ne sait guère, c'est que Guilda était aussi un excellent artiste peintre! Il avait chez lui des toiles de « maître » de ses propres pinceaux, dont on ne pouvait estimer la valeur. Des tableaux inspirés de deux sujets bien précis: les fleurs et… les hommes nus! Chez les fleurs, chaque pétale était détaillé et, chez les hommes, on pouvait discerner chaque veine de chaque… partie du corps! C'est tout dire!

En juin, une rencontre avec la chanteuse française Isabelle Aubret au Méridien. D'une grande simplicité, la voix douce, elle m'avait parlé de son accident d'automobile qui avait mis un frein à sa carrière un certain temps et de la chanson *C'est beau la vie*, que Jean Ferrat avait composée pour meubler sa longue convalescence. Puis, nous avions parlé de sa chanson *La Source*, qui la rendit extrêmement populaire et que certains artistes chantent encore en France. Toutefois, je l'avoue, j'avais esquissé un sourire pour éviter d'éclater de rire quand elle m'avait dit candidement que son nom véritable était… Thérèse Coquerelle! Inutile d'ajouter que cette bestiole ne porte pas ce nom en Europe! Autrement, elle aurait sans doute hésité… À la maison tout était calme, mais tout était à l'envers à cause du déménagement prochain. Quelques jours passèrent et, le 20 juin, alors que Sylvie fêtait ses dix-sept ans, je signais l'acte d'achat de la maison devant notaire. Deux beaux événements le même jour! Nous avions, bien sûr, célébré l'anniversaire de notre fille au restaurant, mais la maison, officiellement à nous maintenant, était le plus beau cadeau que le Ciel m'avait donné en cette année.

Le 14 juillet! Prise de la Bastille et prise de notre nouvelle maison! C'est en ce jour, par une chaleur torride gorgée d'humidité que nous avions déménagé de Ville Saint-Laurent à Cartierville. Chacun avait mis la main à la pâte, même le voisin, et nous étions heureux de coucher le soir même dans ce havre de paix parmi le désordre environnant. Un nouveau chez-soi pour chacun d'entre nous. Une nouvelle vie, quoi! Un mois plus tard, je vendais, seul, ma petite maison de carton-pâte qui avait tout de même été notre premier élan. Un jeune couple sans enfant en était tombé amoureux. Or, avec le *cash down* pigé dans mes économies et la vente de ma maison, j'ai pu payer la nouvelle entièrement. D'un coup sec! Ce qui voulait dire que nous étions propriétaires d'une belle demeure sans la moindre dette. *Une maison payée, t'es riche!* avait toujours prôné ma mère. Micheline était ravie de l'acquisition. Elle aimait le quartier, les voisins, l'église Sainte-Odile pas très loin, l'épicier-boucher juste au coin, un salon de coiffure à côté et l'arrêt d'autobus à quelques enjambées de la maison. Les enfants, qui avaient un peu fait la moue lorsque j'avais parlé de vendre et de déménager ailleurs, étaient maintenant heureux de ne pas être plus loin de leurs écoles respectives et plus près de leurs amis. Bref, tout le monde était content. Rien à redire de cette maison du genre *Papa a raison* et des arrangements planifiés, puisque la chambrette du haut allait devenir mon bureau.

En août, reprenant mes activités professionnelles, je rencontre en entrevue Rodger Brulotte, un type fort aimable et, en début de septembre, Micheline fête ses quarante-quatre ans à notre nouvelle adresse. Le 16 octobre de la même année, Gilles Perreault démissionnait de son poste et, le lendemain, Claude J. Charron m'offrait de devenir directeur général de ses magazines avec un salaire de sept cent vingt-cinq dollars par semaine et une voiture fournie. Voilà que je n'étais pas loin de ma rémunération d'acheteur et qu'avec la voiture je la dépassais maintenant. Un bon salaire pour l'époque, mais la tâche allait être ardue. D'autres magazines comme le *Mince et Svelte* et *Le Magazine Illustré* s'étaient ajoutés aux deux autres. Ce qui voulait dire qu'il me fallait avoir encore plus d'idées pour les premières pages. Ce qui m'avait fait suggérer pour le magazine féminin, nulle autre que Fabiola, artiste de variétés, que Claude J. accepta de bon gré. Et ce, au grand désespoir de Francine Fréchette, rédactrice en chef de cette publication, qui se demandait, et non à tort, ce qu'une femme avec de si gros seins venait faire sur la première page de son *Mince et Svelte*. Mais nous avions misé juste, Claude et moi, l'effet de surprise nous fit vendre beaucoup plus d'exemplaires que le numéro précédent. J'étais même porté à croire que certains hommes de style « macho » l'avaient acheté… pour la photo ! Le vendredi, nous avions fêté le départ de Gilles Perreault au restaurant Menhir de la rue Fleury. Tous y assistèrent ou presque et, à la fin de ce long repas, nous étions allés prendre le digestif chez Maxime. Gilles allait me manquer, je ne perdais pas qu'un collègue, mais aussi un ami… Que j'allais revoir, bien sûr !

Le premier jour de novembre, je prenais possession de ma Cougar flambant neuve fournie par la compagnie. Une superbe voiture de ton orange brûlée avec un toit de vinyle plus foncé. Michel s'était exclamé en l'apercevant et les voisins la regardaient en se demandant si le nouveau venu de la rue ne roulait pas sur l'or pour se permettre un tel luxe après l'achat d'une maison. Le 5 du même mois, Michel avait enfin vingt ans ! L'âge où je m'étais marié, alors que lui... se cherchait encore ! Autres temps, autres mœurs, disait-on. Je n'aurais pas souhaité le voir traverser mes dures années d'épreuves au même âge. Le 13 novembre, en début de soirée, alors que je sortais de Télé-Métropole pour me rendre à ma voiture, je croise par hasard nul autre que Guilda (en homme) qui, ravi de me rencontrer, m'offre d'aller prendre un verre avec lui chez George. Je devais rentrer tôt, j'avais même averti Micheline, mais comment refuser un verre à cet artiste qui voulait que j'écrive sa biographie ? Tentant de le quitter après une heure de conversation, il insista pour que je me rende avec lui voir le spectacle de son fils dans un cabaret non loin de là. Je protestais, mais en vain. De retour à la maison avec un assez long retard, je racontais l'incident à Micheline qui, peu heureuse de n'avoir pas été avisée, regardait le petit écran... en boudant ! Tiens ! Ça revenait ! Ça faisait des lunes qu'elle n'avait pas boudé de la sorte. Elle le faisait naguère lorsqu'elle était possessive, jalouse et soupçonneuse. Intérieurement, je me disais : *Pas de Guilda... Tout de même !*

Quatre jours plus tard, quelle ne fut pas ma surprise de trouver sur ma table de chevet, en me levant, une lettre de Micheline déposée avant son départ pour le travail. Une assez longue missive dans laquelle elle me demandait de faire le point sur notre union. Maudite quarantaine ! Je n'y échappais pas ! L'âge où l'on se rend compte que rien n'est acquis. Les enfants devenus grands, elle trouvait que j'étais trop souvent absent, que ses soirées étaient longues et monotones, que je ne la sortais pas assez. Le trop-plein d'un cœur qui s'ouvrait. Elle ne voulait pas d'une rupture, loin de là, elle désirait tout simplement me rappeler à l'ordre. Je relus la lettre deux fois et, sortant mon papier et ma plume, je lui répondis par écrit, sachant qu'elle n'aimait pas les confrontations de vive voix. Je lui dis que je tenterais d'être plus présent, que je mettrais de l'eau dans mon vin si elle acceptait d'en faire autant, que j'exerçais un métier qui n'était pas celui d'un fonctionnaire. J'ajoutais que nous avions tous les deux nos torts et qu'il était temps de les reconnaître. Parce que nous nous aimions encore. Beaucoup ! Prenant en considération tous les efforts déployés depuis notre mariage pour en arriver où j'étais, elle m'avait répondu dans un petit mot : *Je pense que j'ai trop pensé à moi...* Mais elle avait tort de s'excuser, je me devais de penser davantage à elle. Mon travail ne me demandait quand même pas d'être éloigné de la maison jour et nuit. Je n'avais qu'à éviter quelques soirées impromptues, sauter les cocktails de presse, apprendre à dire non aux amis, à rentrer sagement et à profiter de mes soirées avec elle. Me voir dans mon petit bureau à écrire ne la dérangeait pas. Ce qu'elle avait peine à subir, c'était l'absence. Les enfants allaient souvent chez des amis et, seule, sans doute un peu craintive, elle s'inquiétait... Surtout de ne pas savoir où j'étais ! Or, comme notre bateau semblait à la dérive, j'étais allé, dans ma longue réponse, jusqu'au bout de mon âme en lui disant qu'on avait traversé le pire ensemble et que si les bouquets de fleurs étaient moins fréquents sur la table, ils l'étaient sans cesse dans mon cœur. Pour elle ! Beau parleur ? Non ! Je le pensais vraiment ! Sa longue lettre m'avait renversé ! Pas question de se quitter, nous tentions de remettre en place les morceaux manquants du casse-tête de notre union. Et j'avais la vague impression que le dialogue interrompu allait reprendre par le biais de ces deux missives intenses. Le lendemain, elle me téléphonait au bureau, elle semblait radieuse, ma réponse à sa lettre l'avait touchée. J'en avais respiré d'aise. Je l'aimais tant, je voulais qu'elle le sache. Même absent à cause de mon travail qui prenait presque tout mon temps, je pensais à elle... Si belle, si bonne épouse, si merveilleuse mère... Une perle ! Avec, parfois, une égratignure sur la nacre, mais qu'importe... Elle et moi ! Ensemble !

Et voilà qu'une autre adjointe remplace Francine Fréchette auprès de moi. Lucie Champoux, avec qui j'allais travailler main dans la main durant plusieurs années, m'avait secondé lors du concours du plus beau bébé du Québec que nous avions organisé au *Lundi*. Elle s'en souvient sûrement. Puis, une entrevue avec Zachary Richard au restaurant Moishes de la rue Saint-Laurent. Il faisait très froid, ce soir-là, et il était venu avec son amie, Claude, un petit bout de femme qui parlait sans cesse. Tout un spécimen que ce Zachary !

En décembre, je fête mes quarante-trois ans, entouré de Micheline et des enfants devenus grands. On me gâte, on me choie... Beaucoup trop ! Au bureau, on me fête encore, en m'emmène célébrer au Granada. Des appels de bon anniversaire m'arrivaient de partout. Des coups de fil de Francine Fleury, Ginette Gauthier, Yves Mallette, ma mère, mon frère Jean, mon neveu Georges... Et le soir venu, à la maison, c'était à recommencer avec d'autres. Ouf ! Pas facile de vieillir en toute discrétion ! Quelques jours plus tard, ma femme et moi avions regardé à la télévision le film *L'eau chaude, l'eau frette,* avec Jean Lapointe. J'en avais souri, mais Micheline avait trouvé cela vulgaire ! On décore enfin la maison, on monte le sapin, ça sent le temps des Fêtes qui approche. Curieusement, la période de Noël m'a toujours rendu triste. Je pense à ceux et celles qui ne sont plus là pour célébrer avec nous, et la chanson *Petit papa Noël* me met le cœur en boule. Je suis également nostalgique d'un temps que, pourtant, j'essaie d'oublier depuis mon enfance. Je me revois à l'Orphelinat Catholique, au jubé, en train de chanter en duo, avec mon frère André, *D'où viens-tu bergère ?*, et quelques larmes s'échappent de mes paupières. Puis, en solo, entamer *Venez divin Messie*... Non, je me lève, je ne veux pas revivre, ne serait-ce qu'en mémoire... J'efface tout, je retrouve le sourire, je regarde la superbe dinde que Micheline a achetée et, malgré moi, même les yeux fermés, je revois... le bœuf à *springs* des Sœurs grises! Une triste enfance que j'ai décrite en entier dans mon récit *Les parapluies du diable*.

Ma mère a soixante-quatorze ans! Elle qui ne pensait même pas connaître ses petits-enfants en avait treize à présent! Elle qui nous disait quand nous étions jeunes : «J'vais m'écraser, pis vous allez être pris avec vot' père!» Pauvre maman! Que de menaces disséminées au gré du temps! Elle devenait lentement une femme âgée... Elle se laissait bercer par les ans, mais elle avait conservé sa jolie voix haute et claire à la Rina Ketty du temps de *Padre Don Jose*, pour chanter encore, se croyant seule, *Le Noël des petits oiseaux*. Nous lui avions offert de l'argent pour qu'elle s'achète une jolie robe pour les Fêtes mais, fidèle à ses habitudes, elle avait troqué l'achat de la robe contre celui de trois *dusters* qu'elle portait à longueur de journée. Ma mère n'avait qu'une robe d'apparat d'un brun chocolat avec un collet et des poignets rehaussés de filons d'or. Une seule pour toutes les grandes occasions. «J'en ai une belle, c'est bien assez!» répondait-elle, quand on voulait l'emmener magasiner. Sa robe brune a servi à tout, même aux fiançailles de mon fils, dix ans plus tard. Et elle l'a portée jusque dans son cercueil! Durant ses dernières années, ma mère habitait sur le boulevard Henri-Bourassa, dans un immeuble pour personnes autonomes, un bel appartement de trois pièces. Juste au-dessus de la banque où les aînés allaient encaisser leur chèque à la fin de chaque mois. Comme elle se déplaçait le moins possible à cause de sa lourdeur et de ses varices, elle m'appelait le jour même où son chèque entrait pour que j'aille à la banque pour elle. Je la suppliais d'attendre au lendemain, que les guichets seraient plus faciles d'accès après le passage des gens âgés de la veille, mais elle insistait et menaçait d'y aller elle-même au risque de « s'écraser » si je n'y allais pas pour elle. Pris en otage une fois de plus, menacé, je me rendais à son appartement ramasser son chèque et me mettre en ligne derrière tous les retraités de l'immeuble. Une file qui s'étendait parfois jusqu'au trottoir ! Pour ma mère, un chèque reçu le jour prévu devait être encaissé le jour même. « Tous les vieux y vont ! Vas-y, toi aussi ! » me criait-elle au bout du fil lorsque, certaines fois, je tentais obstinément d'obtenir un sursis jusqu'au lendemain. Ainsi était ma mère... Plus douce, mais encore têtue comme une mule... Une véritable Capricorne !

Le 24 au soir, nous avions été invités à réveillonner chez Hughette Proulx avec sa famille et quelques amis, dont le docteur Colpron, spécialiste de l'amaigrissement. Sylvie nous avait accompagnés, Michel préférant aller festoyer chez Bernard et Vincent Lamarche, ses meilleurs amis. Hughette n'avait rien ménagé pour la célébration des Fêtes. Il y avait de tout sur la table ainsi que dans nos verres, son mari, Thaddée, voyait à ce que nous ne manquions de rien de ce côté. Le lendemain, c'est sous la pluie, mais à l'abri, que nous fêtions Noël ! Que nous quatre ! Notre premier Noël dans notre nouvelle maison ! Que nous, sans personne d'autre... Comme si nous voulions être seuls entre les murs de notre avenir. En attendant l'An nouveau sereinement, la paix dans le cœur et nos offrandes dans le tronc de l'ange qui à l'église remerciait de la tête. J'y étais allé cette fois, les chants traditionnels m'attiraient. Agenouillée à mes côtés, je voyais Micheline pieusement prier... Pour qui ? Pour quoi ? Sans doute pour nous et les enfants. Moi, tel un pénitent, j'avais demandé pardon à Dieu, j'avais communié et, de retour à mon banc, j'avais relevé la tête pour apercevoir, au jubé, un jeune baryton qui chantait divinement *Il est né le divin enfant...*

Pas chaud en cette journée de janvier, ce qui ne m'empêche pas de me rendre chez Dominique Michel à Habitat 67 pour une entrevue avec elle. J'ai eu peine à trouver son cube tellement ils sont tous pareils dans cette structure abstraite, mais j'y suis parvenu et, charmante et accueillante, elle m'a longuement parlé de sa carrière et de sa vie intime. Le lendemain, mon neveu Georges m'annonce être séparé de sa Diane. Je croyais que c'était pour réfléchir, pour quelque temps seulement, mais cette rupture allait être définitive et entraîner un divorce. Après huit mois de mariage seulement ! J'avais presque envie de lui demander de me remettre... mon cadeau de noces ! Fort heureusement, Diane n'attendait pas d'enfant. Je n'ai jamais demandé à mon neveu la cause de leur séparation. Cela ne me regardait pas et comme il ne semblait pas vouloir trop en parler, je suis resté discret. Micheline avait eu de la peine, elle aimait beaucoup Diane, elle la trouvait si gentille... Allez donc savoir pourquoi ça n'a pas fonctionné ! Il y a parfois de ces couples qui se marient sans avoir appris à conjuguer le verbe aimer. Était-ce leur cas ? À quoi bon...

Voilà que Micheline et moi sommes en vacances pour une semaine. En même temps ! Nous avions convenu d'aller passer ces quelques jours à l'Estérel, à vingt minutes de Saint-Sauveur, où l'hôtel, les repas, le site et son bien-être étaient renommés. Que nous deux ! En seconde lune de miel ! Quel endroit magnifique ! Le soir, je lui disais : « Viens, regarde dehors, il fait noir et beau... » Moments mémorables !

La biographie de Guilda intitulée *Elle et moi* venait d'être publiée. J'avais relevé le défi afin de m'évaluer comme auteur de livre, biographe de surcroît, et c'était réussi. Guilda était ravi(e) de ses mémoires, son fils aussi, et moi également, même si ça n'avait guère été payant côté argent. Je me disais que jamais plus… J'avais mis tant de temps, je m'étais rendu chez lui chaque samedi pour le surprendre au lit ou le réveiller avec son humeur massacrante. Mais j'étais allé jusqu'au bout, je n'avais pas abandonné pour autant. Et le livre, récit du travesti mais écrit de ma plume, se vendit à des milliers d'exemplaires. De bonnes rentrées d'argent… pour lui!

Oups! petit conflit avec ma fille. Sylvie voulait travailler les fins de semaine dans un restaurant comme serveuse et je m'y étais opposé. Étudiant pour devenir enseignante, je ne la voyais pas servir aux tables et encaisser les reproches de clients insatisfaits ni les mains baladeuses de certains hommes. Je n'ai rien contre les serveuses, ma mère a exercé ce métier avant de se marier, mais je trouvais que Sylvie était trop jeune et sans défense pour un si dur labeur. Aujourd'hui, dans un McDonald, je ne m'y opposerais pas, mais il y a trente ans, dans un restaurant où les camionneurs allaient dîner, non merci. Je suis certain que les serveuses du temps qui ont eu affaire à certains de ces clients comprendront qu'un père puisse s'opposer à ce que sa fille de dix-sept ans s'embarque dans cette galère. Même temporairement! Elle n'était pas contente de mon refus, elle m'a un peu boudé, mais je suis certain que si je l'ai offensée à ce moment-là, elle comprend maintenant que je ne voulais que la protéger de tout ennui possible. *Parce que je t'aimais, chère petite fille, et que je voulais te voir affronter la vie sans souci.*

Claude J. Charron me nomme «adjoint au président». Ne l'étais-je pas sans en porter le titre? Pas d'augmentation de salaire pour autant et la difficile tâche de muter les gens, de faire d'un mensuel un hebdomadaire, de me buter aux oppositions des uns, aux refus des autres... Bref, à faire ce qu'il faisait et qui le rendait parfois impopulaire. Ce titre avait certes ses conséquences ! J'acceptai tout de même, je sentais que Claude J. misait sur moi pour aller de l'avant. Quatre jours plus tard, c'était jour d'élection et Pierre-Elliott Trudeau reprenait son titre de premier ministre du Canada. Sans cognac dans mon café, cette fois ! Tiens ! voilà que je rencontre Claire Pimparé, *Passe-Carreau* que les enfants aiment tant. Nous avions parlé de sa carrière, de son avenir et aussi de Diane, sa sœur, épouse de Gilles Perreault, mon ami de toujours. Le monde est petit, n'est-ce pas ? J'allais faire, par la suite, plusieurs autres entrevues avec Claire et une belle première page avec elle et ses enfants.

À la fin de février, je ne savais plus où j'en étais avec ma vie professionnelle. Certains jours, j'avais envie de tout foutre en l'air, et d'autres où je me sentais heureux comme un roi. Le problème était que je ne savais plus où donner de la tête avec toutes ces publications qui surgissaient. Les mémos du président arrivaient de plus en plus nombreux chaque jour et je prenais plus de temps à répondre à certains qu'à ébaucher le programme du *Lundi* en entier ! De plus, en ce 27 février, j'avais encore les idées gelées avec le « frette noir » de la veille, comme aurait dit Jean Narrache. En somme, j'étais épuisé.

Enfin, mars se montre le bout du nez et voilà que Gabriel Hudon, des Éditions Québecor, m'appelle et me demande si je veux écrire la biographie de Michel Girouard. Ce dernier insiste pour que ce soit moi, personne d'autre. On se rencontre au Four Seasons et, cette fois, on m'offre, en plus d'un montant d'argent plus élevé, un pourcentage sur les ventes. C'est assez tentant, on ne compte publier le livre qu'à l'automne. J'ai finalement accepté, sachant que je pouvais effectuer ce travail de chez moi. Néanmoins, une semaine plus tard, Claude J. m'offre un contrat de cinq ans. Un contrat alléchant, mais avec une clause qui exigeait de ma part une forte remise d'argent si je quittais mon emploi avant terme. Micheline tenait à ce que je le signe et, après avoir apporté quelques modifications qu'on accepta de bon gré, je dormais encore mal. Je l'ai relu je ne sais combien de fois pour ensuite le déchirer, incapable de le signer. Par crainte ? Par méfiance ? Je ne crois pas, mais je voulais rester libre, m'appartenir, même si je voyais des tas de dollars s'envoler à l'horizon. J'ai donc écrit une longue lettre à Claude, l'informant de ma décision, et il me répondit qu'il comprenait mon refus et que ça n'allait rien changer entre nous. Et je les ai pourtant faits ces cinq ans ! Pour mon salaire hebdomadaire, rien de plus ! Je me disais qu'un jour, j'allais, par gratitude, être récompensé. Ce soir-là, j'avais écrit pour mes enfants dans mon journal intime : *Prenez comme exemple ce geste que je viens de poser, car la seule richesse de l'être humain, c'est sa liberté. Ne vendez jamais la vôtre ! S'appartenir n'a pas de prix !*

Le mois des bourgeons en fleurs se lève et, deux jours plus tard, je me rends avec Micheline au cinéma Commodore voir le film *Molière*. Une production de quatre heures, symbolique et… ennuyante ! Déjà le dimanche de Pâques, et ma mère est venue souper avec nous. Non sans nous remercier pour la grosse boîte de chocolats aux cerises qui l'attendait. Plus tard, dans la journée, je recevais un coup de fil d'Alys Robi qui m'offrait ses vœux. Elle me disait être actuellement en vedette au Rialto, un endroit de seconde zone pour celle qui avait été l'une des gloires du Québec. Elle devait gagner sa vie, me disait-elle. Elle me téléphonait pour que je l'invite au restaurant, elle semblait si seule… Était-ce possible ? Je l'aurais certes invitée à se joindre à nous, mais je craignais qu'avec ma mère et ses emportements madame Robi soit perturbée. Je l'ai donc invitée le soir suivant, ce qui l'avait rendue très heureuse. Je tourne la page de mon journal intime et je me rends compte que j'ai assisté au spectacle d'Alys Robi tel que je le lui avais dit durant notre souper, mais au Cabaret 1390 où elle était maintenant en vedette. Égale à elle-même sur scène, c'est-à-dire incomparable, elle avait interprété ses plus grands succès dont *Tico Tico, Besame Mucho, Je te tiens sur mon cœur* et combien d'autres.

Mai 1980, je reprends donc le fil de mes entrevues et je rencontre, au Four Seasons, nulle autre que Dorothy Stratten, la *playmate* de l'année du magazine *Playboy*, de passage dans la métropole. Native de Vancouver, vingt ans, très belle, un peu timide mais fort gentille, je la sens nerveuse. Je croyais que c'était l'interview qui la gênait, mais au beau milieu de ses confidences elle reçut un coup de fil. Je la vois sourciller, raccrocher après avoir discuté à voix basse, et revenir à la table de la rencontre, soucieuse, plus évasive qu'avant l'appel. Je poursuis, je lui fais autographier, pour mon fils, le numéro du *Playboy* où elle est en première page… que j'ai encore ! Je lui souhaite bonne chance et elle me laisse partir avec son plus joli sourire. Toujours est-il que le monsieur au bout du fil durant notre conversation était, je l'ai su plus tard, son mari, Paul Snider qui, jaloux au possible, lui demandait si l'intervieweur était un homme ou une femme. Elle lui mentit en lui disant que c'était une femme, mais il n'en croyait rien et c'est à ce moment qu'elle avait raccroché. Il avait rappelé, mais le gérant de sa tournée s'était chargé cette fois de le remettre au pas. Snider avait rencontré Dorothy Stratten en 1977, il l'avait poussée dans ce milieu pour ensuite la surveiller, la harceler et la menacer chaque jour si elle le trompait. Mariée en 1979, elle entama des procédures de divorce au début d'août 1980, et, suspectant une liaison avec son producteur-réalisateur, fou de rage, séparé d'elle, Paul Snider la retrouva à son appartement et la tua pour ensuite se suicider dans la même chambre. Une tragédie dont toute l'Amérique parla! Quelques petites apparitions dans des films ainsi qu'un plus grand rôle dans *They All Laughed,* avec Audrey Hepburn et John Ritter lui survivent, mais quel épouvantable drame! Cette belle et douée jeune femme n'allait, hélas, jamais se rendre au bout de ses rêves. Plus tard, le chanteur et auteur Bryan Adams composa une chanson pour Dorothy, intitulée *The Best was Yet To Come.* C'était tout dire!

Mais la vie continuait et je terminais le livre de Michel Girouard en me disant qu'après, ce serait fini pour moi, les biographies. Surtout à titre de *ghost writer* comme on nous désigne encore aujourd'hui, quand on ne fait que rapporter les dires de la personne. Je voulais être romancier. J'en rêvais! Je le confiais à mon journal intime, mais je n'en avais pas les moyens; je n'étais pas encore financièrement à l'aise. Sans savoir, cependant, que j'allais le devenir dix ans plus tard et que mon ascension comme écrivain, avec tout ce qui dormait dans ma tête, allait me propulser dans les hautes sphères de l'écriture et m'offrir une renommée enviable. Mais, dix ans plus tôt, j'avais encore d'autres chats à fouetter dans mon honorable métier...

Vingt-trois ans de mariage et il me semble ne pas avoir vu passer toutes ces années. Micheline, toujours à mes côtés, me sourit tendrement. Mon miroir me fait voir quelques rides au front, mais le temps ne m'a pas encore trop abîmé... *Ce sont des rides de réflexion,* me disais-je pour m'en consoler. Sur elle non plus, le temps n'avait pas de prise, ma femme était plus belle que jamais! Nous fermions les yeux et nous pouvions revoir toutes ces années défiler à nouveau... Dieu que c'est mystérieux la vie!

Beaucoup plus que la mort. Au bureau, tout allait bien. Suzanne Gauthier écrivait maintenant pour nous. Une charmante jeune femme qui allait devenir avec le temps mon adjointe, avant de nous quitter pour le *Journal de Montréal* où un poste à long terme lui avait été offert. J'ai souvenir de belles années avec elle et je n'ai jamais oublié le soir de ses quarante ans où ses amis et des journalistes du milieu étaient venus la fêter à sa résidence par un beau soir d'été. J'avoue ne pas l'avoir revue depuis belle lurette mais, comme j'en parle, je veux qu'elle sache que l'amitié d'alors crépite encore dans mon cœur comme une bûche qui refuse de s'éteindre. Juin s'amène et Sylvie a passé ses examens du cégep avec succès. Quatorze cours, quatorze réussites ! Avec de hauts pourcentages ! *Bravo encore ! Je ne t'ai pas assez dit à ce moment-là à quel point j'étais fier de toi, chère fille.* Pour ajouter à son bonheur, quatre jours plus tard, elle fêtait ses dix-huit ans ! La voilà majeure, libre de me tenir tête maintenant ! Je plaisante… Je lui avais signé un chèque en blanc pour défrayer le coût de ses cours de conduite. Puis, sa mère et moi lui avions servi, au souper, un gâteau crémeux entouré d'œillets roses. Michel, pour sa part, lui avait offert un album de *Boule et Bill* en guise de présent. Ce qui l'avait ravie ! À dix-huit ans !

Fin de l'été et Sylvie a obtenu son permis de conduire. Elle en est fière… Sa mère et moi aussi ! Nous n'aurions plus à aller la reconduire chez des amies ou ailleurs comme elle nous le demandait souvent. Nous l'avions toujours fait avec plaisir, mais… Quel soulagement ! Plus tôt, un souper avec Jacques Chaput, un journaliste, ex-enseignant, que j'engageai comme adjoint et qui occupera ce poste à mes côtés durant plusieurs années. Un bon bras droit qui deviendra un ami intime que je revois encore régulièrement. Redevenu professeur, il n'a pas oublié pour autant toutes ces années partagées à travailler de très près pour maintenir nos publications, dont *Le Lundi*, au sommet. En septembre, Micheline fêtait ses quarante-cinq ans et je lui faisais parvenir, d'un fleuriste, huit roses de soie rouges et blanches. Le soir, nous l'avions invitée à manger au Granada et comme nous étions en milieu de semaine, j'ai attendu au samedi pour l'inviter au Saint-Denis voir la pièce *La Cage aux Folles*, avec Réal Giguère en vedette. Dans son meilleur rôle, devrais-je dire. Micheline avait adoré son jeu sur scène! Il avait été magistral! Le lundi suivant, j'étais à Morin-Heights afin de rencontrer Alain Montpetit. Une première entrevue qui allait être suivie de plusieurs autres. Je le trouvais un peu mêlé, mal dans sa peau et l'avenir que lui réservait la vie n'allait pas être généreux. Nous y reviendrons plus loin.

Épuisé par ma lourde tâche au magazine, j'avais écrit dans mon journal en octobre : *Je voudrais tant écrire un roman. Quand donc vais-je en avoir le temps ?* Hélas, je devrai attendre encore dix ans avant de réaliser ce rêve. Le temps passe et je me sens épuisé, déprimé même, j'ai trop travaillé. J'ai tenu seul le gouvernail pendant que mon patron se remettait d'une intervention subie récemment. Mais je n'en pouvais plus! Il pleuvait encore… J'écrivais mon journal et c'était comme si je mettais du feu sur une plaie vive. Ces mots que je traçais sur chaque ligne me brûlaient. Mais, j'entendais au fond de moi *t'es fait fort! tu vas passer à travers tout ça!* Comme lorsque j'étais enfant, prisonnier de l'orphelinat et que je pleurais pour en être libéré. Malgré tout, de retour au travail le lundi, l'absence de Claude J. me pesait beaucoup. Nous avions des différends, il changeait d'idée souvent, mais il m'épaulait grandement. Seul avec tous ces magazines…

Le mercredi 29 octobre, c'était le lancement du livre de Michel Girouard intitulé *Je vis mon homosexualité*, avec une belle photo de lui en page couverture. Un récit autobiographique de deux cent vingt-cinq pages avec mon nom en collaboration à l'intérieur. J'avais recueilli ses propos et j'avais certes bien rendu ses états d'âme et ses passions amoureuses puisqu'il était très fier du résultat et que son livre se vendit beaucoup plus que celui de Guilda. Des milliers d'exemplaires! On avait réimprimé une fois ou deux, je ne sais plus... Il était fier de lui et j'étais fier de moi. Non seulement du succès obtenu, mais d'avoir compris cette fois que j'avais vraiment l'écriture dans le sang, qu'il m'était possible de romancer, de peaufiner, de construire... Bref, je sentais qu'il y avait un réel écrivain en moi et non seulement un journaliste. Dès ce jour, on m'approcha pour d'autres biographies d'artistes, entre autres pour celle de Muriel Millard, et malgré le respect que j'avais pour elle je refusai, je n'avais ni le temps ni la force d'entreprendre un tel ouvrage une autre fois. Néanmoins, ce soir-là, jour du lancement, il y avait un monde fou. Michel Girouard était très lié avec les médias et les artistes. Nous avions eu droit à une réception au club V5 et, le lendemain, tout le monde parlait du lancement et du livre de Michel Girouard qui allait... faire du bruit! Je tombai peu à peu dans l'ombre de son succès, c'est le sort du *ghost writer* mais, encore aujourd'hui, Michel Girouard s'empresse de dire à qui veut bien l'entendre que c'est moi qui ai écrit sa biographie en 1980. Ce qui me flatte, bien entendu...

Le mois se termine avec une séance de photos chez Guy Beaupré. La mignonne Nathalie Simard doit faire la couverture de notre numéro de Noël et nous cherchions un bon gros père Noël pour l'aspect visuel. Je n'ai pas eu à fouiller loin, j'ai tout de suite pensé à Gérard Vermette, ce bon gros animateur et ami que je voyais à l'occasion. Quel homme généreux de son temps! Il avait accepté d'emblée le rôle et, croyez-moi ou pas, ce fut le plus beau père Noël que j'ai vu de ma vie. À tel point que plusieurs enfants demandaient à leur mère d'aller le rencontrer au centre commercial où il se trouvait, car c'était lui... le vrai ! Plusieurs pères Noël étaient chétifs, ce qui leur enlevait toute crédibilité quand les enfants sur leurs genoux sentaient leurs os... craquer ! Avec Gérard Vermette, aucun doute, il était bien en chair et il pouvait aisément emprunter le ton du père Noël pour parler aux enfants qu'il croisait ce jour-là ! Et le numéro du *Lundi* de cette fin de décembre allait jouir d'un énorme succès. À cause de la petite Nathalie que les enfants adoraient, à cause aussi de ce père Noël qu'elle avait choisi pour lui demander ses étrennes, ce que tous les petits désiraient faire aussi. Un peu plus et Gérard Vermette avait une autre vocation... à vie !

Nous sommes au début de novembre et Ronald Reagan vient d'être élu président des États-Unis. Un ex-acteur de cinéma marié à l'actrice Jane Wyman à une certaine époque... Ce qui avait fait sourciller ma mère. Un choix qui ne faisait pas l'unanimité pour régler le sort... du monde entier ! Pendant ce temps, Claude J. Charron, voyant que Québecor m'approche avec insistance pour leur maison d'édition, m'annonce qu'il compte en fonder une si je veux bien m'en occuper. J'ai dit oui spontanément ! Le domaine des livres m'intéressait, mais je n'avais pas réfléchi à la somme de travail que cela m'imposerait... Bah ! j'avais deux bras, deux mains, dix doigts, je trouverais bien le moyen d'ajouter cela à mes tâches. Une de plus, une de moins... Avec un bon adjoint ! Puis, il m'offrait de me rendre à Los Angeles rencontrer un type qui nous fournissait des photos. Ce qui devrait m'ouvrir des portes... Il nous fallait, éventuellement, des entrevues réelles avec des vedettes américaines. Claude misait sur moi pour ce projet. D'autres avaient tenté de le faire, mais pas avec le succès qu'il en escomptait. Il se disait que le directeur général du *Lundi* allait avoir plus de chance et de gueule... Mais avoir su ce que ce voyage allait engendrer...

C'est fait ! J'ai quarante-quatre ans ! Une paire de quatre ! J'aurais préféré rester collé à la paire de trois, mais on n'y peut rien, le tic tac de l'horloge poursuit sa cadence sans la moindre indulgence. Au bureau, Jean-Pierre Carbonneau, notre maquettiste, m'a offert un grand portrait encadré en noir et blanc de Hedy Lamarr que j'ai encore sur un de mes murs et, le soir venu, Claude J. Charron et son épouse Solange étaient venus nous prendre, Micheline et moi, pour aller avec eux voir la revue musicale parisienne *Crazy Horse* à l'hôtel Bonaventure. La soirée fut charmante. Micheline aima Solange dès leur première rencontre, et vice versa. Oui, j'aurais aimé avoir dix ans de moins ce jour-là, mais comme on ne peut rien contre la roue qui tourne, j'espérais tout simplement qu'elle me mène au sommet de mes aspirations. De retour à la maison, j'avais dit à Micheline : « J'aimerais que ce soit ma fête chaque jour ! » Parce que Claude J., tout entier à mon anniversaire ce soir-là, ne m'avait pas parlé affaires ! Ce qui avait fait rire ma femme qui aimait bien mon patron. En guise de cadeau d'anniversaire, ce dernier m'avait offert une lithographie numérotée de Sylvain Forget intitulée *La gracieuse Lida*, qui orne maintenant le mur de la chambre de Carl, un de mes petits-fils. Un présent de prix et de bon goût qui m'avait grandement touché.

Trois jours plus tard, le 9 décembre au matin, on annonçait à la radio et à la télévision l'assassinat de John Lennon, un des Beatles, survenu la veille. L'effet d'une bombe ! Quelques heures plus tard, tous les médias en parlaient en faisant la rétrospective de sa carrière. Ce qui m'avait valu de retrousser mes manches pour sortir un *flash* de toute urgence. Jean-Pierre s'était mis de la partie, les agences de photos et les imprimeurs aussi, et nous avions pu offrir, dès le lendemain, une couverture de ce meurtre crapuleux ainsi qu'un tas de photos de la carrière de John, mari de Yoko Ono. Mais quel *rush*! Il fallait s'y attendre, ce n'était pas la première fois qu'on se tournait vite de bord ainsi. Les décès, les divorces, les accidents graves chez les artistes, tout était sujet à dénouer vite sa cravate et à rouler nos manches.

Et voilà que ma mère a soixante-quinze ans! J'ai peine à y croire! Elle a surmonté ses « agonies », comme elle les appelle, mais je remarque que le blond cendré de ses cheveux se couvre peu à peu de neige... Elle aura mis bien du temps à blanchir, Irène, et ce, sans aucune teinture. Septuagénaire, elle avait à peine deux cheveux gris, mais là, cinq ans plus tard, les flocons étaient plus abondants dans sa crinière. Puis, enfin, un jour de Noël passé entre nous quatre, comme le voulait la coutume. Avec des cadeaux pour chacun et de l'amour dans le cœur. Pour moi, c'était le repos temporaire, pour Micheline, l'accalmie après la tempête, et pour Michel et Sylvie, l'espoir d'un horizon ensoleillé. Un saut d'une semaine et nous sommes à la veille du jour de l'An... Je suis couché, je ne dors pas, j'entrevois l'année 1981 avec témérité... Il y aura encore tant à faire. Je repense à Claude J. et au voyage qu'il envisage pour moi à Los Angeles. Laissant échapper un soupir, je me revois, petit garçon, en train de demander naïvement à ma mère: *Maman, c'est où Hollywood?* Pour l'entendre me répondre sans détourner la tête: *Tout à fait à l'autre bout de la terre...* J'insistais: *Est-ce qu'on peut y aller?* Impatientée, elle m'avait répondu brusquement: *Ben non, voyons, c'est un pays juste pour les acteurs! Pis, arrête avec tes questions, j'ai mon lavage à faire!*

Chapitre 9

Coco III, ma perruche mâle, me fixe du perchoir de sa balançoire comme s'il avait quelque chose à me suggérer. Pourtant, tout était calme dans ma vie à ce moment-là ; Micheline travaillait, Sylvie avait repris ses cours... Et moi, j'avais accepté d'aller à Los Angeles, d'y tenter ma chance ou, du moins, de vivre une belle expérience. Le 23 janvier 1981, je rencontrais René Simard qui me présentait sa petite amie, Marie-Josée Taillefer qui, on le sait, allait devenir sa femme quelques années plus tard. Après l'entrevue, je soupai avec eux au restaurant et Claudine Bachand, attachée de presse des Simard, s'était jointe à nous. Quelques jours plus tard, je me rendais à la banque afin de me munir d'argent américain. J'avais le vertige... Ce voyage m'inquiétait, j'avais peur de l'avion et Los Angeles, c'était si loin... Le 30 janvier, malgré mes craintes, à 7 h 30 du matin, l'avion décollait et, après escale à Toronto, je suis enfin arrivé à Los Angeles après sept heures entre ciel et terre. Un vol turbulent qui m'a gardé rivé sur mon siège ! Je me tenais fermement après les deux appuis-bras de mon banc. J'en avais des sueurs froides ! Enfin, les pieds sur le sol de l'aérogare, les bagages dans un carrosse, je parlais intérieurement à ma mère… *Un pays qui n'existe pas, maman ? J'y suis ! Et il n'y a pas que des acteurs ! T'as fini ton lavage ?* Puis, j'ai sauté dans un taxi pour me rendre au Beverly Hills Hotel. Dans ma chambre située au douzième étage, je décompressais. Mon petit calmant pour contrer la peur faisait enfin effet. Écrasé dans un gros fauteuil vert, détendu quelque peu, je regardais à la télévision payante le film *American Gigolo* avec Richard Gere. La seule déception, c'est qu'il ne faisait que cinquante-huit degrés, ce jour-là, en Fahrenheit bien sûr, rien pour aller se faire bronzer. J'avais pris une chambre à l'hôtel où allait avoir lieu la remise des Golden Globe Awards le lendemain. Je n'étais pas invité, évidemment, ce qui ne m'avait pas empêché d'apercevoir, durant la journée, quelques vedettes qui venaient répéter leur présentation sur scène en soirée. C'est ainsi que j'ai pu voir la très jolie Natalie Wood de très près. Si près… qu'elle a fini par me sourire. La belle Natalie de tant de films qui, à quarante-deux ans, n'avait rien à envier aux starlettes dans la vingtaine. J'aurai eu droit à un sourire de la dernière année de sa vie, puisque dix mois plus tard, elle mourait tragiquement, noyée, après être tombée du yacht de son mari, Robert Wagner. J'en avais été bouleversé. Puis, ce même jour j'avais vu, dans le hall d'entrée, Victoria Principal de la télésérie *Dallas*, qui n'était pas, en plein après-midi et sans maquillage, la somptueuse *star* qu'elle allait être le soir. En prenant place sur un divan du hall d'entrée, j'avais comme voisin nul autre que le vétéran Van Johnson qui, sans chercher à savoir qui j'étais, se mit à me parler du temps frais de la Californie ce jour-là. Ce à quoi j'avais répondu courtoisement, sans lui faire savoir que je l'avais reconnu. Mais quel entregent de la part de cet acteur à qui ma mère aurait certes demandé l'heure. Elle l'avait trouvé si beau dans *The Last Time I Saw Paris*, aux côtés d'Elizabeth Taylor. Enfin, regagnant l'ascenseur, j'aperçus un peu plus loin Annie Cordy et Michel Legrand. C'est la voix rauque et unique de madame Cordy qui avait attiré mon attention. Un timbre de voix tonitruant... Je me demandais bien ce qu'ils faisaient là. Sans doute une nomination pour une chanson de Michel Legrand... Mais je n'ai pas cherché à le savoir, ce n'était guère important. Le soir toutefois, c'était l'euphorie sur le tapis rouge que je voyais de la fenêtre de ma chambre. Les gens hurlaient les noms des vedettes qui apparaissaient. Je n'avais jamais vu autant de *groupies* de ma vie ! Pas seulement des jeunes, mais des gens dans la quarantaine, dans la cinquantaine, qui tenaient à bout de bras un petit carnet avec un stylo pour obtenir la signature de quiconque passait près d'eux. Grand acteur de renom ou petite starlette... sans nom ! Ce qui me dépassait ! Pour m'évader de ce tumulte, je m'étais rendu au Grauman's Chinese Theatre sur Hollywood Boulevard afin d'y voir un film. N'importe lequel ! Que pour raconter que j'avais vu un film de ce célèbre théâtre fondé en 1927 et où l'on présentait tant de premières. Ce théâtre devant lequel il y avait, dans le ciment, tant d'empreintes de pieds et de mains d'acteurs et d'actrices célèbres. J'avais pu dénicher celles de Clark Gable, Lana Turner, John Wayne, Tyrone Power et, bien entendu, Hedy Lamarr ! Puis, j'avais suivi les étoiles tout le long du large trottoir qu'on appelle *Walk of Fame*, sans en rater une. J'avais pu repérer les noms de Joan Bennett, Audie Murphy, Veronica Lake, Edmund Purdom et plusieurs autres. Je m'étais donc acheté un billet pour admirer l'intérieur de cette magnifique salle de cinéma et, sans l'avoir choisi, j'avais vu ce soir-là le film *Popeye*, avec Robin Williams, que j'avais beaucoup aimé.

Le lendemain, je retrouve quelque peu mon aplomb et je visite quelques magasins, mais tout est si cher ici… En après-midi, je me dirige à la piscine et, étendu sur ma chaise longue, j'aperçois à quelques pieds de moi l'acteur George Hamilton qui cause avec une jolie blonde. Au premier coup d'œil, il ne me plaît pas. Condescendant, rouge comme un homard avec un maquillage de bronze par-dessus, il a l'air d'une écrevisse ! Soudain, un petit garçon s'approche de lui et lui demande un autographe pour sa mère. Croyez-le ou non, mais il a refusé du revers de la main tout en continuant de séduire sa jolie compagne. Le petit garçon, hésitant, était encore là et je ne sais trop ce que Hamilton lui a dit, mais il est reparti rejoindre sa mère et sa grand-mère à l'autre bout de la piscine. *Quel insolent !* me disais-je. *Faire ça à un enfant !* Je l'ai haï subitement ! Une dame est arrivée, son attachée de presse sans doute et, sans hésiter, je lui demandai si monsieur Hamilton accepterait sur-le-champ une interview pour un magazine du Canada. Me regardant de loin et de haut, il accepta pour impressionner la galerie et la blonde à ses côtés. Une entrevue avec un journaliste français – même si j'étais Québécois – allait lui donner une image de célébrité internationale aux yeux des clients de l'hôtel. J'ai causé avec lui pas plus de dix minutes, j'en avais assez, il parlait de films à venir qu'il n'allait jamais tourner. Il avait une voix déplaisante, il était « chiant ! » Avant de le quitter, je lui demandai s'il aimait les enfants. Étonné par la question, il me répondit « Oui, j'en ai un », et je lui rétorquai : « *It does'nt look like it !* » pour ensuite me lever et partir en lui disant poliment : « *Thank you, sir* » parce que j'étais bien élevé. Imaginez ! Il avait un fils de l'âge de celui qu'il venait de chasser avec son petit bout de papier ! Le mufle ! Une entrevue que je n'ai pas publiée. En 2006, je me souviens l'avoir aperçu à la dixième édition de l'émission *Dancing with the Stars.* Maquillé jusqu'aux oreilles, les dents en évidence, soixante-sept ans bien sonnés, je l'avais trouvé ridicule ! Tout pour se faire voir ! Le soir, de retour à ma chambre avec un bout de cassette sur George Hamilton, je me disais : *Dieu que ça commence mal !* tout en regardant à la télé, *All that Jazz*, avec Roy Scheider et en buvant à petites gorgées un Johnnie Walker bien frappé.

Pourquoi pas un tour de ville avec l'autobus des touristes ? Je l'ai fait le lendemain et, de cette façon, j'ai pu voir l'Université, le stade, le Chinatown, le carré mexicain, bref, la ville en entier ou presque. Et ce, jusque dans les quartiers défavorisés où les visages qui nous regardaient passer n'étaient guère rassurants. Mais j'avais vu au moins, de Los Angeles, le côté prestigieux de cette immense ville et le revers de la médaille ! Le soir, monsieur Walker, un ami d'un ami, m'appelle pour me faire visiter *Hollywood by night*. J'accepte, je n'ai rien d'autre à faire et il me prend à mon hôtel pour emprunter Sunset Boulevard et descendre jusqu'à Melrose. Je suis nerveux, il conduit vite, il est imprudent... Au point qu'à un certain coin de rue, alors qu'il se risquait à tourner à gauche sur un feu orange, une autre voiture venant en trombe et en ligne droite face à nous voulait aussi brûler le feu orange. Ce chauffard nous a manqué d'un pouce ! Quelques secondes de plus et il rentrait directement dans notre voiture, côté passager où je me trouvais. J'en ai encore des frissons quand j'y pense... Un peu plus et je ne serais pas ici à écrire ces lignes. J'ai demandé à Dean Walker d'immobiliser la voiture, histoire de reprendre mon souffle, et j'ai ensuite insisté pour revenir à mon hôtel, encore sous le choc de ce que nous venions d'éviter de justesse. Il me déposa à la porte, s'excusa de sa maladresse, je lui dis que tout allait bien, et de retour à ma chambre, je me suis empressé de déchirer le numéro de téléphone de ce « guide » que je ne voulais plus revoir. Et dire que j'avais eu peur de l'avion ! Après avoir retrouvé mon calme, je décide de sortir, d'aller prendre l'air, mais à pied. J'en profite pour arrêter dans un genre de dépanneur, pas très loin sur Sunset, où l'on vend de l'alcool et du vin. Il n'y a pas de Régie à Los Angeles, l'alcool est en vente libre partout. Je cherche un bon vin rouge, ils n'en ont guère, mais je trouve un Piat d'Or pour la somme de deux dollars ! Vraiment moins cher qu'au Québec ! J'en achète deux bouteilles au cas où je recevrais des artistes à ma chambre d'hôtel. Puis, avec mon sac à poignées, je descends jusqu'au Hollywood Boulevard où je découvre encore des étoiles dans le ciment avec les noms de Linda Darnell, Cornel Wilde, Dick Haymes et même l'étoile de celle du chien vedette Rin Tin Tin. Cette artère ne me semble pas sécuritaire pour autant et je décide de rebrousser chemin.

Je n'aime pas résider au Beverly Hills Hotel, c'est trop cher, les prix des repas sont déraisonnables et, comme j'ai le sens de l'économie, je m'informe auprès d'un chauffeur de taxi qui, stationné souvent devant l'hôtel, me salue régulièrement. Bien intentionné, voulant m'aider, il me propose de régler ma chambre et de me conduire là où c'était nettement meilleur marché. Il me prend comme convenu avec mes bagages trois quarts d'heure plus tard et m'emmène au Del Capri dans Westwood. Juste à voir, je n'étais pas intéressé, et il poursuit jusqu'au Holiday Inn de Brentwood où ça semble acceptable, mais trop loin de toute activité. On repart et il me conduit au Holiday Inn de Hollywood, pas loin du Chinese Theater, où j'accepte enfin de loger pour la moitié du prix que je payais au Beverly Hills. Familier avec le coin, j'ai repris ma marche de santé le soir même, obsédé par toutes ces étoiles de célébrités sur les trottoirs et, cette fois, je pus poser les pieds sur celles de Paulette Goddard, Farley Granger, Gail

Russell et George Nader. Le lendemain je contactai Lina, celle qui devait me servir de photographe, et, lui faisant part de l'hôtel où je résidais, elle me répond que ce n'était pas l'endroit idéal, qu'elle me dirigerait vers un endroit plus confortable si je voulais bien faire mes valises. Ce que je refis une fois de plus ! Elle vint me prendre vers neuf heures et, trente minutes plus tard, nous étions au Hyatt sur Sunset Boulevard, un hôtel de très bon goût où je louai la chambre 310 avec balcon donnant sur le boulevard. Un endroit que j'allais réserver par la suite au cours de mes séjours à Hollywood. Même chambre, même balcon d'où je pouvais attendre les retours d'appel tout en profitant des rayons du soleil dans la chaise longue qu'on m'avait prêtée. Lina était un petit bout de femme d'un certain âge dans le style de Juliette Béliveau, pour ceux qui s'en souviennent. Française de naissance, elle vivait en Californie depuis des années, mais elle avait conservé son « français avec accent » impeccable. Elle avait été mariée à quatre reprises, avait deux grands enfants, une fille et un garçon, beaucoup plus âgés que les miens, et elle roulait dans une vieille bagnole… redoutable ! Mais elle n'allait pas être la seule à m'accompagner dans mes déplacements. D'autres photographes allaient se greffer et être plus souvent disponibles qu'elle ne l'était. Toujours est-il que le Hyatt allait être mon endroit de prédilection. Il y avait là un restaurant appelé Daisy, avec terrasse donnant sur le boulevard, où l'on mangeait bien et qui détenait un permis d'alcool. Très raisonnable dans ses prix. Puis, un *lounge* avec des spectacles de jazz le soir ou de la musique de détente pour les cinq à sept, un *gym*, une piscine sur le toit. À deux pas de cet hôtel se trouvait le célèbre Comedy Store, là où tant d'humoristes comme Robin Williams, Jim Carrey et Adam Sandler avaient fait leurs premiers pas. Mais je n'y suis jamais allé, je n'étais pas friand d'humour, je préférais les cinémas où les premières de films se succédaient. Il ne faut pas oublier qu'en 1981 il n'y avait pas de cellulaire, pas d'Internet, donc pas de courriels pour communiquer avec qui que ce soit. On était carrément prisonnier de sa chambre et, si on en sortait, il fallait ensuite appeler la réception pour prendre les messages qui étaient entrés. Pas facile comme aujourd'hui, ce métier que j'exerçais. J'avais un magnétophone, des cassettes à profusion, des piles en quantité, un stylo, un bloc-notes et ma carte d'affaires, rien de plus! Sur ce plan, je ne travaillais pas dans les bonnes années. La technologie actuelle a fait son apparition alors que je tirais ma révérence. La seule autre possibilité que j'avais était de faire une entrevue par téléphone, ce que je n'ai jamais fait durant mes séjours puisqu'il me fallait revenir avec une photo-témoin pour la crédibilité du magazine. De plus, les agents d'artistes voulaient bien voir à qui ils avaient affaire lorsqu'ils nous accordaient un rendez-vous avec un de leurs… poulains!

Au petit jour, comme pour tuer un peu le temps et profiter de mes vacances, je monte à bord d'un autobus qui nous amène visiter les maisons des stars de Beverly Hills et de Bel-Air, les deux quartiers les plus riches des collines d'Hollywood. Le chauffeur s'immobilisait de temps en temps pour nous dire: «Voici la maison de Barbra Streisand» ou, un peu plus loin: «Ici, c'est celle de Joan Crawford.» Ensuite, «Robert Mitchum habite ici, c'est peut-être lui qu'on aperçoit sur le terrain.» Les Asiatiques, friands d'artistes, s'empressaient de tout photographier avec leurs caméras dernier cri. Ils prenaient des tas de clichés de l'homme en question qu'ils croyaient être Robert Mitchum alors qu'il s'agissait sans doute d'un jardinier. Et qui pouvait prouver que la maison de Joan Crawford n'était pas celle d'un riche avocat? Une vraie farce! Quel guet-apens! Surtout lorsque j'ai appris par

Lina que Robert Mitchum habitait à Santa Barbara depuis plus de trente ans. Pire encore, le chauffeur, connaissant bien les vedettes de l'heure, disait en ralentissant devant une maison de sept ou huit millions : « Celle-là, c'est la maison de Lou Ferrigno, le célèbre Hulk ! » Ça criait de joie ! Les déclics des appareils photo fusaient, alors que monsieur Ferrigno, que j'allais rencontrer incessamment, vivait à Los Angeles dans une maison aussi modeste que la mienne. Disons que ça avait passé le temps et que les Asiatiques étaient repartis heureux comme des rois d'avoir sur leurs pellicules la supposée maison en assez gros plan de Loretta Young ! Parlant des Asiatiques, sans savoir d'où ils venaient, ils étaient les *groupies* les plus inconditionnels des artistes de cinéma et de la télévision. Un après-midi, alors que je sirotais un jus de fruits sur la terrasse du Daisy, quatre à cinq d'entre eux s'étaient approchés de ma table pour se mettre à prendre des photos de moi tout en me donnant la main, en me souriant, en étant fort émus de leur rencontre. Je tentai de leur expliquer en anglais que je n'étais pas une vedette, qu'ils faisaient erreur, ça s'amplifiait de plus belle. Une femme me tendait un papier pour un autographe, une autre suivait et un jeune homme du groupe me prenait en photos sous tous les angles possibles. Pour leur faire comprendre qu'ils se trompaient carrément, je signais *Denis Monette* tout simplement et, regardant la signature bien lisible, ils la montraient aux autres en sautillant de joie. Ils finirent par partir en s'inclinant et une jeune serveuse japonaise, connaissant le mandarin ou je ne sais quoi, s'approcha de moi pour me dire en anglais : « Ils vous ont pris pour Dudley Moore. » Étonné, je me demandais si c'était là… un compliment ! Dudley Moore ! Tout de même ! À part le fait que nous étions de la même grandeur… Passons ! J'ai fait rire bien du monde à mon retour avec cette anecdote. On me demandait : « Et tu n'avais même pas la belle Bo Derek avec toi ? » J'ai ensuite visité Disneyland et j'en suis revenu aussi enchanté qu'un enfant. J'avais serré la main de Blanche-Neige, j'ai pris une photo avec Cendrillon et j'ai tenté de m'entretenir avec Pinocchio, qui m'avait répondu qu'il n'avait pas le droit d'accorder d'entrevues. Puis, j'ai essayé quelques manèges époustouflants, j'ai mangé une pomme de tire et de la barbe à papa, pour ensuite rentrer à mon hôtel aussi comblé qu'un enfant de huit ou neuf ans. Cette visite solitaire, j'avoue ne pas m'en être vanté, sauf à mes enfants, pour éviter les moqueries des collègues. J'aurais dû le faire... Pourquoi pas ? Moi qui n'avais pas eu de jeunesse en ce sens...

Il pleut, je suis confiné à ma chambre d'hôtel et je regarde à la télévision, le film *In Praise Of Older Women*, avec Tom Berenger et Karen Black. Je reçois un appel amical de Lina et, par curiosité, je lui demande si Hedy Lamarr vivait quelque part à Los Angeles. Car, à soixante-cinq ans, peut-être flétrie, rien en commun sans doute avec la *Delilah* de son plus beau film de 1949, j'aurais donné je ne sais quoi pour la rencontrer. Lina me répond qu'elle vivait chez son fils à Miami. Déception ! Elle ajoute : « Il y en a d'autres que je pourrais vous trouver, mais disons que ces vedettes d'hier, retirées pour la plupart, n'ont plus besoin de publicité. » Je lui réponds de laisser faire, de s'attaquer plutôt aux vedettes du petit écran, ce que mes lecteurs apprécieraient davantage. Le soir venu, je me retrouve au *lounge* de l'hôtel où se déroule un concours d'amateurs. J'y assiste tout en prenant un verre. Tous des jeunes pour la plupart, garçons et filles, certains étaient bons, d'autres, non. Toutes les filles étaient des blondes aux cheveux longs, la vogue du moment. L'une d'elles, après sa piètre interprétation de *You'll Never Know* me confia qu'elle s'était inscrite que pour se faire voir, car son but était d'être une actrice, pas une chanteuse. Parlant avec d'autres, elles voulaient toutes faire du cinéma ou de la télévision dans une minisérie. Elles rêvaient toutes de gloire et elles étaient venues d'aussi loin que Buffalo, Boston, Chicago, New York, Memphis et même Vancouver. Les garçons, pour leur part, avaient tous le même but en tête : être découverts par un producteur ou un agent, faire un bout d'essai et devenir un autre Christopher Atkins de l'écran. Certains étaient blonds et bouclés comme Chris dans *The Blue Lagoon*. Un jeune de dix-neuf ans, pas même en âge d'être admis dans un bar, me demanda s'il pouvait s'asseoir à ma table. Très gentil, passablement beau, mais sans talent pour la chanson, il avait semblé ébahi lorsque je lui avais dit être un journaliste du Canada. Le gros lot, quoi ! La presse étrangère ! Une façon d'avoir une renommée ailleurs ! Après mon second verre, étouffant dans cet endroit plein à craquer, je me levai pour le quitter en lui tendant la main et, déçu, il me demanda dans la langue de Shakespeare : « Vous habitez ici ? » Lui répondant dans l'affirmative, il me retint par la manche et me demanda s'il pouvait monter avec moi à ma chambre pour me faire voir son portfolio. Je refusai poliment et je me dégageai en lui disant que je devais me lever très tôt... J'avais compris, je n'étais pas dupe. Prêt à tout, le jeune homme de Baltimore, pour qu'on parle de lui. D'autant plus qu'en lui demandant comment il gagnait sa vie en attendant que ça débouche, il m'avait répondu, contrairement à d'autres qui travaillaient partout : « Je me débrouille ! » Pas question de retourner chez lui. Quelle honte d'avoir à avouer à tous qu'il avait échoué. Pathétique ! Comment rester de marbre devant toutes ces filles et ces garçons de l'âge des miens, qui acceptaient de se vendre à n'importe quel prix pour un rôle de figurant dans *The Love Boat* ! J'en étais renversé ! *Mais où donc sont leurs parents ?* me demandais-je.

À moins qu'ils n'aient fugué, faute de permission. Où que plusieurs d'entre eux soient de parents divorcés... Mais je me demande encore ce que sont devenus tous ces jeunes qui rêvaient de gloire dans leurs ambitions. Dieu seul le sait !

Enfin une rencontre ! La première... officiellement ! Avec l'acteur Richard Hatch, le *Capitaine Apollo* de la série télévisée *Galactica*. Le rendez-vous est pris chez son agent et Lina m'y accompagne. Fort aimable, souriant, séduisant, trente-quatre ans, je venais de comprendre pourquoi tant de jeunes lectrices nous demandaient ses *posters* en pages centrales du *Lundi*. Une entrevue solide qui me fit oublier mon bref caquetage avec George Hamilton à la piscine de mon premier hôtel. Comme j'étais parfaitement bilingue, Richard Hatch n'eut aucune difficulté à me suivre et se montrait même enchanté lorsque mon petit accent trahissait mes origines. Je sentais que je lui plaisais ainsi qu'à son attachée de presse. Ce qui voulait dire que je tirais assez bien mon épingle du jeu. Rassuré, je restai avec lui plus longtemps que prévu ; il me parla de son fils, quelque peu de sa vie intime à bâtons rompus, de sa vie de solitaire du moment présent et il insista pour que je lui poste le magazine dans lequel l'article paraîtrait. Richard Hatch, qui venait à peine de terminer le tournage du film *Charlie Chan and the Curse of the Dragon Queen*, m'invita avec Lina à un visionnement privé le soir même. Comment refuser ? Pas mal ni génial, ce film, mais l'acteur avait été si gentil que je m'étais montré ravi.

Pour revenir à ces jeunes qui se nourrissent de désillusions et en guise de mise en garde, laissez-moi vous dire que l'endroit où j'habitais fourmillait d'employés qui y travaillaient en attendant... leur chance ! Le premier jour de mon arrivée, j'avais demandé au monsieur âgé de la réception, en lui désignant une jeune femme qui travaillait au secrétariat derrière lui : « Que fait donc cette superbe fille cachée dans ce petit bureau ? Elle devrait faire du cinéma ! » Il m'avait regardé pour me répondre : « Mais, c'est exactement ce qu'elle veut, monsieur ! » Le portier, un homme d'environ quarante-cinq ans, m'avait avoué être là depuis vingt ans à attendre qu'on l'appelle pour un rôle. Ni beau ni laid, mais un peu trop vieux pour séduire certains producteurs, il faisait tout de même partie d'une agence qui, de temps à autre, avait recours à lui pour un message publicitaire ou une figuration. Il était marié à une Mexicaine, avait un enfant et son principal gagne-pain était son travail de portier. La célébrité fondait de plus en plus dans ses ambitions, mais il croyait encore que peut-être, un jour… Une autre, Nancy, serveuse chez Daisy, une brunette pour faire changement, jolie et bien tournée, me disait qu'on allait finir par l'appeler avec toutes les auditions qu'elle avait passées. Elle me disait : « Jaclyn Smith va vieillir et je serai là pour prendre la relève ! » Une idée fixe ! Comme ça ! Et pourtant, aucune audition ne lui avait été bénéfique, elle n'avait fait de la figuration qu'une seule fois dans un *western* où elle passait devant le *saloon* avec un enfant dans les bras. Rien d'autre ! Enfin, il y avait Mitch, un jeune barman qui, durant ses jours de congé, livrait des *strip-o-grams* dans les maisons où il y avait des anniversaires. Engagé par une agence, envoyé dans des *surprise-partys* de femmes comme dans des sauteries de *gays* des quartiers huppés, il me disait faire un *striptease* lent sur une musique sensuelle jusqu'à ce qu'il soit nu et qu'on tente… de lui sauter dessus ! Là, ça coûtait beaucoup plus cher ! Il s'en vantait, le pauvre gars ! À vingt-sept ans, ça faisait déjà cinq ans qu'il gagnait sa vie entre le bar de l'hôtel, les *strip-o-grams* et… les suppléments ! Il avait réussi à obtenir, dans deux films de série B, des rôles minimes. Il se croyait extrêmement beau, il n'était pas laid, mais ce n'était pas Tom Cruise, vous comprenez ? Il y en avait des tonnes comme lui à Hollywood ! Il venait du Wisconsin, il préparait de bons *drinks*, il était affable et récoltait de bons pourboires au bar. Mais son désir était de devenir un jour un acteur de calibre et de prouver à sa famille comme à ses amis qu'il avait réussi. Sans se rendre compte qu'à vingt-sept ans, après cinq ans de persistance et d'auditions... Pauvre garçon ! Je n'ai souligné que quelques cas dans ces lignes, mais ils sont légion. On compte environ pas moins de mille nouveaux venus inattendus en quête de notoriété chaque année. Beaucoup d'appelés, mais peu d'élus. Je me demande bien ce que sont devenus la secrétaire, Mitch le barman, et Nancy la jolie serveuse. Il se peut fort bien que les deux superbes filles aient fini par retourner chez elles, à moins d'avoir déniché un mari. Quant à Mitch, je n'imagine rien, sauf que trente ans plus tard, à cinquante-sept ans révolus, il ne livre sûrement plus de *strip-o-grams*... tout nu !

La fin de semaine arrive et, de ma chambre, j'adresse des copies du *Lundi* avec ma carte professionnelle et une courte présentation que je fais parvenir à des agences par l'entremise de la réception. Puis, en début de semaine, le coup de chance que j'attendais ! Une entrevue avec Robert Stack, le célèbre *Eliot Ness* de la série *Les Incorruptibles*. Une télésérie que mon père avait eu le temps de voir avant de mourir et que j'ai suivie religieusement jusqu'à la fin. Présentée en reprise, mon fils a pu apprécier à son tour les merveilleux épisodes de *The Untouchables*, titre original de la production. Lina et moi nous étions rendus au Mount Olympus à Bel-Air où une spacieuse résidence nous attendait. L'acteur nous accueillit lui-même avec un charmant sourire. Avant d'entrer, il nous fit visiter son court de tennis qui aurait certes impressionné les champions de ce temps. Comme je ne jouais pas, que je n'y connaissais rien, je me montrai impressionné. Mon engouement pour ce sport ne s'est manifesté qu'avec la venue de Roger Federer et Rafael Nadal, pas avant. Robert Stack, qui parlait assez bien le français, m'avoua avoir tourné avec Jean Gabin à Paris et avoir souvent rencontré Martine Carol lors de ses voyages en France. Amoureux de la peinture, il me parla de Cézanne dont il possédait des tableaux. Puis, il demanda qu'on s'entretienne en anglais par respect pour son épouse, Rosemary, qui allait suivre la conversation. Quelle jolie femme que la sienne ! Jolie robe bleue agrémentée de chaînes d'or, escarpins de cuir marine, on aurait dit qu'elle s'apprêtait à se rendre à un cocktail alors qu'elle s'était mise sur son trente-et-un pour nous, pour les *flashes* de la photographe surtout ! Nous passons dans une magnifique salle à manger et, m'offrant un fauteuil, le Eliot Ness de mon père me sert un grand verre de vin blanc qu'il avait sorti spécialement pour Lina et moi. Quelle classe ! Quelle élégance de la part de ce couple de nous recevoir ainsi. À soixante et un ans, j'avoue qu'avec ses cheveux encore cendrés, sa taille d'athlète et son teint bronzé. Robert Stack en faisait à peine cinquante ! Son physique semblait très important pour lui. Homme plutôt casanier, toutes ses activités se passaient chez lui avec des amis amoureux du tennis et d'autres pour prendre un verre suivi d'un élégant souper. Marié depuis trente ans à Rosemary Bowe, le couple semblait filer le parfait amour. Durant la séance de photos, madame Stack me parla de leur fille et de leur fils, devenus adultes. Très réservée, voire timide, elle aimait cependant la compagnie des gens et, au fur et à mesure de l'entretien, sa langue se déliait sans pour autant nuire à l'entrevue de son mari. Bob, comme l'appelait sa femme, en profita pour me signer sa biographie intitulée *Straight Shooting*. Une brique rigide de trois cents pages avec une fausse jaquette et, en quatrième de couverture, sa photo en *Eliot Ness*. Une biographie que j'ai lue et relue et dans laquelle j'ai appris que Robert Stack était né Roberto Modini et qu'il était de descendance italienne. Un fait qu'il ne m'avait pas révélé. De plus, sa grand-mère, Maria Perrini, avait été une célèbre cantatrice à la Scala de Milan. Il faut dire que nous n'étions pas remontés jusqu'à son enfance dans notre entretien tellement sa vie présente était intéressante. Après avoir mangé quelques fruits frais et vidé notre verre de vin, Lina et moi étions repartis enchantés de ce fabuleux décor, non sans avoir remercié le couple charmant que formaient Rosemary et Robert Stack. De retour à mon hôtel, je me sentais agité comme un adolescent! Parce que je savais que cette entrevue avec un acteur aussi respecté allait m'ouvrir bien des portes. Le lendemain, une entrevue avec Sam Jones, cette fois, en compagnie d'un photographe à la pige. Sam Jones, grand blond de six pieds et plus, âgé de vingt-six ans, interprète de *Flash Gordon* dont les jeunes avaient tous vu le film, m'attendait dans une luxueuse villa donnant sur la colline. Beau gars, il va sans dire, les cheveux teints blonds pour son rôle, il était de plus très distingué, poli et fort bien éduqué pour un jeune de sa génération. Il avait le regard « honnête », ce qui ne ment pas quand on s'adresse à quelqu'un pour la première fois. Nous étions sur le patio de sa belle maison et je me disais que ses affaires allaient certes bien pour être déjà établi à ce point. Il me parla de ses débuts, du petit rôle obtenu dans le film *10*, avec Bo Derek, avant de devenir *Flash Gordon*. Il ne m'avoua pas cependant avoir posé nu pour le magazine *Playgirl* sous un nom d'emprunt alors qu'il n'avait que vingt ans. Ce qui ne m'aurait pas offensé, mais qui donc veut se vanter d'avoir débuté de cette façon quand la célébrité s'amène? Une bonne entrevue, un bel échange, il était tellement sympathique. Ce jour-là, toutefois, le beau *Flash Gordon* ne m'avait pas dit ce que j'ai appris un peu plus tard… Lorsqu'il m'a reçu sur la colline, la maison pour laquelle je le félicitais n'était pas la sienne, mais celle d'un ami fortuné qui la lui avait prêtée pour me recevoir. Histoire d'avoir l'air un peu plus établi… Le lendemain, avant-dernier jour de mon séjour, j'avais rendez-vous avec Lou Ferrigno, *L'Incroyable Hulk* de la télévision. Jolie maison, mais fort différente du style américain. Décor plutôt lourd avec ses tentures de velours, ses divans sombres, d'épais tapis partout et des lampes de marbre s'harmonisant aux lustres qui surplombaient nos têtes. Du style italien ainsi qu'il l'était. Moi, ça me plaisait bien, mais je sentais que le jeune photographe qui m'accompagnait était déçu de trouver si peu de clarté pour ses photos. Qu'importe ! Lou Ferrigno m'accueillit avec un « bras de fer », comme je m'en doutais bien. On n'avait pas été Monsieur America, Monsieur Univers et Monsieur Olympia pour tendre une main molle. Très content de me recevoir chez lui, m'offrant un café et des gâteaux dès mon arrivée, il me fit pénétrer au salon où je pris place dans un fauteuil si grand et si rembourré qu'on me voyait à peine les épaules sortir de son cadre. Sa femme, Carla, s'empressa de me dire que Lou souffrait de surdité depuis son jeune âge, qu'il me faudrait élever la voix ou qu'elle lui répéterait la question, habituée aux tons qu'il pouvait capter. Un cri ou presque ! Malgré le handicap et ma voix qui ne portait pas, j'ai réussi à m'entretenir très gentiment avec lui. Sa femme m'énervait un peu, elle surveillait le moindre mot et répétait parfois… ce qu'il avait entendu ! J'avais devant moi l'incroyable Hulk, sans son maquillage vert, qui m'annonçait qu'il allait peut-être jouer dans la série *Matt Houston* et qu'on l'avait aussi approché pour être le héros du film *Les sept gladiateurs* qu'on s'apprêtait à tourner. Très humble, il m'invita ensuite à passer à table où sa femme avait placé quelques plats de viandes froides avec des petits pains fort épicés. Né à Brooklyn d'une famille italienne, il me parla de son enfance, de son adolescence, de son physique qu'il développait sans cesse… En moins d'une heure, nous avions fait le tour de sa carrière, prise de photos incluse, car il n'avait pas encore, à ce moment-là, une feuille de route impressionnante. Aujourd'hui, on peut compter une vingtaine de films à son crédit et autant de séries télévisées. C'est donc dire qu'il a bien réussi malgré le fait que certains lui prédisaient une carrière de courte durée. J'ai donc souvenir d'un homme au cœur d'or, d'un être merveilleux et sociable, et d'un fort bon croyant en Dieu, pieux héritage de ses parents. Nous nous quittons, je rentre souper au Daisy, et je m'apprête à refaire mes valises. J'allais reprendre le Boeing d'Air Canada le lendemain matin et, malgré le fait d'avoir risqué ma vie plus d'une fois sur les routes des collines dans la bagnole de Lina ou sur Sunset Boulevard avec Dean Walter, je sentais la peur du « gros oiseau de métal » m'envahir. Je téléphonai à Montréal pour prévenir Micheline de mon heure d'arrivée en ajoutant: « *Home, sweet home, here I come!* » Je dormis tant bien que mal et, le lendemain, bien attaché à mon siège, je traversais les nuages de la Californie pour, sept heures plus tard, retraverser ceux du Québec et atterrir à l'aéroport. Sain et sauf! Avec un petit calmant dans le tube digestif, une douzaine de cigarettes dans les poumons et deux Johnnie Walker derrière la cravate!

De retour au travail, le décès de Ti-Blanc Richard nous incite à changer notre première page pour une autre avec Michèle Richard en témoignage de la mort de son père. La roue est repartie! Et Suzanne Gauthier est en poste comme adjointe. Une femme avec laquelle il était plaisant de travailler. Content de mes premiers pas à Hollywood,

Claude J. avait été emballé par mes rencontres, surtout celle avec *Hulk* alias Lou Ferrigno, qu'on allait publier la semaine suivante. Pour moi, ce n'était qu'un premier pas dans cette sphère hollywoodienne, mais j'avais réussi à enfoncer des portes fermées à clé. Enfin, une longue soirée en tête-à-tête avec Micheline qui semblait avoir besoin de la présence de son mari. Les enfants avaient certes comblé le vide, mais se retrouver à deux avec nos sentiments, nos émotions, ça dépassait tout rapprochement avec n'importe qui d'autre, même ses enfants.

Sinon, rien de spécial, sauf une sortie avec Micheline au parc Belmont où Michel Louvain donnait un spectacle. Accueilli chaudement par la foule, il s'était surpassé ce soir-là. Je ne dirais pas que le prénom de mon fils a été choisi à cause de lui, c'est un prénom que j'aurais souhaité porter moi-même. Pour ce qui est de Sylvie, seule Micheline le sait! Cette année, ma fille, puisque je parle d'elle, avait fait ses premiers pas à titre de journaliste. Avec un jeune acteur anglophone de dix-sept ans du nom de Chris Makepiece qui venait de tourner dans le film *My Bodyguard* à Toronto. Un entretien en anglais! Elle était parfaitement bilingue, elle allait même faire son bac dans la langue de Shakespeare à l'Université McGill un peu plus tard. Mais en 1981, c'était pour joindre les deux bouts, comme tous les étudiants, qu'elle se trouvait des emplois temporaires. Très habile en journalisme, je n'avais pas à la guider. Je lui avais conseillé de prendre le nom de sa mère, ce qui en fit une Sylvie Landry, afin que les gens du milieu et les lecteurs ne disent pas: «Tiens! la fille de l'autre! On sait bien...» Je lui ai donc évité ces comparaisons, je voulais qu'elle brille de son propre talent et non de la renommée de son père. Ce qu'elle a très bien réussi à faire. Elle avait fait quelques entrevues avec des artistes, mais elle n'était pas friande du milieu. Elle préférait, à l'instar de Francine

Fleury, les cas vécus, les personnalités, les métiers, le quotidien de la vie, quoi ! Ce qui pour elle était plus méritoire. Elle avait certes aimé rencontrer Mario Pelchat, si gentil, si aimable, mais ce fut l'exception à la règle.

En réunion au bureau, j'apprends que je retourne à Hollywood en octobre. Claude veut que je garde en main le bout de fil déjà décousu de mon premier séjour. Cette fois, je décide d'emmener Sylvie. Michel n'y tient pas et Micheline travaille. De toute façon, le milieu des *stars* de cinéma, pour ma femme, c'était loin d'être sa tasse de thé, et elle préférait que Sylvie puisse en profiter. Cette fois ça n'allait pas être avec Air Canada, mais avec Canadian Pacific Air Lines, les avions couleur orange. Lorsque j'en parlai à ma fille et que je lui confirmai qu'elle pouvait être du voyage, elle en fut éblouie. Hollywood ! Les vedettes du petit écran en personne ! Elle jubilait ! C'était normal, elle avait dix-neuf ans !

L'avion s'éleva dans le ciel le 2 octobre pour se poser par un jour de pluie à Vancouver où nous devions prendre un autre avion pour Los Angeles. Quel affreux vol ! De la turbulence ! Des poches d'air ! Sylvie, par contre, semblait bien détendue. L'avion ne la dérangeait en rien. De Vancouver, un autre 737 jusqu'à Los Angeles et nous arrivons enfin sains et saufs à l'aéroport où la petite Lina nous attend avec sa bagnole. Je pense que ma fille a eu beaucoup plus peur de la conduite automobile dangereuse de ma photographe que des turbulences de l'avion. Avec raison ! Nous sommes enfin au Hyatt, chambre 310 avec balcon, et Sylvie s'émerveille de la vue sans fin du Sunset Boulevard.

À peine arrivé, j'avais une entrevue à faire avec Bruce Boxleitner, le beau *Luke Macahan* de *La conquête de l'Ouest*, dont les jeunes filles rêvaient. Il nous avait reçus à son ranch où ses superbes chevaux se prélassaient près des

Micheline à la campagne, à dix-sept ans.

Moi, à dix-sept ans, tombeur de filles !

Moi, à vingt ans, quelques mois avant mon mariage.

Notre mariage,
le 18 mai 1957.

Départ pour notre
voyage de noces.

Sincères remerciements

M. et Mme Denis Monette

18 mai 1957.

Défilé de mode au temps des Créations Pierre. Je suis le deuxième à gauche de la dernière rangée, entre mon frère André et Andrée Boucher. Les autres, trop nombreux… Mais on reconnaît Élaine Bédard, assise en avant à gauche, avec Jean-Pierre Masson, Jacques Godin, Réjane Des Rameaux et mon frère Pierre.

Micheline, enceinte, dans notre deuxième logement.

Michel à gauche et Sylvie à droite, les deux plus beaux bébés du monde pour leur papa.

Un conte de papa avant d'aller au lit.

Première communion de notre fiston.

Micheline avec ses enfants, dont elle était fière.

Micheline (la plus belle femme du monde) et moi, début trentaine.

Micheline à trente-trois ans dans toute sa splendeur.

Michel, blond comme les blés.

Nos enfants, adolescents.

Michel, à vingt ans.

Sylvie, à dix-huit ans.

Michel et Sylvie lors de leur graduation universitaire.
Une fierté chaque fois pour leurs parents.

Sylvie au milieu de ses élèves à Swift Current.

bottes de foin. Il en approcha un de Sylvie pour qu'elle puisse lui flatter le museau. Au moment de l'interview, ma fille se retira pour s'entretenir avec sa femme, Kathryn, et aller se promener avec elle et leur jeune fils, Sam, qui marchait à peine. Une belle journée en plein air dans la vallée, de superbes photos, une bonne entrevue avec un gars resté humble malgré la fortune amassée, et nous reprenions le chemin du retour après avoir serré la main de l'acteur au physique imposant. Une belle deuxième offensive dans la capitale du cinéma. J'espérais qu'il en serait pareil le lendemain. Or, ce fut appréciable, mais moins agréable. J'étais sur le plateau de tournage de *La croisière s'amuse* où je rencontrais Lauren Tewes qui incarnait la blonde *Julie McCoy*. Elle était arrivée, entre deux prises de vue, avec un verre de champagne à la main et s'était installée dans un large fauteuil, la jambe croisée à la façon d'une *star*, comme si elle avait été Marilyn Monroe! Parce qu'elle tournait dans *The Love Boat* régulièrement, elle se sentait au sommet de la gloire. L'entretien fut quand même plaisant, elle adorait la publicité, mais elle ne se doutait pas ce jour-là que toute bonne chose avait une fin. Trois ans plus tard, alors que j'étais de retour à Hollywood, c'est elle qui me fit appeler pour me demander une autre entrevue. Ne pouvant me déplacer, étant terriblement *booké*, elle consentit à venir à mon hôtel et c'est sur le balcon de ma chambre qu'on prit la photo-témoin. Ce n'était plus la Marilyn d'auparavant. Consciente que les projecteurs s'étaient éteints pour elle, elle voulait avoir des interviews partout, surtout dans d'autres langues pour jouer encore sur le fait qu'elle était… internationale! J'ai eu de la compassion, je vous l'avoue. Il était triste de voir une actrice qui avait tellement cru en elle sombrer de la sorte dans l'oubli. Mais je crois que tous ces acteurs dont je parle et qu'on ne voit presque plus auront maintenant une deuxième vie avec la venue de la chaîne de télévision Prise 2. Un second souffle de notoriété pour eux. La journée n'avait pas été aussi valorisante que la précédente chez Bruce Boxleitner, mais j'avais deux vedettes de plus sur mes cassettes et non les moindres, puisque nos lecteurs étaient des assidus de *La croisière s'amuse*.

Puis, ça s'enchaîne. Une rencontre avec Alison Arngrim, la vilaine petite *Nellie Oleson* de *La Petite Maison dans la prairie*. Un personnage que tous détestaient au Québec et pourtant, elle était la plus charmante jeune femme que l'on puisse croiser. Quel rôle ingrat que le sien! Un personnage dont elle a eu peine à se défaire. A-t-elle seulement réussi? Sa carrière n'a pas été des plus florissantes par la suite. Un petit film, du *stand-up comic* ici et là, des rôles secondaires à la télévision, un peu de théâtre, puis le... *fade out*! Dommage, mais il en est ainsi dans ce milieu dont la montée est beaucoup plus lente que la descente. Puis, en après-midi, un arrêt chez Richard Hatch, le capitaine de *Galactica*, pour faire plaisir à Sylvie. C'est elle qui fit l'entrevue cette fois. Elle s'en tira fort bien quoique je la sentais impressionnée par ce bel homme de trente-cinq ans qui crevait le petit écran. Ah! comme elle a fait des envieuses parmi ses amies, ma fille, ce jour-là! Le lendemain, je me rendais seul avec ma photographe chez Loni Anderson qui m'avait reçu avec beaucoup d'amabilité. Le verre de vin blanc, les biscuits à la vanille... Dieu qu'elle était belle avec ce joli veston de cuir caramel qui s'appareillait à la casquette qu'elle portait sur ses cheveux blond cendré. Nous avions parlé, bien entendu, de la série *WKRP in Cincinnati* qui l'avait fait connaître, mais également du film *The Jayne Mansfield Story*, dans lequel elle incarnait la sulfureuse actrice décédée tragiquement en 1967. Trois quarts d'heure avec elle, c'était inespéré, car elle devait se rendre à une répétition par la suite. Après une bonne nuit de repos, Sylvie se sentait assez en forme pour venir avec moi rencontrer Willie Aames, le jeune *Tommy* de *Huit, ça suffit!* Au restaurant où nous lunchions tous les trois, il m'avait expliqué avoir mis deux A à Aames, pour être le premier dans le bottin des artistes de Los Angeles. Pas bête comme idée! Il n'avait que vingt et un ans, était déjà marié et roulait dans une Porshe décapotable rouge. Matérialiste comme tous les jeunes de son âge, il tentait d'impressionner avec son avoir. Surtout ma fille qu'il ne quittait pas des yeux. Il l'invita à faire le tour de la rue dans sa luxueuse voiture sport, Sylvie accepta sans en avoir trop envie et il roula, le pied au fond, pour l'émerveiller davantage. Ce qu'il ne réussit guère, car ce blondinet aux cheveux bouclés n'était pas du genre de ma fille. Trop jeune, trop écervelé pour elle. Il avait pourtant son âge, mais j'ai cru deviner qu'elle les préférait... plus avancés! Fin vingtaine ou début trentaine, parce que plus matures et plus séduisants. Mais il était gentil, Willie Aames, et je savais que les jeunes filles qui collectionnaient ses *posters* allaient apprécier une belle entrevue avec lui.

Et ça n'arrêtait pas! Une entrevue n'attendait pas l'autre! On m'appelle le lendemain pour me proposer une entrevue avec Gregory Harrison, le beau docteur de la série *Trapper John, MD* sur les lieux mêmes de tournage de l'émission. Sylvie décide de m'accompagner, même si cet acteur n'est pas tout à fait dans ses cordes. Il nous avait reçus revêtu du sarrau du *Docteur Gates* de son émission et m'avait accordé une très belle entrevue sur son enfance, son adolescence et ses débuts difficiles en tant qu'acteur. Sylvie ne lui posait aucune question, mais écoutait religieusement ce que cet homme avait à dire. Greg Harrison nous parla aussi de sa vie privée, il venait d'épouser l'actrice Randi Oakes qui jouait le rôle de l'officière *Bonnie Clark* dans l'émission *CHiP's*. Une jolie blonde qui allait lui donner quatre enfants, trois filles et un garçon. Fait plutôt rare dans ce milieu, ils sont mariés depuis trente-deux ans et forment une belle famille avec leurs grands enfants, ai-je pu lire quelque part.

Enfin, dernière interview avant notre retour, mais pas la moindre. Je venais de trouver, de retour à hôtel, une confirmation de rendez-vous avec nulle autre que Melissa Gilbert, la *superstar* de *La Petite Maison dans la prairie*. La chère *Laura Ingalls* que tout le monde adorait et dont on suivait la trace depuis sa prime jeunesse au sein de cette émission regardée par toute la famille. La plus populaire de l'époque, devrais-je ajouter. C'est donc sans tarder que je m'étais rendu avec ma fille à l'adresse indiquée où résidait Melissa avec sa mère, son frère et sa sœur. Et c'est tout ce beau monde qui nous accueillit avec le sourire en fin de matinée. Sa mère, Barbara, semblait tout dominer, les contacts comme les rencontres, mais elle laissa libre cours à mon entrevue qui dura plus d'une heure. Melissa Gilbert, âgée de dix-sept ans à ce moment-là, s'était prise d'affection pour Sylvie avec qui elle parla d'études et de choses de leur âge. Son jeune frère Jonathan alla nous chercher des boissons gazeuses et des gâteaux de toutes sortes et la petite Sara, âgée d'à peine six ans, était fort dérangeante avec ses intrusions dans notre conversation. Cette petite Sara Gilbert, qui est aujourd'hui vedette à son tour et qui, après avoir joué dans la comédie *Roseanne*, est maintenant régulière dans *The Talk* un *talk-show* qu'on peut voir chaque jour à CBS, avec Sharon Osborne, Julie Chen et autres chroniqueuses. Mais pour revenir à cette entrevue de 1981, Melissa me fit part de ses projets, de son étoile déjà imprimée sur le *Walk of Fame*, de Michael Landon qu'elle aimait beaucoup, de sa passion pour *La Petite Maison dans la prairie* et de ses collègues de travail. Bref, elle n'oublia rien et, discrète sur sa vie privée, c'est sa mère qui me dit qu'elle l'avait adoptée alors qu'elle avait un an et que, plus tard, elle avait aussi adopté Jonathan. Il n'y avait que la petite Sara qui était sa fille légitime, issue d'un second mariage. Finalement, j'avais l'histoire de Melissa et celle de sa mère sur la même cassette. Une mère qui prenait... beaucoup de place! Ce dont je ne me plaignais pas, car si Barbara ne m'avait pas trouvé sympathique, l'entretien n'aurait duré que dix minutes. Nous avions fait une belle série de photos et, de retour à l'hôtel, j'avais téléphoné à Claude J. Charron pour lui lancer: « Devine qui je viens de rencontrer? » Il en était estomaqué et imaginait déjà une belle première page avec l'enfant américaine chérie de tous les Québécois. Ce qui devait se produire! Ce numéro du *Lundi* allait d'ailleurs faire mousser les ventes. Or, comblé avec mes cassettes bien remplies, j'étais allé souper avec Sylvie au restaurant Daisy de notre hôtel pour ensuite remonter et préparer nos bagages; nous reprenions l'avion assez tôt le lendemain. La nuit fut courte, mais j'étais content de l'excellent boulot accompli cette fois. Je travaillais tellement fort pour *Le Lundi*... Ma foi, on aurait pu jurer qu'il était à moi! En cours de vol le lendemain, alors que Sylvie regardait un film, j'écoutais de la musique classique pour me détendre et retrouver mon calme après toute cette énergie dépensée. Une cigarette dans la main droite, un scotch sur glace dans la gauche, j'avais la sensation du devoir accompli. Plus que cela, j'étais certain d'avoir dépassé les limites que je m'étais fixées. Je ne comptais ni les heures, ni les jours, ni les nuits, je travaillais sans répit... Comme les fourmis!

Atterrissage en douceur pour une fois, vol moins secouant, j'étais soulagé de reprendre ma voiture et de rentrer à la maison. Micheline était heureuse de nous revoir et Michel attendait que sa sœur lui remette au moins un souvenir. Nous lui avions rapporté diverses choses, dont des photos de Jimi Hendrix et une gigantesque affiche de Marilyn Monroe qu'il avait installée sur le mur de son sous-sol. Son fantasme, quoi! Pour Micheline, nous avions des parfums, des bijoux, des cartes postales et combien d'autres babioles. Sylvie, enchantée de son séjour avec moi au royaume des stars en avait parlé longuement avec ses amies Reine et Line qui enviaient sa chance. Mais elle avait acheté tant de choses pour elles aussi...

Enfin, la maison, les feuilles au sol, on sent l'hiver au loin et je m'endors, ma femme à mes côtés. Quel bonheur, quel réconfort que de se retrouver enfin chez soi. Reprendre sa petite vie tranquille avec ceux qu'on aime, après l'euphorie de ces journées trop bien remplies. Novembre se lève et notre fils a vingt-deux ans révolus, ce qui lui vaut des enveloppes garnies de billets de banque qui font son affaire. Beaucoup plus que si je lui avais acheté... des boutons de manchettes! Quatre jours plus tard, une entrevue avec Anne Létourneau dans un bistrot du carré Saint-Louis. Une fille ravissante et intelligente avec qui j'ai aimé discuter. Encore quelques jours et j'assiste au vernissage de mon ami artiste peintre, Yvon Provost, à la Brasserie Molson. Ce même soir, Sylvie allait souper chez ma mère, sa chère «mémère» qui, tout en lui servant une assiette de pâté chinois, lui racontait les derniers ragots de la famille ainsi que ses chicanes imaginaires avec sa sœur aînée, Jeannette. Décidément, c'était devenu un rituel pour elle que d'écrire des lettres de bêtises à sa chère sœur qui, pourtant, ne lui répondait pas. Revenue à la maison, Sylvie me racontait sa soirée, elle était épuisée et j'affichais un léger sourire pour éviter d'en rire. *Pauvre petite! Que veux-tu, elle prend de l'âge...* Et je me replongeais dans *L'homme qui marchait dans sa tête*, de Patrick Segal. Le lendemain, Sylvie refusait pour la seconde fois un emploi au *Lundi* que Claude J. Charron lui offrait. Et je ne suis pas intervenu. Elle se devait de faire sa vie... pas la mienne.

J'ai quarante-cinq ans! Comme ça! Sans avertissement! J'ai été choyé par Micheline, les enfants, le coup de fil de ma mère et celui d'Andrée Boucher, et ceux, entre autres, de maman Simard et sa famille. En dépit des bons vœux, ce qui me chicotait, c'est que ma fille suivait des cours de pilotage. De quoi me rendre fou! Moi, l'avion, vous le savez maintenant... Je ne pouvais m'imaginer qu'elle avait développé une passion pour ce qui était, dans mon cas, une aversion. Le 12 décembre, elle avait enfin piloté un Cesna et par ce fait, elle avait réalisé son rêve. Malgré mes craintes et mes prières. Curieusement, je crois que ce fut son seul et unique exploit aérien et qu'elle passa vite à autre chose. Mais elle avait vécu ce qui lui tenait à cœur et qu'elle raconterait sans doute un jour à ses enfants. Le lendemain, 13 décembre 1981, jour de tristesse, mon frère Pierre, l'aîné de la famille, était retrouvé mort dans son appartement. Une violente crise d'asthme avait provoqué un arrêt cardiaque. Asthmatique depuis son enfance, il était sorti la veille pour déplacer sa voiture afin d'éviter une contravention et, passant du froid intense de l'extérieur au chaud de l'intérieur, il avait sans doute étouffé, incapable cette fois de s'en sortir. Vivant seul, séparé de sa femme, c'est son fils Georges, assisté de mon frère André, qui s'était occupé des funérailles. Incinéré selon ses dernières volontés, il repose dans sa petite urne depuis ce temps, entouré aujourd'hui de l'une de ses filles, de ma mère et, depuis peu, de mon frère Jacques qui les a rejoints. Mais quelle désolation! Mourir seul à cinquante-trois ans après avoir été naguère le président des Créations Pierre, un homme en vue... Il y a de ces fins malheureuses qu'on déplore longtemps. Dix jours plus tard, ma mère fêtait ses soixante-seize ans en pleurant encore la mort de son aîné. Car il n'est rien de plus éprouvant pour une mère que d'enterrer un enfant ! Elle parlait encore de son bébé mort à onze mois en 1930, et voilà que le Ciel lui en prenait un autre de son vivant. Que de larmes de sa part... Enfin, la veille de Noël et je me revois le soir avec ma femme et les enfants à la messe de minuit en l'église Sainte-Odile où un baryton entamait *Dans cette étable* pour ensuite laisser un chœur d'enfants poursuivre avec *Adeste Fideles* de leurs voix angéliques. J'étais même allé communier... Sans me confesser. Avais-je quelque chose sur la conscience ? Peut-être, mais c'était sûrement véniel et j'étais certain que mon frère, Pierre, avait passé l'éponge au nom de l'Enfant-Dieu, du haut du Ciel.

Chapitre 10

Une fois de plus, Hollywood ! Pour assister au Golden Globe Awards cette fois. Et à titre d'invité et non seulement de journaliste. J'étais assis à la table de la presse étrangère, je buvais le même vin et je mangeais le même filet mignon qu'eux. C'était une table très en vue, celle devant laquelle de nombreuses vedettes s'arrêtaient pour saluer tel ou tel journaliste en passant. Pas devant moi, on ne me connaissait pas, mais on me souriait quand même. On se demandait sans doute qui je remplaçais dans ce cercle si fermé. Un membre décédé sans qu'on l'ait appris ? J'en souriais. La table voisine de la nôtre était celle du chanteur rock Billy Idol entouré de parents et d'amis. Je n'ai pas cru bon aller le voir, ne serait-ce que pour une courte entrevue. Rares étaient mes lectrices qui me parlaient de lui... Au fur et à mesure de la soirée, le scotch aidant, Billy Idol était devenu si bruyant que la sécurité était venue l'avertir de baisser le ton. Il a failli s'emporter, mais sous le regard de Dick Clark en sa direction, il a préféré se soumettre aux ordres et prendre son trou. Pas très bien élevé ce type-là...

Mais j'avais eu la chance de m'entretenir, avant le repas, avec Barbara Bel Geddes, la charmante interprète de *Miss Ellie*, la matriarche du clan Ewing de l'émission *Dallas*. Dieu qu'elle avait été charmante ! Nous avions causé non loin d'un rideau de scène et elle aurait voulu poursuivre, elle aimait ma façon de voir la vie... De mon côté, j'étais fasciné par la tendresse qui se dégageait de son regard. J'avais aussi croisé le blond et bouclé Christopher Atkins du *Lagon bleu*. L'entretien fut moins long, mais il m'apprit qu'il allait tourner *The Pirate Movie* et que sa carrière s'alignait beaucoup plus au cinéma qu'à la télévision. Pourtant, il se retrouva lui aussi dans *Dallas* un an ou deux plus tard... Un gars gentil tout de même. J'ai aussi causé avec Scott Baio qui n'avait pas grand-chose à dire, mais qui tentait d'être à la hauteur d'un bref échange. Il était évident que les entrevues publiques avec les vedettes n'avaient pas la substance de celles que je pouvais faire dans leur intimité ou au bureau de leur agent. Surtout quand c'était soir de gala. Mais, croyez-le ou non, j'allais parfois chercher en cinq ou dix minutes ce que d'autres journalistes n'auraient pu obtenir en une heure. C'est ainsi que la superbe Morgan Fairchild se livra à moi pendant plus de douze minutes, au grand dam de celui qui l'accompagnait. Blonde aux yeux bleus dans une scintillante robe rouge, elle me parla quelque peu de *Dallas*, série dans laquelle elle avait joué, mais davantage de *Flamingo Road* qui était sa série du jour. Disons, en toute franchise, que je n'ai pas détesté... m'entretenir avec elle ! Après son départ, j'en ai croisé plusieurs autres et je voyais de près les *stars* qui avaient meublé ma jeunesse, sans toutefois m'y arrêter. Je n'étais pas un chasseur de vedettes ce soir-là. J'étais un invité à la cérémonie, mais assez astucieux pour tirer mon épingle du jeu. C'est ainsi que j'ai pu approcher Tom Selleck, le célèbre *Magnum*, alors qu'il se tenait à l'écart des autres. Un homme qui s'exprimait avec aisance et dignité. Il m'a donné, en me quittant, une franche poignée de main qui aurait fait, plus tard, l'envie de mon gendre, Chris, dont Selleck était l'idole. J'ai également fait une courte entrevue avec le petit Henry Thomas, vedette de *E.T.* qui allait gagner le trophée du meilleur film dramatique ce soir-là. Il n'avait pas grand-chose à dire, il était si jeune et si timide, mais il se prêtait bien aux rencontres. C'était le métier qui rentrait... Je l'ai quitté juste avant qu'on nous demande de nous asseoir, la présentation télévisée allait commencer dans moins de cinq minutes. La soirée de la remise des Awards fut longue et, malgré le fait d'être à Hollywood en smoking, j'avais hâte qu'elle prenne fin pour me retrouver dans mes pantoufles et planifier mes entrevues de la semaine.

Le lendemain, Gaby Desmarais me téléphonait pour m'inviter à sa luxueuse résidence de Beverly Hills. Sa femme Lorraine m'avait préparé un excellent brunch, disait-il. Je m'y suis rendu et j'ai été ébloui par les lieux. On aurait pu jurer que c'était la maison de feu Tyrone Power tellement elle était vaste et belle. Une grande piscine ornait l'arrière de la demeure entourée de statues grandeur nature de toutes sortes. À l'intérieur, l'ameublement était magnifique et j'avoue bien honnêtement que la maison de Gaby Desmarais surpassait de beaucoup les précédentes où j'avais été invité dans les quartiers huppés. Monsieur Desmarais parlait vouloir vendre cependant, il craignait terriblement les tremblements de terre contre lesquels il n'était pas assuré. Les quelques heures passées en leur compagnie m'avaient fait plaisir.

Et ça recommence! Le 3 février, je rencontre nul autre qu'Erik Estrada sur les lieux de tournage de *CHiP's*, l'émission que tous les jeunes et moins jeunes regardaient. Il jouait le rôle de *Ponch* et l'action ne manquait pas. Américain de descendance portoricaine, je m'attendais à un gars distant, sans sourire, expéditif... Bref, je m'attendais à tout, sauf à ce qu'il soit vraiment un gars formidable. Il me parla longuement de sa carrière, de sa popularité, m'offrit de prendre place sur sa moto pour une photo et il insista pour que son agente m'amène visiter sa maison, ne pouvant le faire lui-même, il était en tournage toute la journée. À trente-trois ans, il était dans la force de l'âge. Musclé, viril, séduisant, j'imagine que les filles ne manquaient pas dans les parages, mais lorsque je lui ai parlé de mariage, il m'a répondu : « Quand je rencontrerai une fille qui aime la famille, la cuisine, la vie calme et tranquille, c'est elle que je choisirai pour être la mère de mes enfants. » Il se tenait loin de toutes ces blondes starlettes, ces Miss de concours de beauté. Il cherchait *the girl next door*, comme il disait, pour l'épouser et vivre une longue histoire d'amour avec elle. Et pourtant... il en est à sa troisième épouse depuis !

Le lendemain, c'est Persis Khambatta, la « femme chauve » de *Star Trek*, que je devais rencontrer chez elle. Dan Golden, le photographe, avait eu de la difficulté à repérer la maison pourtant gigantesque sur l'une des collines. Enfin arrivés, c'est une domestique qui nous fit pénétrer et je me demandais si cette Miss Khambatta était la fille... d'un pacha ! C'était la plus extraordinaire maison que je visitais depuis mes entrevues chez les *stars*. Il y avait des miroirs partout, des meubles coûteux, des fauteuils de soie dans lesquels je n'osais prendre place, des tapis de Turquie, des horloges murales importées, des tableaux sans doute de maîtres, bref, j'étais en extase, le photographe aussi. Elle est arrivée vêtue mi-indienne, mi-américaine. Née à Bombay en Inde, cette très belle femme de trente-deux ans avait été couronnée Miss India et avait fait une carrière de mannequin avant de devenir actrice d'abord dans son pays, puis à Hollywood. C'est ainsi qu'elle devint *Ilia* dans le film *Star Trek* et qu'elle dut se faire raser la tête pour le rôle, ce qui exigea d'elle un énorme sacrifice quand on sait combien la chevelure d'une femme est sacrée en Inde. Emballée lors de notre rencontre, elle me parla de son rôle qu'elle adorait et de ceux qu'elle attendait. Elle se voyait encore au grand écran, sans pour autant m'avouer que la télévision semblait la bouder. N'allait-elle être la vedette que de ce rôle dans *Star Trek* ? Je n'osais le lui demander, mais au moment de partir, de replier le matériel de photographie, elle avait déjà disparu, appelée par les studios, disait-elle. Or, deux minutes plus tard, alors que je fermais ma serviette, une dame blonde d'une soixantaine d'années, dans une robe longue, titubante, le verre de cristal rempli de vin blanc à la main, s'approcha de moi pour me dire : « Vous savez, ce n'est pas sa maison ici, c'est la mienne. Je suis la femme d'un célèbre chirurgien et je prête ma maison à Persis quand elle en a besoin, car elle ne veut pas recevoir des agents ou des journalistes dans son minable appartement. Elle n'a pas un traître sou, on n'en veut plus nulle part… » Bref, tout ce qu'il y avait de plus méchant sortait de sa bouche, le vin aidant. Ce que cette femme me disait était la vérité, je l'ai appris plus tard, mais c'était vachement dégueulasse d'agir ainsi avec une supposée… amie ! Nous sommes donc partis de cette maison diabolique et, de retour à mon hôtel, voulant saisir quelques bouts de conversation avec Persis Khambatta, je me rendis compte que ma cassette était vierge. J'avais appuyé sur *Play* mais pas sur *Record*. Alarmé, je me suis assis à ma petite table de travail et j'ai transcrit à la main tout ce qui me revenait en mémoire de cette rencontre. Ce qui m'a permis de rédiger quand même un excellent papier pour le magazine. Ouf! Que de sueurs froides cette fois-là!

Je me couche sur cette rude journée, je me relève tôt et, après une bonne douche et un jus d'orange, je repars avec le photographe pour rencontrer Dean Butler, le beau *Almanzo* qui devait épouser *Laura Ingalls* dans *La Petite Maison dans la prairie*. Un gars aimable mais timide, une entrevue cordiale, peu profonde cependant et après quelques autres questions d'usage, je le quittais pour me rendre chez Karen Grassle, la très touchante *madame Ingalls*. Elle me reçut gentiment, mais, de prime abord, je la trouvais hautaine, ce qui me surprenait, je l'imaginais telle qu'elle était dans son rôle. Contrairement à mes attentes, elle me parla de *La Petite Maison* d'une façon assez abrégée et de Michael Landon sans aucun enthousiasme. Elle afficha la même moue lorsque je la questionnai sur les deux Melissa qui jouaient le rôle de ses filles. Comme si être la vedette de la télésérie la plus populaire de l'époque était pour elle une écharde dans le pied. Elle préféra me parler de théâtre et du rôle de *Blanche* qu'elle désirait obtenir dans la pièce *A Streetcar named Desire*. Elle m'entretint aussi de son désir de jouer sur les planches, que ce soit à New York ou à San Francisco. Nous avons pris quelques photos et si elle a été gentille avec moi, c'est que j'ai fait semblant d'être d'accord avec elle sur à peu près tout, mais je suis reparti fortement déçu de m'être trompé sur l'idée que je me faisais d'elle. Je la croyais *Maman Ingalls* et elle était plutôt du genre… Sarah Bernhardt. Vous voyez le genre? Quelle déception! Pauvre Michael Landon qui lui avait offert un si beau rôle qu'elle vilipendait au journaliste étranger que j'étais.

Les actrices ne sont pas toutes à l'image des personnages qu'elles incarnent dans les téléséries. Je vous ai parlé de Karen Grassle qui était loin de ressembler à *Maman*

Ingalls de *La Petite Maison* et le 11 janvier, je rencontrais Melissa Sue Anderson, une autre qui n'allait pas de pair avec la douce *Mary Ingalls* qu'elle interprétait au petit écran. Elle nous avait donné rendez-vous chez son gérant, nous ne l'avions pas forcée, mais je me suis vite rendu compte, une fois sur les lieux, qu'elle nous recevait froidement, ma photographe Lina et moi. Non pas qu'elle n'était pas aimable, mais le sourire était absent. Elle accepta de bon gré de répondre à mes questions, je la croyais timide, elle n'était qu'évasive. Quand on parle d'une entrevue « plate à mort », je venais de l'avoir avec elle. Mais c'est Lina qui en arracha le plus avec cette désagréable petite personne. Chaque fois qu'elle lui demandait de regarder l'objectif, elle détournait le regard au moment du déclic. Elle a fait cela sans cesse et Lina était hors d'elle au point de la rappeler à l'ordre. Melissa lui avait répondu : « On ne m'avait pas dit qu'il y avait des photos. » Bien sûr qu'elle le savait ! Elle n'avait tout simplement pas aimé Lina qui, pourtant, avait tout fait pour être gentille et patiente avec elle. Avec moi, ça allait mieux, mais je ne peux pas dire que j'ai senti beaucoup de chaleur de cette jeune fille de vingt ans qui ne semblait pas à l'aise dans le métier d'actrice. Bon ! Nous l'avions en photos et sur cassette, c'était tout ce qu'on voulait d'elle. Mais quelle déception pour les lecteurs et lectrices qui allaient apprendre que l'aînée des *Ingalls* qu'on aimait tant voir à la télévision était dans la vie... une petite peste !

Je clos cette parenthèse pour vous amener au lendemain où j'avais reçu à mon hôtel notre Daniel Pilon national qui faisait une belle carrière chez l'oncle Sam. Dans les feuilletons à ses débuts et, maintenant, dans le film-pilote *Massarati and the Brain* qui allait peut-être devenir une série télévisée. Il m'avait rejoint à mon hôtel et, assis sur mon balcon, il m'avait parlé longuement du film, de la série qu'on en tirerait, c'était pour lui un grand espoir. C'était, en somme, ce qui allait le rendre international en peu de temps, car ce genre de série est diffusé dans plusieurs pays à la fois. Nous avions parlé de sa vie intime, de sa famille, du Québec. Ça me faisait tout drôle d'interviewer, à Hollywood, un acteur que je n'avais pas rencontré quand il vivait chez nous. Un bel entretien tout de même, une chaude poignée de main et, de retour à Montréal, j'avais vu le film-pilote de *Massarati and the Brain* à la télévision mais, hélas, la série n'a jamais suivi. On avait décidé de l'annuler avant de la commencer. Ce qui a dû causer une grande déception à Daniel Pilon qui misait énormément sur ce projet qui n'avait pas levé. Le 14 février, je reprenais l'avion pour en descendre à Dorval. Un autre vol turbulent ! C'était devenu un rituel que d'avoir peur, surtout au-dessus du Grand Canyon. Revenu tout de même sain et sauf, j'avais les bagages remplis de présents pour ma mère, ma femme et mes enfants ; c'était la Saint-Valentin ! De leur part, je n'attendais que des bras ouverts et des effusions afin de retrouver, par le biais de leur affection, la bénéfique chaleur de la maison.

Sylvie travaille à la pige pour les magazines, sa bouée de sauvetage pour ses petites dépenses. Michel, de son côté, est à l'emploi de l'hôtel Pinotto de Mont-Tremblant pour un mois. Il semble aimer son boulot, ça lui change les idées... Micheline et moi, seuls en cette soirée, avons regardé le film *And Justice For All* avec Al Pacino d'un œil distrait, nous avions tant de choses à nous dire. Nous nous étions manqué, nous nous donnions trop à nos enfants, pas assez l'un à l'autre. Comme plusieurs couples dont les enfants passent avant tout pour ensuite tenter de se retrouver plus tard. Aucun ne pense qu'un jour ils vont prendre leur envol et qu'il nous faudra les saisir par les ailes pour les garder un peu au sol, chez soi, près de nos cœurs. Pas facile d'apprendre que vient un temps où ils ont aussi leur vie à vivre. On s'imagine qu'on a fait ces enfants pour les garder à tout jamais. On regarde un peu de travers l'intrus ou l'intruse qui vient nous les ravir. On se demande s'ils seront heureux, s'ils auront toute l'attention qu'ils avaient à la maison. Bref, on se torture pour rien, ils ont tout comme nous leur destin. On a beau se dire.qu'on ne sera pas aussi possessifs que nos pères et mères l'ont été, qu'on le devient davantage. Sans nous rendre compte que c'est à notre tour d'être parfois dérangeants... Ah! ces tranches de vie!

Je sais que je mentionne beaucoup de films et de spectacles que nous avons vus, ma femme et moi, mais je le fais dans le but de ressasser des souvenirs, si jamais vous les aviez vus, vous aussi. Ou vos parents, si vous êtes trop jeunes. Et qui sait, peut-être vos grands-parents quand je parle de vedettes comme Alan Ladd ou Veronica Lake... Toujours est-il que, levé tôt le lendemain, je m'empresse de me rendre au salon de bronzage afin de garder ce teint californien pour qu'on sache d'où je viens. Ah! ce que l'orgueil peut faire! Que de fierté quand on est dans la quarantaine et que de sérénité quand on est rendu presque deux fois plus loin...

En mars, première entrevue avec Christine Lamer, la célèbre *Marisol* du petit écran. Chez elle où elle me reçoit avec sa petite fille Martine à qui j'ai apporté un lapin en peluche. Une amitié est née de cette rencontre et, de ce jour, je ne compte plus les entrevues que j'ai pu faire avec elle au cours de sa carrière. Charmante, le sourire en permanence, elle pouvait cependant s'émouvoir rapidement devant le malheur ou la tristesse d'autrui. Une femme au cœur d'or! Tiens! Micheline part pour la Floride. À son tour, le soleil! Elle le mérite bien! Elle va me manquer, c'est certain, la maison sera vide sans elle... Michel est dans les Laurentides, mais j'ai Sylvie à mes côtés. Heureusement ! Pas trop friand de solitude, ces temps-ci… Quinze jours vite passés et voilà que ma douce moitié revient de Miami, bronzée et reposée. Heureuse de me revoir et souriante ! Tant mieux ! J'avais peur qu'elle m'oublie sur les plages… Elle aurait pu s'éprendre d'un *beach boy*, elle, si fidèle, sait-on jamais ? Non, je plaisante !

Ma mère est entrée d'urgence à l'hôpital du Sacré-Cœur. Nous avons évidemment attendu des heures avant qu'elle puisse voir un médecin et, après un bref examen, on a décidé de la garder à l'urgence, sur une civière collée sur le mur dans un étroit corridor. Nous avons passé la nuit, mon frère André et moi, à l'observer alors qu'elle dormait comme un loir. En nous tassant chaque fois qu'une personne désirait se rendre auprès d'un autre malade le long du mur. Quel enfer ! Une civière dans le couloir ! En 1982, c'était déjà le cas pour les patients, âgés ou pas… Trente ans plus tard, rien n'aura changé. Alors, les promesses électorales, vous savez… Après deux nuits d'inconfort, on abdiqua et on la renvoya chez elle. Parce qu'on ne pouvait déceler ce dont elle souffrait, on attribua le mal de ventre et des reins à ses « nerfs » et elle sortit avec une ordonnance… de calmants ! Et vlan ! Son cas était réglé pour le dossier resté en plan !

Le 9 mai, la fête des Mères ! Nous sommes allés chercher la mienne qui a passé la journée avec nous et que nous avons bien choyée. Et elle était en très bonne forme ! Faut croire que les « calmants » avaient réglé son problème, elle qui prenait des pilules depuis qu'elle était jeune fille. Même des Sedozan et des Madelon à trois comprimés pour « cinq cennes » dont les plus vieux se souviendront. À Micheline, j'avais remis un magnifique microsillon d'arias d'opéras chantés par Leontyne Price. Michel et Sylvie avaient préparé le souper pour celles qu'on fêtait.

Dieu que j'avais de bons enfants et je les ai encore... meilleurs avec le temps ! Puis, une semaine plus tard, sans m'y attendre et suite au stress du bureau des derniers jours, je faisais ma première crise d'angine. Ma gorge se nouait, j'avais mal aux gencives, aux dents et j'avais peur... Je dormais mal, je mangeais de travers et j'avais tellement de travail urgent à terminer que l'angoisse avait fini par faire surgir le mal... qui n'allait plus me quitter !

Malgré tout, le lendemain, pour notre vingt-cinquième anniversaire de mariage, Michel et Sylvie nous avaient invités au restaurant Vita en défrayant les coûts de cette onéreuse soirée. Quelle générosité de leur part ! Eux qui travaillaient à temps partiel seulement... Mais chez Vita, ce fut un enchantement, car les chanteurs Guy Huard et Solange Rochas nous avaient interprétés sur demande *Le rêve passe*, pour moi, et *Va, pensiero*, un extrait de *Nabucco* de Verdi, pour Micheline. Quel magnifique souvenir ! Le samedi qui suivait, ô surprise, Gisèle et Gabriel nous invitaient à souper et toute la famille était réunie pour souligner nos noces d'argent. Nous avions tout fait, Micheline et moi, pour éviter un tel événement, mais ses sœurs avaient pensé autrement. Et nous n'avons pas échappé aux félicitations des parents et amis. Un gros chiffre 25 en carton argenté ornait la salle à manger !

Peu après ce jour, je dînais avec Nancy Fradette, une maquettiste que j'aimais beaucoup et dont je parle peu, car elle menait une vie exemplaire et se partageait allègrement entre son travail et son époux. Mais elle ne se laissait pas piler sur les pieds pour autant, et je me souviens du jour où je l'ai engagée ; elle m'avait demandé un peu plus que ce que je lui offrais comme salaire. Et j'avais accepté sans rouspéter. Parce que je sentais qu'elle était sûre d'elle et de son savoir-faire. Je l'ai revue dans un salon du livre dernièrement et j'ai été ravi de constater qu'elle n'avait pas changé, qu'elle était toujours la même... Ah ! si seulement je dirigeais encore un magazine, je l'engagerais les yeux fermés une seconde fois. Parce que des femmes comme elle, s'il y en a eu, il n'y en a plus !

Sylvie a vingt ans ! Un *surprise-party* avait été organisé après son travail à Telephone Answering Service, qu'elle occupait depuis peu. Tous ses amis, garçons et filles, étaient à la maison ! Michel lui avait acheté une bouteille de Parfait Amour, son digestif préféré, une amie lui offrit un carré de soie, deux autres, un bracelet en or, et Micheline et moi lui avions offert une carte remplie d'affection et bourrée... d'argent ! Vingt ans plus tôt, j'avais eu la joie de presser sur mon cœur un bébé joufflu, sans savoir qu'elle allait être l'orgueil de mes années vingt ans plus tard. Le docteur Gélinas, qui avait accouché Micheline, m'avait dit en me tendant ma petite : « Ça va être un beau brin de fille à vingt ans ! » Et il avait vu juste, elle était magnifique !

Ce premier mois d'été s'était terminé par une rencontre avec Gary Carter, célèbre joueur des Expos de Montréal, et son épouse Sandy, à leur résidence. Quelle charmante dame et quel affable champion que ce monsieur Carter, l'idole d'une génération. J'étais reparti de chez lui avec deux balles autographiées que j'ai données à Rudy et Benoît, deux jeunes de ma parenté. Quand j'ai appris son décès récemment, mon cœur s'est resserré. Si jeune encore... Comme si le Ciel venait chercher les moutons blancs avant les noirs. Quelle tristesse !

Voilà que Tillie Kish s'annonce ! Vous vous souvenez de celle qui m'avait engagé comme acheteur et que j'avais remplacée ? Cassé comme un clou à ce moment-là ? Je lui devais beaucoup et la recevoir pour un souper lors de son passage était un geste d'amitié et de gratitude à la fois. Pour me détendre, je délaissai temporairement les biographies historiques pour me plonger dans celle de Lili

St-Cyr, la stripteaseuse la plus populaire des années 1940 ici comme ailleurs. Je voulais savoir qui était cette femme dont le Québec avait tant parlé. Je me souvenais que mon oncle René allait la voir régulièrement pour ensuite la « décrire » à ma mère qui était scandalisée. Lili St-Cyr, une Américaine, était la danseuse préférée de la mafia qui la traitait royalement lors de ses passages à Montréal. Mais j'étais vite retombé dans mes biographies historiques après cette lecture, quoique la reine Margot avait été encore plus indécente que Lili St-Cyr avec… les mâles ! Pour oublier ces dames de petite vertu, je m'étais vite emparé de l'essai *Qui a tué Napoléon ?* Un tout autre sujet !

Micheline lisait beaucoup, elle aussi. Des romans de préférence, entre autres *Une saison dans la vie d'Emmanuel*, le premier grand succès de Marie-Claire Blais. Michel et Sylvie étaient à la campagne en cette mi-juillet et, restés seuls, Micheline et moi avions tout le loisir de parler cœur, de vivre l'un pour l'autre, de lire, d'écouter de la grande musique, d'aller au restaurant et de revenir voir le dernier film à la télévision. Et c'est en juillet que Michel était venu à la maison avec l'élue de son cœur, Roxane, une très belle fille née en Égypte, mais qui avait grandi ici. Sœur de Reine, l'amie de Sylvie, c'est ainsi que Michel l'avait rencontrée pour en tomber vite amoureux. Des yeux superbes, une chevelure noire longue et soyeuse, un visage ovale et les lèvres pourpres, elle me faisait penser à Maria Montez dans le film *Soudan* où elle incarnait une princesse arabe. Bien éduquée, cultivée, Roxane avait des manières impeccables et ma femme et moi l'avions aimée dès le premier moment. Michel devait avoir éprouvé un sérieux coup de foudre pour avoir troqué ses cheveux longs de hippie contre des cheveux courts, pour ensuite m'emprunter une chemise à poignets doubles et une cravate… Sans le savoir, elle l'avait transformé ! Ou, plutôt, l'amour avait opéré le changement. Moi qui n'avais jamais réussi à le convaincre de rien… Vous savez, les parents ! Mais nous sentions qu'ils allaient faire un long bout de chemin, ça n'avait pas l'air d'une simple passade. Il ne restait plus qu'à Sylvie à trouver le prince charmant, mais nous n'anticipions pas un coup de foudre de sa part. Parce que plus indépendante, plus comme son père… Dommage ! Elle aurait dû hériter de la grande sensibilité de sa mère. Mais quand on est fait par les autres, on ne peut pas prendre que le bon côté de l'un comme de l'autre ! Si c'était possible, mon Dieu… *Hein, maman ?*

Yolande Vigeant travaillait maintenant pour nous et elle allait devenir, avec le temps, la plus efficace de nos journalistes. On se souvient sans doute de ses « eaux bouillantes » avec les artistes ainsi que de ses entrevues à faire tomber par terre tellement elle était directe et même osée dans ses questions. Elle allait avoir ensuite un courrier du cœur et une émission de nuit à CKAC. Elle est malheureusement décédée d'un cancer à l'âge de soixante-dix ans, ce qui nous avait tous bien attristés lorsque nous l'avions appris. Dieu ait son âme ! Puis, je rencontre Luis de Cespedes, le séduisant Juan de l'émission *Marisol*, fils de la cantatrice Louise Darios, et homme très cultivé. De cette rencontre une amitié germe entre nous et plusieurs autres entrevues allaient suivre. Très gentleman, je me souviens de ses invitations à souper chez lui ; il cuisinait si bien. Et de nos repas chez Gauthier, son restaurant préféré. Avec le temps et le retrait de ce milieu de ma part, notre lien s'est dissipé sans qu'on s'en aperçoive. Je l'ai perdu de vue… Comme bien d'autres, hélas… Mais lorsque j'ai appris son décès, il n'y a pas si longtemps, j'en ai été chagriné. Si jeune encore et tant à faire côté carrière…

Peu après, Suzanne Gauthier nous quittait pour un emploi régulier au *Journal de Montréal*. J'en étais déçu, triste même, car je perdais une excellente collègue et une précieuse amie que je ne reverrais qu'occasionnellement. Mais en y repensant, je me disais intérieurement qu'elle avait pris, ce jour-là, la meilleure décision de sa vie. Dimanche 27 août, et Micheline est ravie. On présente à la télévision l'opéra *Norma* de Bellini, en direct du O'Keefe Centre de Toronto. Avec Joan Sutherland en plus! Elle était si heureuse! Car, pour elle, *Norma* faisait partie, avec *Madame Butterfly*, de ses opéras préférés. Deux jours plus tard, après l'accalmie, c'était la tempête, on venait de nous dévaliser à la maison! Un cambriolage en règle comme on dit! Désastre! On devait surveiller la maison puisque le vol a eu lieu entre cinq heures et sept heures du soir alors qu'il n'y avait personne à la maison. Quelle vilaine surprise pour Sylvie et Micheline quand elles sont arrivées! La vitre de la petite fenêtre de la cuisine fracassée, le scélérat devait être mince et petit pour se glisser par là. Tous nos bijoux avaient disparu! Les breloques en or de Micheline, ses bagues, ses colliers, le véritable comme le toc! Puis ils avaient fait la même chose de mon côté en prenant tout, même mes boutons de manchettes plaqués or sans grande valeur. Mais ce qui m'avait crevé le cœur, c'est qu'ils avaient volé la bague de mon père surmontée d'un œil de tigre, un héritage familial que je voulais laisser à Carl, un de mes petits-fils, plus amateur de bijoux que les autres. Ainsi que la bague en marcassite de ma mère, en forme de paon, que Micheline gardait précieusement. Pour ce qui était du manteau de fourrure de ma femme, je m'en faisais moins, je n'aimais pas tellement la fourrure, je ne supportais que sa petite étole de vison avec un gros bouton que, heureusement, on n'avait pas vue au fond de son placard. Aucun de mes vêtements cependant, mais tous ceux de mon fils au sous-sol avaient disparu. Ce qui avait fait dire aux policiers que c'étaient des jeunes qui avaient fait ce coup, ils s'étaient même emparés de l'affiche de Marilyn Monroe que j'avais rapportée d'Hollywood pour Michel. Sa guitare, ses *jeans*, une montre sans valeur, ses *t-shirts*, mais rien de son linge de sortie… « Des p'tits bums », avais-je dit à la police. Il ne restait à Micheline que la torsade en or, qu'elle portait ce jour-là, ainsi que ses alliances. De mon côté, que la paire de boutons de manchettes que j'avais à mes poignets et mon jonc de mariage que je n'enlevais jamais. On n'a jamais retracé ni les voyous ni les précieux bijoux qui nous tenaient tant à cœur. Alors, si vous croisez quelqu'un qui porte une bague en or de forme ovale avec rayures et sertie d'un œil de tigre bombé, c'est celle de mon père… Mais après tant d'années…

Pour clore le mois d'août en beauté, je suis invité par Michel Girouard à son émission de radio *Showbiz* à CKLM pour parler d'Hollywood, du *Lundi*, de ma carrière comme journaliste, de mes prochains déplacements… Durant une heure ! Et j'étais très à l'aise avec le micro. J'ai toujours préféré la radio à la télévision, je m'y sens plus moi-même. Encore aujourd'hui… Quel bonheur que d'être invité aux micros d'Isabelle Maréchal ou de Paul Arcand !

Avec la reprise des classes et la fermeture des piscines publiques, septembre est là avec ses vents qui secouent déjà quelques feuilles. Micheline a quarante-sept ans ! Qu'elle est belle ! Elle est rousse maintenant, encore svelte et… je l'aime ! Ce soir nous sommes tous allés à la terrasse Le Portage de l'hôtel Bonaventure voir le récital d'Anne Renée. Superbe ! Nous en avions profité pour combler Micheline de présents d'anniversaire. Le lendemain, j'étais allé interviewer Marie-Josée Longchamps et son mari, le docteur Jean-Marc Brunet, un couple que j'appréciais. Ce dernier me donnait des conseils de santé que je ne suivais pas, hélas. J'aurais dû ! Ça m'aurait épargné bien des malaises à venir. Le 7, je rencontrais le comédien Léo Ilial au restaurant Granada où je l'avais invité à dîner. Je ne le connaissais pas du tout, il me semblait froid, distant... Ce fut le cas pour les dix premières minutes, puis, au fil de la conversation, il me glissa que sa femme était en Europe, ce qu'il ne m'avait pas souligné, et qu'à son retour, elle apprendrait qu'il l'avait quittée pour une autre. Quelle révélation ! Vous comprenez qu'en bon journaliste, avec un pied dans la porte, je ne l'ai pas laissée se refermer, comme on dit, et Léo Ilial a poursuivi en me disant qu'il avait une nouvelle femme dans sa vie sans pour autant me la nommer. Je savais, dès lors, que je tenais une première page et je lui en parlai. Il accepta de bon gré en me promettant même l'exclusivité. La première page avec sa séparation qui allait être suivie d'un divorce, parut le vendredi suivant, ce qui prit tous les concurrents par surprise. Nous avions eu la primeur ! C'est ce qui importait dans ce métier si rapide. Monsieur Ilial me téléphona, fort heureux de l'article, me disant que j'avais été fidèle à ses propos. Toutefois c'est à bord de l'avion, en route vers le Canada, que son épouse apprit de je ne sais qui la publication de « leur » séparation. Elle qui n'en savait rien encore ! Ce qu'il ne m'avait pas souligné. En furie, elle l'a sans doute injurié, mais elle alla plus loin en me téléphonant et en me traitant de tous les noms parce que j'avais osé publier... l'affront ! Je lui expliquai que je n'avais rapporté que les propos de son mari avec son consentement et, à mon grand étonnement, elle m'avait rétorqué : « Ce n'est pas parce qu'il est fou que vous devez l'être aussi ! » Et elle avait menacé de nous poursuivre. Elle n'y donna pas suite, bien sûr...

En novembre, *Le Lundi* quittait ses bureaux du 9922, boulevard Saint-Laurent pour déménager au 10000, rue

Lajeunesse coin Sauriol, mais je n'aimais pas ce nouvel endroit où il semblait n'y avoir rien dans les alentours, pas même un restaurant en vue. Je regrettais déjà le Granada juste en bas de l'ancien immeuble et la taverne Pit où nous nous rendions si souvent, Gilles, Jean-Pierre, Francine et moi. Ça semblait morne, rue Lajeunesse… Le 1er décembre, j'étais allé avec Sylvie voir le spectacle de René et Nathalie Simard à la Place des Arts. J'y avais croisé Andrée Boucher qui m'avait serré dans ses bras et Michèle Richard qui m'avait fait la bise. Pour ce qui était de René et Nathalie, bon *show* comme d'habitude ! Mais, Dieu que le temps passe vite ! Voilà que j'ai quarante-six ans ! je travaille tellement que je ne compte pas les mois qui s'écoulent et se succèdent. Une fois de plus, des vœux de ma mère, de mon neveu Georges, de mes frères… Roxane, la dulcinée de mon fils, m'a offert un stylo de toute beauté, Sylvie m'a choyé de son côté, et Micheline m'a remis une carte avec les plus beaux mots d'amour qui soient. Au bureau, on ne m'avait pas oublié, Germain Monté, Réjeanne Patoine, Francine Fréchette, Nancy Fradette… Mais j'avais d'autres chats à fouetter, des magazines à préparer, celui des Fêtes à ébaucher, les journalistes à qui remettre des assignations, bref, tout ce qui m'incombait. C'est drôle, mais j'aimais en avoir par-dessus la tête, ça me permettait d'oublier tout ce qui me contrariait, mon mal de bras en particulier. Parce que, pour ce malaise qui revenait de temps à autre, je faisais mine de passer outre, mais ça me tracassait. C'était maintenant au tour de ma mère de fêter ses soixante-dix-sept ans. En forme, malgré ses maux qui se multipliaient. Elle faisait maintenant du diabète et c'est mon fils qui lui préparait ses doses d'insuline qu'elle devait s'injecter chaque matin. Tout allait bien de ce côté sauf que, certaines fois, elle se piquait deux fois ayant oublié qu'elle l'avait fait une première fois. Ce qui la débalançait en pas pour rire ! Nous lui avions quand même offert un souper et un gâteau d'anniversaire. Elle était aux anges, il était sucré à son goût ! Et, insouciante de son diabète, elle demandait à ma fille si elle avait quelque part une *Cherry Blossom* de cachée pour elle. Quelle inconscience ! Mais à son âge...

Le 24 décembre au soir, nous étions tous allés à la messe de minuit et j'avais prié devant le Jésus de la crèche tout en faisant brûler des lampions aux intentions de ceux que j'aimais. Un pour ma mère, un autre pour ma femme, un autre pour Michel et Sylvie et un plus gros pour tous ceux qui étaient disparus. Le jour de Noël fut assez calme. En famille comme d'habitude avec un échange de cadeaux raisonnable. Puis, le lendemain, en regardant le film *Endless Love* à la télévision, je songeais à Micheline, à l'amour sans fin que j'éprouvais pour elle, à sa grâce, à son sourire, à sa bonté... *Dieu que je l'aime !* avais-je écrit dans mon journal intime, ce soir-là.

Janvier s'allume et, lors d'un souper au restaurant avec Micheline où nous parlions des enfants, nous étions optimistes, nous entrevoyions leur avenir avec confiance, et le nôtre avec la même constance. Néanmoins, le matin même j'avais parlé à ma mère qui, éternelle pessimiste, me disait suite à ces mêmes mots : « Parle pas trop vite ! On sait pas c'qui nous pend au bout du nez ! » On s'y attendait ! Elle voyait de la pluie même à travers le soleil ! C'était plus fort qu'elle ! Le 13 janvier, 13 invités seulement, et j'assistais au mariage d'Élaine Bédard avec le comte Alexandre de Bothuri Bàthory. La mariée était en noir. Élégante certes, mais en velours noir. Et le marié avait revêtu son smoking. Une petite réception avait suivi pour les treize invités dont je faisais partie avec Jacques Francœur, Reine Johnson et d'autres que je connaissais moins. J'aimais bien Élaine, mais son monde n'était pas le mien. Trop guindé, trop gants de soie pour moi. J'étais fort connaisseur en histoire, j'aimais les monarques et le protocole, mais je n'en faisais pas partie pour autant. Je n'étais ni prince, ni duc, ni comte, je n'étais qu'un petit gars de la rue Saint-Vallier qui avait ensuite grandi sur la rue Saint-Dominique. Loin de Versailles, comme vous pouvez le constater.

Et voilà que Michel fréquente sérieusement Roxane. Ils ne se quittent plus ou presque. Si mon fils se cherche encore côté carrière, il ne cherche plus l'âme sœur. Roxane sera sûrement celle qu'il épousera. Sylvie, pour sa part, a trouvé sa voie. Elle étudie en enseignement à l'Université McGill où elle a été acceptée. Elle veut se spécialiser et obtenir un bac en orthopédagogie. Dieu que je suis fier d'elle ! Je ne l'ai pas assez félicitée au moment où le changement s'opérait. *Je me reprends, fille chérie, j'ai plus de temps à moi, maintenant.*

Hollywood ! Pour la quatrième fois ! Ils ont pourtant des tempêtes à Los Angeles, presque des ouragans, ce qui n'empêche pas l'avion de décoller d'ici pour se poser à leur aéroport après un autre vol... du diable ! Dieu que ça brassait cette fois-là ! À peine arrivé à mon hôtel, je faisais des appels dont un à Larry Wilcox, vedette de *CHiP's* et, fait étrange, il me rappela lui-même ! Sans même laisser cette tâche à son agent ! Il avait sans doute eu vent de mon entrevue avec son collègue Erik Estrada pour être aussi empressé. Mais je sentais que j'étais de plus en plus connu au pays des *stars* et que mes entrevues avaient fait le tour des bureaux d'agences depuis mon dernier séjour. Lina possède encore sa vieille *station wagon* 1972 qui marche comme une machine à laver et elle conduit toujours aussi vite. Le 29 janvier, je suis de nouveau dans le hall du Beverly Hills Hotel où a lieu la remise des Golden Globe Awards. J'ai ma place assignée à la table des journalistes étrangers et, en attendant le steak et le vin rouge, je fais la tournée des célébrités qui se tournent les pouces avant la cérémonie. C'est ainsi que je rencontrai officiellement Victoria Principal de la série *Dallas*, que je trouvai singulièrement précieuse, puis Dick Clark qui n'avait pas beaucoup de temps à m'accorder, c'est lui qui dirigeait l'événement, mais tout de même, un bout de conversation qui m'en disait long sur lui. Une entrevue plus cousue avec Mike Connors, un acteur qui m'a toujours laissé indifférent, une autre avec Robert Goulet, un Canadien qui se veut rempli de courtoisie à mon égard, venant du même pays que lui. Une pause et je reprends ma route pour croiser John Forsythe de *Dynasty*, un homme charmant qui m'a donné plus de temps que requis et, non loin... la belle Linda Evans dont tous les hommes rêvaient, qui m'avait accordé un bon dix minutes de son précieux temps. Remarquez que je détestais ces entrevues, elles étaient trop brèves, trop impersonnelles, mais j'étais tout de même plus respecté à l'intérieur en étant de la *Foreign Press* que les journalistes du tapis rouge à l'extérieur. Malgré tout, je me sentais frustré d'avoir à les accrocher par la manche, avec Lina qui me suivait avec son appareil photo. J'avais trop d'amour-propre pour ça ! J'étais le genre de journaliste à longues entrevues intimes et non le *groupie* à petit micro qu'on voyait et qu'on voit encore de nos jours, en smoking loué sur le tapis rouge. Lors de ce gala, aussi prestigieux fût-il, même avec ma carte d'invité, je me sentais comme le valet de pied des rois et des reines du cinéma et de la télévision. Pas capable ! J'avais trop de fierté...

Le lendemain, détendu, je marche sur Sunset Boulevard et je me rends jusqu'au Schwabb's Drug Store, la pharmacie où, supposément, Lana Turner avait été découverte par un *Talent scout*. C'était vieillot, charmant, ça faisait années 1940, les bancs pivotants avec siège de cuir rouge étaient encore les mêmes au comptoir où j'avais pris place, mais je me retrouvais enfin à l'endroit dont on avait tant parlé dans les magazines *Modern Screen* et *Photoplay* de l'époque. Je n'ai pas commandé un Ice Cream Soda dans le but d'être découvert par un agent, loin de là. J'ai commandé un café avec un croissant. Je pivotais sur mon siège, je regardais à gauche, à droite, et j'aperçus à une table à banquettes tout près de moi, nul autre que l'acteur Anthony Perkins, le *Norman Bates* du film *Psycho*, dont on a fait un *remake* et plusieurs suites. Il avait un journal, buvait un café, mais regardait en ma direction. Je me suis vite rendu compte qu'il me dévisageait avec une espèce de sourire énigmatique. Je détournai la tête, je pris une bouchée de mon croissant et, regardant de nouveau, il avait encore les yeux fixés sur moi. J'aurais certes pu me présenter, lui dire que j'étais journaliste, mais c'eût été la pire des choses à dire dans un tel cas ; il aurait pu croire que je le suivais pour un *scoop* ou je ne sais quoi. Je préférai terminer mon café, descendre de mon petit tabouret et quitter la pharmacie sans regarder dans sa direction. Mais, regagnant mon hôtel et repensant à l'acteur émacié et aux yeux noirs, j'étais sûr que Perkins m'avait fait de l'œil, j'aurais pu le jurer ! Sa réputation le précédait et, comme j'avais quarante-six ans, disons que ça m'avait légèrement… flatté !

Et commencent mes belles entrevues, celles assignées par les agents, celles où l'on m'attend, celles dont je suis fier. La première ? Bob Barker, au studio de tournage de son émission *The Price is Right*. On n'entre pas là comme dans un garage, il y a tout un cérémonial mais, attendu, on nous escorte avec plaisir. J'ai eu droit à l'heure entière de son émission où les gens appelés criaient, hurlaient, heureux d'être choisis et espérant se rendre aux gros lots ! Des gens de tous les âges et de partout à travers les États-Unis.

Dans l'espoir d'être appelé au micro pour un prochain jeu. L'euphorie totale ! Je n'en revenais pas ! Parce que nous ne sommes pas aussi démonstratifs au Québec, même quand on gagne à la loterie. Il faut dire que les prix mentionnés : voyages, voitures, bateaux, réfrigérateurs, étaient plus invitants que ce qu'on offrait dans nos petits quiz d'ici, surtout en ce temps-là, et les Américains devenaient pratiquement fous quand la foule les encourageait. Une énorme dame s'était précipitée sur Bob Barker, j'avais peur qu'elle le casse en deux ! J'ai donc assisté à l'émission pour ensuite être dirigé à la loge du célèbre animateur qui m'attendait, encore essoufflé, avec le sourire aux lèvres. Les belles hôtesses qui travaillaient avec lui nous offrirent le café et l'entrevue se déroula sans peine. Bob Barker en profita pour m'expliquer que les participants étaient choisis à leur arrivée selon leur comportement. Plus ils étaient excités, plus on les choisissait. Les plus calmes, les amorphes, tant pis, n'étaient même pas triés. On faisait un *show*, ça prenait donc des candidats explosifs. Et Dieu sait qu'ils en avaient ! Je n'ai jamais demandé l'autographe d'une vedette à qui que ce soit, mais ce jour-là je n'ai pu m'empêcher de demander à Bob Barker de signer sa photo pour ma mère. Il s'y prêta de bonne grâce et, pour une rare fois, je vis le visage de ma mère illuminé de joie lorsqu'elle lut sur la photo : *To Irene, Sincerely, Bob Barker.* C'était la fin du monde pour elle ! Ses voisines de palier ont toutes eu droit à un regard sur la photo. Quelques-unes ne savaient même pas qui il était… mais pour ma mère, Bob Barker, c'était Dieu le père ! Elle écoutait religieusement son émission chaque matin depuis des années. De toute façon, elle se branchait au canal 3 de Burlington du matin jusqu'au soir afin de voir tous les quiz et les *soaps* qui se succédaient. À d'autres les bulletins de nouvelles ! Irène préférait suivre les frasques de la vilaine dans *Another World* ou être sincèrement contente pour la petite mère de famille qui venait de remporter le gros lot à *The Price is right*. Surtout si elle avait plusieurs enfants accrochés à ses jupes... Ma mère avait quand même ses bons côtés.

Le lendemain, je rencontrais les frères Patrick et Matthew Laborteaux de *La Petite Maison dans la prairie*. Adoptés tous les deux, Patrick, dix-sept ans, l'aîné, était très volubile, tandis que Matthew, un an plus jeune, semblait timide face aux questions. Une entrevue fort simple pour moi et le souvenir de deux charmants garçons, quoique Matthew, je l'avais souligné, était celui que les filles préféraient. Parce que plus beau que son frère et tellement mignon dans son rôle d'*Albert Ingalls*, qu'elles suivaient chaque semaine. Enfin, le lendemain, chez Larry Wilcox qui vivait à Bell Canyon. Je m'y étais rendu avec un photographe à la pige qui, après la prise de photos, avait préféré se retirer dans le jardin de l'acteur pour me laisser seul avec lui pour l'entrevue. Larry m'avait parlé de son rôle dans *CHiPs* bien entendu, de sa bonne entente avec Estrada, mais pas plus. L'amitié réelle ne semblait pas au rendez-vous entre les deux acolytes. Puis, après m'avoir offert une boisson rose, genre Boost ou Ensure qu'on achète aujourd'hui, il s'était ouvert à moi comme à un père. Il me parla de sa seconde épouse, Hannie, qui avait failli le ruiner... Bref, il n'était pas heureux au moment où je l'ai rencontré. Plus rien n'allait pour lui, ce qui devenait une entrevue fort délicate. Je m'en suis quand même bien sorti et il semblait content de l'entretien, me promettant même de m'inviter à souper lors d'un prochain voyage. Comme si l'officier *Jon Baker* qu'il était dans son émission avait soudainement eu besoin « d'un père »... Et, pour finir en beauté, je rencontre John James aux studios de *Dynasty* dans lequel il avait un rôle intéressant. Bel homme, sûr de lui, un peu imbu de sa personne, il avait quand même été aimable et j'étais certain que Nancy, notre maquettiste, allait me poser mille et une questions sur lui. Il était l'homme de ses rêves, elle le voyait dans sa soupe !

Bon, voilà qu'une fin de semaine tranquille s'annonce et je profite d'un spécial d'American Air Lines pour faire un détour à Las Vegas et me changer les idées. Je ne suis pas joueur, mais un petit cinquante dollars dans les machines à sous, ça n'allait pas me ruiner. Le prix du vol aller-retour n'était que de cinquante dollars aussi, alors pourquoi ne pas en profiter ? J'ai séjourné au Dune's Hotel, la chambre la moins chère au rez-de-chaussée, mais assez bruyante la nuit avec les joueurs compulsifs pas très loin. Mais comme je n'aimais pas les hauteurs, je ne m'en plaignais pas, d'autant plus que cette chambre mal située ne coûtait que vingt-deux dollars la nuit. Le lendemain soir, pour seize dollars, *drink* inclus, j'ai pu voir le spectacle *Dream Street* avec une troupe de quinze artistes en scène. Avouez que le *deal* était bon. Ceux qui s'y rendent de nos jours vont tomber par terre avec ces prix de 1983. C'était comme ça et, honnêtement, ce n'est pas parce qu'on gagnait moins cher en ce temps-là, je faisais autant d'argent que maintenant. Toutefois, pourquoi ne pas épargner là où on le pouvait ? Mais j'arrête ici, avant que vous me preniez pour Jean-Louis, le pingre de mon roman *Par un si beau matin*. J'ai perdu mes cinquante dollars dans les machines à poker, bien sûr, et je suis revenu à Los Angeles, dernier siège arrière de l'avion, turbulence encore plus forte, et je me suis fermé les yeux à l'atterrissage tellement ça piquait du nez ! De Los Angeles, bagages en main le lendemain, j'ai repris un autre avion pour Toronto. Comme nous étions *bonded*, c'est-à-dire gardés en otages à cause des douanes que nous ne devions passer qu'à destination seulement, on nous a ramenés à Montréal en première classe à bord d'un avion quasi privé. Nous n'étions que douze passagers gardés ainsi à vue... Comme des sans-papiers ! Je me demande encore pourquoi... Mais le fait d'apercevoir Sylvie au volant de sa voiture, mon retour à la maison et ma femme à mes côtés... Quel bien-être !

Chapitre 11

Sylvie semble avoir trouvé un garçon qui lui plaît, mais connaissant ma fille... Je m'étais quand même dit: *Tiens! mes deux enfants sont en amour! Casés côté cœur!* Sauf qu'à cet âge, savait-on jamais ce qui allait s'ensuivre? Michel, c'était coulé dans le ciment, mais Sylvie, changeante... Pâques s'amène en avril, Sylvie est partie chez des amis et Michel passe la journée chez Roxane. Micheline et moi allons donc souper seuls. *Les oisillons s'envolent du nid et les moineaux restent seuls à se regarder*, pensai-je.

Le travail reprend et je me retrouve au restaurant avec Normand Thérien, le directeur du marketing que j'aimais bien. Claude J. Charron me dit qu'il attend de la « perfection » de la part de Gaston Dugas, un maquettiste hors pair, pourtant. C'est d'ailleurs lui qui a illustré les couvertures de tous mes romans. Mais il faut croire que le grand patron s'était levé du mauvais pied ce matin-là. Cette journée terminée, après un bref souper, Micheline et moi avons regardé, sur cassette, l'opéra *La Traviata*, un cadeau de Claude J. qui aimait bien ma femme et qui connaissait ses goûts en musique. Le lendemain, Luis de Cespedes m'approche pour écrire un téléroman. Il ajoute que le réalisateur Claude Colbert n'attend que mon bon vouloir. J'hésite, je sais que j'en serais capable et que je passe peut-être à côté d'une belle carrière, mais je voulais rester libre, travailler seul et non en équipe, m'appartenir, la plume à la main, comme Balzac... *Que Dieu me vienne en aide!* me suis-je écrié, et j'ai finalement rejeté l'offre. Je repoussais certes de la main un grand accomplissement, je le savais, mais je sentais que quelque chose d'autre de moins éphémère allait venir... Et j'étais si heureux au *Lundi*. Aujourd'hui, avec ce que j'ai accompli, je crois avoir fait le bon choix, attendant que le moment se présente pour m'emparer d'une plume chargée d'encre. Sylvie a fait un stage dans une école et elle a adoré l'expérience. Ce qui laisse à penser qu'elle aimera enseigner et travailler auprès des jeunes qu'elle saura guider. Un certain samedi, avec Sylvie et « son chum », nous avions regardé à la télévision : *The Best Little Whorehouse in Texas*, avec Dolly Parton et Burt Reynolds. Son ami semblait avoir apprécié le film, Sylvie un peu moins, Micheline, pas du tout, et moi, ne serait-ce que pour les attributs de Dolly... Curieusement, ce soir-là, j'avais cru déceler que leur relation amoureuse faiblissait... Deux jours plus tard, néanmoins, elle allait voir le spectacle de Chris de Burgh au forum avec lui, mais ça ne semblait pas tourner rond...

En juillet, assis dans la balançoire, Micheline et moi, nous parlons des enfants, de leur avenir, de ce que nous souhaitons pour eux... Puis, de nous, de notre bien-être dans l'immédiat, de notre façon de nous aimer qui ne ressemblait à aucune autre. Comme si nous avions réinventé le verbe en lui accordant d'autres règles de grammaire. Je lui avais dit : « Bah arrête, changeons de sujet, nous n'avons pas encore cinquante ans… » Mais nous n'en étions pas loin, elle surtout avec son année de plus que moi.

Puis, au mois d'août, une rupture entre Sylvie et son amoureux. On la sentait venir, le cœur de notre fille s'était éteint. Un autre destin les attendait tous les deux. Heureux chacun de leur côté dans leur vie actuelle, je me demande s'il en aurait été ainsi… ensemble ! Pour lui changer les idées suite à cette cassure, j'avais emmené Sylvie à Beauport chez sa tante Françoise. On ne rompt pas ainsi sans en ressentir les effets secondaires et un éloignement allait lui être salutaire. Nous avions soupé au Manoir Saint-Castin, nous avions ensuite arpenté la rue des Trésors dans le Vieux-Québec, nous avions pris un verre sur Grande-Allée… et, le lendemain, nous partions pour L'Isle-aux-Coudres. Quel périple ! À Saint-Joseph-du-Lac, une heure d'attente pour le traversier. Enfin, l'Auberge du Capitaine, endroit recommandé par Francine Fréchette, mon ex-adjointe. Le tour de l'île, vingt-six kilomètres environ, visite de la maison Leclerc, de la vieille église Saint-Louis-de-France. Une autre à l'Hôtel de la Roche Pleureuse et une soirée de danses folkloriques. Le jour du départ, nous embrassions ceux et celles qui nous avaient été si bénéfiques durant notre séjour et le capitaine Desbiens, propriétaire de l'auberge où nous logions, nous avait remis de la confiture aux fraises pour rapporter à la maison. Un pur délice !

Et voilà que Micheline célèbre ses quarante-huit ans ! Comme les années passent ! Elle a été gâtée en musique, ce jour-là. Je lui ai offert deux cassettes de Placido Domingo et les enfants, celle de la comédie musicale *Evita*. Je reprends le travail et je fais une entrevue avec Mireille Deyglun au restaurant La Diva, rue Dorchester, aujourd'hui boulevard René-Lévesque. Une fille sympathique que j'ai revue il y a quelques années au Salon du livre de Montréal, alors qu'elle en était la présidente.

Michel, à force de se chercher, s'est enfin trouvé! Il est maintenant inscrit à l'Université du Québec où il travaille bien fort en vue de l'obtention d'un bac en orientation scolaire et professionnelle. Ajouté à celui de l'enseignement. J'en suis très heureux! D'autant plus que sa Roxane l'encourage beaucoup. Deux enfants à l'université, deux merveilleux destins qui se tracent. Que demander de plus pour des parents qui ont prié pour qu'une telle chose arrive? Micheline en était si fière! Et moi donc! Puis, le mercredi 28 septembre, je fais une entrevue avec Céline Dion et ses parents à leur résidence. Pour une première page du *Lundi* tel que promis à René Angélil, son imprésario. J'étais content de pouvoir promouvoir cette jeune artiste qui avait un énorme talent et qui s'exprimait, malgré son jeune âge, comme une femme accomplie. Elle n'avait pas besoin de sa mère pour répondre pour elle, je vous l'assure! C'était la première fois que je la rencontrais, mais ce n'était pas la dernière, croyez-moi! Surtout quand on connaît la suite de son explosive carrière! J'ai eu encore l'occasion de l'interviewer au téléphone à Las Vegas dernièrement, et elle me disait ne rien avoir oublié de nos multiples rencontres. Passant le récepteur à son mari, René en profita pour me rappeler de bons souvenirs et m'inviter à venir les visiter à Las Vegas. C'était son invitation, un geste de gratitude pour tout ce que j'avais fait pour elle au début de sa carrière, disait-il, et en guise de considération et d'amitié. Il voulait même que je saute dans un avion le plus tôt possible! Comme un invité de marque! C'était très gentil et très généreux de sa part, mais j'ai dû décliner son invitation pour des raisons de santé. J'aurais certes aimé revoir Céline et aller l'applaudir sur scène au Caesars Palace, mais je ne pouvais me permettre, physiquement, un tel déplacement. À mon grand regret cependant. Ce que René Angélil avait compris tout en le déplorant. Nous avions eu une si belle complicité tous les deux... dans le temps!

Le 30 septembre 1983, je devenais vice-président de la rédaction de tous les magazines de Claude J. Charron. Poste assez laborieux à combler, mais que j'ai accepté. Quelques jours plus tard, je rencontrais Michel Choinière, un journaliste et directeur de journaux artistiques que j'approchai pour un poste au *Lundi*. Quel charmant garçon ! J'étais certain que nous allions bien nous entendre s'il acceptait ma proposition. Suzanne Gauthier, qui avait déjà travaillé pour le journal qu'il dirigeait, ne m'avait dit que du bien de lui. De son côté, Micheline était à New York avec des amis de l'Hydro pour le week-end. Et, oups! elle était de retour ! Dieu que ça passe vite une fin de semaine, mais elle était comblée puisqu'elle avait pu voir au Metropolitan Opera, *La forza del destino* de Verdi. Quel précieux moment elle venait de vivre ! Puis, le 17 octobre, Michel Choinière, qui avait accepté mon offre, entrait au *Lundi* pour me seconder dans mes tâches. Avec son expérience et son ardeur au travail, je savais d'avance que nous allions travailler ensemble fort longtemps. Quelle surprise cependant de voir dans le *Dimanche Matin* ma photo avec ma nomination au titre de vice-président des publications de Claude J. Charron. Le tout avait été fait à mon insu. Avec une telle annonce, pas question de changer d'idée, n'est-ce pas ?

En décembre, j'apprenais que tante Jeannette était décédée ! Ce qui m'avait fait beaucoup de peine, je l'aimais bien cette tante-là, c'est elle qui m'avait le plus choyé lorsque j'étais jeune. Vous vous souvenez ? C'est chez elle que je voulais aller habiter, comme je le racontais dans *Les parapluies du diable*, le récit de mon enfance.

J'avais l'impression qu'elle me comprenait plus que ma mère, qu'elle était plus indulgente, plus douce, bref, plus aimante... Deux sœurs, deux caractères. Ma mère l'avait beaucoup pleurée, elle qui, pourtant, l'avait matraquée de lettres « à la Irène » durant tant d'années. Et c'est fait, c'est à mon tour d'accuser un an de plus. J'ai quarante-sept ans, un âge que j'aurais voulu conserver toute ma vie. J'aurais souhaité que le temps s'arrête, que tous les tic tac des horloges tombent en panne... Indéfiniment ! Je ne voulais plus vieillir d'un seul jour à partir de cet âge-là. Hélas... Voyez où j'en suis...

Après le rêve, la réalité. Côté santé, ça n'allait pas du tout à ce moment-là. J'avais des spasmes fréquents dans la poitrine. Des ulcères ? Un début d'angine ? Sans doute la deuxième option si l'on se référait à ce que j'avais ressenti au bras et aux gencives, l'année précédente. J'ai passé tous les tests possibles et on ne trouvait rien. Mais je savais, moi, que la tuyauterie commençait à être usée, que les boyaux du moteur étaient encrassés. On me bourrait de pilules pour le cholestérol, mais il n'y avait que les sédatifs qui parvenaient à faire passer ces crises. Des anxiolytiques, des comprimés pour contrer le stress... Un jeune médecin m'avait dit : « Avec tout ce que ce travail exige de vous, physiquement et moralement, moi, à votre place, je changerais d'emploi. Vous êtes encore assez jeune pour ébaucher un autre plan de carrière... » Mais je n'écoutais pas. Rien n'allait me déloger de ce *Lundi* qui me tenait à cœur. Comme on n'avait rien diagnostiqué de précis, je préférais passer outre aux recommandations. À l'Institut de cardiologie, une cardiologue m'avait dit après un examen : « On les sort souvent d'ici dans l'état que vous entrez ! Alors, inutile d'aller plus loin ! » Une grande femme mince et sans façon avec des cheveux courts et noirs. Le genre Barbara pour ceux qui se souviennent de l'interprète de

L'Aigle noir. Elle aussi, comme son confrère, m'avait dit assez brusquement : « Changez vos habitudes de vie, monsieur ! Changez de *job* si vous le pouvez ! Comme c'est là, vous brûlez la chandelle par les deux bouts ! » Et vlan ! Mon cas était réglé et mon dossier venait de tomber en dessous de la pile.

Malgré les semonces et les avertissements dont je ne parlais à personne, on m'offrit au bureau de diriger une maison d'édition qui porterait le nom Le Manuscrit. Un nom que j'avais trouvé parmi tant d'autres. Bien sûr que j'avais accepté ! C'était encore sous l'égide de Claude J. Charron et de son entreprise. La maison d'édition où j'allais publier, deux ans plus tard, *Au fil des sentiments*, mon premier recueil de billets qui avait été mis en nomination pour le Prix du public au Salon du livre de Montréal. Un recueil qui obtint un franc succès auprès des gens et qui allait être suivi de plusieurs autres tomes. D'ailleurs, encore en librairie de nos jours. L'année tirait à sa fin et ma mère fêtait ses soixante-dix-huit ans en se plaignant encore du départ de la pauvre Jeannette. Dans le fond, elle l'affectionnait, sa sœur aînée. Ne disait-on pas *qui aime bien châtie bien*? D'où les nombreuses lettres… Enfin, le réveillon ! J'ai reçu des pantoufles de Micheline. Bonne idée, je ne filais pas. Messe de minuit pour ma femme et ma fille. Pas pour moi, pas assez en forme cette fois. Puis, le 31 décembre, j'écrivais sur la dernière page de mon journal personnel : *Enfin elle s'éteint, cette année de malheur ! Plus de contrariétés que de joies !* Et ce, même si nous avions anéanti en nos cœurs les quelques obstacles qui avaient surgi en la traversant.

Il neigeait lorsque Sylvie avait repris ses cours à l'Université McGill. Le soir, en s'étirant d'aise, elle avait loué le film *Le retour de Martin Guerre* avec Gérard Depardieu, que j'avais visionné avec elle pendant que sa mère était chez sa sœur Gisèle. Le lendemain, je reprenais le sentier de mes entrevues et, le 7 du premier mois de l'année, je rencontrais Monique Aubry, l'interprète de *Mémère Bouchard* dans le téléroman *Le Temps d'une Paix*, en vue d'une première page dans son costume de centenaire. Nous nous étions donné rendez-vous au restaurant O'Dirlada de la rue De La Roche pour l'heure du lunch. Elle était exubérante, cette femme, beaucoup plus que je ne m'y attendais. Elle « prenait le plancher » comme on dit, mais j'ai passé d'agréables moments avec elle. Dommage que ce rôle ait été le seul à la rendre populaire. Un rôle qui l'a marquée... trop marquée ! Un peu comme ceux de *Séraphin* et *Donalda*, et même celui de *Ti-Coune* du *Temps d'une paix*. Les gens s'attachaient aux personnages, pas nécessairement à l'artiste. Et je me suis rendu compte qu'on connaissait bien *Mémère Bouchard*, mais pas Monique Aubry. Ce qui est triste, mais il en était ainsi pour certains artistes.

Tiens ! déjà la Saint-Valentin ! Une blouse de soie beige pour Micheline, le livre *Mayerling* pour Sylvie, et des chocolats blancs pour ma mère. Rien pour Michel et rien pour moi ! Cette fête des cœurs, c'est pour dire aux femmes qui nous entourent à quel point nous les aimons ! Bien sûr que les hommes ont aussi un cœur, mais comme ce sont les femmes qui en prennent soin... Alors ? Dix jours plus tard, triste événement, notre Coco III est mort. On l'a trouvé gisant sur le dos dans le fond de sa cage. Nous étions tous très peinés, nous l'avions depuis si longtemps. Michel était le plus bouleversé, il l'aimait bien son Coco à qui il avait appris à parler. Dieu qu'on s'attache à nos petits animaux, un chat, une perruche, même les deux tortues, Violette et Joséphine, que Sylvie avait perdues tour à tour. Imaginez quand on perd un chien qui nous suit pas à pas ou un gros chat qui vient ronronner sur nos genoux... Je m'étais juré ce jour-là de ne plus avoir de perruche, de nous défaire de la cage, mais, laissez ça à Michel, un Coco IV allait suivre et ça n'allait pas être le dernier, puisque j'en suis à Coco VI... Décidément !

Je consulte mes rendez-vous et c'est demain qu'André Montmorency sera chez moi, en entrevue, pour la rubrique *À cœur ouvert*. Pour le recevoir, j'avais préparé un copieux brunch qu'il allait certes apprécier. J'avais aussi du vin rouge ou du blanc selon son choix, une cafetière bien chaude, des fromages importés... Je voulais que l'accueil soit chaleureux puisque je recevrais non seulement le comédien, mais *Christian Lalancette*, avec son patois « Souffrance », dans mon humble demeure. Oui, le *Lalancette* de la comédie hebdomadaire *Chez Denise*. Il était arrivé pimpant, il se montra des plus aimables, on discuta longuement et il fit honneur au *brunch* qui lui permettait de rester chez moi plus longtemps. André Montmorency a été l'un des rares comédiens à ne pas être marqué par ce rôle qui avait conquis le Québec dès 1977. À la fin de la série, il a su mettre son immense talent à profit dans d'autres téléromans tels *Le Retour* et des séries diversifiées comme *Paparazzi*, *L'Amour avec un grand A* et *Les grands procès*, sans parler de tous les théâtres d'été auxquels il a participé.

Le printemps arrive et un soir, alors que nous n'avions rien de particulier à faire, Micheline et moi avions sauté d'une chaîne de télévision à une autre, pour tomber sur *Sentimental Journey*, un merveilleux voyage musical dans le passé. Celui de nos jeunes années avec, en vedette, Julius La Rosa, Kay Starr, Georgia Gibbs, Johnnie Ray et combien d'autres. Je nous revoyais à quinze ou seize ans en train de danser sur le *hit-parade* de ces belles années. Je revoyais aussi le parc Belmont, l'orchestre de Stan Wood, Micheline avec ses robes à crinoline, moi avec la tête pleine de *Brylcreem*. Quelle nostalgie ! Une émission qui avait duré assez longtemps ce soir-là pour ressasser tous les souvenirs de nos premiers jours ensemble...

Avril, ses bourgeons, et Micheline est allée à la Place des Arts avec une amie, assister au récital de Ginette Reno. Le lendemain, une entrevue avec Donald Lautrec que je rencontrais pour la première fois. Bel homme, aimable, entretien comme ci, comme ça... Et c'est à Pâques que j'ai acheté le Coco IV que Michel désirait tant. Un autre qu'il allait réussir à faire parler, un autre dont Micheline se plaindrait à force de ramasser ses plumes quand il ferait mensuellement... sa toilette ! Dix jours plus tard, Sylvie partait avec sa mère pour un voyage à Paris : le Louvre, Versailles, la tombe de Marie d'Agoult au cimetière du Père-Lachaise. *Que Dieu les protège*, m'étais-je dit intérieurement. J'étais heureux pour elles, mais je les enviais. J'aurais tellement aimé visiter la Conciergerie où Marie-Antoinette... Vous comprenez ?

Une surprise inattendue ! Ma mère est amoureuse ! À soixante-dix-huit ans ! Comme vous pouvez le constater, il n'y a pas d'âge pour trouver le bonheur. L'heureux élu était un voisin de palier de l'immeuble où elle résidait. Il était veuf depuis peu et semblait avoir peine à se retrouver seul depuis la mort de sa femme que ma mère avait connue. Ernest, un homme de son âge, avait accepté les invitations à souper de ma mère qui, au départ, ne voulait que bien faire. Puis, peu à peu la tendresse, l'affection et l'amour s'étaient succédé entre eux. Je me suis rendu compte que ma mère était amoureuse par sa façon de devenir de plus en plus coquette et de garder son appartement aussi propre qu'un sou neuf. Non pas qu'elle était négligente, mais un peu *sloppy* sur les bords, comme on dit. Tandis que là, avec lui dans sa vie, on aurait pu manger par terre. Et toujours bien mise, ses boucles d'oreilles en permanence sur ses lobes, le rouge sur ses lèvres dès le matin, la poudre sur ses joues, elle s'apprêtait à recevoir Ernest pour déjeuner, dîner… et souper ! La fille du veuf, se rendant compte de l'intérêt que son père portait à Irène, ne songeait plus à lui trouver un autre endroit pour résider. Ma mère s'occupait si bien de lui. Puis, un beau matin, ils avaient décidé de vivre ensemble. Chez elle ! Il a donc vendu tous ses effets et il a juste passé la porte pour franchir les pas qui le menaient chez celle qu'il aimait. Avec son linge et sa brosse à dents seulement ! Ma mère n'avait qu'une chambre avec un lit double… Mais je n'ai jamais osé la questionner sur le sujet. Son rythme de vie avait changé, elle n'écoutait plus ses *soaps* à la télévision, elle regardait les bulletins de nouvelles avec lui, elle qui n'avait jamais fait de concessions de sa vie. Comme elle l'aimait cet homme ! Je me souviendrai toujours du jour où, telle une jouvencelle, elle m'avait demandé : « Comment le trouves-tu ? » Exactement comme mes frères et moi, étant jeunes, lui demandions comment elle trouvait nos blondes. Follement éprise à son âge ! Nous n'en revenions pas ! La regrettée Jeannette aurait certes eu droit à des lettres d'Irène moins déplaisantes, avec le cœur en miettes comme elle l'avait. Ma mère, amoureuse ? Jamais je ne l'aurais cru, mais cette période m'a fait comprendre qu'elle n'avait jamais été heureuse avec mon père et qu'elle avait sans doute prié toute sa vie pour l'être un peu avant de mourir. Et Marie-Reine-des-Cœurs, à qui elle faisait ses neuvaines, l'avait enfin exaucée en mettant ainsi Ernest sur sa route.

J'allais les visiter, Ernest était un homme charmant, poli, bien éduqué, ne buvant pas et portant ma mère sur la main. Ce qui m'avait étonné, c'est que j'avais eu peine à le reconnaître après trois mois de vie commune. Du petit homme chétif qu'il était, il était devenu gras comme un voleur avec les pâtés chinois de ma mère, ses patates pilées à tous les repas, son pain croûté, ses cigares au chou, ses œufs dans la sauce blanche, ses macaronis à répétition… C'était à croire que la défunte épouse d'Ernest, aussi menue que lui, le nourrissait comme un oiseau. Tandis qu'avec Irène, corpulente et toujours au poêle, l'embonpoint avait vite transformé le « lutin » en « ogre ». Mais il était beau de voir ces amoureux du troisième âge s'aimer comme des gamins pas toujours sages. Parce qu'ils se taquinaient l'un l'autre, parce qu'ils avaient du plaisir ensemble, parce qu'ils avaient découvert que la fin d'un parcours pouvait être aussi le commencement d'un amour. La fille d'Ernest venait souvent les chercher pour les emmener à son chalet. C'était là leur unique sortie. Ils étaient venus souper chez moi qu'une seule fois, ils ne voulaient plus sortir de leur tanière, ils étaient heureux dans leur appartement, sur leur grand balcon ou dans l'une des balançoires du jardin de l'immeuble. L'hiver, ils regardaient la télévision, ils jouaient aux cartes, commandaient de l'épicier par téléphone leurs denrées et payaient tout à deux, le loyer comme la nourriture. Depuis l'arrivée d'Ernest dans sa vie, ma mère ne nous dérangeait plus, c'était à peine si elle appelait pour prendre de nos nouvelles. Ça se comprenait, elle était dans son bonheur à elle. Qu'à elle seule! Le bon Dieu avait été bon pour elle. Il m'arrivait de lui demander si elle songeait au mariage, mais elle me répondait évasivement: « Non, pas à notre âge… » Quoique si Ernest s'était avancé… Je suis certain qu'elle en mourait d'envie. Il tomba, hélas, malade, on le transporta à l'hôpital et elle se rendait à son chevet chaque jour en taxi quand nous ne pouvions aller la reconduire. Elle ne le quittait pas d'un pouce! Il était sa raison de vivre, il ne fallait pas qu'on le place en résidence ou que la mort l'arrache à elle. Elle priait encore le Ciel… Pourtant, c'est elle qui allait partir avant lui trois ans plus tard. Presque subitement, alors qu'à son tour il attendait que ma mère revienne de l'hôpital. Et quand il a su, quand sa fille lui a dit qu'Irène ne reviendrait plus, il a pleuré comme un enfant. Il ne pouvait comprendre que le Seigneur lui enlève une fois de plus la compagne de sa vie. Il ne s'en remit pas, il se laissa tout doucement aller et, dans le chagrin qui le minait depuis son départ, il a fini par mourir à son tour pour la retrouver. Pas longtemps après… Un an à peine ou un peu moins. Mais ce que je retiens de cette belle histoire d'amour, c'est que ma mère aura vécu trois années de réel bonheur dans sa longue vie. Avec l'homme qu'elle aurait voulu connaître au temps de ses cheveux blonds. Trois ans seulement, mais quelle pérennité pour eux. Ils sont morts dans la fleur de leurs sentiments, sur le dernier pétale de leur vivant… Mais, c'est sûrement à lire ce passage sur ma mère qu'on peut maintenant croire que l'amour n'a pas d'âge et que tout peut arriver en ce bas monde… avant d'avoir le cœur dans la tombe.

Une carte de Sylvie de Paris, sa mère et elles font un très beau voyage. Elles ont vu la tour Eiffel, elles sont allées à l'opéra, au Père-Lachaise où ma fille a déposé une rose sur la tombe de la comtesse Marie d'Agoult, maîtresse de Franz Liszt, de qui elle a eu trois enfants. Micheline, pour sa part, avait eu peur dans cet endroit où elle a cru voir des rats derrière des pierres tombales. De plus, certains monuments étaient si hauts, disait-elle, que ça permettait à quiconque de s'y cacher. Beaucoup plus à l'aise aux Champs-Élysées, ma douce moitié. Mais les jours passent si vite en voyage et, le 11 juin, elles revenaient toutes deux après avoir visité la Suisse et la Hollande. Fatiguées mais très heureuses de leurs séjours, elles avaient rapporté un tas de souvenirs et Sylvie n'avait pas oublié de m'acheter de superbes lithographies des portraits de Marie-Antoinette que j'avais fait encadrer.

Le retour au travail m'appelait et, trois jours plus tard, j'étais en compagnie de Gaétan Labrèche, le père de Marc, que je rencontrais pour la première fois. Quel homme distingué et bienveillant! Il s'était ouvert à moi en toute confiance, ce qui m'avait permis d'écrire un excellent papier par la suite. Quand je lui avais révélé que ma grand-mère maternelle était une Labrèche, il s'était écrié : « Nous avons peut-être un lien de parenté ! » Et il tricotait dans ses temps libres, monsieur Labrèche, c'était son passe-temps favori. Il m'avait demandé quand tombait mon anniversaire et, le lui disant, je reçus en décembre de la même année une superbe écharpe noire qui faisait trois fois le tour de mon cou. Le genre de foulard que les artistes peintres du dix-neuvième siècle portaient. Je n'ai pas eu le temps de l'essayer que ma fille me l'avait dérobé pour l'enrouler sur son manteau. Elle l'adorait! Sans le dire à Gaétan, je lui en ai fait cadeau, mais je n'avais pas négligé de remercier ce grand comédien pour autant. Je n'ai jamais rencontré son fils, mais je garde un excellent souvenir du père qui avait tenu tant de rôles dans les plus beaux téléromans. En juin 1984, ma fille célébrait ses vingt-deux ans et je la revoyais, petite, suçant son pouce et jouant avec le lobe de mon oreille de son autre petite main. Puis, je la revoyais à treize ans, seize ans, dix-huit ans… Nous l'avons fêtée, choyée et, de retour à la maison, je m'étais plongé dans la biographie *La Duchesse de Berry*, que Sylvie m'avait rapportée de Paris.

En juillet, je rencontrais Claude Valade pour une longue entrevue en tête-à-tête. Plus tard, ce serait à son tour de me recevoir à ses émissions de télévision de Cogeco lorsque j'aurai des romans à promouvoir. Quelle femme gentille et humaine! Et que dire de son mari, René-Pierre

Beaudry, que je croise encore de temps à autre avec le même plaisir qu'autrefois. Le mois suivant, je rencontrais Louise Deschâtelets pour la première fois et non la dernière. Nous nous sommes revus souvent lors d'entrevues pour elle comme pour moi. Une femme si engagée dans son métier… qu'elle est encore là !

Ah ! ce joli mois d'août ! Celui des vacances, du repos pour ceux qui travaillent trop. Sylvie est partie à Wildwood avec une amie et Michel est parti en Beauce avec son copain Vincent. Donc, seul avec Micheline pour la semaine qui vient. Afin de se retrouver, de profiter de l'accalmie, de marcher jusqu'au parc Sainte-Odile l'après-midi, écouter des opéras le soir, regarder nos films en réserve, souper à deux à la maison ou au restaurant Le Bordelais certains soirs… La détente, quoi ! Je lui avais même interdit de faire son lavage et son repassage ! Il lui fallait être en harmonie avec moi, en vacances entièrement. Avec rien à régler… Juste à vivre et à apprécier chaque moment ensemble. À se redire aussi, de temps en temps, un *je t'aime* sincère. Pas en guise de remerciement, pour rien, comme ça… Comme des adolescents, quoi !

Et le mois se termine avec des entrevues pour ma chronique : *À cœur ouvert* avec Suzanne Lapointe, Johnny Farago et Monique Lepage, trois personnes complètement différentes. Une animatrice experte en cuisine, un chanteur de charme et une comédienne chevronnée. On tourne la page du calendrier et Micheline a quarante-neuf ans au moment où Brian Mulroney devient premier ministre du Canada. Avais-je voté pour lui ? Je ne m'en souviens plus… Mais je me rappelle avoir fêté ma femme avec les enfants pour souligner ce dernier chiffre de sa quarantaine. Bien qu'avancer en âge ne l'énervait pas… autant que moi. Je lui avais offert pour l'occasion l'opéra *Rigoletto* sur cassettes et les enfants lui avaient acheté un pull tricoté de deux tons de vert.

Quelques jours plus tard, j'étais en route pour Saint-Césaire de Rouville, afin de rencontrer le comédien Jean LeClerc qui faisait surtout carrière aux États-Unis. On l'avait vu dans des *soaps* comme *All my children* et *Loving*, ainsi que dans plusieurs films. Plus tard, il tiendra le rôle de *Dracula* à Broadway. J'ai même eu le plaisir de le revoir dernièrement, un certain midi dans un ancien épisode des *Belles Histoires des pays d'en haut*, alors qu'il voulait vendre son commerce et que *Séraphin* s'en mêlait... Toujours est-il que je l'ai rencontré, qu'il m'a bien accueilli et que j'ai rédigé un bon papier que j'avais « romancé » dans son cas. Sais pas pourquoi... Ses rôles dans les *soaps* peut-être ? Le lendemain, Sylvie s'était rendue au Stade olympique pour voir le pape Jean-Paul II en personne et entendre Céline Dion interpréter *Une colombe* au Saint-Père. Sylvie en avait profité pour faire bénir son chapelet et celui de sa mère, bénédiction de foule évidemment, et elle était revenue « sanctifiée » de sa rencontre avec le pape. Très dévote ma fille ! Comme sa mère ! Et encore de nos jours ! La messe tous les dimanches avec son mari et ses enfants. Je reprends le boulot et rencontre Pierre Dufresne dans un restaurant de la rue Saint-Paul. Le *Fardoche* de *Passe-Partout* et le *Joseph-Arthur* du *Temps d'une paix*. Quel excellent comédien ! Nous avions eu un magnifique échange. Pierre avait épousé en 1958 Suzanne Laberge, un mannequin qui avait remporté le titre de Miss Élégance l'année précédente, et qui lui donna trois enfants. Une jeune femme magnifique avec laquelle j'avais eu l'occasion de travailler dans les défilés de mode au temps des Créations Pierre. Quel beau couple ils formaient tous les deux ! Je le revois venir la chercher après un défilé et s'assurer qu'aucun autre homme ne lui fasse la cour... Amoureux, je crois que monsieur Dufresne pouvait être possessif et un tantinet jaloux. Pourtant, sa Suzanne n'était qu'à lui, elle en parlait constamment, elle l'aimait follement. Ils sont aujourd'hui décédés, l'un après l'autre, mais ils ont laissé dans mon cœur et dans bien d'autres le souvenir d'un couple charmant. Puis, un entretien avec Michèle Richard au restaurant Granada. Lorsqu'elle est en tête-à-tête et qu'elle se confie, Michèle n'est plus la même, elle devient douce comme un agneau, elle regarde souvent le ciel par la fenêtre, elle réfléchit, elle revit certains moments de sa vie, et on la retrouve avec les yeux embués lorsque les souvenirs lui écorchent le cœur. Bref, une femme que j'aime énormément et qui me le rend bien.

L'automne est à nos portes et je reçois la charmante Martine St-Clair à la maison pour une longue entrevue. Pas prétentieuse pour deux sous malgré sa grande popularité, je l'avais décrite dans mon journal intime en disant d'elle : *Une douce fleur des champs, aussi candide que belle...* Et c'était sincère. Après cet entretien, je n'ai jamais eu l'occasion de la revoir ni de l'interviewer une seconde fois, mais je l'ai toujours gardée en mémoire.

Le 24 octobre 1984, je tombe à la renverse ! Ronald Lapierre, notre directeur de l'administration, m'annonce que Claude J. Charron a mis son empire en vente. Jacques Francœur ainsi que Québecor seraient intéressés, ajoute-t-il. Ce qui m'a bouleversé, je l'avoue ! Non pas pour mon emploi, mais pour le fait que Claude J. ne m'en ait pas parlé, moi, son bras droit depuis toutes ces années. Apprendre une telle nouvelle par le biais de la comptabilité, ça m'avait choqué, peiné, mais je m'étais abstenu de le lui reprocher. Ronald avait ajouté que Claude comptait beaucoup sur moi... Pourquoi ? N'avais-je pas déjà tout donné ? Enfin, le 1er novembre, Claude J. m'apprenait lui-même cette fois qu'il avait vendu son entreprise à Jacques Francœur. Donc, *Le Lundi* changeait de mains ! Je rencontrai Jacques Francœur, il m'inspira confiance, il était aimable et comptait sur mon savoir-faire. Bref, il avait été charmant, mais je me suis toujours méfié du premier contact, sauf de celui avec Claude J. au temps des *Chats diaboliques*. Quelques jours plus tard, on allait célébrer l'anniversaire de mon fils et tous ces changements au bureau n'allaient pas m'empêcher d'aller avec lui acheter les poids et haltères qu'il désirait pour sa fête. Mais le dimanche, Claude J. m'avait téléphoné à la maison. Curieusement, je le sentais seul, quoique entouré des siens. Il allait rester mon ami, me disait-il… Et, en ce dimanche, au bout du fil, je sentais que c'était le choc de son geste qui se manifestait. Comme le choc postopératoire, celui qu'on ressent après une intervention. Il fallait qu'il me parle maintenant que tout était réglé. Parce que tout allait dès lors lui échapper…

Mon fils, avec ses vingt-cinq ans, était encore aux études qui allaient se terminer au printemps, ainsi qu'avec sa Roxane qu'il adorait. Comme il habitait encore sous notre toit, il était évident que sa mère avait encore un œil sur lui, mais sa vie devait lui appartenir. Il fallait qu'elle lâche prise, mais… *mère un jour…* Vous connaissez l'adage, n'est-ce pas ? Et le 15 novembre, j'avais transcrit dans mon journal intime, ce poème de Lamartine que je venais de retracer en remontant le fil de mes mémoires :

> *Le livre de la vie est le livre suprême,*
> *qu'on ne peut ni fermer ni rouvrir à son choix.*
> *Le passage attachant ne s'y lit pas deux fois,*
> *mais le feuillet fatal s'y tourne de lui-même.*
> *On voudrait revenir à la page où l'on aime,*
> *et la page où l'on meurt est déjà sous nos doigts.*

Je devais certes être triste ce soir-là pour avoir infiltré dans les lignes consacrées à ma journée cette strophe de six vers d'un siècle passé. Ou épuisé par tous les efforts déployés de ces dernières années... À bout sûrement, l'espace d'un moment, puisqu'il me fallait continuer, pour ne pas dire recommencer, à puiser dans mes forces pour un autre... ce que j'avais fait avec Claude.

Décembre le 6, j'ai quarante-huit ans. J'aurai donc offert presque ma quarantaine à Claude J. Charron. Et la décennie complète au *Lundi* qui s'accroche encore à moi. Il y a tempête sur la ville ainsi que dans mon cœur quelque peu en cendres. Le repos? Temporairement sans doute. Micheline m'a offert une robe de chambre en velours vert, un cadeau bien choisi pour le répit que m'offre la transition entre l'ancien et le nouveau patron. Et Noël 1984 se pointe à travers la pluie et la neige. Une cassette de Janis Joplin pour Michel, un matador de porcelaine d'Espagne pour Sylvie. Un cadeau pour Micheline et moi? De l'un à l'autre? Évidemment, mais je ne m'en souviens plus. Ma mère a eu soixante-dix-neuf ans, elle qui croyait ne pas se rendre à cinquante ans. C'est bien pour dire... Le 29 décembre, les écureuils patinent sur les trottoirs! Tout est de glace! Même les moineaux ne peuvent se poser sur mon patio pour s'emparer des croûtes de pain. Mon auto est à l'image d'un cube givré. Quelle journée! Le 31, Micheline et moi sommes seuls dans notre embellie. Avec la musique de Frédéric Chopin et la cassette de poésie intitulée *Le bal des spectres*, que j'ai conçue et enregistrée à partir des poèmes récités de Verlaine, Baudelaire, Sartre et Paul Éluard, que j'écoute encore... trente ans plus tard.

Chapitre 12

Janvier débute avec une superbe performance du comédien Michel Forgues, seul en scène dans la peau de Nelligan, au Centre du Plateau Mont-Royal. Yves Mallette m'accompagnait ce soir-là. Et le 24, c'était un autre départ pour Hollywood. Un vol moins désagréable cette fois, le même hôtel sur Sunset Boulevard, la même chambre 310 avec balcon et un souper au Silver Screen pour me remettre de mes émotions. Pas le temps de reprendre mon souffle que je reçois, à mon hôtel, l'acteur Peter Reckell du *soap* quotidien *Days of our Lives* que plusieurs de nos lectrices suivent régulièrement. Très bel homme de trente ans, interprète de *Bo Brady* dans le téléroman, on nous réclamait ses *posters* sans arrêt. Arrivé en *jeans* et espadrilles, il sembla gêné par l'homme mieux vêtu que j'étais, mais je le mis vite à l'aise en lui servant un scotch sur glace qu'il apprécia. Il se confia avec chaleur, accepta la séance de photos sans sourciller et partit après deux longues heures d'entretien. J'avais tout appris de lui, de son enfance jusqu'à ce jour. Et ce que les lectrices apprécièrent était que ce séduisant célibataire changeait de « blonde » assez souvent. Ah! le rêve… Certaines d'entre elles qui l'adulaient disaient de lui qu'il n'était pas « un train à laisser passer ».

Le soir des Golden Globe Awards s'amène et j'y suis, à la table de la *Foreign Press*, entouré de vedettes de tous calibres. Dans le hall d'entrée, j'ai croisé Gina Lollobrigida avec qui j'ai causé quelques minutes. Elle parlait assez bien le français, elle était belle, mais ce n'était plus la splendide Lola du film *Trapeze*, aux côtés de Burt Lancaster et Tony Curtis. Elle avait maintenant cinquante-sept ans, elle était élégante… De toute façon, je ne l'ai jamais trouvée *sexy* la Lollo. Jolie, mais pas allumante comme celles qui avaient orné mes murs dans les années cinquante. Une rencontre qui avait été inoubliable cependant, c'est lorsque tous les yeux s'étaient tournés vers le hall d'entrée alors que la magnifique Elizabeth Taylor y faisait son apparition, escortée d'un garde du corps et de son imprésario. Quelle vision! Jamais je ne l'avais vue aussi belle! Pas jeune elle non plus, la cinquantaine, mais quelle femme! Vêtue et parée d'or comme une reine, on allait l'honorer ce soir-là, pour l'ensemble de sa carrière. *Il faut que je l'approche, que je lui parle, qu'elle me voie…*, me disais-je. Et cela se produisit lorsque, passant près de moi, j'eus droit à un sourire. J'ai fait mine de m'adresser à elle et elle s'est arrêtée pour me faire répéter ce que je disais… Et, de là, une conversation devant tout le monde sur ses films. Dès qu'elle a su que j'étais de Montréal, elle s'est empressée de me dire que c'était dans ma ville, au Ritz Carlton, qu'elle avait épousé Richard Burton la première fois et qu'elle préférait Montréal à Toronto. Évidemment! Toronto avait refusé qu'elle se marie dans sa ville, l'Ontario s'y opposait alors que le Québec avait été plus accommodant et Montréal, plus serviable. Puis, me regardant des pieds à la tête, elle avait ajouté que j'étais élégant et que mon veston de soirée, tirant sur le violet, était superbe. Sa couleur préférée ! Je lui demandai s'il était possible dans les jours suivants d'obtenir une entrevue avec elle. Voyant que j'y tenais, elle se tourna vers son imprésario pour connaître son emploi du temps et il lui dit qu'elle ne serait pas de retour avant quinze jours, elle partait le lendemain pour un tournage, mais qu'après, oui, ça pourrait s'arranger. Bien beau, quinze jours, mais je serais de retour à Montréal, moi ! Et je ne serais pas resté là à attendre pour obtenir une entrevue quinze autres jours plus tard… Trop incertain. Je la saluai bien bas et je la laissai se rendre à sa table, car on se l'arrachait. Après moi cependant, elle n'avait parlé à personne d'autre, juste souri à quelques-uns, et plusieurs journalistes de la presse étrangère avaient des poignards dans les yeux en me regardant. On n'avait pas osé nous interrompre et ils avaient raté leur chance. Je regagnai donc ma table et, avec les mots échangés et les notes prises au cours de la soirée sur son attitude envers les autres acteurs, je pus écrire un bon papier sur cet entretien avec elle et décrire ses moindres gestes au cours de la remise des prix, en plus d'y ajouter sa biographie. Pour moi, ce fut une rencontre inoubliable, car Elizabeth Taylor, depuis *Cléopâtre* et *Butterfield 8*, s'était glissée fortement dans mon cœur.

Au début de février, je rencontrais Hervé Villechaize, alias *Tattoo*, le nain de la série *Fantasy Island*, celui qui criait toujours « The plane ! The plane ! » lorsqu'il voyait venir l'avion. Il m'avait invité à souper au Petit Château de North Hollywood pour huit heures, il m'y attendrait avec sa première femme, Anne, avec laquelle il avait conservé un lien d'amitié. Après un voyage en taxi de vingt-cinq dollars, je l'avais rejoint sur une rue passablement sombre et sans trop grande affluence. Le Petit Château était un restaurant très huppé cependant, où le maître d'hôtel m'avait dit en entrant: « Suivez-moi, monsieur Villechaize vous attend. » Table avec candélabres, velours rouge sur les sièges, j'ai senti que le petit acteur avait été impressionné par ma tenue vestimentaire, lui qui ne portait qu'un *jeans* et un *t-shirt* avec des motifs cosmiques sur le devant. Il arborait une grosse montre à son poignet et trois grosses bagues à ses doigts potelés. Sa compagne Anne, vêtue d'une jolie robe sobre, était tout de même assez élégante pour l'endroit. Je me souviens de notre conversation en français qui fut très animée. Il me parlait de Ricardo Montalban qu'il n'aimait pas, des producteurs qui ne connaissaient rien et, malgré le repas gastronomique, je remarquai qu'il préférait de beaucoup le verre à l'assiette. Du vin rouge en quantité! Trois ou quatre bouteilles, je ne les comptais plus. Et petit comme il était, il avait commencé à être ivre au premier verre. Anne était de grandeur normale, Hervé me disait détester les naines, qu'elles étaient vilaines… Un long et dur souper, car il trouva le moyen d'engueuler son ex-femme à deux reprises et de s'en prendre à un client qui trouvait qu'il parlait trop fort. Dieu que j'étais mal à l'aise! Mais il était très gentil avec moi, poli et avenant. Il adorait les femmes et lorsque je lui montrai une photo de ma fille, il s'écria: « I'm in love! I'm in love! » Heureusement que ce n'était pas l'année où Sylvie était avec moi, elle aurait eu de la difficulté à contrôler… son emportement! Je le rendis heureux aussi en lui dépliant le grand *poster* double qu'on avait mis de lui dans *Le Lundi*. Ce fut un moment de joie! Il se leva pour aller le montrer au patron, au maître d'hôtel; il se sentait célèbre et international avec cette affiche entre les mains. Bon geste de ma part. Quand le moment arriva pour moi de partir, il commanda le taxi, insista pour le payer, et recommanda au chauffeur de prendre telle avenue pour que je ne sois pas importuné par des voleurs. C'est tout juste si le chauffeur n'avait pas eu à lui montrer tous ses papiers pour qu'il les vérifie. Et il avait insisté pour que je l'appelle aussitôt rendu à mon hôtel. Ce que j'avais fait, mais c'était Anne qui avait répondu pour me dire qu'il s'était couché, ivre mort, après l'avoir engueulée parce qu'elle voulait quitter le restaurant alors qu'il commandait une cinquième bouteille. Elle s'excusa de son comportement, mais il avait été si aimable avec moi qu'elle n'avait pas à le faire. J'avais fait l'entrevue, moitié français, moitié anglais, car certains termes de la langue de Molière lui échappaient à force de s'exprimer plus souvent en anglais. Un repas qui avait dû lui coûter cher! Surtout en vin! Mais il semblait si malheureux, ce petit homme abandonné de tous, sauf d'Anne, car au travail, on le fuyait à cause de ses exigences. Il voulait obtenir le même salaire que Montalban, ce qu'on lui refusait. Il avait toujours été frustré et la boisson, son évasion, le rendait hélas violent. Il avait failli tuer sa seconde épouse, Camille, en lui tirant dessus un soir qu'il était saoul! Pauvre Hervé Villechaize! Quand j'ai appris dix ans plus tard qu'il s'était suicidé par balle dans son salon, à l'âge de cinquante ans, je n'en ai pas été étonné. Chagriné, oui, mais pas surpris, je sentais qu'il allait finir tragiquement sa triste vie. Il détestait Hollywood, le milieu, les producteurs, bref, il se détestait lui-même. Mais je garderai toujours un souvenir impérissable de cette soirée au Petit Château où j'ai eu la chance de lui remonter le moral durant une heure ou deux. Jusqu'à ce que le vin prenne le dessus sur mes encouragements. Le lendemain, fatigué, je me rendais au bureau de l'agent de Billy Moses de la télésérie *Falcon Crest*. Le jeune acteur de vingt-cinq ans m'accorda une entrevue plus «reposante» que celle de la veille.

Il me parla de l'insécurité du métier et de la chance qu'il avait eue d'hériter de ce rôle important dans *Falcon Crest*. Je lui avais promis de passer un gros *poster* de lui dans *Le Lundi*, ce que j'ai fait à mon retour pour ensuite le lui faire parvenir. Un entretien facile, exactement ce dont j'avais besoin après ma « laborieuse » rencontre avec Hervé Villechaize.

Puis, par pure coïncidence, on m'invite à rencontrer Ricardo Montalban. Avait-on appris que j'avais interviewé Hervé alias *Tattoo* de la série ? Toujours est-il que j'y suis allé avec Lina qui, en cours de route, avait insisté pour avaler un beigne avec un café au lait à cause de son hypoglycémie qui se faisait sentir. Avec le résultat que nous sommes arrivés en retard et que monsieur Montalban, offensé, se permit de l'engueuler. C'est donc moi qui l'ai rappelé à l'ordre en lui expliquant fermement la raison du retard et, sentant que j'étais prêt à virer de bord, il se calma et me fit passer dans un salon. C'est lors de cette rencontre que j'ai compris pourquoi *Tattoo* détestait Montalban. Sûr de lui, arrogant, il parlait de *Fantasy Island* comme d'une toute petite série ! Lui qui n'avait pourtant que ça pour gagner sa vie à ce moment-là. Il préférait parler des films dans lesquels il avait joué et qui n'avaient jamais eu de succès. Il parla peu de sa nationalité mexicaine, de sa femme et de ses enfants, il en avait quatre, et il se contenta de répondre à mes questions de façon évasive. Je crois qu'il avait senti que je ne l'aimais pas. Ce n'était pas parce qu'il avait soixante-cinq ans qu'il allait parler à Lina, qui en avait cinquante et même plus, d'une façon condescendante. Je le quittai en lui donnant la main poliment, content de ne plus avoir à le revoir. Finalement, c'est le moment de partir, de quitter cette jungle hollywoodienne et de rentrer chez moi.

De retour à Montréal, en février, je me rends à la Place des Arts avec Micheline, afin de voir Michèle Richard en spectacle. Superbe ! En avril. On m'invite à l'émission, *La belle et la bête*, à CKVL où Jacques Matti et Hélène Fontayne me reçoivent. Je n'aime pas tellement les émissions de tribune téléphonique, on se demande toujours qui va arriver au bout du fil… J'ai trouvé le temps long, c'était stressant, mais j'ai tenu le coup. Au bureau, j'en profite pour négocier un salaire plus élevé. Ce qui me fut accordé. Je ne voulais pas être juste la boucle sur le cadeau que venait d'acheter Jacques Francœur. En avril, je suis en tournée de promotion avec mon recueil de billets *Au fil des sentiments*. Partout à travers le Québec ! Le mois suivant, je prends sept jours de vacances et je m'envole à Miami avec ma fille qui profite d'une semaine de relâche. La même routine pour moi, des découvertes pour elle. Johnny Farago en vedette au *Beach Harbor*, la mer et les algues pour elle, la piscine pour moi, le soleil, les Québécois par centaines, des lectrices qui me demandent des autographes que je signe avec plaisir, des restaurants quelque peu huppés, des hot dogs sur la plage, un Kraft Dinner dans notre cuisinette… Un séjour fort agréable.

En juin, notre fille nous apprend qu'elle a trouvé un emploi d'enseignante… à Swift Current ! En Saskatchewan ! Je lui avais rétorqué : « Où ? Répète… » Je n'avais jamais entendu ce nom-là de ma vie, Micheline non plus. En fouinant dans mes dictionnaires, j'appris qu'il s'agissait d'une petite ville de la Saskatchewan de 13 800 habitants environ, au sud-ouest de la province. On pouvait s'y rendre en prenant l'avion jusqu'à Regina et, ensuite, l'autobus pour un trajet de trois heures jusqu'à Swift Current. Cette ville avait tout de même ses célébrités, puisque le hockeyeur Patrick Marleau des Sharks de San José en était originaire. Mais nous sommes quand même tombés à la renverse ! Notre fille allait nous quitter pour aller enseigner si loin parce qu'il n'y avait pas de pénurie de professeurs à Montréal. Même avec un bac en orthopédagogie de McGill, c'est tout ce qu'on pouvait lui offrir. Aucun poste vacant ; c'était l'époque où tous les professeurs étaient encore sur le marché, ne cédant en aucun cas leur place aux nouveaux arrivants. Elle allait partir au mois d'août avec Chantal, une autre enseignante qui allait partager l'appartement qu'on allait leur trouver. Mais, voir un de ses enfants partir s'installer loin de nous, c'était attristant, ça ne devrait jamais arriver... On les perd pour longtemps, j'en sais quelque chose. Que pouvait-on y faire ? Elle semblait emballée par l'expérience et elle allait avoir vingt-trois ans dans quelques jours. Sans doute aussi le fait d'avoir sa vie de jeune femme en main, sans papa ou maman derrière elle à s'en mêler... Donc, l'aventure ! Ce que je voulais faire étant jeune et que je n'ai pu réaliser, empêché par ma mère. Pauvre Ross Wood, mon premier patron, qui avait tenté en vain de la convaincre... Nous nous sommes donc inclinés devant le choix de notre fille, mais j'avoue que ça nous a inquiétés. Surtout moi ! Un père qui voit partir sa fille sans protection dans une ville étrangère à des milliers de kilomètres... Je ne le montrais pas trop, mais ça me dérangeait royalement. J'aurais voulu la garder près de moi. Possessif, un papa ! Surtout pour sa petite fille ! Je m'évadai donc du sujet en plongeant dans la biographie de Louis XVI, le brave horloger, le roi le plus doux qui soit et qu'on a guillotiné... Maudits sans-culottes ! Troquer un Bourbon contre... un Napoléon ! En juillet, néanmoins, Sylvie part avec son amie Reine pour l'Europe afin de profiter un peu de ses vacances. Elle veut revoir Paris et se rendre ensuite à Munich, en Allemagne. Moi, de retour au travail et encore en campagne promotionnelle pour mon livre *Au fil des sentiments*, je suis invité à l'émission *Midi Soleil* animée par Alain Montpetit et Louise-Josée Mondoux dans le Vieux-Port de Montréal. Une belle et longue entrevue en plein air! Et je me souviens encore de l'enthousiasme de Louise-Josée parce que j'avais rencontré Michael York à Hollywood. Elle l'adorait, cet acteur! Et voilà que je reçois une autre carte postale de Sylvie. Elle est maintenant rendue à Vienne, en Autriche. Comme je l'envie! Vienne! Là où étaient nées Marie-Antoinette et Hedy Lamarr, les deux femmes célèbres que je vénère le plus! Deux Autrichiennes! Elle rentre enfin d'Europe avec, dans ses bagages, de jolies porcelaines pour sa mère et, six jours plus tard, ce fut le grand départ pour la Saskatchewan où sa vie d'enseignante l'attendait. Elle nous manquait déjà, la maison était inanimée sans elle: sa musique disco, les rires avec ses amies, Line et Reine, leur va-et-vient continuel, tout s'était éteint brusquement. C'était si calme qu'on pouvait maintenant entendre le tic tac du balancier de l'horloge et la perruche gruger le sel au fond de sa cage.

Le lendemain soir, une petite crise d'angine me surprend soudainement. Trop de stress sans doute, mais rien d'alarmant. Sylvie nous téléphone de Swift Current, ça semble ennuyant à perte de vue, mais sa coloc l'encourage un peu et toutes deux emménagent dans un appartement fort joli cependant. Elle allait s'habituer tout doucement à sa petite ville «sans âme» et anticipait le moment où elle serait plus active avec ses élèves. Cinq jours plus tard, elle nous annonce qu'elle s'est acheté une Escort neuve bleu pâle. Donc, elle se débrouille assez bien! Et Micheline est heureuse de voir qu'elle prend sa vie en main.

Septembre s'annonce sans fanfare et Micheline accuse un an de plus, ce qui lui fait maintenant cinquante ans révolus. Elle ne s'en fait pas. Être quinquagénaire ne la dérange pas. Elle accepte tout avec sérénité, ma chère femme. Ce qui n'est pas mon cas. J'aurais voulu l'inviter au restaurant, mais j'ai encore cette douleur à la poitrine qui me confine à la maison. Nous nous reprendrons... Sylvie, dans la carte d'anniversaire envoyée à sa mère, en profite pour écrire en post-scriptum qu'elle enseigne à la maternelle et que, de plus, elle a deux prétendants, même trois! Ce qui m'inquiète, évidemment! Le 16 septembre, Micheline prend le petit avion pour l'Abitibi où elle va enseigner à des stagiaires d'Hydro-Québec la gestion de la paie des employés. Très forte en chiffres, patiente pour expliquer, elle est sans cesse désignée pour donner ce cours dans les différents points de service de la province. Elle a aussi la tâche de se rendre en Cour quand un employé est poursuivi par sa femme pour augmenter la pension qu'il lui verse. Elle m'avoue détester les jeunes avocates de la poursuite et défend les travailleurs, toujours des hommes, qui risquent de se faire laver par leur femme quand elle n'intervient pas. « Les avocates sont arrogantes, insolentes et effrontées! » me dit-elle. Elle compose mieux avec les avocats. De toute façon, ma femme s'est toujours sentie plus à l'aise dans un monde d'hommes que de femmes. En Cour, elle les défend, ses « p'tits gars », quand on tente... de les plumer! « Un salaire brut n'est pas le revenu net! dit-elle, papiers en main. Ils ont des logements à payer, il faut qu'ils mangent! Avec ce que vous exigez, il ne leur restera rien! » Et vlan! Les pauvres gars soupiraient d'aise quand c'était elle qui se rendait au tribunal pour eux... avec leur salaire en main! Pendant ce temps, en plus d'être une *teacher* pour les enfants de sa maternelle, Sylvie enseigne aussi le français chez Berlitz. Quelle débrouillardise! Elle augmentait ainsi ses revenus. Elle semble de plus en plus heureuse dans sa petite ville, mais pas encore en amour avec l'un de ses trois prétendants. On dirait que ça s'estompe... Seul avec Micheline un samedi soir, nous avions regardé le film *Amadeus*, avec Tom Hulce qui incarnait un lunatique Mozart. Un acteur que j'allais rencontrer à Hollywood plus tard. Nous en avions profité pour parler des enfants, de nous deux, heureux d'être en assez bonne forme, surtout elle qui prenait grand soin de sa santé alors que je me foutais un peu trop de la mienne.

Michèle Lemieux, une de mes adjointes, est venue à la maison m'aider à préparer un album spécial pour le 10ᵉ anniversaire du *Lundi*. Dix ans déjà! Et j'avais, dans mon bureau, tous les *Lundi* reliés depuis le premier en 1976 jusqu'au plus récent en date de l'anniversaire. Il en allait ainsi de tous les *Elle et Lui* que j'avais fait relier à l'Institut des sourds-muets sur le boulevard Saint-Laurent. Que de souvenirs! Un trésor que je conserve précieusement et que je léguerai à mes enfants quand je ne serai plus là. Une sacrée belle collection! Il m'arrive de les feuilleter parfois et de me dire: *Ça, c'était du magazine!* Nous étions dans les 80 000 à 100 000 copies vendues chaque semaine et je persiste à dire, malgré mon âge, que si l'on me remettait un autre hebdo du genre entre les mains, je le remonterais au sommet comme je l'ai fait naguère. Parce je vois ce qui se fait et je sais… ce que je ferais!

Après être allés voir tous deux Céline Dion à la Place des Arts, Micheline est partie pour les Laurentides avec Colette Maher et son groupe dont elle faisait partie. Le yoga s'intégrait à son bien-être depuis un certain temps. Seul à la maison, je reçois un envoi de Sylvie avec des photos de sa classe et de ses élèves. Ils sont tous très mignons, filles et garçons! Ma fille rayonne, souriante au milieu des enfants, les mains sur les épaules de… ses chouchous! Une autre lettre de Sylvie nous parvient, et Sylvie semble vouloir jeter son dévolu sur un nouveau soupirant prénommé Christopher. Que sont devenus les trois autres? Ah! chère fille! Entre-temps, Michel Brodeur, réalisateur de télévision à Télé-Capitale de Québec, me veut pour seconder Isabelle Lapointe à l'émission *Mieux-Vivre*. J'accepte volontiers, mais il faut m'y rendre chaque lundi pour une émission en direct et l'enregistrement des autres. Ce qui est époustouflant ! Mon rôle était de parler du quotidien des gens comme je le faisais dans mes billets. J'ai tenu le coup un bon bout de temps, mais j'allais devoir abandonner éventuellement, ça faisait vraiment trop de déplacements. Partir de Montréal en plein hiver pour me rendre à Québec... J'aimais beaucoup la partie qu'on m'avait confiée, mais Michel Brodeur comprit que c'était trop me demander. J'avais des magazines à diriger, des entrevues à réaliser, ma promotion pour mon recueil de billets, ma mère, ma femme, mon fils... Je ne pouvais plus me diviser comme je le faisais. Lorsque j'ai laissé l'émission télévisée, j'ai reçu un abondant courrier disant regretter mon départ, mais j'étais au bout de ma corde... En novembre, après une tournée de promotion bien orchestrée, je suis en nomination au Salon du livre de Montréal pour le prix du public de *La Presse*. Avec un recueil de billets ! Parmi tous les romans des autres ! Je ne remporte pas le prix, j'ai de sérieux concurrents, mais le seul fait d'avoir été mis en nomination me démontre à quel point je pouvais être près des gens qui avaient voté pour *Au fil des sentiments*.

En décembre, ma mère se retrouve à l'hôpital. Je m'y précipite et je la retrouve en larmes, elle, si forte habituellement. Elle est découragée, elle a de l'eau sur les poumons, et son Ernest qui l'attend à la maison... Je la console, je l'encourage, je lui dis qu'elle est encore solide comme le roc et qu'elle s'en sortira une fois de plus. Invincible, cette Irène ! Et pour moi qui viens d'avoir quarante-neuf ans, c'est la dernière année d'une décennie que je n'aime pas voir s'étioler. Quarante-neuf, c'est un sursis ! Quelle horreur ! Micheline et Michel m'ont couvert de cadeaux et de tendresse, et Sylvie m'a téléphoné de Swift Current pour m'offrir ses vœux. Je passe beaucoup de temps avec Micheline en ce mois de décembre. Des courses dans les grands magasins pour les cadeaux de Noël, plusieurs repas en tête à tête au restaurant… Je me suis éloigné des collègues de bureau pour un bout de temps. Ils prenaient trop de place dans ma vie et je m'en suis rendu compte… à temps ! J'adresse mes cartes de Noël, une habitude à laquelle je n'ai jamais dérogé. Aujourd'hui, elles sont moins nombreuses, mais j'en poste encore. Moi, des vœux par courriel, non merci ! On vend encore des timbres et les boîtes à lettres rouges sont toujours aux coins des rues ! Le 16 décembre, je suis à Québec pour une dernière apparition à *Mieux-Vivre* et, logeant au Motel Universel comme d'habitude, je me rends à la piscine intérieure de l'endroit vers onze heures du soir afin de faire quelques longueurs. Je pousse la porte et deux hommes, genre gardes du corps, m'empêchent d'aller plus loin. Je suis en maillot de bain enroulé dans une serviette, où donc pouvais-je aller, sinon retourner à ma chambre ? Soudain, j'entends une voix qui leur commande : « Non, laissez-le entrer. » Puis, s'adressant à moi, la personne ajoute : « Venez, je vais me sentir moins seul dans cette grande piscine. » Je le regarde et, surpris, je me rends compte qu'il s'agit de Robert Bourassa, notre premier ministre nouvellement réélu après une absence de neuf ans. J'en étais mal à l'aise et je me demandais bien ce qu'il faisait dans ce motel-hôtel qui n'était pas tellement de sa classe. Il m'expliqua que c'était le meilleur endroit pour ne pas être repéré et se détendre à son goût. La natation était un loisir qu'il adorait. Je me suis présenté sans lui dire que j'étais journaliste, j'avais peur qu'il pense que j'avais fait exprès, que je l'avais suivi pour un *scoop*… Je lui avais avoué être chroniqueur à l'émission *Mieux-Vivre*, ce qui était moins redoutable pour lui que journaliste. Nous avions nagé ensemble, nous avions conversé encore un peu, puis il était remonté pour suivre ses deux « géants » après m'avoir salué et souhaité une bonne nuit. De retour à ma chambre, j'étais encore impressionné... Et je m'en voulais de ne pas lui avoir dit que j'avais voté pour lui !

Sylvie rentrait enfin au bercail pour le congé des Fêtes. Quelle joie ! Je l'attendais à bras ouverts et Micheline avait la larme à l'œil. Sylvie nous disait adorer les petits pour lesquels elle se dévouait. Elle était plus sérieuse, plus calme, mais toujours aussi belle. Quel beau Noël nous allions vivre avec notre petite famille autour de la table ! Le 23, ma mère fêtait ses quatre-vingts ans ! Sans Ernest cependant qui avait réintégré la résidence pour raison de santé. Imaginez ! Octogénaire ! Elle ne le croyait pas elle-même, elle disait que c'était sa sœur Jeannette qui ne voulait pas d'elle de l'autre côté. Nous avions réservé au restaurant La Barrique pour un élégant souper de fête. Quelle erreur de notre part ! Sur les lieux, voyant les prix, ma mère s'était exclamée : « C'est donc bien cher ici ! T'aurais pu m'emmener chez le Chinois ! » Je lui répondais que c'était un jour spécial, que toute ma famille était là, de ne pas regarder les prix... On commanda un bon filet mignon pour elle, du vin pour nous. S'informant du prix du vin, elle avait ajouté : « Tu vas pas payer ce prix-là pour vous saouler ! C'est du vol ! T'aurais pu en emporter de chez vous ! » Nous lui disions de ne pas parler trop fort, que c'était un restaurant « huppé », terme qu'elle ne connaissait pas, évidemment. Après avoir avalé quelques bouchées de patates et le quart de son steak, elle attendait qu'on termine et, lorsque le serveur était revenu pour prendre les assiettes, elle lui avait dit : « Non, pas la mienne ! » En nous annonçant : « J'apporte le reste chez moi, ça va être mon dîner demain. » J'avais beau tenter de lui faire comprendre que ça ne se faisait pas dans un tel endroit, qu'ils n'avaient pas de *doggie bag*, et que le steak allait être dur le lendemain... Elle s'obstinait, je poursuivais et, sans m'écouter, se fichant bien de Micheline, Roxane, Michel et Sylvie qui la regardaient, elle sortit un *kleenex* de sa manche de robe, mit le morceau de viande dessus et le fourra... dans sa sacoche! Nous étions tous restés la bouche ouverte! Sylvie lui disait que ça allait couler, que ça allait abîmer l'intérieur de son sac à main et elle lui répondit : « Tant pis! C'était à vous autres de m'inviter à La Gaspésienne! », un petit restaurant à banquettes près de chez elle. Elle avait ajouté en me regardant : « Ça s'peut-tu dépenser d'même! Te prends-tu pour un millionnaire? » Personne n'avait insisté. Michel l'avait ramenée jusqu'à la voiture pour ne pas qu'elle voie l'addition. Elle aurait certes crié au meurtre, c'était plus que son marché de la semaine! Toujours est-il que « le steak dans la sacoche » avait pris le bord de la poubelle le lendemain et que le fond du sac à main était ruiné, taché par le sang de la viande. Telle était ma mère! On s'était bien promis que, la prochaine fois, on l'emmènerait manger un *Fried rice* et un *Chicken soo guy*... chez le Chinois!

C'est Noël, le souper a été simple et de bon goût, Sylvie est partie veiller chez des amis, Michel a décidé de se rendre chez les parents de Roxane et, restés seuls tous les deux, nous avons regardé la cassette du film *Carmen*, mettant en vedette la soprano Julia Migenes-Johnson, que j'avais donnée à Micheline en cadeau. Deux heures de passion pour elle, une saine détente pour moi. Bilan de l'année 1985, nos deux enfants ont gradué de l'université, ils ont leur vie en main désormais. Sylvie enseignait à Swift Current et Michel avait décroché un emploi temporaire à l'école Saint-Sacrement de Terrebonne comme professeur. En remplacement d'une enseignante en congé de maternité. Nous étions fiers d'eux! Michel était follement épris de Roxane et Sylvie de Christopher… peut-être ? Et Micheline et moi les regardions évoluer en échangeant un clin d'œil complice. De satisfaction ? De fatuité ? Sans doute les deux !

Sylvie est repartie pour la Saskatchewan retrouver ses bouts d'choux et je regarde la neige tomber. Et le 22 du premier mois de l'année, me revoilà… à Hollywood ! À peine arrivé, je rencontre Aby Dalton, une des vedettes de *Falcon Crest*. Le lendemain, je suis aux Golden Globes Awards et, cette fois, je rencontre l'une de mes actrices d'antan, Virginia Mayo, que j'avais tant aimée dans le film biblique *Le Calice d'argent*. Elle n'était pas la plus belle à l'époque, mais assez jolie tout de même. On dirait que c'est la soirée du passé puisque je croise aussi Barbara Stanwyck qui m'accueille chaleureusement, June Allyson, vedette de *Too Young To Kiss*, le premier film que j'avais vu au cinéma Palace dans le temps, sans avoir les seize ans requis pour entrer. La caissière m'avait trouvé *cute* et sympathique. Une bonne vivante que cette June Allyson ! Elle m'avait prié d'embrasser ma mère qui l'aimait tant. Puis, dans les artistes plus récents, j'ai rencontré Faye Dunaway, aimable, pas plus, Jeff Bridges, une perle d'homme, et Michael J. Fox, avant que la maladie de Parkinson ne bouleverse sa vie. Quel gentil garçon que celui-là ! Heureux de rencontrer un Canadien comme lui à cette soirée de gala, il m'avait accordé beaucoup de temps à l'écart des autres convives. Le lendemain, par l'entremise d'une agence, je fais la connaissance d'un photographe de renom du nom de Daniel Adams. Celui qui allait m'accompagner à Santa Barbara chez Jane Russell qui allait me recevoir chez elle. Daniel était un photographe de studio de haut *standing*, équipé des dernières lentilles et attitré à plusieurs *stars* de cinéma. Il était gentil, discret, poli et bien élevé. Début trentaine, il m'avait fait visiter son studio qui m'avait fort impressionné. Nous avons fait plusieurs reportages ensemble et, quelques années plus tard, j'avais appris de l'agence qu'il était mort du sida, ruiné. Les hôpitaux et la médecine lui avaient tout mangé. Devenu pauvre, lavé de ses biens par l'État, on l'avait transféré dans un mouroir de troisième ordre où il rendit son dernier souffle. Quelle triste fin ! Je referme ce volet qui m'avait touché et je reviens au jour où, lui et moi, étions en direction de Santa Barbara. Pas mal loin de Sunset Boulevard, ce lieu où Jane Russell habitait. Ayant repéré l'endroit, nous avions été accueillis par un monsieur âgé, son troisième mari, John Peoples, qui nous fit passer dans un boudoir jusqu'à ce que « Madame », sa femme, soit prête à nous recevoir. Jolie maison, mais pas à se jeter par terre. Une villa comme on en voit beaucoup dans les coins de villégiature privés. Jane Russell, c'était pour moi la jolie brunette de *Gentlemen Prefer Blondes* aux côtés de Marilyn Monroe. C'était aussi celle que Howard Hugues avait lancée en la faisant tourner dans *The Outlaw*, son premier film. J'avais vu d'autres succès d'elle comme, *The Pale Face*, avec Bob Hope et, plus tard, *Underwater*, avec Richard Egan. Pas de grands films, mais son nom au générique attirait... les mâles ! Parce que celle qui avait vanté les mérites des soutiens-gorge Wonder Bra avait ce qu'il fallait... pour les remplir ! Elle ne nous fait pas attendre cependant et nous invite à la suivre dans un petit salon privé pour une tasse de thé. Elle est encore jolie et sensuelle malgré ses soixante-cinq ans. Aucune chirurgie esthétique de sa part, ce n'était pas encore en vogue, elle affichait bien sûr quelques rides, mais elle était aussi sculpturale qu'elle l'avait été toute sa vie, le dos bien droit, les cheveux encore aux épaules et le sourire séduisant. Elle me parla de sa carrière, de ses enfants qu'elle avait adoptés en bas âge lors de ses précédents mariages, de ses films, des valeurs de la vie. Elle alla même jusqu'à me dire que si elle avait parlé à Marilyn Monroe la veille de son décès, cette dernière ne se serait pas suicidée. Elle l'aurait convaincue, avec la parole de Dieu, de rester en vie, de venir chez elle, bref, de la sauver. Je remarquai qu'elle était fort portée sur la religion et j'appris de la bouche de son mari qui ne nous quittait pas d'un pouce, qu'ils lisaient la Bible ensemble, qu'ils étaient très religieux, qu'ils recevaient souvent le pasteur des environs chez eux. Un époux gourou, quoi! Pour être franc, je n'aimais pas cet homme. Chauve, sans sourire, il m'apparaissait comme un dominateur, un mari qui s'était emparé de la vie de sa femme. Et de son âme! Toujours est-il que je passai une heure et plus avec elle et qu'elle se prêta de bonne grâce à des photos avec moi, et une ou deux avec *Le Lundi* dans les mains. Mais pas de photos d'elle seule, parce qu'elle n'était pas maquillée de façon professionnelle. Elle venait de publier sa biographie intitulée *Jane Russell: My Path and My Detours*, avec en sous-titre, *An Autobiography,* qu'elle me dédicaça avec une plume à encre argentée. Comme une véritable *star*! Sur la couverture, on la voyait dans le tas de foin, sensuelle, la photo de l'affiche du film, *The Outlaw*, et non en dame distinguée avec la Bible sur les genoux. Il fallait vendre, n'est-ce pas? Elle me tendit son livre autographié en me disant qu'il était aussi vendu au Canada. Au moment de partir, alors que je rangeais le livre à couverture rigide dans ma mallette, son mari, me regardant, me dit: «C'est vingt dollars, monsieur!» Je le regardais, croyant qu'il plaisantait, j'allais promouvoir cette autobiographie et tout éditeur offre des copies de presse, mais il était sérieux. Stupéfait, je vis Jane Russell baisser les yeux, elle semblait gênée, voire honteuse, mais ne protesta pas. Devant le fait, je sortis un billet de vingt dollars que je tendis à son mari qui s'empressa de l'enfouir dans sa poche en me disant que chaque livre vendu profitait à Jane. Je n'insistai pas, car, dans le fond, je trouvais que ce n'était pas cher pour avoir la signature d'argent de la célèbre actrice. Le photographe, qui connaissait le mari pour l'avoir déjà croisé dans une œuvre de charité, m'avait chuchoté à l'oreille: «J'ai oublié de vous dire que John était un pingre!» J'ai salué Jane Russell, j'ai serré la main du radin et nous sommes partis alors qu'elle me disait que son plus proche voisin était Robert Mitchum et que si je voulais le rencontrer... Je prétextai un autre rendez-vous, j'avais déjà croisé Mitchum aux Golden Globes et je n'avais pas envie d'une entrevue intime avec lui. Courtois le monsieur, mais pas tellement chaleureux. En cours de route, Daniel Adams et moi avions bien ri de l'anecdote, mais il regrettait presque de n'avoir pas acheté un exemplaire du livre de Jane Russell pour avoir sa dédicace. Il enviait le mien que j'ai encore, à ce jour, sur une étagère de ma bibliothèque. Jane Russell est décédée en 2011 à l'âge de quatre-vingt-neuf ans. Et j'ai été soulagé quand j'ai appris que son pingre de mari était mort douze ans avant elle!

Dans la même semaine, je rencontrais ensuite Taryn Power, la fille cadette du regretté Tyrone Power et de Linda Christian. Elle était fort belle et elle misait sur la légendaire notoriété de son défunt père pour faire carrière. Mais le hic pour elle, c'était que son père, aussi célèbre fût-il, était mort et enterré. Or, ne pouvant plus rien faire pour l'aider, les producteurs n'avaient aucune gêne à ne pas s'en occuper. Un autre rendez-vous succède à celui-là et c'est avec Gordon Thomson, le vilain *Adam* de *Dynasty* que je m'entretiens cette fois. Fort aimable, il m'offre un verre que je refuse et me raconte en détail sa petite histoire. Il était Canadien lui aussi, natif d'Ottawa et diplômé de l'Université McGill de Montréal. Son rôle dans *Dynasty* en fit une vedette très populaire. Il avait, néanmoins, déjà quarante et un ans au moment de son rôle qui en fit une vedette. Et il a fêté récemment ses soixante-neuf ans. Comme le temps passe...

Le clou de mon séjour allait arriver quelques jours plus tard alors que je rencontrais chez lui nul autre que Gene Hackman, l'acteur le plus adulé ou presque des cinéphiles. Et ce fut l'une de mes plus belles rencontres, car « Gene » comme il voulait que je l'appelle, me parla de ses enfants, de sa jeunesse, de ses études... Il m'avait dit : « C'est la première fois qu'on me fait une entrevue intimiste. D'habitude, on veut savoir quelle auto je conduis et quel montant d'argent je reçois pour un film d'envergure. Que le matériel... » Il avait été ravi de mon approche personnelle. Je ne lui parlais même pas de sa carrière, j'avais tout dans un résumé que m'avait remis son agent. Il me questionna à son tour sur mes enfants, sur le quartier que j'habitais, sur la maison familiale... Et ce fut un échange à cœur ouvert de part et d'autre que nous avions eu ensemble ce jour-là. Inoubliable! J'en étais arrivé à oublier que j'avais devant moi le célèbre interprète de *Jimmy « Popeye » Doyle*, du film *The French Connection* et, plus récemment, *Harry* de *Twice in a Lifetime*. Pour moi, c'était d'un père à un autre, d'un ami à un ami qui se confiait au gré des heures qui passaient... Et c'est en lui serrant la main que je mis fin à mes entretiens cette année-là, je reprenais l'avion le lendemain.

Je rentrai à Montréal dans un Boeing 747 qui avait fait halte à Toronto. Nous étions en pleine tempête de neige au Canada, mais un 727 avait réussi à décoller et à nous déposer à Dorval. J'ai encore eu peur! Ça brassait en pas pour rire avec les vents quand on traversait les nuages. Comme le temps était plus clément à Montréal, Micheline était venue me chercher à l'aéroport et, de là, nous étions allés souper ensemble. Quelles douces retrouvailles! De retour à la maison, j'avais des souvenirs pour Michel que je lui remettais et, sans hésiter, je sautais… dans mes pantoufles ! Micheline s'empressa de regarder *Les Contes d'Hoffmann*, d'Offenbach, que je lui avais achetés à Hollywood. Pendant ce temps, mon fils et moi piquions une longue jasette, ce qui arrivait rarement avec lui. Par sa faute, dirais-je, il n'avait jamais rien à dire ! Le lendemain, la tempête nous avait rejoints et j'étais resté à la maison. J'avais communiqué avec le bureau par téléphone et on m'avait annoncé que mon second recueil de billets, *Pour un peu d'espoir*, était sur le point d'être publié. En mars, je retournais à Québec pour l'émission *Café Show* avec Michel Jasmin et, tout doucement, Micheline préparait ses valises, elle s'en allait à Swift Current passer la fin de semaine de Pâques avec sa fille. Bonne idée. Sylvie semblait s'ennuyer dans ce bled perdu et elle se demandait si elle allait renouveler son contrat pour une autre année. En avril, cependant, elle nous annonçait qu'elle avait signé. Un revirement soudain… L'amour y était-il pour quelque chose ?

Pour notre vingt-neuvième anniversaire de mariage, comme Michel était dans la Beauce et Sylvie en Saskatchewan, nous étions allés souper seuls, Micheline et moi, à La Barrique. Une dizaine de jours plus tard, je m'envolais pour la Saskatchewan afin d'aller voir le coin de terre de ma fille chérie. Son appartement était de très bon goût, sa coloc charmante, mais je n'aimais pas tellement son chat que je trouvais fou à lier. J'adore les chats, les matous, les persans, mais les siamois, non. C'est ce qu'elle avait et il sautait partout, même sur le réfrigérateur ! Cinglé, que je vous dis ! D'habitude, les chats viennent à moi, pas celui-là. Un *chat diabolique*, lui aussi ? J'ai visité l'école de Sylvie, j'ai vu ses jeunes élèves de la maternelle, son petit Simon, chouchou en règle, et j'ai visité la ville qui, sans être époustouflante, était agréable et reposante. Il y avait de bons restaurants, un ou deux cinémas… Puis, elle m'a présenté Christopher, celui qui faisait battre son cœur. Très grand, poli, courtois, j'avais peine à le comprendre avec son accent *western*. Il parlait vite, il mâchait ses mots... Je suis pourtant bilingue, mais pour causer convenablement avec lui, il m'aurait fallu être trilingue ! Je le regardais et je ne comprenais pas ; il n'était pourtant pas du genre de ma fille, il n'avait pas ses goûts, il était très grand, elle qui cherchait un gars de taille moyenne comme mon fils... Mais comment expliquer l'amour quand, dans le cœur, il prend naissance ? Ils m'ont emmené dans un bar *country* où la chanteuse valait Loretta Lynn, puis dans une disco d'où je suis sorti assez vite à cause du bruit. Pas si ennuyant que cela, Swift Current ! J'ai rencontré les parents de Christopher, ils ont été très accueillants. Le père est Ukrainien et la mère, d'origine canadienne-française, une demoiselle Saint-Jean qui ne connaissait rien de sa famille ou presque, elle avait passé son enfance dans un orphelinat. Bref, du bon monde et un beau séjour au « pays » de ma fille qui s'accommodait de plus en plus de sa vie loin de nous.

Tiens ! On parle de revendre Québecmag, *Le Lundi* inclus ! Le règne de Jacques Francœur n'aura pas été long. À vrai dire, je ne l'ai rencontré qu'une fois ou deux, c'était Ronald Lapierre qui gérait l'entreprise. Advienne que pourra ! Ce même soir, j'étais allé au club de Jean Faber appelé Chez Fabee. Une boîte qu'il tenait avec la chanteuse Martine Bee. Comme c'était sur le boulevard Saint-Laurent, dans le nord de la ville, j'y allais assez souvent et, chaque fois, je demandais à Martine de m'interpréter la superbe chanson de Diane Juster : *Quand tu partiras*. Elle la chantait à merveille !

Et voilà que le 9 juillet, Québecmag était officiellement vendu à Transmo, dont Yves Moquin était le président. Un autre patron ! Un nouveau ! Un homme que je ne connaissais pas. Ronald Lapierre m'avait dit que j'étais sur « l'acte de vente ». On achetait si je restais, autrement... Ce qui m'avait permis de négocier de nouveau le poste de directeur de tous les magazines, dont j'héritais une fois de plus. Yves Moquin me semblait sympathique, son sourire était franc, sa poignée de main, ferme. J'étais à peu près certain que j'allais bien m'entendre avec lui. Ni jeune ni vieux, de ma génération ou presque, il avait l'air sympathique. Il m'avait dit à brûle-pourpoint : « *Le Lundi*, vous en faites ce que vous voulez ! Vous pouvez jouer le pape ou Mickey Mouse en première page que je ne m'en mêlerai pas, je vous fais entièrement confiance. Moi, tout ce qui compte, ce sont les revenus, et je n'ai aucun doute sur ce plan avec vous. Vous avez donc carte blanche. »

Deux jours plus tard, je ressentis une douleur à la poitrine, mais je me disais que ça passerait... Au même moment, Andrée Boucher me téléphone pour me demander ce que j'allais faire en fin de semaine, sachant que ma femme s'en allait à la campagne. Elle voulait m'inviter chez elle ou venir chez moi, mais je dus refuser, je n'étais pas assez en forme. Cette fois, le mal persistait et j'avais besoin de beaucoup de sommeil pour l'enrayer. Donc, seul après le départ de Micheline et Sylvie pour Saint-Rémi, je m'étais allongé sur une chaise du patio, et je m'étais plongé dans *Voltaire* de Roger Peyrefitte. Mais après un chapitre et demi, je refermais le livre, le soleil m'aveuglait même sous le parasol. J'en profitai pour fermer les yeux, songer, faire le point, jongler même. Je me questionnais, mais je ne trouvais pas les réponses. Mauvaise période... Un peu de surmenage, peut-être ? Et cette pesée à la poitrine qui partait et qui revenait... Le 20 août, Sylvie repartait pour une autre année d'enseignement à Swift Current et le 29, on m'invitait à l'émission *L'Été Show* animée par Claude Blanchard et Jacques Auger, en plein air de l'Île-Sainte-Hélène. Bonne émission! Deux animateurs que j'aimais beaucoup! Et Micheline célébrait peu après ses cinquante et un ans. Comme le temps filait...

Au bureau, entre Yves Moquin et moi, le courant passait moins bien qu'avec Claude J. Charron. La complicité n'y était pas. Beaucoup de latitude, mais peu d'égards et de gratitude. Comme si je lui étais acquis. Pourtant, je créais des *Lundi* dont les ventes dépassaient toute espérance, mais il y avait une espèce de mur entre nous deux... Dans les bureaux administratifs, on ne parlait que de revenus sans même penser à féliciter, parfois, le concepteur dont les idées fusaient sans cesse. Sans prétention aucune, je pourrais dire que je leur ai produit des magazines à fort gros tirages avec des *sold out* plus que fréquents! Ce que Claude J. appréciait et soulignait lors d'un dîner, et qui ne se produisait pas avec lui ou eux, devrais-je dire, car le personnel de l'administration était plus nombreux que celui de la production. C'était le fil manquant à une harmonie totale entre ce monsieur Moquin et moi. Même si, en tant qu'individu, je l'aimais bien.

Pour les dix ans du *Lundi*, le mandat m'avait été confié de faire le tour de la province avec Lee Abbott, notre relationniste, afin de promouvoir l'événement. Je fais donc la tournée du Saguenay: Chicoutimi, Jonquière, Dolbeau, Roberval, et je suis accueilli avec emphase par les animateurs de radio et de télévision qui me reçoivent. Je rencontre des gens un peu partout dans les endroits publics, on me demande des autographes. Finalement, je me rends compte que je suis plus populaire que... le magazine! Lee Abbott n'en revenait pas! Il changea son fusil d'épaule et orienta dès lors sa campagne beaucoup plus sur moi que sur la publication. Et c'est ainsi que nous avons fait le tour du Québec en peu de temps. Essoufflant, mais combien valorisant de constater que mes billets hebdomadaires, mes entrevues à Hollywood et celles réalisées ici m'avaient apporté une notoriété fort appréciable. À la fin de ces déplacements, une entrevue d'envergure m'attendait. Celle de Pierre Bruneau avec son fils Charles qui se mourait de la leucémie. Je m'étais rendu chez eux et j'en étais sorti bouleversé, ému, le cœur au bord des lèvres. L'épouse de Pierre, Ginette, qui assistait aussi à l'entretien, m'avait chaviré l'âme de ses propos touchants. J'ai revu Pierre Bruneau, je le croise encore de temps à autre à TVA, et c'est toujours avec sincérité qu'on se remémore ces moments d'antan. En octobre, Micheline s'en va en Italie avec des collègues de travail. Un voyage organisé par Hydro auquel plusieurs ont répondu vivement. Elle me téléphone de Rome, elle a vu le pape Jean-Paul II à quelques pieds d'elle lors d'un passage du souverain pontife dans la foule. J'ai encore une photo où on la voit tendre le bras vers lui parmi toutes les autres mains soulevées qui espéraient attirer son attention. Quel moment inoubliable ce dut être pour elle ! De là, le groupe se dirigeait en Israël et, quelques jours après, j'apprends que le Mur des Lamentations de Jérusalem a été la proie de terroristes. J'en frémissais ! J'étais vraiment inquiet pour elle ! Où donc était-elle en ce moment ? Mais elle avait réussi à m'atteindre pour me rassurer, ils avaient tous regagné leur hôtel quand l'attentat s'était produit. Dieu merci ! Enfin, elle rentre de voyage et m'offre, en souvenir de Rome, un chapelet en bois de rose de format géant que j'ai installé au mur du sous-sol et qui n'a pas bougé depuis. Et d'Israël, une tête du Christ avec sa couronne d'épines sur un cube de bois verni acajou, que j'ai encore devant les yeux pendant que je trace ces lignes.

Novembre et ses feuilles mortes, et mon fils célèbre ses vingt-sept ans. Pour l'occasion, nous sommes allés au Caf'Conc afin d'y boire et manger, et assister du même coup à la magnifique revue de Michèle Richard. Sachant que c'était la fête de mon fils, on nous avait offert une bouteille de Moët & Chandon, ce que nous avions apprécié. Comme d'habitude, le spectacle de Michèle était à son apogée et Roxane, qui la voyait pour la première fois, en avait été impressionnée. Le temps de faire une entrevue chez moi avec Robert-Pierre Côté, le beau *Jean-Philippe* de *L'Or du temps* que les filles reluquaient de près, et je sens que j'ai besoin de repos. Mi-novembre et c'est à mon tour de prendre des vacances seul. Je choisis encore Miami, la chambre avec vue sur mer, je mange au restaurant d'André Robert, je vois Johnny Farago en spectacle et, à l'ombre, sur le patio de mon unité, je m'installe et je commence le manuscrit de mon récit *Un journaliste à Hollywood*, qui allait devenir un best-seller en peu de temps. Pour un homme qui avait besoin de repos… Impossible de m'en soustraire, j'étais encore à l'œuvre ! Aussi fou à lier… que le chat siamois de ma fille ! Il est temps de rentrer et Jessy, un ami de Gérard Vermette, s'offre pour me conduire jusqu'à l'aéroport le matin venu, ce que j'apprécie grandement. J'arrive à Montréal, mon fils m'attend, je rentre à la maison pas trop bronzé, je travaillais à l'ombre des palmiers, et Micheline s'empresse de me montrer la petite Mazda beige flambant neuve qu'elle s'est achetée. Quel petit bijou de voiture ! Bien mérité, elle travaillait si fort elle aussi. Du même coup, j'apprends que Roxane et Michel se fiancent à Noël. Ne l'avais-je pas prédit ? Faits l'un pour l'autre, ces deux-là !

Voilà, j'y suis, dernier jour de mes quarante-neuf ans et, le soir venu, je me couche sur l'âge de Brel quand il a rendu l'âme. Vais-je lui survivre ? Bien oui ! Je saute du lit, j'ai cinquante ans ! Dieu que je n'aime pas ça ! Micheline s'en réjouit, je la rejoins dans sa décennie… On se paye ma tête, mon fils aussi ! Mais, qui puis-je ? Étais-je assez bête pour croire que j'allais en être épargné ? Il m'aurait fallu être Dieu le fils ou le Saint-Esprit pour que le temps s'arrête? « Pauvre fou! » se serait écriée ma mère, devant un tel mécontentement. « Ça s'peut-tu être orgueilleux comme ça? » aurait-elle ajouté en regardant les enfants. Et en hochant de la tête désespérément... Et je me demande bien pourquoi cet âge me faisait tant frémir quand, jeune, j'étais en admiration devant les hommes de cette génération. Je recherchais la compagnie des gens de cet âge, ils avaient tant à m'apporter... Alphonse Couture avec ses longs récits sur la Première Guerre, Benny, le *shoe shine boy* de l'édifice Amherst avec son expérience de la vie, monsieur Charbonneau, barbier de l'immeuble, le rondelet bonhomme de l'ascenseur de service qui nous racontait sa jeunesse et ses vices... Va pour les autres, je ne pensais jamais qu'arriverait mon tour...

Décembre 1986, j'invite chez moi l'abbé Roland Leclerc, animateur de *En toute amitié* à Télé-Métropole, qui accepte sans sourciller de se livrer *À cœur ouvert* pour mes pages intérieures du *Lundi*. Très ponctuel, souriant, détendu, nous avions beaucoup parlé de Dieu et de l'Église, pour ensuite bifurquer vers sa petite enfance, ses parents, son adolescence, son sacerdoce... Bref, tout ce qu'on ne savait pas sur lui. Un entretien qui fut parmi les meilleurs que j'ai eus pour cette chronique.

Deux jours plus tard, je rencontrais Joey Tardif de *Épopée Rock*. Tout un contraste! Un gars d'une grande simplicité cependant, sensible, gentil, bref, le genre de type qu'on aime dès le premier contact. J'ai d'ailleurs gardé longtemps un très bon lien avec lui et sa femme Suzanne qu'il m'avait présentée. Et de leur petite Samantha qu'ils aimaient tant tous les deux. Je me souviens même les avoir invités au lancement de mon récit *Un journaliste à Hollywood*. Il était entré dans ma vie par la grande porte, celui-là. C'était ma dernière entrevue pour 1986. Noël approchait à grands pas et Sylvie allait bientôt rentrer de la Saskatchewan et se jeter dans nos bras. Le 23, maman célébrait ses quatre-vingt-un ans, sans qu'on l'emmène au restaurant, cette fois. Pour nous, un autre Noël en famille, calme et serein, avec la messe de minuit, les chants des jeunes choristes de la paroisse, la communion, les lampions... Et, après l'échange de quelques cadeaux, vite le pyjama pour Micheline et moi, alors que les enfants allaient réveillonner chez des amis. Mais le 27 décembre, c'était jour de fête pour la famille, Michel et Roxane se fiançaient et une salle avait été réservée pour l'événement. Les parents de Roxane, bien vêtus, s'étaient amenés avec leur parenté alors que, de notre côté, frères et sœurs, cousins et cousines arrivaient aussi, les bras chargés de cadeaux. J'étais allé chercher ma mère, sans Ernest en convalescence ailleurs, qui m'attendait dans l'entrée de son immeuble. Les cheveux bouclés, un peu de rouge sur les lèvres, un tantinet de poudre sur les joues et parfumée, elle avait revêtu sa somptueuse robe brune avec filaments dorés au collet et aux poignets. Toujours la même! Mais elle m'avait dit: «C'est ma plus belle et les parents de la fiancée l'ont jamais vue. En ce qui concerne ceux de notre côté, qu'ils aillent au diable!» Et elle avait été grandement félicitée pour sa jolie toilette par les personnes du côté de Roxane qui, elles, ne l'avaient... jamais vue! Elle m'avait ensuite murmuré: «Tu vois? J'ai jamais reçu autant de compliments!» Un repas gastronomique, des boissons de toutes sortes, de la musique, de la danse, et les fiançailles de Michel et Roxane eurent leur effet. Surtout quand il glissa à l'annulaire de sa bien-aimée la bague scintillante que tous s'empressèrent de regarder de près. De 14 carats, bien sûr, avec un diamant presque bleu. La soirée prit fin sur les verres qui se levaient encore pour leur bonheur et j'ai pu voir dans les yeux de mon fils, ce soir-là, la joie d'aimer et d'être aimé. C'était, de son existence, le plus beau jour de ses jeunes années.

Chapitre 13

Le 8 janvier 1987, ma mère était hospitalisée à l'hôpital Notre-Dame-de-l'Espérance de Ville Saint-Laurent où elle était gardée en observation. Mon fils Michel s'était rendu avec elle pour une consultation, car elle se plaignait de douleurs ici et là. Le lendemain, s'étant rendu à son chevet avant moi, Michel m'appela pour dire : « Papa, viens vite, mémère n'en mène pas large ! » Je croyais vraiment qu'elle sortirait avec lui de cet hôpital ce jour-là, comme elle l'avait fait tant de fois auparavant ! Je m'y suis donc rendu en vitesse et, alors qu'elle avait peine à respirer, elle m'agrippa le bras et murmura : « Je me meurs, Denis, je me meurs... » Je lui épongeai le front et lui répondis : « Bien non, tu vas t'en sortir... » Pour ensuite ajouter : « Attends-moi juste deux minutes, le temps d'aller chercher Michel de l'autre côté qui ne m'a pas vu arriver... » Elle me fit signe d'y aller et, ayant repéré Michel et revenant sur nos pas, nous entendions un branle-bas de combat dans sa petite chambre, les docteurs se précipitaient, les infirmières aussi. J'avançai, mais ma mère n'était déjà plus dans son lit, on l'avait transportée en salle d'opération. Je n'en revenais pas! Je venais à peine de la quitter! Nous avons attendu, mon fils et moi, qu'on veuille bien nous donner de ses nouvelles, ce qui prit au moins deux heures. Un médecin s'est finalement approché de moi pour me dire : « Elle est cliniquement morte, monsieur. Nous l'avons branchée. » Je regardai mon fils, je n'en croyais pas mes oreilles. Elle, si forte... Mais ne m'avait-elle pas dit pour la première fois: « Je me meurs... » en me tenant l'avant-bras? On la maintint dans cette vie artificielle jusqu'en pleine nuit. On nous avait demandé d'aller nous reposer, qu'on nous avertirait s'il y avait du changement. À six heures du matin, je recevais un appel de l'hôpital pour m'entendre dire que ma mère était morte, qu'elle avait cessé de respirer. Je partis avec Micheline et, sur les lieux, nous avions pu la voir, recouverte d'un drap. Elle était effectivement décédée, partie pour un monde meilleur, mais l'avait-on débranchée ou avait-elle succombé d'elle-même? Qu'importait donc! Elle avait le pied bleu, il aurait fallu l'amputer... Quelle qualité de vie pour une femme de quatre-vingt-un ans après cela. Ce qui avait sans doute été pris en considération. Et comme elle n'avait pas repris conscience, qu'elle respirait avec l'aide du moniteur treize fois sur quatorze, le cœur avait sans doute flanché. Michel était peiné, lui qui avait veillé sur elle et sur son diabète durant les trois dernières années de sa vie. Chaque semaine, chaque jour ou presque. Décédée le 11 janvier 1987, elle avait été incinérée et une messe avait été chantée en l'église Saint-Nicolas, paroisse qui était la sienne et qui avait permis à ses compagnes et compagnons d'étage d'y assister. Et ils étaient tous venus... Sauf Ernest, son dernier amour, en résidence maintenant, qui la pleura jusqu'au jour où il alla la rejoindre l'année suivante. Après le service funèbre, les gens nous offraient leurs condoléances à la porte de l'église et repartaient ensuite chacun de leur côté. Ma mère fut transportée au Salon Dallaire de Laval où elle repose, depuis, dans son urne aux côtés de mon frère aîné, Pierre, son préféré. Ce qu'elle avait toujours souhaité. Irène était allée rejoindre sa sœur Jeannette avec laquelle elle s'était sans doute réconciliée. Dans son dernier repos, ma mère avait sûrement fait la paix avec elle-même et les autres. Elle avait eu le temps d'assister aux fiançailles de son petit-fils, mais elle allait rater le mariage. Elle était partie vite, comme on dit, sans trop souffrir, sans même s'en rendre compte. Curieusement, lorsqu'on m'a dit que ma mère était morte, je n'ai versé aucune larme. Je n'ai même pas ressenti la moindre émotion. Et il en fut ainsi lors de son service funèbre et de sa mise en niche au columbarium. Pas un seul regret, pas la moindre peine. Pourquoi donc ? me suis-je demandé fort longtemps. Mon enfance ? L'orphelinat ? Quelque chose de plus profond encore ? Une blessure non cicatrisée qui m'empêchait, tel un bouclier, de pleurer ? Peut-être… Je le demanderai au bon Dieu quand je serai au royaume des cieux.

Les bureaux du *Lundi* sont maintenant à Ville Saint-Laurent, sur Décarie, près de la station de métro du Collège. Et le 27 du même mois, c'était le retour à Hollywood pour moi. Je m'y rendis, vol long et turbulent, même hôtel sur Sunset, même chambre, même porteur de bagages qui attendait encore sa chance. Installé, je rencontrais, en fin d'après-midi la chanteuse et actrice, Helen Reddy qui était devenue très populaire avec sa chanson *I Am Woman* qui lui avait valu un Grammy. Elle m'avait reçu chez elle avec un homme plus jeune qu'elle et me l'avait présenté comme son compagnon de vie qui, tout « conjoint » qu'il était, regardait avec plus d'intérêt mon jeune photographe,

Andy, que sa douce moitié. Ce même soir, nous étions chez Stacy Keach, acteur de plusieurs films et célèbre *Mike Hammer* de la série télévisée du même nom. Rencontre agréable, entrevue ordinaire. Le lendemain, durant mon absence, je recevais un appel de la légendaire Dorothy Lamour, vedette de tous les *Road to...* avec Bob Hope et Bing Crosby. Une actrice de ma jeunesse que j'avais beaucoup aimée dans le film *Johnny Apollo* aux côtés de Tyrone Power. Elle avait laissé un message à l'hôtel me demandant de rappeler son agent. Je composai le numéro et ce dernier me dit que Miss Lamour m'accorderait avec plaisir une entrevue chez elle si je défrayais le coût de son coiffeur qui était de cent cinquante dollars. Je lui répondis que je n'avais besoin que d'une petite photo d'elle avec moi, que j'obtiendrais les autres des studios, mais il refusa... et je refusai ! Je ne payais pas pour les coiffures, pas plus que pour les maquillages ! Je laissai donc tomber la rencontre et, un an plus tard, je la retrouvais par hasard lors d'une remise de prix où j'ai pu m'entretenir avec elle et prendre des photos sans qu'elle se souvienne de moi comme étant le journaliste qui avait refusé de payer sa coiffure ! Et le tour était joué ! Dorothy Lamour ou pas, je n'avais pas le budget requis pour ce genre de fantaisies. Les repas au restaurant, oui, les coiffures, non ! Et vlan ! Le 31 janvier, c'était la soirée des Golden Globe Awards et, étouffant dans cette foule une fois de plus malgré la table réservée, je rencontrai brièvement Olivia de Havilland du classique *Autant en emporte le vent* et, plus longuement, John Ritter qui parlait sans arrêt. En dix minutes avec lui, j'avais eu une entrevue qui valait celles réalisées parfois en deux heures. Quel gars sympathique que l'inoubliable *Jack* du *sitcom* populaire *Three's Company* à la télévision ! J'ai été fort navré quand j'ai appris qu'il était décédé d'une dissection aortique en 2003, à l'âge de cinquante-cinq ans seulement.

Puis, ce même soir, Loretta Young, distinguée, charmante, que j'avais tellement aimée dans le film *Come to the Stable*. Heureuse que je me souvienne de ses films d'antan, elle m'avait demandé si j'avais vu *Christmas Eve*, tourné pour la télévision, que j'avais en effet visionné. Un très beau film ! Mais elle ne m'avait pas parlé de sa vie privée, et encore moins du fait qu'elle avait été la maîtresse de Clark Gable de qui elle avait eu un enfant. Ce qui aurait fait un scandale si la chose avait été dévoilée à l'époque... Quels yeux que les siens, quel regard, quel sourire ! D'une allée à une autre, je croise Telly Savalas avec qui je parle quelques minutes, pas plus, et Jaclyn Smith, *Kelly* de *Charlie's Angels*, la plus belle des trois « anges » selon moi. Peu empressée d'arriver à sa table, elle se prêta aux photos et m'accorda assez de temps pour que je puisse écrire un papier sur elle à mon retour. Une soirée fructueuse, puisque je m'entretins aussi avec Robert Wagner, Danny de Vito, et Julie Andrews qui m'avait fort impressionné. Pas ennuyée du fait que je lui parle des films *Mary Poppins* et *Sound of Music*, elle était ravie que je mentionne aussi *Victor/Victoria*, un film plus récent de son mari, Blake Edwards. Et pour finir le plat, j'arrivai face à face avec Steven Spielberg qui, apprenant que je venais de Montréal, accepta de se confier pendant que sa femme, Amy Irving, parlait avec un autre journaliste. Le créateur de *E.T.* était fort sympathique et souriait constamment. Il était heureux, cela se voyait, sur le plan professionnel comme sur le plan intime. Il me parla de lui, bref, de tout, et ajouta : « N'oubliez pas de dire qu'étant jeune j'ai dirigé Joan Crawford dans le film *The Eyes*. Ma carrière remonte à loin ! » Je l'ai ensuite quitté pour aller m'asseoir et regarder les gagnants recevoir leur trophée. Et les perdants repartir... dépités !

Levé fatigué de cette rude soirée, il me fallait toutefois reprendre le boulot et rencontrer, l'après-midi même, l'acteur James Farentino à sa résidence. Je m'y étais rendu avec Dan Golden, mon autre photographe attitré. James Farentino, surtout connu par son rôle du *docteur Toscannini* dans *Dynasty*, amant de *Krystle*, jouée par Linda Evans, avait aussi à son crédit plusieurs films pour le cinéma et la télévision, mais rien de marquant. Et au moment de notre rencontre, il était dans une période creuse où les contrats semblaient quasi absents. Il n'allait pas devenir comme ses compatriotes italiens, un Al Pacino ou un Robert de Niro. Cette chance n'était pas donnée à tous, mais il tirait son épingle du jeu en acceptant des rôles de second plan. J'avais tout de même eu un bon entretien avec lui et il avait été fort aimable avec nous.

Le 4 février, trois entrevues en ligne. La première avec Chris Lemmon, le fils de Jack Lemmon. Il avait joué au cinéma et à la télévision dans plusieurs films, mais des rôles peu valables. Il était encore dans le milieu, mais comment devenir connu avec un père qui a fait sa marque avant lui ? Avec le même nom ? De là, nous étions allés rencontrer Grant Goodeve, le très populaire *David Bradford* de *Huit, ça suffit!* Très actif au sein de son église presbytérienne de Seattle, il me parla de religion beaucoup plus que de télévision. Ce qui m'avait surpris de la part d'un acteur qualifié de *sex-symbol* par les filles qui réclamaient ses *posters*. Savaient-elles seulement qu'il était marié, fidèle à sa femme et père de plusieurs enfants ? En soirée, je m'étais rendu seul aux studios Columbia afin de rencontrer Robert Hays. Muni de ma petite caméra, on m'avisa que je n'avais pas le droit de prendre de photos à l'intérieur du studio. Il nous a donc fallu sortir à l'extérieur et, comme il faisait noir, ça n'a pas été un succès, mais j'avais au moins un souvenir sur pellicule de notre rencontre. De retour à sa loge, nous avions parlé de sa carrière et il m'avait dit avoir tourné dans *Airplane* que j'avais vu lors de sa sortie, ainsi que de la série *Starman* dans laquelle il jouait présentement. Bel homme de quarante ans déjà, il était l'idole de plusieurs femmes et de… jeunes filles ! Après avoir dormi comme un loir, cette nuit-là, je m'étais réveillé passablement en forme. Et Dieu merci, puisque je rencontrais ce jour-là nul autre qu'Anthony Perkins, le fameux *Norman Bates* de *Psycho*. Celui que j'avais aperçu au Schwab's Drug Store et qui m'avait fait de l'œil de sa table alors que j'étais au comptoir. Aucun photographe n'allait être admis chez lui avec moi puisque sa femme, photographe de carrière, allait prendre les photos elle-même. Je me rendis donc à sa résidence, une espèce de villa assez rustique en pleine vallée où il m'attendait sur la véranda. Son épouse m'introduisit, me présenta, il me regarda, ne se souvenant pas de m'avoir *cruisé*, bien entendu, mais il semblait méfiant, distant et je me demandais bien pourquoi. J'ai compris plus tard, qu'atteint du sida, ce que personne ou presque ne savait à ce moment-là, il n'accordait aucune entrevue, refusait tous les appels d'agents et même les offres de la télévision. Au cas où il s'agirait d'un guet-apens pour le cerner et tenter de savoir… Car la rumeur courait déjà à cause de sa maigreur, mais je n'en savais rien. Il avait accepté de me recevoir sur les instances de sa femme, Berry Berenson, sœur de l'actrice, Marisa Berenson, parce qu'elle avait envie de prendre les photos. Quand il apprit que l'entrevue serait rédigée en français, il se plia de meilleure grâce, mais resta quelque peu bourru, méfiant dès le début… Ne sachant trop comment l'aborder, je lui parlai en français du film *Aimez-vous Brahms ?* qu'il avait tourné à Paris avec Ingrid Bergman et Yves Montand. Il devint plus flexible, conversa en français avec moi, mais reprit vite l'anglais par respect pour sa femme qui ne suivait pas, et se montra de plus en plus chaleureux. Lorsque je lui révélai que j'avais publié *Au fil des sentiments,* un recueil de billets sur la philosophie du quotidien, que je lui remis, il devint plus empressé et j'eus droit à... son premier sourire. Parce que j'étais un *writer* et non un simple journaliste. De fil en aiguille, rassuré sur ma présence, ne craignant plus que je sois un espion prêt à percer son secret, il se confia gentiment en me parlant d'Alfred Hitchcock, de *Psycho*, de ses multiples suites qui l'avaient fait vivre, et de ses meilleurs films dont *Le Procès*, d'Orson Welles. L'amitié était dans la poche. Plus détendu, il se prêta à de nombreuses photos, me parla de ses deux fils, Osgood et Elvis, absents ce jour-là, et se mit à me questionner sur ma femme et mes enfants. Nous en étions restés là et c'est avec regret qu'il me vit partir en fin d'après-midi. Il semblait s'ennuyer, seul dans sa bulle, et pour cause. Je l'avais trouvé décharné, loin du bel acteur qu'il avait été dans sa trentaine. Il est mort cinq ans plus tard. J'en étais navré, mais je garderai toujours le souvenir de ce privilège de l'avoir rencontré alors que personne ne pouvait l'approcher. Et, comble de malheur, sa veuve, la gentille Berry Berenson, a perdu la vie tragiquement lors de l'attentat terroriste du World Trade Center, le 11 septembre 2001, alors qu'elle était à bord du vol 11 qui s'était écrasé contre la première tour. Quel drame pour les enfants ! Leur père et leur mère, à tour de rôle. Lamentablement ! Le vendredi qui suivit ma rencontre avec Anthony Perkins, je reprenais l'avion qui me ramenait à la maison. Je me souviens de mon arrivée à Montréal. Il neigeait... ça sentait bon !

    En février, après un repos bien mérité, j'étais allé rencontrer Monique Gaube chez elle, pas loin de chez moi. Nous avions eu un bel échange et j'étais ravi de faire sa connaissance. Par la suite, je l'ai croisée je ne sais combien de fois au Provigo du Centre Normandie où nous allions faire nos emplettes tous les deux, et c'était toujours avec le sourire qu'elle me disait : « Bonjour, Denis ! Vous allez bien ? » Nous causions de tout et de rien et je lui faisais la bise avant de repartir. J'ai été secoué d'apprendre son décès en 2002, elle avait succombé à un arrêt cardiovasculaire. Puis, quelques jours plus tard, je rencontrais Herbert Léonard pour une entrevue. Aucune onde, le courant ne passait pas. Il était froid, distant, bref, peu plaisant. Natif d'un signe d'eau, moi de feu, ça se comprend ! Et le papier, poli, courtois, fut à la hauteur de mon indulgence.

En juin, j'apprenais par la radio que mon bon ami Alain Montpetit avait été trouvé mort dans une chambre d'hôtel de Washington. J'en étais resté sidéré. Quel drame ! Il laissait derrière lui Nanci, son épouse, et ses enfants chéris. Une affaire nébuleuse qui impliquait un mannequin… Je n'ai jamais su le fond de l'histoire et, comme j'avais perdu Alain de vue depuis un certain temps, je ne savais trop ce qu'il était devenu. Le jour de ses funérailles, l'église était bondée d'artistes et d'amis, dont je faisais partie, venus lui rendre un dernier hommage. Et l'on peut voir encore sur YouTube l'entrevue qu'il avait réalisée avec moi lors de son émission au Vieux-Port de Montréal.

Quelques semaines plus tard, ma fille fêtait ses vingt-cinq ans ! Chiffre magique pour elle, un quart de siècle. Déjà ! Ce qui nous faisait vieillir, sa mère et moi. Je l'avais appelée à Swift Current pour lui offrir mes vœux et lui avais dit qu'elle ne perdait rien pour attendre, concernant son cadeau. Elle devait, d'ailleurs, venir bientôt à Montréal, un grand événement se tramait pour juillet. Micheline et moi, paisiblement, attendions que les jours passent en regardant, certains soirs, des films en noir et blanc du temps de nos quinze ans. Malgré tout, nos enfants nous manquaient. Se retrouver à deux avait ses bons côtés et ses inconvénients. Le calme, oui, la vie maritale, oui, mais quand l'un de nous deux partait pour de courtes vacances, l'autre s'ennuyait. Toujours est-il que Sylvie est arrivée parmi nous et que le fameux 11 juillet se leva sur le mariage de Michel et Roxane en l'église Saint-Gaétan. Il était beau dans son smoking, elle était superbe dans sa robe de mariée. Ils avaient néanmoins opté pour un mariage en toute simplicité. Les vœux échangés, un vin d'honneur pour les quelques invités, et un départ pour Nassau, lieu de leur voyage de noces. J'aurais souhaité que ce soit plus grandiose, Micheline aussi, mais nous n'avons eu d'autre choix que de nous plier à leurs exigences. Christopher, le prétendant de Sylvie, était aussi venu pour assister au mariage. Il y avait une canicule ce jour-là, quarante degrés à l'ombre, et nous étions tous inconfortables. Trois jours plus tard, plusieurs s'en souviendront, c'était le déluge dans les rues de la métropole. Un violent orage avait fait de Montréal une ville sinistrée. Les sous-sols étaient inondés, le métro, paralysé, bref, l'enfer d'un coin à l'autre de la ville. Et le lendemain, la canicule était engloutie dans les eaux fortes de la veille qui persistaient.

Un de perdu, une de retrouvée! Michel, parti de la maison, c'était Sylvie qui nous demandait de s'installer au sous-sol pendant deux ans afin de faire sa maîtrise en orthopédagogie à McGill. Décidément, pas de vie à deux pour le moment. Mais je plaisante... Comment refuser! Nous étions si contents de la reprendre sous notre toit. Christopher, de son côté, s'était loué un appartement à L'Île-Perrot et avait même déniché un emploi comme mécanicien à Air Transat. Amoureux fou, il s'était accroché à elle comme le ver à l'hameçon! Au point de la suivre au Québec, sans parler un seul mot de français, au lieu de l'attendre en Saskatchewan seul, désemparé, désespéré sans celle qu'il appelait... *Honey*! Le 8 août de la même année, Micheline et moi assistons au mariage de René Simard et Marie-Josée Taillefer. Un événement couvert par tous les médias, il va sans dire. Un monde fou à l'extérieur de l'église de Saint-Sauveur comme sur le parcours qui menait au Chanteclerc, lieu de la réception. Micheline et moi étions arrivés de peine et de misère et, dans le stationnement, alors que nous avions trouvé une place, une voiture sport prenait l'emplacement libre à côté du nôtre. Jetant un coup d'œil, Micheline se rendit compte qu'il s'agissait de Pierre Elliott Trudeau, seul comme un grand garçon, qui venait lui aussi à la réception en l'honneur des mariés. Nous lui avions offert un sourire, il nous l'avait rendu et nous avait demandé : « Vous permettez que j'entre avec vous ? Je n'aime pas arriver seul… » Bien sûr que nous le permettions, nous en étions même honorés. Imaginez ! L'ex-premier ministre du Canada en notre compagnie ! Très galant et distingué tout en affichant une allure décontractée, il avait causé avec Micheline en montant les escaliers de l'hôtel. Les gens voulaient des autographes. Sûrement plus de sa part que de la mienne, quoique j'en avais signé, mais il était passé outre en leur souriant et en continuant à bavarder avec ma femme. Quel beau mariage ! Micheline portait le même ensemble qu'elle avait acheté pour l'union de Michel et Roxane. Et pourquoi pas ? Personne parmi les invités ne l'avait vu ! De très belles noces dont on avait fait une cassette qu'on pouvait se procurer un peu partout. René était l'enfant chéri du Québec, et sa Marie-Josée, la belle au bois dormant de ses rêves. Un très beau couple, toujours aussi uni. Nous avons gardé un beau souvenir de cette journée et pouvons dire, à qui veut bien l'entendre, que nous sommes allés, un jour, à un très grand mariage en compagnie de Pierre Elliott Trudeau ! Avec photo comme preuve à l'appui !

À la fin août, j'apprenais de la bouche de ma femme que j'allais devenir… grand-père ! Décidément, ils n'avaient pas perdu de temps ! Micheline était enchantée de la nouvelle, moi, un peu moins. Non pas que je ne souhaitais pas me prolonger dans un nouveau-né, mais je constatais qu'en moins d'un an j'étais devenu quinquagénaire, beau-père et maintenant... grand-père! La naissance n'était prévue que pour avril 1988, mais tout de même! C'était beaucoup en peu de temps! J'avais oublié de le mentionner, ce n'est guère important pour vous, mais quelques semaines plus tôt, mon Coco IV était mort subitement! Inerte, les pattes en l'air comme ses défunts frères, dans le fond de sa cage! Je me disais: *Bon, là, c'est assez les perruches, les enfants vont et viennent, on s'attache...* Et pourtant!

À la fin de novembre, c'était le lancement de mon livre tant attendu *Un journaliste à Hollywood*. Yves Moquin, proprio du *Lundi* et de la maison d'édition, avait choisi le restaurant Hélène-de-Champlain pour souligner l'événement. On m'avait prié de revêtir mon smoking, ce à quoi je m'opposai pour ensuite céder, et les invités affluèrent de partout. Les médias étaient présents, les amis, les vedettes telles Élaine Bédard, Joey Tardif, Pascal Normand, Anne-Marie Chalifoux, Maman Simard, Andrée Boucher et j'en passe, ainsi que des gens du milieu des affaires. Ce livre allait devenir un best-seller et je ne compte plus les émissions qui m'ont invité pour le présenter. Aujourd'hui, il est introuvable ou presque... En décembre, après moult émissions, je terminais la première partie de ma promotion à l'émission *De bonne humeur*, à Télé-Métropole, où Michel Louvain m'avait reçu avec grand déploiement. Lui seul pouvait en mettre autant pour valoriser un invité. Généreux à outrance et sympathique comme pas un! Noël se présenta avec quelques flocons de neige et, comptant fêter en famille pour ne pas déroger à nos habitudes, nous avions eu la surprise d'entendre Sylvie nous annoncer: «Chris et moi allons nous fiancer à Pâques!»

L'année nouvelle s'était levée en s'étirant paresseusement, mais je n'ai guère eu le temps d'en faire autant, puisque le 20 janvier j'étais de retour à Hollywood pour un autre raz de marée aux Golden Globes avec les acteurs et actrices que j'allais interviewer. À peine arrivé, je faisais une entrevue colossale avec Theodore Bikle, un grand acteur selon la *Foreign Press*, mais que je ne connaissais guère. On m'avait remis son résumé que je lisais en cours de route, il avait tourné dans tant de films, il avait soixante-quatre ans... J'étais en sueur ! Réaliser une entrevue avec un inconnu, ça m'angoissait terriblement ! Je le rencontrai, il était charmant, ce qui fut rassurant. Il avait tourné dans plusieurs téléséries, mais je me contentai d'ouvrir l'entretien en lui demandant ce qu'il pensait de son plus récent film, *Dark Tower*. À la fin de la conversation, sachant que je venais de Montréal, il me pria de saluer sa bonne amie Andrée Champagne, avec laquelle il avait déjà joué dans je ne sais trop quoi. J'en ai donc profité pour lui parler de la jolie femme qu'elle était toujours, ce qui m'avait permis de clore nos propos avec élégance. Et j'étais revenu heureux de m'en être si bien tiré. À mon retour, j'avais transmis ses salutations à Andrée Champagne qui en avait été ravie et qui m'avait parlé de ce cher Theodore longuement. Le lendemain, j'avais rendez-vous avec Griffin O'Neal, le fils de vingt-quatre ans de Ryan O'Neal, et frère de Tatum. Timide, peu bavard, l'entrevue ne fut pas facile, d'autant plus qu'il n'avait joué que dans quelques films de série B pour la télévision. Le genre de gars qui ne vous regarde pas dans les yeux... Il semblait mal dans sa peau, il parlait peu de son père et pas toujours en bien. J'ai quand même mené une bonne entrevue, mais avec les ans, sa carrière n'a guère évolué et on a parlé plus souvent de lui pour ses écarts de conduite, ses accidents de la route sous l'effet de drogues et ses peines d'emprisonnement... Et le soir, la remise des Golden Globe Awards, à laquelle j'assiste une fois de plus. La foule est dense, les gens hurlent les noms de leurs préférés à l'extérieur, c'est la folie furieuse dès qu'une «idole» descend d'une limousine. Je n'ai jamais compris un tel engouement pour des gens comme vous et moi qui, finalement, n'exercent qu'un métier différent. N'ayant jamais été impressionné par aucun d'entre eux, je ne pouvais comprendre que des personnes d'un âge certain arrivent tôt le matin afin de voir de plus près, le soir venu, un Alec Baldwyn ou une Susan Sarandon. Mais comme tous les goûts sont dans la nature...

Bon, je reviens à mes ouailles, j'étais là pour effectuer des entrevues, faire des rencontres, croiser des agents, des relationnistes, etc. La première vedette que j'aperçois et qui accepte de s'entretenir avec moi est la superbe Raquel Welch. Je lui avouai l'avoir aimée dans *Right to Die*, un téléfilm dramatique de l'année précédente, et que j'avais aussi beaucoup apprécié son rôle dans *Lady in Cement* aux côtés de Frank Sinatra. Je ne pouvais rien dire d'autre, c'était le seul film que j'avais vu d'elle au grand écran. Après une brève conversation, la sculpturale beauté de quarante-huit ans avait enfin trouvé la table où elle serait assise. Bien située, juste en face des caméras... et pour cause! Un peu plus loin, je bavarde avec Nick Nolte qu'on croit distant, mais qui est fort aimable. Je l'avais vu dans plusieurs films, dont *48 hours*, et sur le plan plus intime il en profita pour me faire l'éloge de son épouse actuelle, Rebecca, sa troisième femme. Il avait enfin trouvé la femme idéale pour lui, me disait-il, et pourtant, six ans plus tard, il allait divorcer de cette dernière comme il l'avait fait des autres avant elle. Je le quitte pour aller rencontrer la superbe Cher que j'ai toujours admirée, sa voix comme son charme. Une étrange personne, mais combien différente puisque tous les regards étaient sur elle. Je lui parle de son époque de *Sonny & Cher*, elle sourit, ne renie rien, mais me ramène vite à ses films les plus récents comme *Silkwood* et *Moonstruck*. On parle de ses albums, elle en est fière, elle a vendu pas moins de quatre-vingts millions de microsillons en carrière, mais elle revient encore sur le cinéma avec des projets bien en vue. Je ne lui parle pas de sa fille, Chastity, devenue homme depuis, pas plus que de Rob Camiletti, son bel amant italien de vingt-deux ans plus jeune qu'elle. Donc, une entrevue beaucoup plus sur l'artiste que sur la femme. Je la quitte donc pour ensuite me présenter à Tom Selleck qui m'accueille avec un chaleureux sourire. Plus gentil que lui, cherchez-le! Nous avons causé tout en sirotant un verre près du bar et il m'a parlé, bien sûr, de *Magnum*, puis de *Trois hommes et un bébé* qu'il avait tourné l'année précédente. Pour lui, les contrats se multipliaient et d'autres téléséries allaient voir le jour dans les années à venir. Somme toute, une agréable rencontre que j'avais partagée avec les lecteurs du *Lundi* à mon retour. Le temps de reprendre mon souffle et je cause avec Candice Bergen. Beaucoup de classe, cette femme, et nous parlons de son mari, le réalisateur Louis Malle, qui discute avec une dame aux cheveux gris un peu plus loin. Une courte entrevue, mais je dirais que c'était voulu de ma part; je n'avais pas tellement de choses à lui demander et elle ne faisait pas partie de ces vedettes dont mes lecteurs désiraient tout connaître. Et, pour finir en beauté cette tournée privilégiée, je rencontre nul autre que Mickey Rooney. Enfin, un plus petit que moi! Je n'aurais pas à me casser le cou avec lui! Très agité, grouillant comme ce n'est pas possible, il a peine à tenir en place malgré ses soixante-huit ans. Je lui parle de ses débuts avec Judy Garland et il s'emballe, je lui parle ensuite de la superbe Ava Gardner qui a été sa première épouse, et il me dit en riant: «Elle était trop belle pour moi ! » Qu'importe ! Il devait, par la suite, avoir sept autres épouses et neuf enfants éparpillés entre elles. « J'ai travaillé fort pour faire vivre tout ce monde-là ! Les pensions à verser me ruinaient ! » Encore vivant au moment où je traçais ces lignes, Mickey Rooney est mort au printemps 2014. Mais en sa compagnie, lors de notre rencontre, il était pour moi « la cerise sur le sundae » de cette soirée. Mes rubans de cassettes chargés à bloc, je regagnai ma table avant que la remise des trophées commence. La salade César, le filet mignon, le vin rouge, le gâteau rehaussé de crème, et j'étais bon jusqu'au petit jour.

Le lendemain, il faisait 38 degrés lorsque Dan Golden était venu me prendre à mon hôtel pour me rendre chez l'acteur Andrew Stevens, vedette de la série sur les pompiers, *Code Red*. Il comptait devenir un grand acteur, mais il est plutôt devenu producteur avec le temps. Affable, pas trop souriant, ce fut juste dans la note, et je partis avant de n'avoir plus rien à lui demander. Ayant été marié à Kate Jackson, une des *Charlie's Angels*, il ne voulait pas parler d'elle. Même en bien ! Tout le contraire de sa mère, l'actrice Stella Stevens qui, sans être la plus populaire, était des plus charmantes. La seule d'ailleurs, parmi toutes les vedettes rencontrées, à me faire parvenir une lettre de remerciements à Montréal. Quelle délicatesse ! Le 16, c'était à la résidence de l'actrice Zsa Zsa Gabor que je me rendais en taxi, sa fille devait prendre les photos. Cette chère Zsa Zsa, vedette du film *Moulin Rouge*, son meilleur, avait ensuite tourné dans quelques films sans importance. Le dernier en lice était un film sur *Frankenstein*. C'est tout dire ! Elle était plutôt une célébrité à scandales, mais pour une femme de soixante et onze ans, j'avoue qu'elle était encore très aguichante. Elle m'offrit un verre de champagne en attendant que sa fille arrive, feuilleta *Le Lundi* et s'emballa devant l'affiche centrale de Luis de Cespedes, torse nu, qu'elle trouva très *sexy*. Puis, sa fille unique, Francesca, arriva avec son appareil photo. Une fille d'environ quarante ans qu'elle traitait comme du poisson pourri devant moi. Elle lui reprochait d'être grosse, de ne pas se maquiller, de ressembler aux Hilton, du côté du père qu'elle méprisait. Mal à l'aise, je ne savais où regarder et, comble de malheur, Francesca était très maladroite avec son appareil. Si bien que le *flash* ne partait pas et qu'elle était incapable de prendre des photos. Fort heureusement, j'avais ma petite caméra qui me permit de prendre les photos qui allaient illustrer mon reportage. Mieux que rien! Zsa Zsa me confiait avoir collectionné les maris, elle en était à huit, je crois, et elle m'avait dit en parlant d'eux : « Je les mets à la porte et je garde la maison ! C'est comme ça que je suis devenue riche. » Fière de sa personne beaucoup plus que de sa carrière, elle avait ajouté : « Je suis la deuxième des trois sœurs Gabor et la mieux conservée. Et je suis la seule à avoir eu un enfant ! » Pourtant, la plus jeune, Eva Gabor, la célèbre *Madame Douglas* de la série *Les Arpents verts*, n'était pas piquée des vers ! Je tentais de lui parler de ses projets, mais elle détournait la conversation à chaque fois. Parce qu'elle n'en avait pas ! Sa fille, fort gentille, assistait à l'entrevue sans dire un mot, elle craignait trop les remarques désobligeantes de sa mère. Et Zsa Zsa évitait de la regarder pour ne pas s'emporter. Je suis finalement sorti de cette maison en fin d'après-midi et c'est Francesca qui me ramena à mon hôtel. En cours de route, je tentais de lui parler de sa vie, de ses ambitions, mais elle répondait par un oui ou un non. Timide, mal dans sa peau, coincée, la pauvre fille qui n'était pas mariée et qui n'avait pas d'amoureux malgré la notoriété de sa mère, semblait plutôt survivre dans cette somptueuse résidence où elle était sans cesse invectivée. À voir ce qu'est devenue Zsa Zsa Gabor avec le temps, chétive, courbée et défraîchie dans un fauteuil roulant, c'est à se demander si le mal que l'on fait au cours de sa vie ne se paye pas sur terre, dans une triste longévité...

Je me remis de cette rude journée et, au petit matin, j'étais déjà en route avec Andy, mon photographe, cette fois pour quatre entrevues. La première avec Vince Edwards, le *Dr Ben Casey*, de l'émission qui l'avait rendu populaire. Sérieux, aimable, peu jasant... De là, nous faisons un saut dans un parc où je rencontre le géant Richard Moll avec lequel nous avons eu beaucoup de plaisir. Du haut de ses six pieds huit pouces, il était quand même très gentil et n'écrasait pas de sa stature... les plus petits que lui! Accompagné de sa *girlfriend* Laura, il me parla de la série *Night Court* dans laquelle il jouait, et de ses rôles dans des dessins animés où il prêtait sa voix aux personnages. Nous avons pris quelques photos et, pour la photo-témoin, comme on appelle celle du journaliste avec l'artiste, j'étais monté sur le banc du parc pour être, malgré mes efforts, encore plus... petit que lui! Une rencontre agréable qui avait fait ma journée! Mais elle n'était pas terminée pour autant et j'ai ensuite rencontré la jeune actrice et chanteuse Nia Peeples. Elle avait commencé sa carrière dans le feuilleton *Days of Our Lives* pour ensuite être choisie pour le rôle de Nicole dans le film *Fame* qui la rendit très populaire. Puis elle me raconta sa petite histoire. Ses grands-parents étaient des immigrants des Philippines et sa mère avait été une danseuse de flamenco avant son mariage. Jolie jeune femme de vingt-sept ans, Nia avait des projets plein la tête et les moments passés en sa compagnie furent fort plaisants. J'avoue humblement m'être senti fatigué après ces trois déplacements, mais nous devions nous rendre chez l'actrice Ursula Thiess, qui avait été l'épouse de Robert Taylor jusqu'à la mort de ce dernier en 1969. Ursula, dans sa jeunesse, avait toutefois réussi une carrière intéressante. Jolie femme dans la soixantaine maintenant, elle nous avait servi le thé avec un plat de biscuits assortis et se prêta de bonne grâce aux questions que je lui posais. Je la connaissais pour l'avoir vue dans le film *The Americano* aux côtés de Glenn Ford, et peut-être dans un autre à la même époque, car la belle actrice d'origine allemande avait abandonné sa carrière lorsqu'elle épousa Robert Taylor afin de se dévouer à lui et aux enfants qu'ils auraient ensemble. Ce qu'on ne sait pas, cependant, c'est qu'elle avait été invitée à Hollywood par nul autre que Howard Hugues qui, après l'avoir vue sur la couverture d'un magazine allemand, lui avait offert un contrat de sept ans avec sa maison de production, la RKO. Cette entrevue fut très enrichissante pour le cinéphile que j'étais, mais moins pour les lecteurs et lectrices ne l'ont connue que par la publication de mon article.

Journée bien remplie et repos bien mérité, le soir venu. Andy était retourné chez lui avec son matériel et, installé à une table du Daisy de mon hôtel, j'ai avalé une bouchée accompagnée d'un verre de vin pour me redonner l'énergie dépensée, car mes entrevues étaient loin d'être terminées. J'avais des messages téléphoniques et d'autres rencontres m'attendaient, dont une le lendemain avec nul autre que Lou Diamond Phillips, révélé au public avec son interprétation de *Ritchie Valens* dans le film *La Bamba*. Ma première impression quand je l'ai vu entrer dans le bureau de son agent était que, sans être beau, il avait du charme. Philippin d'origine, la mi-vingtaine seulement, il était encore sous le choc de la renommée que *La Bamba* lui avait apportée. Comme projets? Rien à l'horizon, mais il espérait d'autres grands films. Côté cœur, une ou deux petites amies, mais rien de sérieux. En riant, il m'avait dit: « On me propose souvent des rôles d'Indien à cause de mes yeux bridés. » Il espérait prouver qu'il était un acteur et non seulement un visage et, malgré tout, c'est lui qu'on choisit quelques années plus tard pour jouer l'Inuit traqué d'*Agaguk*. Bonne rencontre, un beau moment passé avec lui et je regagnai mon hôtel, moins chargé que la veille, ce jour-là. Entre vous et moi, je n'étais pas friand d'entrevues avec des jeunes, ils n'avaient rien à dire ou presque. Encore à leurs premiers pas, il était difficile pour moi de philosopher sur le cinéma ou sur la vie avec eux. Mais je n'en disais rien et, en bon journaliste de terrain, je prenais tout ce qui passait. À la fin du mois, je rencontrais Richard Anderson chez lui. En voilà un qui était mûr pour un entretien d'envergure. Après avoir joué dans la série *L'homme de six millions* avec Lee Majors, il poursuivit avec *La Femme bionique* aux côtés de Lindsay Wagner. Les téléséries n'avaient plus de secrets pour lui, il venait d'obtenir un rôle dans *Dynasty*. Le genre d'acteur qui accepte qu'on lui propose des rôles secondaires, mais qui, finalement, fait plus d'argent que les têtes d'affiche. Il fut fort étonné que je lui rappelle qu'il avait tourné dans le film *Scaramouche* aux côtés de Stewart Granger en 1952. Tellement surpris qu'il me demanda mon âge ! J'avais seize ans lorsque j'avais vu ce film. Monsieur Anderson, de dix ans mon aîné, me trouva fort renseigné et m'entraîna dans une liste de titres de films dans lesquels il avait tourné. Je les avais presque tous vus ! Il me parla ensuite de ses deux mariages, de ses divorces, de ses trois filles, et son côté carrière avait pris le bord, il ne voulait parler que de sa famille, de ses parents, de sa mère surtout. J'ai donc quitté ce grand homme du cinéma et du théâtre tard en après-midi et, après avoir invité mon photographe Dan Golden à prendre un verre au bar de mon hôtel, je suis monté me reposer, car j'avais décidé d'aller passer le week-end à Las Vegas… pour me changer les idées ! J'avais réservé un billet d'avion de la Pacific Southwest Airline. Un spécial aller-retour pour cinquante dollars. Tout un *deal*! Sans doute arrangé avec Vegas pour qu'on aille se ruiner dans leurs casinos! Cette fois, j'avais réservé une petite chambre de motel à quelques rues de la *Strip* pour avoir la paix. Pour quarante-cinq dollars la nuit, j'avais droit au déjeuner et à leur vaste piscine extérieure qui me permettait de me rafraîchir. Le soir venu je n'avais qu'à revêtir mon smoking et me rendre à pied au casino le plus près pour risquer quelques dollars dans les *slot machines*. Très peu cependant, je n'étais pas *gambler*, je ne l'ai jamais été. L'argent est trop difficile à gagner pour le garrocher sans pudeur dans des machines desquelles on ne sort jamais vainqueur.

De Las Vegas, je m'étais donc rendu le lendemain à l'aéroport de Los Angeles et, comme j'avais laissé tous mes autres bagages en consignation à cet endroit, je réussis à obtenir, en *stand by*, un billet pour rentrer chez moi plus tôt que prévu et surprendre ma petite famille. Je craignais de ne pouvoir embarquer sur ce vol et, je m'en souviens, Paul Houde, de CFGL à ce moment-là, était aussi de ceux qui désiraient partir. Nous avions causé un peu et, au moment de l'embarquement, nous avions réussi tous les deux, avec quelques autres passagers, à monter à bord de l'appareil et rentrer plus tôt au pays. Imaginez la joie des miens lorsque je leur téléphonai pour les avertir que j'étais revenu. Micheline sauta dans la voiture et vint me quérir à l'aéroport. J'avais, dans ma mallette, des cassettes remplies de longues entrevues et de plus courts entretiens. Il ne me restait plus qu'à déchiffrer ce *puzzle*, traduire de l'anglais au français mes propos et pondre une série d'articles qui allaient faire le bonheur de nos lecteurs et lectrices.

Le 17 mars 1988, jour de la Saint-Patrick, il faisait beau à Montréal. Si beau que je m'étais installé dans une chaise longue sur le patio. Un paysage dégelé en plein hiver!

Incroyable ! Une mouche était même venue se poser sur mon bras... Épuisé par tout le travail accompli depuis le début de l'année, j'étais allé me reposer à L'Auberge sur la Falaise de Saint-Alphonse-Rodriguez où monsieur et madame Gagnon m'accueillaient chaque fois avec joie. Un doux repos, de bons repas, la quiétude, le calme après la tempête, et j'étais ensuite revenu chez moi avec une toile achetée et signée Jeannine Poirier, une artiste peintre de la région. Puis, le 3 avril, dimanche de Pâques, Sylvie et Christopher se fiançaient dans le bonheur total. Ils avaient fait bénir la bague à la messe du matin et je revois, en images, ce beau dimanche alors que ma fille, vêtue d'une robe crème et rouge, semblait la jeune femme la plus heureuse de la terre. Une charmante réception avait suivi à la maison. Micheline et moi, Michel et Roxane, tante Gisèle, tante Françoise, la parenté entière ou presque, les amis, tous réunis pour lever nos verres au fabuleux destin de ces jeunes fiancés.

Une émotion n'attendait pas l'autre et, le lendemain, le 4 avril, Roxane donnait naissance à une belle petite fille qui allait faire notre joie. Nous étions grands-parents et Micheline pleurait de joie. L'arrivée du bébé était plus tôt que prévue, mais avec la pleine lune... On la baptisa Corinne, un prénom rare et recherché selon l'astrologue Anne-Marie Chalifoux. Petit Bélier avec ascendants Cancer et Lion, elle était, d'après son signe chinois, Dragon ascendant Cheval. Selon Anne-Marie, elle allait avoir du tempérament, cette petite, et elle n'avait pas tort, elle a fait son chemin, mais elle était fine comme une mouche avec nous, autoritaire avec ceux et celles qui tenteraient de lui marcher sur les pieds. Quand je l'aperçus dans les bras de Micheline qui l'étreignait en laissant couler quelques larmes, j'ai senti le bonheur de mon épouse d'avoir ce petit bébé contre son cœur. Quelle nouvelle grand-mère ne rêve pas de ce moment! Une petite-fille à chérir, à gâter même… car ceux-là, nous n'avons pas à les élever, juste à les choyer. J'ai laissé passer quelques semaines et, au début de mai, je l'avais serrée contre mon cœur à mon tour et elle s'était endormie sur ma poitrine. Je sentais que j'allais aimer profondément cette jolie princesse. Ses petits doigts serrant les miens m'avaient rappelé les moments où Michel et Sylvie, tour à tour, faisaient de même. Mais là, c'était grand-papa qui étreignait cette enfant adorée, le côté père incombait à Michel. Quelle douce nostalgie je ressentais! Pour la fête des Mères, j'avais offert à Micheline un petit oiseau de plâtre dans un petit nid de paille, symbole de la maman qui couve ses petits. Ce qu'elle avait fait toute sa vie. Et cet oiseau niche encore sur la deuxième tablette d'une petite étagère de mon salon.

Juin finit par arriver et je me devais de reprendre le boulot et les entrevues avec les vedettes et les personnalités d'ici, et le premier que j'ai rencontré était nul autre que Maurice «Mad Dog» Vachon, ex-lutteur professionnel, amputé d'une jambe à la suite d'un accident de la route. Très en vue à la télévision grâce à Michel Jasmin, il m'avait reçu avec son épouse et l'entretien avait été fort touchant. Le 13 juillet, je recevais chez moi le joueur de hockey Luc Robitaille, ailier gauche des Kings de Los Angeles, avec sa petite amie l'actrice Nancy McKeon, vedette de *Facts of Life*, à ce moment-là, et son attaché de presse, Pat Brisson. Natif de Montréal, de passage pour visiter les siens et revoir sa ville, Luc m'avait accordé une belle entrevue. Nancy McKeon, pour sa part, m'avait confié quelques lignes, mais ne semblait pas disposée à étaler leur vie sentimentale au grand jour. Une liaison, je l'ai su plus tard, qui n'avait été que de courte durée…

Juillet s'éteint et c'est le repos temporaire avant la reprise des activités. Le 3 août, je signe avec les Éditions de

Mortagne mon premier contrat du roman que je n'ai pas encore terminé. Tout ça grâce à Jacques Chaput, ancien adjoint et toujours ami, qui avait délaissé Radio-Canada pour devenir directeur de cette maison d'édition. C'était d'ailleurs lui qui me poussait dans le dos pour que je termine *Adèle et Amélie* que je mettais trop souvent de côté. J'en étais, selon moi, encore aux balbutiements, et voilà que le contrat était signé ! Décidément, on croyait en moi chez De Mortagne et je n'avais d'autre choix que de tremper ma plume dans l'encrier. C'est au restaurant L'Artisan, en compagnie de Jacques et des éditeurs Max et Guy Permingeat, que j'apposai ma signature au bas du contrat. Sans même le lire ! J'avais l'habitude de faire confiance aux gens et comme mon meilleur ami dirigeait la boîte, je me contentai de lever mon verre pour trinquer au succès d'un roman... pas encore né ! Me voilà à *Un bon programme*, un talk-show animé par Jacques Fauteux et sa coanimatrice de la semaine, Andrée Boucher. C'était pour elle que j'y étais allé, parce que, moi, la télévision... Pendant ce temps, se foutant du monde entier, mon chat errant, Macho, que je nourrissais chaque matin, était fidèle au poste pour sa denrée.

Il fait beau et Sylvie décide d'emmener sa mère et son fiancé dans un musée voir la collection des effets de Madame de Pompadour. Je me demande encore si Micheline et Chris ont apprécié cette sortie ! J'en doute et j'en souris. Et moi, sans faire de bruit, je m'étais jeté à corps perdu dans l'écriture de mon roman. *Le Lundi* me motivait de moins en moins, je songeais à abandonner... Je prenais de plus en plus conscience de ma passion. Écrire *Adèle et Amélie* m'envoûtait. Malgré tout ce que je me promettais de faire, j'acceptai, quelques semaines plus tard, d'être chroniqueur à l'émission *Les anges du matin* à la télévision de Sherbrooke. Christine Lamer avait réussi à me convaincre et j'avais flanché sans même peser le pour et le contre. Les déplacements, la recherche, car je devais parler des vedettes d'Hollywood, et les caméras qui n'étaient pas mes amies... J'ai fait deux émissions et, à la fin de la deuxième, je remettais ma démission à Christine et à son mari Denys Bergeron, qui comprirent fort bien les raisons que j'invoquais. Parler pendant dix minutes ou plus de Linda Evans ou Joan Collins, je trouvais ça banal. Ma plus grande joie de ce temps était de voir arriver mon fils et sa femme avec leur petite Corinne. Je sentais que cette enfant allait aimer son grand-père. Sa grand-mère aussi, bien sûr, mais je souhaitais qu'elle aime davantage son grand-père! Égoïste de ma part, mais je voulais revivre avec Corinne la belle aventure que j'avais vécue avec Sylvie lorsqu'elle était encore aux couches. Et je pense que Micheline ne m'en voulait pas que je me l'accapare ainsi... Elle savait qu'à ce moment-là, cette petite-fille était la seule à pouvoir me remettre le sourire aux lèvres. Je me cherchais, je jonglais, je voulais faire le bon choix dans ma vie professionnelle... Et dans le quotidien de ma vie actuelle, je terminais un autre long chapitre d'*Adèle et Amélie* dont j'étais fier, en me disant intérieurement: *Ça devrait plaire...*

Tiens! les feuilles mortes sont au sol, mouillées par les pluies qui se succèdent, et c'est dans ce décor automnal que Michel fête ses vingt-neuf ans. Sylvie, pour le taquiner, lui a offert en guise de cadeau d'anniversaire un calendrier... d'Astérix! Eh oui! Parce qu'il lisait encore les aventures de ce petit Gaulois! Le mois s'écoula rapidement et, vers la fin de novembre, je rencontrais Jean-Luc Mongrain et sa conjointe Lynda Durand pour un bel entretien. Très sympathiques tous les deux! Décembre s'ouvre et, quatre jours plus tard, Mitsou arrive chez moi pour une entrevue de première page. Mignonne, affable, polie, une tasse de thé, quelques biscuits... Quelle jeune fille charmante ! Le lendemain, je fête mes cinquante-deux ans ! Ah, non ! Le jour se lève une fois de plus et c'est l'auteur, compositeur et chanteur Pierre Flynn qui s'amène chez moi pour une rencontre. Il m'avait donné du fil à retordre, celui-là ! Un garçon aimable, mais je mentirais si je disais que j'ai réalisé avec lui ce qu'on appelle une bonne entrevue… J'ai fait ce que j'ai pu ! Enfin, un autre Noël en famille, les enfants étaient là, le fiancé de Sylvie inclus, sans oublier Corinne et ses merveilleux sourires d'enfant. Mon plus beau cadeau du Ciel, quoi ! Le 29 décembre, je passe une dernière journée au bureau, j'ai remis mon poste de directeur du *Lundi* à mon adjoint, Michel Choinière. Je veux écrire… Ce qui veut dire que j'ai refusé le poste de vice-président et directeur général que m'offrait Yves Moquin, le grand patron. Je n'avais que quelques heures pour prendre une décision et j'ai abdiqué. Il était temps que je m'appartienne. Je ne voulais plus de ces douleurs à la poitrine causées par le stress. Il n'y a pas que l'argent dans la vie… Je me le répétais depuis quelques semaines, voyant venir le jour. J'allais encore collaborer, interviewer, mais ne rien diriger. Je me promettais un long repos. Et, comme par hasard, la veille du jour de l'An, le téléphone sonnait, c'était Andrée Boucher qui me souhaitait une bonne année. Quelle gentillesse ! Dans mon journal intime, j'avais écrit que ma plus grande joie de 1988 avait été la naissance de Corinne. Et le soir, avant de me coucher, j'avais embrassé l'image du Sacré-Cœur au-dessus de mon lit, pour l'en remercier.

    Une autre année vient prendre la relève de celle qui est morte de fatigue et, le 11 janvier, je recevais Pierre Senécal à la maison. Un gars raffiné qui souffrait d'anxiété tout comme moi. Deux Sagittaires, quel bel échange ! Une voix unique que la sienne, je possédais tous ses disques. Et à la fin du mois, Hollywood encore une fois ! La dernière ? Qui donc pouvait prédire… Dès mon arrivée, je rencontrais successivement, Betty Ford de *L.A. Law*, Nicole Eggart, blonde vedette de la série *Charles in Charge*, Parker Stevenson de *Baywatch*, et la belle Audrey Landers de la série *Dallas*. Quel tour de force ! Pour reprendre mon souffle après ce sprint, j'étais allé au théâtre Schubert voir la comédie musicale, *Les Misérables*. Superbe spectacle, mais à quarante-sept dollars le billet plus vingt-cinq dollars de taxi, c'était assez cher pour 1989 ! Le samedi soir, le temps de revêtir mon smoking, j'étais à la quarante-septième remise des Golden Globe Awards. Ayant repéré ma table où je retrouverais les membres de la *Foreign Press*, je me mis en quête de traquer quelques célébrités qui, loin de la foule extérieure, prenaient un verre au bar ou se reposaient dans un fauteuil trouvé au hasard. C'est ainsi que je fis la connaissance de Sigourney Weaver avec qui je me suis entretenu de son plus récent film, *Gorillas in the Mist*. Puis, j'ai croisé Jamie Lee Curtis. Charmante, elle se prêta de bonne grâce à une courte entrevue et je la trouvai fantastique avec ses épaules dénudées et ses cheveux très courts, ce qui la différenciait des nombreuses Barbie de la soirée. Un peu plus loin, avec Lina et son appareil photo à ma suite, je rencontre River Phoenix avec qui je parle assez longuement. Le genre de garçon à ne regarder personne dans les yeux et à se tenir à l'écart… Il devint toutefois plus réceptif du fait que j'étais un francophone du Canada. Très peu ont pu l'aborder comme je l'ai fait ce soir-là. J'ai été très peiné d'apprendre son décès quatre ans plus tard, d'une surdose de drogues. Il n'avait que vingt-trois ans. Triste, non ? D'autres entrevues sur le vif se succèdent et je m'entretiens avec Harry Hamlin, le bel homme de ces dames, ainsi qu'avec Ted Danson, de *Cheers*, accompagné de son épouse. Puis, Sharon Gless de *Cagney & Lacey*. Une perle, celle-là ! Très généreuse de son temps !

De là, j'aborde Jane Seymour qui, très gentiment, me parle de la minisérie *La Révolution française* dans laquelle elle incarnait la reine Marie-Antoinette. Ses propres enfants jouaient les rôles du jeune dauphin Louis XVII et de Madame Royale, sa sœur, et elle m'avoua les avoir sentis très troublés au moment des scènes de la guillotine. Elle avait regretté de les avoir impliqués dans cette production, ils en étaient sortis traumatisés. Son jeune fils, surtout! Et, pour finir en beauté, je m'entretiens avec Ann Jillian qui avait remporté un trophée pour *The Ann Jillian Story*. Elle s'était battue contre le cancer du sein, on lui avait fait une double mastectomie. J'ai rencontré d'autres vedettes, ce soir-là, mais trop pour toutes les nommer, c'était une année florissante pour moi. J'étais toutefois allé au bal, ce que je ne faisais jamais. Et je me souviens avoir demandé à Jodie Foster si elle voulait danser avec moi… *in french*! Ce qui l'avait fait rire, mais qui me valut le prochain *slow* avec elle. Très sympathique, elle m'avait posé un tas de questions durant ce tour de piste, ce qui lui évitait de répondre aux miennes. Remis de cette soirée, les pieds dans mes pantoufles, assis sur mon balcon donnant sur Sunset Boulevard, je regardais les jeunes sortir d'une discothèque pour entrer dans une autre. À chacun son tour, ces sorties animées et tardives.

Le lendemain, 30 janvier, je rencontrais dans un restaurant d'un vieux quartier de Los Angeles, nul autre que Esai Morales, celui qui avait tenu le rôle de *Roberto*, frère de Ritchie Valens dans le film *La Bamba*. Le genre «macho» avec camisole et blue-jean qui plaisait aux filles, mais il était loin d'être celui qu'on imaginait. Pour cette entrevue, j'étais accompagné d'une jeune photographe à la pige. Alors qu'elle s'apprêtait à prendre des photos, elle s'alluma une cigarette et Esai, la regardant froidement, lui demanda : «*How can you do that to your lungs?*» – Comment peux-tu faire ça à tes poumons? – Sidérée, elle ne savait que répondre et il lui fit une verte remontrance sur les méfaits du tabac. Fort heureusement pour moi, j'étais dans une période où je ne fumais pas. L'entretien fut quelconque, mais je ne pouvais croire que celui que j'imaginais comme un *bum* puisse être aussi *straight* et rempli de si bons principes. Loin du voyou qu'il avait été dans le film, Morales, très près de sa famille et du bon Dieu, prônait les valeurs de l'environnement et du végétarisme. C'est bien pour dire! Le lendemain, je rencontrais successivement Michael Nader et Stephanie Beacham, deux autres vedettes de *Dynasty*, dans les studios où ils tournaient. Une bonne nuit de sommeil et je repars avec un photographe pour interviewer, dans la même journée, Michael Nouri, acteur à demi-succès, Jack Wagner de *General Hospital*, et Ted Ross, un acteur noir qu'on avait vu dans *Police Academy* et dont le plus récent film était *Stealing Home*. Revenant à Jack Wagner, il m'avait dit tourner dans des *soaps* en attendant d'être au grand écran comme Tom Cruise, ce qui ne saurait tarder, selon lui. Et, curieusement, je le vois encore, de nos jours, dans le rôle de *Nick*, de *Top modèles*, un *soap* populaire qui passe chaque jour à TVA. Ce qui revient à dire qu'il ne faut pas vendre la peau de l'ours avant de l'avoir tué! Même en entrevue!

Le lendemain, j'avais rendez-vous avec Leslie Ann Down au restaurant Flag du Sunset Boulevard. Très ponctuelle, je la trouvais très séduisante dans sa robe de mousseline. Et quel gracieux sourire que le sien! Nous avions commandé un léger repas, du vin blanc, et elle me parla de son rôle de *Georgine* dans la série *Maîtres et Valets*, un feuilleton britannique qui avait fait fureur aux États-Unis et ailleurs. Belle, la mi-quarantaine, la jolie star qu'elle avait tout pour faire sa marque au grand écran. Elle avait déjà tourné avec John Wayne et Kirk Douglas, et on la retrouva ensuite avec Harrison Ford dans *Guerre et Passion*. Je l'avais quittée vraiment enchanté de ma rencontre et, encore aujourd'hui, on peut la voir au petit écran dans le rôle de *Jacky* de *Top modèles*. Un peu de répit et, en début de soirée, je me rends chez Dirk Bennedict qui me reçoit avec sa femme et son bébé de neuf ou dix mois. Il me parla longuement de ses rôles dans *Battlestar Galactica* et dans *The A-Team*, aux côtés de George Peppard. Au moment de notre rencontre, il était fier d'avoir interprété le rôle-titre de *Hamlet* au théâtre Abbey, ce qui prouvait sa passion pour la scène. Le lendemain, sans en avoir vraiment envie, je rencontrais Patricia Seaton, la veuve de l'acteur Peter Lawford, qui faisait la promotion du livre qu'elle avait écrit sur son mari. Je fus gentil, poli et très courtois avec elle, parce qu'elle était affable et de bonne foi. Et elle me remit – sans me le vendre – un exemplaire de la biographie de son défunt mari, intitulée: *The Peter Lawford Story*. Un dernier verre avec elle au bar de l'hôtel, je lui tendis la main et je montai à ma chambre préparer mes valises, car le lendemain je rentrais chez moi. Au diable la turbulence! J'étais si épuisé de cette dizaine de jours bien remplie que j'allais sûrement dormir dans l'avion. Ce que je n'ai pu faire, évidemment, ça brassait trop, mais j'ai été heureux de sentir le sol et d'apercevoir la neige de février sur les maisons et les autos. C'était si beau!

Maudit que j'ai de la misère avec le modernisme! On venait de m'envoyer une nouvelle machine à écrire électrique. *Big deal!* Pour décompresser de la mission accomplie, je m'étais rendu avec Micheline au cinéma afin de voir *Camille Claudel*, avec Isabelle Adjani et Gérard Depardieu. Quel superbe film! Quelques jours plus tard, j'étais à CKVL à l'émission *Entre nous*, animée par André Sylvain et Marie Belcourt pour... devinez quoi? Parler d'Hollywood! En mars, une entrevue avec Roch Voisine au resto Chez Marleau, suivie d'une session de photos au studio de Guy Beaupré. Le 22, découragé par le surplus de travail avec tous ces textes à écrire, j'avais inscrit dans mon journal intime : *Mon Dieu que ma vie est longue!* Pas suicidaire pour autant, mais assommé ! Curieux n'est-ce pas, quand d'autres la trouvent si courte ? Mais je persiste à dire que chaque jour surchargé de travail fait qu'on finit par la trouver longue cette vie, dont on ne voit pas la fin. Ceux qui la trouvent courte sont sans doute ceux qui n'en font rien, car ils n'ont souvenir… de rien ! Moi, je me rappelle chaque jour ou presque depuis mon enfance et, à mon âge, je commence à trouver que ça fait un « maudit » bon bout de temps que je traîne ma carcasse ! Ce qui ne m'a pas empêché de me rendre aux fiançailles de Michèle Richard avec Yvan Demers à la fin de février. Lors du souper, Micheline et moi étions à la table de Diane Juster et de son jeune amoureux, un couple fort sympathique. Et j'avais pu croiser, parmi les invités, Michel Louvain, Serge Laprade, Nicole Martin et plusieurs autres personnalités. En bonne compagnie, la fête s'était poursuivie très tard et nous avions repris le chemin de Montréal au milieu de la nuit.

En avril, je m'étais découvert d'un fil, malgré la fraîcheur, pour me rendre à l'Auberge sur la Falaise, mon lieu de prédilection pour une saine détente. Le lendemain, je dormis presque toute la journée et, le jour suivant, je me jetais corps et âme dans mon roman *Adèle et Amélie*. J'écrivais, j'écrivais, j'écrivais et, comme l'imagination se voulait fertile en ce site enchanteur, je me rendis compte que j'avais un autre long chapitre de terminé.

Le 2 juin, je rencontre Line Renaud au Méridien. L'actrice et chanteuse qui avait traversé plusieurs époques, puisqu'elle était parmi les préférées de ma mère avec ses succès sur disques comme *Étoile des neiges* en 1950 et *Ma cabane au Canada,* juste avant. Moi, je me souvenais d'elle dans le film *Mademoiselle et son gang,* en 1957, avec Jean Carmet. En voilà une qui m'impressionnait. Les vedettes des années 1940, encore actives quarante ans plus tard, ça m'attirait comme le miel pour les mouches ! Fine comme ce n'est pas possible, j'avais passé tout près de deux heures en sa compagnie, ce qui m'avait permis d'écrire un excellent article sur elle et sur le film *Ripoux contre ripoux,* dans lequel elle allait bientôt jouer. Bref, une rencontre privilégiée. Trois jours plus tard, j'étais avec Micheline à la Place des Arts à l'endroit où Sylvie recevait son diplôme de maîtrise en orthopédagogie de l'Université McGill, après deux ans de fortes études. Quelle fierté pour les parents que d'assister ainsi au triomphe de leurs enfants ! Ils étaient plusieurs, mais j'ai senti l'émotion m'envahir lorsque je l'ai vue monter sur scène avec sa toge de « maître » en la matière. La victoire de tant d'efforts ! Christopher, son fiancé, était avec nous et, après la remise de cet honorable certificat, nous étions allés célébrer sa réussite au restaurant Le Chandelier. En levant nos verres bien haut à ce succès tant mérité. Et Micheline, comme d'habitude, avait essuyé quelques larmes de joie échappées.

À la mi-juin, je publie mon troisième recueil de billets intitulé *Les chemins de la vie,* que je dédie à ma femme qui en est très émue. Et le 20 juin, Sylvie célèbre ses vingt-sept ans ! Ce qui sera l'âge de son mariage ! En ce même mois, je fais laminer une immense photo de Beethoven que je place sur le mur derrière le pupitre de mon bureau. Elle y est depuis et, récemment, j'ai été fort étonné d'entendre mon petit-fils Christian me demander: « Tu crois qu'il pourra être à moi un jour, ce portrait ? Je veux dire... Parce que je l'aime beaucoup ! » Il voulait dire... « après ma mort », ce que j'ai ajouté pour le taquiner un peu et le rendre mal à l'aise. Mais bien sûr que Beethoven sera à lui ! Les autres ont déjà les yeux sur d'autres objets qui s'avèrent, avec le temps, de belles antiquités. Vers la fin du mois, je passe à l'émission *Garden Party* de TQS, où Serge Laprade me fait une belle entrevue sur mon nouveau recueil et mon récent voyage à Hollywood. Et le 29 juillet, les cadeaux de noces pour Sylvie et Christopher commencent à arriver !

Un grand jour pour nous que celui du 5 août 1989. C'est en ce matin de canicule que Sylvie prenait Christopher pour époux en l'église Sainte-Odile. Un samedi ensoleillé, mais Dieu qu'on a eu chaud lors de la cérémonie qui n'en finissait plus. Mais quelle joie pour moi de conduire ma fille à l'autel ! Je sentais sa main nerveuse qui me tenait le bras. Et, à deux pas de la remettre à son futur époux, je regardai Micheline dans la première rangée, vêtue d'un superbe ensemble beige, magnifiquement coiffée, les yeux embués... Très tôt le matin, Guy Beaupré était venu prendre des photos de la mariée à la maison et, regardant ma fille dans sa merveilleuse robe blanche, son voile retenu par des fleurs, un éventail de dentelle à la main, un bouquet sur les genoux, j'avais l'impression de voir la belle *Scarlett O'Hara* dans *Autant en emporte le vent*. Quelle jolie jeune femme de vingt-sept ans ! Possessif comme je l'étais, après l'avoir tant choyée, j'avais peine à la donner à un autre. Et notre plus grande joie en tant que parents était que nos deux enfants allaient être mariés devant Dieu et les hommes, et que leurs enfants allaient être baptisés comme ils l'avaient été tous les deux. Je ne condamne pas pour autant les unions libres, mais ça m'aurait peiné de voir grandir des petits-enfants avec des parents non mariés. Je suis d'une autre génération, vous comprenez. Je suis très croyant et, pour moi, les traditions et les rites religieux me tiennent encore autant à cœur que mon premier missel quand j'étais enfant de chœur. Sylvie avait choisi ses invités soigneusement, elle ne voulait pas d'un mariage trop élaboré. Elle avait une bouquetière de douze ans, sa cousine Marie-Hélène, et une soprano avait interprété un *Ave Maria* de Schubert remarquable et d'autres chansons adaptées pour la circonstance. Comme voiture, elle avait opté pour une décapotable jaune des années cinquante, ce qui faisait original. La réception avait lieu au Ramada Inn de Côte-de-Liesse où Chantal Gionet, ex-secrétaire de Claude J. Charron, était la directrice des réceptions. Je lui avais fait confiance et, selon mes recommandations, elle avait fait préparer un festin chaud et froid avant le gâteau de noces, et un buffet de fruits et de fromages en soirée. Sans omettre les vins à volonté. Les mariés ont ouvert la danse sur la chanson *Suddenly* et les gens présents s'étaient joints à eux sur la piste. Comme voyage de noces, Sylvie et Chris avaient choisi l'Angleterre et l'Écosse, ce qui fut notre cadeau en tant que parents. Et voilà qu'avec le départ de notre fille de la maison, nous allions nous retrouver seuls, Micheline et moi. Je lui disais : « Crois-tu qu'on va s'y faire ? La maison va nous sembler vide… » Micheline, de sa sagesse et de ses brins d'humour occasionnels, avait répondu : « Ne t'en fais pas, ils vont venir souvent avec leurs enfants. C'est déjà bien parti avec Corinne ! » La semaine suivante, je reprenais le travail et je rencontrais Andrée Boucher pour une entrevue de première page. Le 25 du même mois, de retour de leur voyage et installés dans leur logis, Sylvie et Christopher étaient venus souper avec nous. Au cours du repas, notre fille nous avait annoncé qu'elle avait décroché un emploi d'enseignante à l'école Pasteur, un établissement privé. Ce n'était pas le salaire espéré avec son bagage d'études, mais c'était un début dans la profession. J'étais content pour elle, et moi, durant ce temps, je poursuivais, sans en parler, l'écriture d'*Adèle et Amélie*. J'avançais de plus en plus…

Au début de septembre, j'étais invité avec Micheline à passer à l'émission *Enfin, c'est samedi!* animée par Danielle Oddera et son mari Roberto Medile, à Télé-Métropole. On voulait nous présenter comme couple, personne ne connaissait ma femme ; on voulait savoir quelle était notre recette de longévité dans ce milieu où les séparations étaient multiples. Je n'étais pas trop vendu à l'idée, mais j'acceptai d'en parler à Micheline qui, à ma grande surprise, accepta de participer à cette émission. Je l'avais mise en garde contre le trac, contre sa timidité, contre tout ce qui pouvait survenir au cours d'une telle expérience, et elle m'avait répondu : « Ça ne me dérange pas ! Oui, je veux y aller avec toi, ce sera la première fois et ça me tente ! » Ce qu'elle désirait surtout, c'était de montrer à tous qu'elle existait, qu'elle partageait fidèlement ma vie et qu'elle s'accommodait fort bien d'un mari souvent absent, mais tellement présent pour ses enfants. Bref, se faire connaître et faire mon éloge en même temps ! Mais ça me laissait perplexe... Ce n'était pas son genre d'être extravertie, elle si discrète, si effacée... Le fameux samedi en place, elle m'accompagna à Télé-Métropole comme si de rien n'était et, après le maquillage, elle attendait avec moi, supposément détendue, qu'on nous appelle pour faire face aux caméras. Quand vint notre tour, elle me suivit avec aisance, décontractée même... Cela me dépassait ! En ondes, avant que le décompte se fasse, la sentant nerveuse, Danielle lui avait dit de sa voix chevrotante : « Ne vous en faites pas, madame, ça va bien aller ! » Exactement ce qu'il ne fallait pas faire ! Avant que le décompte soit rendu à 2, des larmes coulaient sur le visage de Micheline, au grand étonnement de Danielle et de Roberto. Constatant le fait, la sentant « poignée » jusqu'au fond de ses tripes, dès la première question, je pris les devants. Je n'ai jamais patiné comme cette fois-là, lors d'une entrevue, pour tenter de sauver la face. Micheline avait répondu à une ou deux questions, pas plus, et à une autre par un signe de tête affirmatif et, dès lors, Roberto comprit qu'il lui fallait se concentrer sur moi. L'entrevue prit fin, Micheline quitta le plateau et, rendue de l'autre côté du studio d'enregistrement, me dit : « C'est la première et la dernière fois ! Tu ne m'y reprendras plus ! » Je n'en revenais pas ! Je ne l'avais pas forcée à faire cette émission, j'avais même tenté de l'en dissuader. Nous l'avions enregistrée et c'était peut-être un peu moins mauvais qu'elle l'imaginait, mais c'était un gâchis comme entrevue de couple. Je ne lui en ai jamais reparlé, mes enfants non plus, et Micheline n'a jamais reparu, au petit écran ou à la radio, dans toute entrevue où elle aurait pu être à mes côtés. *Enfin, c'est samedi !* l'avait presque rendue malade ! Introvertie, peu portée à se confier, ne vivant que pour ses intimes, elle avait compris qu'il ne lui servait à rien de faire des efforts pour tenter de briser une glace trop solide pour elle. Je pourrais dire, sans me tromper, que tout le monde connaissait son prénom parce que j'en parlais souvent, mais que peu d'entre eux l'avaient vue avec moi dans ce genre d'occasions. Au mariage de René Simard, oui, à celui de Michèle Richard, oui, parce que ce n'était pas elle qui était en évidence. Mais nulle part ailleurs où elle aurait pu être à l'honneur.

Le 17 septembre, je terminais le dernier chapitre de mon roman *Adèle et Amélie* et j'en étais soulagé. Le mot FIN était apposé au bas de la dernière page de l'épilogue et il ne me restait qu'à le peaufiner. Quelle somme de travail ! Un roman intense et volumineux, puisque le bouquin, une fois imprimé, allait contenir pas loin de six cents pages. Quand on écrit, on ne compte pas ! On attend que la fin anticipée arrive, qu'importe le nombre de feuilles devant soi. L'histoire est finie ? Voilà le manuscrit, monsieur l'éditeur. À vous de jouer, maintenant !

À la fin du mois, pour que Micheline parvienne à se détendre complètement et à oublier sa mésaventure à la télévision, je l'invitai à la Place des Arts voir l'opéra *Faust* avec Gino Quilico dans le rôle-titre. Quelle voix que la sienne! Et quel sublime opéra auquel nous venions d'assister! Et pour terminer ce mois en beauté j'avais rencontré, au restaurant Le Saint-Martin, le « démon blond » Guy Lafleur, pour une longue entrevue. Il m'y attendait et m'avait reçu avec un sourire et une franche poignée de main. Très gentil, discret, il avait réservé la mezzanine du restaurant au complet afin que personne d'autre que lui et moi ne soit assis à cet endroit ce soir-là. Il ne voulait pas être dérangé par qui que ce soit. Il avait même éloigné son attaché de presse pour être en tête à tête avec moi. Sachant que je n'étais pas un amateur de hockey, il me parla de ses derniers exploits, mais dans les grandes lignes seulement, pour ensuite se livrer à cœur ouvert dans l'entrevue qui consistait à parler de sa famille, de sa jeunesse à Thurso, de sa femme, de ses enfants, de ses passe-temps, bref, de tout ce qu'il était dans la vie quand il n'était pas sur la glace. Et ce fut un franc succès! J'ai entendu parler de cette entrevue durant des mois par la suite. Ses *fans* étaient contents d'avoir pu, grâce à moi, découvrir l'homme derrière le champion.

En novembre, mon fils Michel fêtait ses trente ans! Pas possible! Ce qui ne me rajeunissait pas, Micheline non plus! Il me semblait que c'était hier que nous le tenions dans nos bras, ce petit bébé-là! Son plus beau cadeau était certes cette promotion qu'il avait obtenue à son travail. Il en était si content et nous étions si fiers de lui. Puis, un mois plus tard, le 6 de cette fin d'année, c'était à mon tour de vieillir d'un an. Cinquante-trois ans! Aie! c'était pas de la p'tite bière, cet âge-là! Très respectable. Pas encore d'un âge certain, mais... d'un certain âge! Seule ombre au tableau en ce jour de mon anniversaire, nous apprenions que quatorze jeunes filles avaient été abattues à Polytechnique, par Marc Lépine, un gars troublé, un antiféministe, qui s'était ensuite suicidé. Quel drame pour les familles de ces jeunes femmes! On en a parlé à travers le monde entier et, chaque année, quand arrive mon anniversaire, la tuerie de Polytechnique refait surface. Fait inusité, lorsque je suis allé voir ma mère dans sa petite niche au Columbarium Dallaire de Saint-Martin, dernièrement, j'ai pu apercevoir, dans une niche non loin de la sienne, l'urne et la photo d'une des victimes. J'en ai été chaviré! Elle était si jeune, si jolie... À la mi-décembre, Micheline et moi avions regardé, à la télévision, le très bel opéra *L'Africaine* avec Placido Domingo et Shirley Verret. C'était grandiose! Je déplore le fait que, de nos jours, on ne nous présente plus de tels moments classiques à la télévision le dimanche soir. À PBS, de temps à autre, mais jamais plus à Radio-Canada. On préfère les quiz ou les talk-shows. Dommage...

Noël! Neige fine, on attend les enfants et, durant les heures qui précèdent, je relis *Adèle et Amélie* pour y apporter de petits changements. Que voulez-vous, c'est mon premier roman! On a soupé tous ensemble, j'ai comblé ma petite-fille de cadeaux, les autres aussi, mais pas autant qu'elle. Le 30 décembre, seuls à la maison tous les deux, Micheline et moi avions regardé le film *Carousel* avec Gordon MacRae et Shirley Jones. Un beau film musical des années cinquante. Les nôtres! Et le dernier jour de l'année, mon neveu Georges me téléphone, il a le cafard, il est *down*, je me demande bien pourquoi... Un verre de trop? Puis, il me lit au bout du fil un poème intitulé *J'aimerais*, qu'il vient de composer. Des rimes riches et de toute beauté. Pour ensuite me ramener dans les méandres de notre valeureux passé. Que de temps écoulé depuis... Et l'année s'envola en fumée aux premiers coups de minuit de mon horloge grand-père.

Chapitre 14

En ce premier jour de janvier 1990, tout est derrière moi et j'ouvre cette première page de mon nouveau journal intime sur la couleur de l'espoir devant moi! Voilà donc ce que j'avais écrit, le soir venu, alors que le vent du nord malmenait mes fenêtres. Était-ce vraiment une autre vie qui commençait? Sûrement pas, puisque j'avais ajouté : *Mais non, c'est la même histoire qui se poursuit au gré du noyau de ma poésie... J'ai soif d'amour et de paix. Puis-je seulement m'abreuver au jet d'une fontaine épargnée... Dieu m'entende!*

Je referme le livre bleu jusqu'à demain et je le dépose sur ma table de chevet avec l'image du Sacré-Cœur en guise de signet à la deuxième page. J'ai dégarni le sapin, le temps est doux, on respire mieux... En soirée, Micheline écoute l'opéra *Aïda* pendant que je lis les affres subies par le Roi-Soleil, de la part des enfants qu'il a eus avec la Montespan. J'aimerais ne rien voir d'autre que des livres à perte de vue et n'écouter que la musique des grands maîtres. Mais je rêve, ma foi! Ma petite-fille est venue le lendemain, elle m'a caressé la joue de ses mains potelées, elle est ma joie quand elle me tend les bras. Mais le travail m'attend demain avec sa... presque fin. Je m'y rends à reculons, on me remet mes billets d'avion. Le 17, je retourne à Los Angeles. Un dernier sprint?

Hollywood! Après un vol épouvantable! Stressant! Mais, sain et sauf... Le Hyatt sur Sunset, la même chambre, le balcon ensoleillé, la boutique de tatouage juste en face. Des clients sont déjà là, fiers et altiers, le biceps gonflé par un bracelet gravé à perpétuité... Comment peut-on faire ça à son corps? Quand les chairs seront pendantes plus tard, tous ces corbeaux, ces serpents rouges, ces fleurs noires et ces chaînes gravées sur des parties en vue de leur anatomie auront l'air de... cancers de la peau! Personne n'y pense, mais quelle répugnance quand les cœurs transpercés d'épées ne seront plus que des taches cramoisies qui feront reculer d'effroi les petits-enfants de ces tatoués. Et que dire, de nos jours, de ceux et celles qui affichent des piercings au nez, aux sourcils, aux lèvres et aux mamelons? *Ouache!* Désolé, mais juste à les voir, j'en ai des frissons. Est-ce ainsi que Dieu le Père nous a créés?

Je prends mes appels, des entrevues m'attendent dès le lendemain. Première destination avec mon photographe, la résidence d'Arthur Peterson, le major dans la série *Soap*. Entrevue intéressante pour moi, mais peu importante pour les lecteurs. Un repas au Daisy le soir venu, une longue nuit de sommeil pour contrer le décalage et, le lendemain, je suis chez James Doohan, l'incontournable *Scotty* de la série *Star Trek*. Beaucoup plus connu, celui-là! Un sandwich vite avalé et je me retrouve avec Jason Hervey de *The Wonder Years*, pour ensuite me rendre dans un studio de télévision rencontrer Jennifer Hetrick, de *L.A. Law*. C'était un bon départ et je devais me reposer, car le lendemain, c'était la remise des Golden Globe Awards, à laquelle j'allais assister une fois de plus.

La foule était dense près du tapis rouge. On criait, on hurlait même, on tendait un papier et un stylo pour un autographe et peu de vedettes se prêtaient à ce jeu. Parce que lorsqu'elles s'y risquaient, elles étaient incapables de se retirer par la suite. C'est là que je me suis rendu compte que les *fans*, à défaut des signatures de leurs favoris, s'arrachaient les autographes de... n'importe qui ! À mon entrée en salle, une dame m'apprenait que l'actrice Barbara Stanwyck était décédée le matin même. Quelle tristesse ! Moi qui l'avais tant aimée dans ses films et qui avais eu la chance de la rencontrer quelques années auparavant. Je fis quand même ma tournée habituelle avec Lina, ma photographe, et j'eus la chance de rencontrer Tom Hulce, le célèbre *Amadeus*, qui conversa avec moi pendant un assez bon moment. Drôle, surexcité, je le retrouvais tel qu'il était dans la peau de ce Mozart que j'avais tant apprécié. J'eus aussi le plaisir de m'entretenir, loin du tumulte, avec Kevin Costner, un homme affable et fort intelligent. Plus loin, Jimmy Smits de *L.A. Law* m'accorda une entrevue d'une assez bonne durée et, juste après, c'était au tour de l'acteur Andy Garcia de me parler de son plus récent film et de sa vie privée. Quel bon gars que celui-là ! Néanmoins, ma plus belle récompense de cette soirée fut de m'entretenir avec nulle autre qu'Audrey Hepburn qu'on allait honorer pour l'ensemble de sa carrière. Amaigrie, mais fort élégante et bien maquillée, elle avait accepté de se confier quelque peu parce qu'elle me sentait humain, m'avait-elle dit. J'ai compris, dès lors, qu'il valait mieux que je m'entretienne avec elle comme ambassadrice de l'Unicef et des orphelins dont elle s'occupait sans relâche que de ses films populaires comme *Breakfast at Tiffany's*. Je la regardais et elle avait, dans les yeux, cette flamme qu'on trouve chez les personnes qui sentent que leur vie s'achève et qui ont encore tant à donner. Savait-elle, ce soir-là, qu'un cancer incurable se propageait en elle ? Je ne sais trop, son doux sourire en cachait toute appréhension. Au bras de son compagnon, l'acteur néerlandais Robert Wolders, elle se déplaçait avec grâce. Le mannequin qu'elle avait été à ses débuts n'avait rien perdu de son port de reine. J'aurais aimé lui parler de son premier mari, l'acteur Mel Ferrer, de ses deux fils, mais je n'ai pas osé. Ce n'était vraiment pas le moment pour ce genre de confidences. J'ai quand même pu lui dire que je l'avais aimée dans *My Fair Lady*, et elle en fut ravie. Elle me tendit sa main gantée que je pressai du bout des doigts et elle me gratifia du plus joli sourire qui soit. Une rencontre inoubliable ! Sans doute la plus émouvante de toutes ces années de voyages. De retour à mon hôtel, j'étais épuisé par cette soirée. Peu mondain de nature, c'était sans cesse un effort pour moi que de me retrouver dans ces bains de foule, ces grandes salles remplies, le bruit constant... Même les applaudissements finissaient par me taper sur les nerfs. Dans mon lit, après la soirée, le petit radio-réveil allumé sur ma table de chevet, je cherchais quelque chose de reposant, ce qui n'était pas facile avec les stations qui ne faisaient jouer que des rythmes de l'heure ou du jazz. En déplaçant le curseur d'une extrémité à l'autre, je tombai enfin sur une station qui présentait de la musique classique. Je baissai un peu le son et, reconnaissant la musique de Debussy, je m'endormis sur *Sonate pour violon et piano* du célèbre compositeur.

En ce dimanche, je profite de la piscine sur le toit tout en classant mes notes et mes résumés. Le lendemain, levé du bon pied, je me rends, avec Andy cette fois, chez l'acteur Michael Spound, vedette de la série *Hôtel*, pour parler de son rôle et de sa vie intime. Un homme charmant, trente-deux ans, belle apparence et très articulé. Deux heures, un ou deux cafés avec lui, et nous repartons pour rencontrer Jenilee Harrison qui avait remplacé Suzanne Somers dans *Three's Company*, pour ensuite jouer le rôle de *Jamie Ewing* dans *Dallas*. Entretien pas tellement fort, elle semblait vouloir dénigrer un tas de gens... Le temps d'un hamburger quelque part et mon photographe et moi étions ensuite dans un bistrot où j'avais rendez-vous avec David Rapaport, un autre nain du petit écran, mais moins connu que ne l'avait été Hervé Villechaize. Nous avions causé de son rôle dans *The Wizard*... Toutefois, à l'instar d'Hervé, il connut le même sort puisqu'il s'enleva la vie quatre mois après notre rencontre. À trente-neuf ans! Ce qui m'avait bouleversé! Un autre jour se lève et je déjeune au Daisy avec Katherine McGregor, la vilaine *Madame Oleson* de *La Petite Maison dans la prairie*. J'ai eu beaucoup de peine à l'avoir, celle-là, il m'a fallu la rappeler trois fois. Elle acceptait, elle refusait... Bref, j'allais en faire mon deuil lorsqu'elle m'avisa qu'elle serait à mon hôtel le lendemain. J'étais incrédule lorsque j'étais descendu de ma chambre, ce matin-là, mais elle se pointa à l'heure convenue. Très exubérante, moulin à paroles, je n'ai guère eu à la questionner pour qu'elle assomme à peu près tout le monde qui travaillait avec elle. Je laissais le ruban enregistrer tout ce qu'elle disait, je n'avais même pas à intervenir. Lorsqu'elle me quitta, deux heures plus tard, je la remerciai profondément et lui promis de lui faire suivre l'article, dès que publié. Mais, croyez-le ou non, je n'ai jamais publié cette entrevue, elle est encore sur l'un des rubans de ma petite enregistreuse. Je ne l'ai même pas écrite parce que j'ai quitté le magazine avant de pouvoir le faire, je la gardais pour le dessert. Somme toute, la seule entrevue de ma carrière à Hollywood à dormir encore dans un tiroir! Et pas la moindre! Ce même après-midi, je rencontrais John Beck qui avait joué dans *The Other Side of Midnight* avec la belle Marie-France Pisier. Un film que les gens avaient beaucoup aimé, moi le premier ! Il m'avait parlé de cette production, bien entendu, ainsi que de ses projets. Instruit, calme et patient, il en avant tellement à raconter que j'ai eu peine à le quitter. Puis, en fin d'après-midi, je me rends à Beverly Hills visiter Shirley Jones dans sa vaste maison. Entourée de ses quatre petits chiens, de son mari Marty, drôle à souhait, elle m'a reçu et m'a raconté en détail sa vie et celle de ses enfants-vedettes devenus grands, David et Shaun Cassidy, sans oublier Patrick et Ryan. Très belle maison dans les millions de dollars, jolie rue bordée d'arbres, j'aurais vite déménagé dans son quartier si j'en avais eu… les moyens ! Nous avons parlé de ses succès au cinéma comme *Oklahoma* et *Carousel*, deux comédies musicales inoubliables. Nous avons aussi parlé de sa série télévisée, *The Partridge Family*, et de tout ce qu'elle avait fait qui lui avait valu des nominations et des trophées lors de remises de prix. Elle nous avait servi le thé, des gâteaux, des pommes, des fromages. Une réelle mère de famille que Shirley Jones ! Une fin d'après-midi qui m'avait réconcilié avec ce milieu pas toujours facile pour un journaliste.

Le lendemain matin, moins intéressant cette fois, je me rendais avec Dan Golden chez Eddie Albert à Pacific Palisades, au « bout du monde » de mon hôtel. Et « monsieur » voulait que l'entrevue se déroule chez lui à huit heures du matin, pas plus tard. Or, avec l'affluence matinale, les accrochages, les détours, les voies fermées, c'était l'enfer pour Dan et nous sommes arrivés avec trente minutes de retard. Le regard furieux, gestes à l'appui, Eddie Albert, le brave *Monsieur Douglas* des *Arpents verts* vociférait contre mon photographe, lui disant qu'il n'avait qu'à partir plus tôt. Voyant cela, je lui dis carrément qu'il ne me restait que trente minutes pour son interview, que j'étais attendu ailleurs, et que s'il préférait annuler, je partirais de ce pas. Fort surpris, il me dit que ce n'était pas à moi qu'il en voulait, que je venais de loin, que je n'étais pas au courant du trafic... Il s'était adouci au point que je lui ai fait une entrevue de courtoisie en trente minutes, pas plus. Nous avons pris des photos et nous sommes partis. Je n'acceptais pas que « monsieur » traite mon photographe de cette façon. Pour qui se prenait-il donc, Eddie Albert ? Moi, ce genre d'homme... Une autre journée s'annonce et je rencontre la sculpturale Sybil Danning qui avait joué en France dans *Barbe-Bleue* et qui avait réussi à s'imposer à Hollywood dans des films comme *L.A. Bounty*, et *Warrior Queen*, des productions de série B où le corps était plus important que le talent. Une Vénus de Milo avec des bras, quoi ! Mais elle avait été charmante, elle adorait la publicité et se débrouillait fort bien en français. Mon photographe n'avait d'yeux que pour sa poitrine et il m'avait fallu lui dire que le visage était aussi très attrayant. On ne la connaissait guère au Québec, mais les photos avaient eu un effet chez nos lecteurs masculins. J'avais eu la bonne idée d'intégrer à ce reportage des photos de Sybil dans plusieurs de ses films. Ce qui avait sûrement fait grimper les ventes cette semaine-là ! Le lendemain, une autre petite sirène de l'écran, Pia Zadora, qui avait joui d'un succès mitigé dans son film *Butterfly*. Épouse d'un milliardaire peu sympathique, je l'avais rencontrée au bureau de ce dernier qui surveillait l'entrevue et surtout les photos... de près ! Mais si lui, beaucoup plus âgé qu'elle, semblait détestable, Pia, en retour, fut des plus charmantes avec nous. Ravissante même et se prêtant à toutes les photos, elle tassa ainsi de l'entourage, sans qu'il s'en rende compte, son richissime mari. Sa carrière d'actrice n'a plus levé après ce film et Pia s'est tournée vers la chanson. Ses disques obtinrent un certain succès en Europe, mais pas ailleurs. Elle joua au théâtre, se glissa dans des comédies musicales et, peu à peu, avec l'âge, le *fade out*... De retour à ma chambre d'hôtel, après un bref souper, je recevais sur mon balcon Jason Priestley, de la série *Sister Kate*, en compagnie de son agente. Un jeune de vingt ans qui promettait et qui l'a prouvé en devenant le personnage principal de la super télésérie *Beverly Hills 90210*, que plusieurs jeunes d'ici ont suivie. Fort gentil, plutôt timide comme on l'est à cet âge, il a quand même su m'accorder une bonne entrevue. Mais disons que les photos ont eu plus d'impact sur nos jeunes lectrices, que ce qu'il avait à dire.

Finalement, la veille de mon départ, je recevais un appel pour une entrevue avec Brandon Lee, le fils du regretté Bruce Lee, qui souhaitait devenir aussi populaire que son père. J'appelai Dan Golden pour qu'il m'accompagne et, adresse en main, puisque nous allions chez lui, j'étais surpris de constater que le quadrilatère dans lequel nous arrivions semblait de troisième ordre. C'était, en effet, un quartier défavorisé selon le photographe qui se demandait si nous étions bien au bon endroit au moment où nous avions stationné devant une petite maison de bois défraîchie. La pelouse n'était pas entretenue, les stores des fenêtres étaient usés, l'un d'eux pendait même de travers. Étonnés, nous sommes quand même descendus de voiture et, après avoir sonné, au bout de quelques minutes, Brandon Lee nous ouvrait et nous priait d'entrer avec un grand sourire. Il n'était vêtu que d'un slip bleu, torse nu, et j'aperçus par terre, dans cette espèce de loft, un matelas, un drap froissé, deux oreillers... Dormait-il encore au moment de notre arrivée ? Il avait pourtant l'air réveillé et ravi de se confier ; il nous offrit même une bière en décapsulant la sienne. Il y en avait déjà trois autres de vides sur le plancher. Sans s'habiller, enfilant juste un t-shirt pour camoufler un peu son sous-vêtement, il nous offrit de prendre place à la table de la cuisine où les sièges en paille des chaises étaient presque défoncés. Mais il était sympathique, ce garçon ! Très beau en plus, il n'avait rien de son père, sauf la musculature. Grand, une tête d'acteur, il me parla de Bruce Lee, son défunt père qu'il adulait, de sa mère, une Américaine, de Shannon, sa jeune sœur, de Hong Kong où il avait habité étant jeune, de la perte de son célèbre père alors qu'il n'avait que huit ans et des difficultés qu'il rencontrait dans le métier, n'ayant pas d'agent chevronné pour le guider. Il avait pourtant tourné dans quelques films d'arts martiaux et il me parla de *Kung Fu : The Movie*, dont il semblait assez fier. Curieusement, il m'avoua qu'il n'allait pas vivre vieux, qu'il allait mourir aussi jeune que son père. Accidentellement ou d'une autre façon, il était certain d'aller le rejoindre au cimetière avant ses trente-cinq ans. Je le sentais tout simplement pessimiste et un peu découragé par le manque d'argent, mais il insistait sur ce point... Et c'est exactement ce qui s'est produit puisqu'il est mort accidentellement sur le plateau de tournage de *The Crow*, trois ans plus tard. Avant d'avoir trente ans ! On connaît la triste histoire, je me souviens de m'être senti dérangé lorsque j'ai appris son décès. Sans doute parce qu'il me l'avait prédit... Dommage, il avait un si bon potentiel. Belle tête, athlétique, intelligent, expert en arts martiaux, il aurait certes pu faire sa marque. Je l'ai quitté ce jour-là en lui souhaitant tout le succès possible dans ses films à venir et, fort heureux de cette entrevue, il insista pour que je lui laisse l'exemplaire du *Lundi* que j'avais avec moi pour le montrer à ses amis. Nous reprîmes la route, Dan et moi, les portières verrouillées tellement ce quartier était inquiétant et, de retour à l'hôtel, j'ai pris un dernier souper au Daisy arrosé d'un verre de beaujolais et, le soir venu, je refermais mes valises pour le lendemain. Il me fallait être à l'aéroport avant huit heures pour mon retour à Montréal.

Après l'embarquement, assis près du hublot, je regardais Los Angeles. Je me disais : *C'est la dernière fois, je ne reviendrai plus...* Fatigué, épuisé par ce métier qui semblait vouloir me tuer, j'avais en tête de changer mon plan de carrière, de délaisser le journalisme et de me plonger avec ardeur dans le dernier chapitre de mon roman. Le plus tôt possible avant de ne plus en avoir envie... Et j'ai tenu parole. Ce voyage à Hollywood était... mon coup de grâce !

Il a neigé toute la nuit à Montréal, la poudrerie se poursuit. Jacques Chaput, mon ami et directeur d'édition, m'annonce que, l'épilogue terminé, le roman imprimé, De Mortagne allait me remettre les premières copies d'*Adèle et Amélie* d'ici un mois et, le 13 février 1990, j'avais enfin, ce dont j'avais toujours rêvé, un volumineux roman signé de ma main. Quelle sensation ! Une nouvelle vie, quoi ! À cinquante-trois ans ! Je le regardais, je le humais, et je le serrais sur mon cœur. J'étais enfin un romancier dans la force du terme, on allait m'accepter à l'Union des écrivains du Québec. Et, promesse tenue, je n'allais pas léguer à mes enfants que des découpures de magazines comme héritage de mes écrits. Mon vieux professeur me l'avait prédit jadis... Il avait donc vu juste. Mais de là à vivre de ma plume... Moi, tout ce que je voulais, c'était d'en écrire un seul. Comme Margaret Mitchell avec son *Autant en emporte le vent*, et le faire vivre aussi longtemps. Sans en attendre le moindre succès, mais en espérant que les gens l'aimeraient. Et on l'a aimé ! Au point que les ventes ont dépassé nos espérances et qu'il se vend encore aujourd'hui, dans sa réédition, après vingt-cinq ans ou presque. La fin de journée s'amena et Micheline, le roman entre les mains, était ravie de me voir heureux, les enfants aussi. Fiers de leur père, je l'ai ressenti.

Entre-temps, *Le Lundi* était passé aux mains de Québecor, et Pierre Péladeau, ayant son mot à dire sur tout, avait décidé d'enlever le caractère humain du magazine pour n'en garder que les artistes. J'ai eu beau lui dire qu'il faisait fausse route, que les cas vécus étaient ce qu'on lisait le plus dans le magazine, il s'entêtait à le transformer et, devant mon impuissance à le convaincre du contraire, je tirai tout simplement ma révérence. Je n'avais plus envie de me battre avec qui que ce soit. Et dire que, de nos jours, même à la télévision, ce sont les *reality shows* et tout ce qui touche le *human interest* qui fonctionne! Exactement ce que je faisais dans *Le Lundi*. Les gens aimaient se reconnaître, savoir ce qui arrivait à l'un, à l'autre, pas seulement lire les derniers potins sur Michèle Richard ou Roch Voisine. Bien sûr que le côté vedettariat était apprécié, mais c'était d'un heureux mélange des deux que découlaient les résultats. Aujourd'hui, tout ce qu'on fait à la télévision avec « Monsieur et Madame Tout-le-monde » obtient de bonnes cotes d'écoute. Aux États-Unis et en France, tout autant! Bref, j'avais raison, mais je n'avais pas insisté. J'allais encore faire quelques entrevues ici et là pour *Le Lundi*, mais jamais plus je n'allais me laisser convaincre de prendre le gouvernail de quelque magazine que ce soit. Mon destin m'avait signifié un autre sentier et je comptais bien l'emprunter sans jamais plus me retourner. Sans laisser de cailloux blancs derrière moi et sans jeter la pierre à qui que ce soit pour autant. Je fermais un volet et j'en ouvrais un autre… Avec la même confiance que j'avais eue en moi lors de la soumission des *Chats diaboliques* au *Elle et Lui* treize ans plus tôt. En mars, la promotion de mon roman démarre et je fais plusieurs émissions de télévision et de radio, sans oublier les journaux et les magazines qui louangeaient *Adèle et Amélie*. Christine Lamer me reçoit aux *Anges du matin* et fait l'éloge de mon roman.

Les gens l'achètent, les ventes vont bien. Francine Fréchette, mon adjointe des dernières années, me téléphone pour m'annoncer qu'en plus d'en parler partout, *Adèle et Amélie* est son coup de cœur ! Il va sans dire que mon éditeur, Max Permingeat, était enchanté de ce succès instantané. Un premier roman et tant de bruit autour incite à vouloir recommencer. Même si l'on voulait n'en écrire qu'un seul... pour ses enfants ! Mais c'était l'engouement qui me tiraillait de la sorte, car je n'allais pas reprendre la plume le lendemain, j'avais à le promouvoir davantage ce roman, et ce, à travers le Québec ainsi que dans les autres provinces où les francophones étaient passablement nombreux. En mai, je me rendais à Sorel-Tracy pour accorder une entrevue télévisée à Rose-Aimée Provencher. Oui, la « Rose-Aimée » qui avait tant inspiré Pauline Martin et qui m'avait reçu si gentiment. J'acceptais tout ce qui se présentait. D'une station communautaire d'une ville secondaire aussi bien que de Radio-Canada où Claudette Lambert et Pierre Paquette m'avaient reçu dans le cadre de leur émission, *Le temps de vivre*.

Le mois de juin s'amena et l'on parlait encore de mon roman partout. Les lectrices m'écrivaient pour me livrer leurs commentaires. Elles avaient aimé... J'en étais plus que flatté ! Entre-temps, les fins de semaine, mon fils et sa femme venaient à la maison avec leur petite Corinne qui me désignait déjà l'escalier pour que je monte avec elle la faire sauter dans mes bras en écoutant la chanson *Le Bunny Hop* de Gilles Alain. Dès qu'elle m'apercevait, c'était « hop, hop... » et je passais au moins trente minutes à remettre l'aiguille sur le début du disque. Ça m'a tellement marqué que je conserve encore cette chanson sur mon ordinateur et que j'en ai fait parvenir une copie à Corinne... devenue grande ! Ce même mois, on me proposait d'autres postes de direction dans des magazines de Québecor, d'autres plus élevés encore, mais je les refusais tous. J'étais trop bien parti dans ma nouvelle voie pour reculer d'un pas. J'accepterai éventuellement un poste au *Lundi*, mais comme consultant, un jour par semaine seulement, rien d'autre. Pendant ce temps, la comédienne Reine France enregistrait *Adèle et Amélie* à la Magnétothèque pour les non-voyants, on le soulignait dans les journaux.

Puis, en juillet, le 17 plus précisément, Corinne hérite d'un petit frère qu'on prénommera Carl. Un beau petit garçon blond comme son père que la petite accepte sans en être jalouse. Je dirais même qu'elle l'ignore pour garder l'attention sur elle. Je lui avais acheté une poupée qui rampait sur le ventre et, étonnée de l'effet et voulant l'arrêter, elle s'était tout simplement assise dessus. Avec ce qu'on imagine comme résultat ! Un craquement immédiat ! Pas folle des poupées, plutôt du genre « *tom boy* », elle a tout de même gardé, depuis son enfance, une poupée de laine musicale qui, assise, penchait la tête de gauche à droite. Dieu merci, elle l'a conservée intacte celle-là ! Et voilà que Micheline est partie avec sa sœur Gisèle aux Îles-de-la-Madeleine, berceau de ses ancêtres, où l'oncle Hervé et des cousins et cousines, dont Évangéline, les accueillent. Elle est une Landry, fille de Jos, et une Vigneault par sa mère Béatrice. Elle n'a aucun accent, elle est née ici, mais l'appel de ce beau coin de pays, celui de sa famille des deux côtés, l'entraîne de Havre-Aubert jusqu'à Bassin. Des vacances méritées, elle a tant travaillé. Durant ce temps, je poursuis ma route promotionnelle et j'apprends que mon livre est *sold out*, qu'il faudra réimprimer. Quelle bonne nouvelle après tous les déboires ! C'était comme si la vie me vengeait de plusieurs injustices en m'offrant cette soudaine réussite.

Nous sommes invités au mariage de Michèle Richard avec Yvan Demers. Micheline portait encore la même toilette que pour les noces de notre fils et celles de René Simard. Encore là, personne ne l'avait vue dans son ensemble haut de gamme. Néanmoins, le critique de mode Gilles Gagné, qui l'avait aperçue, l'avait félicitée pour son bon goût tout en identifiant le couturier qui avait créé l'ensemble. Il alla jusqu'à ajouter que Micheline était la mieux habillée des invitées. Jamais une création de Jean-Claude Poitras n'aura suscité autant d'effet ! Un bon investissement, finalement. Trois mariages et quelques sorties mondaines pour… six cent cinquante dollars ! Toutefois, il pleuvait au mariage de Michèle Richard et, après les vœux échangés à l'église, nous nous étions tous retrouvés sous une vaste tente érigée sur son terrain. Ce qui n'avait pas empêché la foule de se presser au bord de la route pour voir passer le cortège. J'ai présenté ma femme à Daniel Hétu et son épouse, ainsi qu'à Claude Valade et son mari René-Pierre, et nous avons partagé la table de Michel Jasmin et d'autres amis pour le repas nuptial. De retour à la maison, le soir, Micheline et moi avions regardé le film *Le Père Goriot* avec Charles Vanel, pour décompresser de cette belle, mais épuisante journée.

J'ai eu cinquante-quatre ans et Nicole Martin m'a chanté *Happy Birthday* au bout du fil. Quelle gentillesse de sa part ! Les enfants m'ont comblé et, le soir de cet anniversaire, Micheline m'invitait au Bordelais afin de célébrer à deux ce temps de vie qui passait, hélas, trop vite. Puis, un Noël chez Michel, cette fois. Micheline avait préparé les tourtières, j'avais apporté le vin, Roxane avait fait cuire la dinde… J'avais comblé Corinne d'une maison de poupée toute meublée et nous n'avions pas oublié bébé Carl qui se contenta d'un hochet et des caresses de sa grand-mère. Sylvie et Christopher s'étaient joints à nous et ce fut la joie en famille. Quel souvenir ! Pour le Nouvel An, nous étions allés souper chez Sylvie et Chris, car Michel et les siens fêtaient de l'autre côté de la famille, chez les parents de Roxane. Sylvie avait fait cuire une oie. Pas vilain... mais je n'en ai pas pris l'habitude. Pour moi, la dinde est encore ma meilleure amie dans mon assiette. Une musique des Fêtes en sourdine, nous avions joué au jeu des *Grands Maîtres* dont plusieurs se souviendront. Mon roman *Adèle et Amélie* se vend très bien, on en parle partout. Je ne voulais écrire qu'un seul roman, je le répète, mais avec ce succès inespéré... Comme si le romancier avait soudainement choisi de ne pas se taire. Il venait à peine de naître... Pourtant, j'étais épuisé, je me sentais comme un homme tiré à bout portant. Mais, avec la plume trempée dans l'encrier, j'oubliais tout, je me sentais... partant!

Au début de janvier 1991, Michel et Roxane nous annoncent qu'ils attendent un troisième enfant. Et Carl n'a que cinq mois! Je digère mal la nouvelle, je trouve qu'ils exagèrent. Micheline me dit de me mêler de mes affaires, mais c'est plus fort que moi, je rouspète. Trois enfants en ligne... Non, pas possible! *Qu'ils en fassent donc douze un coup parti!* avais-je maugréé. Comme vous pouvez le constater, j'avais parfois très mauvais caractère. Le pire, c'est que j'allais le choyer, le troisième. Autant et même plus que les deux autres! Imaginez! Dans le fond, Micheline avait raison, ce n'était pas de mes affaires! Bon, passons! Et voilà qu'on m'offre des entrevues à faire que je refile à d'autres. Je n'en avais pas envie, j'étais fatigué, sans force... Me voilà maintenant au Château Bonne Entente où je passe la nuit. Le lendemain matin, je suis au micro de François Reny, à CHRC, pour parler de mon roman et d'Hollywood... naturellement! Puis, de là, je me rends à Télé-Capitale comme invité à l'émission *Attention, c'est show*, animée par Pierre Poitras et Mario Pelchat. Et c'est Mario qui se charge de l'entrevue sur mon roman. Il avait insisté pour la faire, il voulait me rendre la pareille, m'avait-il dit, de toutes les entrevues réalisées avec lui depuis ses débuts. Une gratitude que j'avais profondément appréciée.

Mon ami Jacques Chaput est retourné dans l'enseignement, sa vocation première qu'il avait mise de côté pour le journalisme et l'édition. Un milieu dans lequel il serait certes plus heureux et mieux apprécié. Ce qui s'est confirmé, il enseigne encore aujourd'hui ! Ce qui ne nous éloignerait pas l'un de l'autre pour autant. Place aux passe-temps et, en plus des films visionnés au petit écran, je lis *L'abominable docteur Petiot*, un livre très mal écrit, pendant que Micheline est plongée dans *Le Maître de l'orchestre*, la biographie de Charles Dutoit, qu'elle apprécie. Nous allons moins au cinéma qu'avant, ils ont monté le son et ça nous casse de plus en plus les oreilles. Je préfère louer des films et les regarder avec elle, en toute quiétude, le soir venu. Le théâtre, de temps en temps, mais les récitals d'artistes à la Place des Arts restent dans nos habitudes. Dès que Serge Lama, Adamo ou Gérard Lenorman se présentent à Montréal, nous y allons, c'est évident.

En mars, soir de retrouvailles, Céline et Laurent, nos amis du temps de nos jeunes enfants, nous ont téléphoné afin de nous inviter à souper à leur nouvelle maison de Saint-Léonard. Que de souvenirs nous avons ressassés ! Laurent, toujours aimable, voire timide, sans cesse souriant. Céline, toujours aussi accueillante…

Le mois suivant, quel malheur, mon chat Macho ne revient plus chercher sa pitance. Après tant d'années ! Lui, si fidèle chaque matin à son rendez-vous quotidien… On l'a attendu. Corinne le cherchait aussi, et Carotte, le chat de ma voisine, semblait se demander où était passé son vieil ami… On a attendu, on a espéré, mais on ne l'a jamais revu. J'ai fini par m'en consoler en me disant que j'avais fait son bonheur et que le bon Dieu allait en tenir compte. Macho, le chat itinérant, n'aura jamais été aussi bien nourri que durant toutes ces années.

En juin, triste nouvelle, mon frère André était atteint d'un cancer. Le tout avait commencé par une tumeur au cerveau qu'il croyait bénigne, mais qui était maligne et qui s'étendit jusqu'aux poumons et aux os. Je le suivis dans son combat, la chimio, la radiothérapie, la perte de ses cheveux, l'amaigrissement, lui qui ne faisait pourtant pas d'embonpoint. Et je me revoyais avec lui à l'orphelinat, ébauchant un plan pour s'enfuir tous les deux... Lui, mon complice d'antan... « Maurice », comme je l'ai appelé dans le récit de notre enfance, *Les parapluies du diable.* Dieu que j'avais de la peine de le voir perdre graduellement la vie. Les joues de plus en plus creuses, le teint grisâtre, je priais pour un miracle et je le soutenais dans tous les efforts qu'il faisait pour survivre. Tout un combat que le sien... Jusqu'à la fin dont je reparlerai le moment venu. Entre-temps, Michel et Roxane étaient parents d'un troisième enfant, un petit garçon qu'on allait appeler Christian. Un tout petit bébé qu'on a bien failli perdre, il est né prématurément à vingt-huit semaines. On avait transporté Roxane à l'hôpital Sainte-Justine où elle le mit au monde. Il ne pesait que deux livres et quatre onces à la naissance, le pauvre petit. Si froissé, si menu, qu'il passa les premiers mois de sa vie dans un incubateur. Il devait naître sous le signe de la Vierge comme Micheline, sa grand-mère, et il est né sous le signe des Gémeaux, comme Sylvie. Même l'astrologie se fait jouer des tours ! Mais il a survécu, ce petit être frêle, il avait à vivre selon le Seigneur qu'on priait chaque soir, ma femme et moi. On le croyait perdu et il nous a prouvé qu'il avait une place à prendre. Et vous devriez le voir aujourd'hui. Un beau grand gars dans la vingtaine, le style *fitness*, les épaules carrées, le sourire enjôleur, le genre à faire tomber les filles... Un super beau jeune homme issu d'un tout petit bébé fragile que la science a réchappé. Né onze mois après son frère qui faisait à peine ses premiers pas, Christian allait être le dernier enfant de Roxane et Michel.

Un mois plus tard, Sylvie décroche un poste en orthopédagogie à l'école Vanguard, un établissement spécialisé pour les élèves du secondaire en difficulté d'apprentissage. En plein dans son domaine ! Des élèves de quinze à vingt ans, garçons et filles, qu'elle allait aider à obtenir leur diplôme tout en suivant de près leur comportement. Dieu que j'étais heureux pour elle ! Le 26 septembre, journée inoubliable, première rencontre avec nul autre qu'Adamo au Holiday Inn de la rue Sherbrooke. Dès le début de l'échange, il avait dans les yeux une flamme d'amitié envers moi. Il avait dit à la serveuse qui arrivait avec ses verres : « D'ici cinq minutes, ce monsieur et moi allons nous tutoyer ! » Une façon originale de me laisser savoir qu'il désirait être plus familier avec moi, plus intime. Nous avions parlé de sa carrière, de son épouse et de ses enfants, de ses chansons moins connues que j'aimais beaucoup telles *Tu t'en vas* et *Le temps dans une bouteille*, sans oublier de discuter évidemment de son succès planétaire *Tombe la Neige*, traduit dans plusieurs les langues. Lorsque j'avais téléphoné à mon neveu Georges pour lui apprendre que j'avais rencontré son idole, il en salivait. Il aurait donné beaucoup pour être avec moi ce jour-là.

L'hiver était à nos pas et, au début de décembre, Micheline passait une semaine chez sa sœur à Québec. Le soir, dans mon journal, j'avais écrit : *Quand Micheline n'est pas là, je suis désemparé. Son absence me pèse. C'est comme si la maison devenait lourde soudainement.* Le jour de son retour, je m'étais empressé d'aller la chercher à la gare avec ses bagages. Juste à temps pour qu'elle fête avec moi mes cinquante-cinq ans ! Une autre paire de chiffres !

Le 25, un Noël chez mon fils, cette fois. Tous ensemble ! Les petits et leurs cris, leur joie, leurs cadeaux... Ouf ! Enfin, la veille du jour de l'An... Un souper chez Sylvie, la rétrospection des mois derrière soi, l'échange de vœux... Ma plus grande joie de l'année ? La naissance de mon petit-fils, Christian ! Ce bébé prématuré que nous avions failli perdre et que j'allais égoïstement aimer... Parce que le bon Dieu... me l'avait laissé !

En janvier 1992, je regarde à la télévision la remise des Golden Globe Awards à Hollywood. Je ne suis plus de la partie, Dieu merci ! En février, je visite mon frère André qui est dans un état pitoyable. Décharné, ses jours sont comptés, mais il n'en parle pas. Il s'accroche à l'espoir d'une cure-miracle... Ça me peine énormément de le voir ainsi, lui si actif, si plein de vie... Je lui dis que je termine notre récit d'enfance, *Les parapluies du diable*, et il en est ravi. Il haïssait tellement les sœurs Grises, même durant sa maladie. Puis il me demande si je peux lui apporter un microsillon d'Édith Piaf sur lequel il y a *La Foule*, sa chanson préférée, me dit-il. Sa femme est surprise, moi aussi, nous ne l'avions jamais vu comme un *fan* de la môme Piaf. Pourquoi ce soudain intérêt ? Elle dont les chansons, même d'amour, deviennent si tristes chantées de sa voix caverneuse... Mais j'ai le disque en question et je m'empresse de le lui remettre. Il l'écoute en entier je ne sais combien de fois, *La Foule*, en particulier. Et cette musique sera celle qui l'accompagnera jusqu'à son dernier jour. Une année qui s'annonce mal puisque, un mois plus tard, je découvre Micheline évanouie dans la salle de bain. Urgences-Santé s'empresse de l'emmener à l'hôpital du Sacré-Cœur où l'on décèle une syncope cardiovasculaire, ce qui n'est pas loin d'un infarctus. Le docteur Thériault la suit de près. Elle est agitée, stressée, alors qu'elle semble en forme à nos yeux. J'espérais que ce malaise n'allait pas entraver son voyage en République dominicaine, elle y tenait tellement. On lui trouva une chambre, on lui fit un cathétérisme, elle avait des artères obstruées, ce qui augurait mal. Le surlendemain, elle m'appelait, on lui donnait son congé. On ne l'opérait pas ? Non, pas cette fois, on allait la traiter avec des médicaments. J'étais rassuré et j'avais peur à la fois... Je ne voulais tellement pas qu'il lui arrive quelque chose en pays étranger. On lui avait remis un flacon de nitro, ce qui la mit en confiance et l'incita à effectuer son voyage. Le 22 mars, elle s'envolait pour la République dominicaine avec sa sœur Gisèle. J'avoue que j'étais inquiet, les enfants aussi... À leur arrivée, elle s'empressa de me téléphoner pour me dire que le soleil brillait dans le ciel, que la mer était splendide, que le vol avait été agréable... Elle semblait si heureuse que j'étais certain que ce voyage allait la remettre en forme. Du moins, je le souhaitais...

Mon frère André est mort le matin du 30 mars, à cinquante-six ans seulement. Son cancer a eu raison de lui. Il a lutté jusqu'à la toute fin, le disque de la Piaf à côté de son lit. Exposé une seule journée, il allait rejoindre, le lendemain, ma mère et l'aîné de la famille, Pierre, au columbarium. Mais quelle tristesse, ce jour-là ! Avant qu'on referme le cercueil, j'avais lu un texte que j'avais composé pour lui, la veille. Tout le monde pleurait, sauf moi. Parce que j'avais laissé, en même temps que lui, mes larmes à l'orphelinat. Ce qui me peinait, c'est qu'il n'avait pas pu lire ou entendre les derniers chapitres de notre enfance. Je l'appelais souvent pour lui lire les grandes lignes des *Parapluies du diable* et il m'en remerciait ; il aimait ce que j'écrivais... J'ai donc lu l'adieu à mon frère en pensant à nous deux au temps où nous étions complices puis, entouré de ses enfants, des amis, et parmi les nombreux tributs floraux du salon, j'ai déposé un dernier baiser sur son front.

Micheline et Gisèle sont rentrées de voyage et ma femme était désolée de n'avoir pu être là pour l'hommage à mon frère. Mais elle s'était vite reprise en allant visiter Yolande pour lui apporter son soutien moral. Car ma belle-sœur, la pauvre veuve, s'était dépensée sans compter pour garder André à la maison jusqu'à son dernier souffle. Quel mérite! Un mois s'écoula et Micheline, lors d'examens en gynécologie, apprenait qu'elle avait une tumeur peut-être bénigne au sein gauche et qu'elle devait être opérée. Une bombe! Pour elle comme pour moi! Pour elle comme pour les enfants! C'était la consternation dans la famille! Après le blocage des artères du cœur, un cancer du sein! Était-ce le choc causé par le problème cardiaque qui avait déclenché le cancer? Je le croyais et je le crois encore. De nombreux cancers se manifestent à la suite d'un choc, d'un traumatisme. Du moins dans les cas que je rencontrais. On allait l'opérer sous anesthésie locale à cause de son problème de cœur. Elle en pleurait et, dans mes bras, je tentais de la consoler, je compatissais, mais que pouvais-je dire? Le moindre mot d'encouragement la faisait pleurer davantage! Elle était si fragile, si sensible! Le dernier jour du mois de mai, j'écrivais dans mon journal intime: *À quoi bon planifier quand le destin a déjà tracé chaque journée!* Ce qui n'avait pas empêché Micheline d'aller à l'opéra avec une amie, le 4 juin, afin de voir *La Belle Hélène* de Jacques Offenbach, dont elle avait déjà les billets. Mais, le 10 juin, en se rendant à l'hôpital pour les résultats des examens, on lui apprit que la tumeur était maligne et qu'elle devait être opérée la semaine suivante. En larmes dans mes bras encore une fois, je tentais de l'encourager, lui dire que d'autres femmes avant elle avaient vaincu ce cancer... Mais dans mon cœur je me demandais: *Pourquoi, elle? Si bonne, si douce...* Bref, ce que tous les couples qui s'aiment murmurent en pareille circonstance. Nous avions annulé la fête prévue pour les 30 ans de Sylvie, et le 16 juin, jour de l'opération, elle pleurait en rentrant à l'hôpital, et moi, j'angoissais. Parce qu'on ne sait jamais ce qui peut se produire lors d'une telle intervention. S'il fallait que ce soit pire que ce qu'on nous avait dit ? Sous l'habile savoir-faire du chirurgien, elle ne perdit pas le sein, mais on lui retira vingt-six ganglions dont deux étaient cancéreux. Un retour à la maison qui lui sembla bénéfique et, avant le mois prévu en radiothérapie à Maisonneuve-Rosemont, elle décida d'aller à Tadoussac avec Sylvie pour se remettre de son opération. Pour décompresser, pour voir le soleil se lever chaque matin en toute confiance, loin des appels téléphoniques de tout un chacun, qui la gardaient dans sa méfiance. Puis, le 31 août, c'était le premier traitement en radiothérapie à l'hôpital Maisonneuve-Rosemont. Je m'y suis rendu avec elle, il y avait plein de monde, elle était nerveuse, une dame lui disait de ne pas s'en faire, qu'elle en était à son douzième traitement, elle… Ce qui la rassura un peu, la dame semblait bien se porter. Mais tout s'était bien passé pour Micheline et elle n'avait déploré aucun effet secondaire au cours de la journée. Et ainsi, durant trente jours, chaque matin, ensemble, nous allions au combat. Pour vaincre, pour l'emporter contre toute menace. Elle, armée de son courage, moi, de mon soutien. À la volonté de Dieu ! Le jour de ses cinquante-sept ans, Micheline était en radiothérapie et son plus beau cadeau était que ces traitements ne l'affectaient pas, qu'elle réagissait bien, contrairement à d'autres qui, elles… Dieu soit loué !

Le 5 octobre, c'était le dernier traitement de Micheline. Comme elle en était heureuse ! Nous étions revenus de l'hôpital avec un soupir de soulagement, mais il lui fallait une longue convalescence, ce qu'elle accepta de bon gré. Les enfants étaient venus l'embrasser et Francine Fleury lui avait apporté un bouquet de fleurs séchées. Entourée d'amour et de gentillesses, il ne restait qu'à compter sur une rémission de cinq ans avant qu'elle se sente entièrement libérée. En novembre 1992 on publiait, aux Éditions Québecor, *Le partage du cœur*, le quatrième recueil de mes billets. Un autre livre dont j'étais fier. Et la promotion qui m'attendait : radio, télévision, journaux... *Vedettes en direct* avec Serge Bélair, et Danielle Ouimet me recevait en entrevue à CKVL et, de là, Manon Goulet de *Allô-Vedettes*... C'était parti ! Au bout de quelques jours, stressé par tous ces déplacements, je ressentis ma douleur à la poitrine... Qu'importe l'angine ! Quand je me calme, ça disparaît ! Et puis, au diable les maladies, on a tous notre lot, les volets sont clos !

 Un autre calendrier prend place sur le mur et voilà que Québecor m'offre de reprendre la direction du *Lundi*. Et je refuse. Pas de retour en arrière, j'ai tout donné à ce magazine, ma chemise et mon cœur ! Ce qui reste de moi servira à l'auteur que je deviens lentement. Le 20 janvier 1993, on annonce la mort de l'actrice Audrey Hepburn. À l'âge de soixante-trois ans. Celle qui avait des yeux d'ange lorsque je l'avais rencontrée. Le bon Dieu avait sans doute besoin d'un bel archange de plus ! Puis, encore en tournée avec *Le partage du cœur*, me voilà à Trois-Rivières à l'émission télévisée de Marguerite Blais. Un beau moment avec elle. Encore approché par Claude Demers du *Lundi*, je résiste, mais j'accepte néanmoins un poste de consultant aux côtés de Michel Choinière qui dirige la publication. Un emploi qui ne requiert qu'un seul déplacement par semaine de ma part, fort bien rémunéré, je l'avoue. Avec mon billet hebdomadaire qui reprenait sa place en page trois du magazine. Je me laissai aussi tenter par une entrevue avec Lise Payette et sa fille, Sylvie, pour une première page éventuelle. Je m'étais pourtant juré... Mais ce défi était de taille et je n'avais jamais rencontré madame Payette que je trouvai charmante et qui apprécia l'entretien lorsqu'il fut publié. Le 14 février, j'achetai un gros valentin à Micheline. Aussi gros que ceux que je lui achetais à vingt ans. Avec un *JE T'AIME* gigantesque qui l'avait amusée et touchée à la fois. Pour lui démontrer que le temps n'avait en rien réduit le ballot de mes sentiments. Ce qui m'avait valu, le soir venu, de me retrouver encerclé de ses bras. Le lendemain, je récidive et je reçois, chez moi, Deano Clavet, le boxeur devenu acteur. Quel aimable garçon ! Une tête sur les épaules, celui-là, car malgré sa popularité soudaine il garde son emploi à Via Rail qui lui assurera plus tard une pension confortable. Il redoutait, avec raison, le côté éphémère du domaine artistique. Je l'ai revu dernièrement à la gare Centrale, toujours en poste, à un an ou presque de la retraite. Quel homme intelligent !

Tiens ! Une belle surprise par la poste ! On me livre le recueil de poèmes de Salvatore Adamo intitulé *Le Charmeur d'Océans*. Avec une superbe dédicace de la part de celui qui signe *Avec ma sincère amitié, Salvatore*. Un bouquin aux pages maintenant jaunies que je conserve précieusement. Puis, le 30 mars, c'est à mon tour d'être publié. Les Éditions Logiques me font parvenir les premières copies de mon récit *Les parapluies du diable*, la triste histoire de mon enfance. Comme il aurait été fier, mon regretté frère, de l'avoir entre les mains. J'en étais ému. La couverture était belle, la photo d'André et moi au temps de nos huit et neuf ans, la seule que je possédais… Un livre qui allait faire son long bout de chemin puisque je le vends encore aussi bien maintenant, en version originale ou en format de poche. Ce qui me valut de me rendre au Salon du livre de Québec où je me sentais mal d'être assis devant mes exemplaires comme les bouquinistes sur les quais parisiens.

Avec Muriel Millard, ma première entrevue artistique.

Chez Céline Dion avec ses parents, à ses débuts.

Michèle Richard, si belle, si chaleureuse, lors d'une longue entrevue.

Maman Simard et Nathalie lors d'une belle rencontre chez elles.

Avec Andrée Boucher et son conjoint, Jean-Pierre Bélanger.

Guy Lafleur, le démon blond, avait aimé se confier en toute intimité.

Un « Mad Dog » Vachon plus qu'heureux de se confier ce jour-là.

Michel Jasmin et moi lors d'une de nos rencontres.

Pierre Bruneau et son épouse Ginette lors d'un émouvant entretien à trois.

Cette chère Nicole Martin en compagnie de sa maman lors de notre rencontre.

Un toast porté au succès du prochain album de René Simard.

Christine Lamer se confie en toute amitié.

La plus que belle Mitsou lors d'une session de photos pour *Le Lundi*.

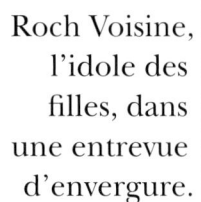

Roch Voisine, l'idole des filles, dans une entrevue d'envergure.

Un journaliste à Hollywood.

Erik Estrada, de *CHiP's*, avait tenu à ce que je m'asseoie sur sa moto.

Chez Larry Wilcox, vedette de la série *CHiP's*.

La sulfureuse Morgan Fairchild de *Flamingo Road* m'avait gratifié de cette jolie photo.

Avec Bob Barker dans les studios de *The Price is Right*.

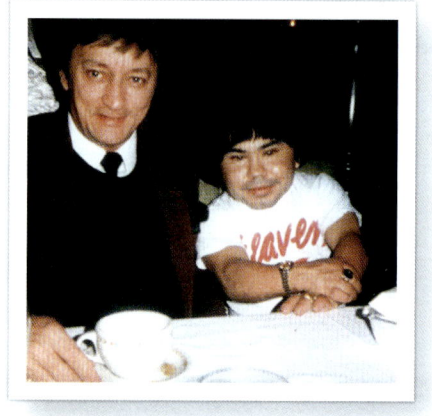

Hervé Villechaize, le célèbre *Tattoo* de *Fantasy Island*, m'avait invité au restaurant.

Ma fille Sylvie avec Melissa Gilbert, la charmante *Laura Ingalls* de *La Petite Maison dans la prairie*.

Gene Hackman m'avait invité chez lui pour une rencontre de plusieurs heures. Inoubliable !

Avec Salvatore Adamo, l'idole en chansons de toute une vie pour moi !

Anthony Perkins, le *Norman Bates* de *Psycho*, chez lui.

Aux Golden Globes Awards avec la légendaire actrice de ma jeunesse, Dorothy Lamour.

Avec tout le matériel qui m'avait permis de publier *Un journaliste à Hollywood* en 1987.

Richard Moll, de *Night Court* (un géant), avait trouvé drôle que je monte sur le banc pour la photo.

Avec la célèbre Jane Russell chez elle à Santa Barbara.

J'ai mis bien du temps, je l'avoue, avant de maîtriser les salons du livre. Non pas à cause des lecteurs, j'adore les rencontrer. À cause de la situation. Surtout de nos jours où les auteurs sont cordés en rang d'oignons comme au marché Jean-Talon ! On n'y peut rien, il y a de plus en plus d'écrivains… Passons ! Le 25 mai, c'était au tour de Micheline de perdre son frère, Gilles, celui qui m'avait présenté Gisèle, puis Micheline, lorsque j'avais quinze ans. Il n'avait que cinquante-six ans. C'était l'ami de mon frère, parti avant lui. Comme si André était venu le chercher. Micheline en avait été chagrinée, Gilles la suivait d'un an seulement, ils avaient grandi ensemble…

On tourne la page, et quelle ne fut pas ma surprise de lire une excellente critique de mon récit *Les parapluies du diable* dans *Le Devoir*, sous la plume de Pierre Salducci. Il avait adoré l'histoire de deux p'tits frères à l'orphelinat, le langage coloré de l'époque, les descriptions parfois surprenantes, l'humour et la tristesse de l'auteur… Bref, c'était dithyrambique et je n'omis pas de le remercier, ce qui l'avait enchanté.

En septembre 1993, enthousiasmé par le succès instantané des *Parapluies du diable*, je m'installe à ma table de travail et j'amorce mon troisième roman, *Les bouquets de noces*, dont j'avais le synopsis dans un tiroir. Sans savoir que, cette fois-là, j'allais écrire une brique de six cents pages ! À la fin du mois, je donnais ma première conférence à l'école Vanguard avec *Les parapluies du diable*. Devant ces jeunes gens qui l'avaient tous lu et qui avaient, selon leur terme, *tripé* sur le récit de mon enfance. Ils n'en croyaient pas leurs yeux d'avoir devant eux l'auteur et le petit garçon du récit, devenu grand. Les deux en même temps ! Et ce fut un bel échange. Plusieurs d'entre eux n'avaient encore jamais lu un livre avant d'avoir le mien entre les mains. Et une jeune fille m'annonça que, depuis sa découverte de l'amour de la lecture, elle avait lu mon premier roman au complet. Imaginez ! Des jeunes qui, soudainement, découvraient le plaisir de lire pour en avoir ensuite la « piqûre »... C'était inestimable !

Fin du mois, il pleut, ça se comprend, octobre s'en va, novembre est à deux pas. Et en ce dernier jour d'octobre, on nous annonçait à la télévision la mort du jeune acteur River Phoenix que j'avais rencontré à Hollywood lors d'un gala. Il avait succombé à une surdose de cocaïne et d'héroïne devant le Viper Room, le *night-club* de Johnny Depp sur Sunset Boulevard. On en avait parlé dans tous les journaux. C'était lamentable, il n'avait que vingt-trois ans ! Toute la vie devant lui...

Les jours passent et je participe au Salon du livre de Montréal avec *Les parapluies du diable*. Mal à l'aise, mais je persiste et signe. Car les visiteurs sont nombreux et les éloges pleuvent de tous côtés. Ce qui n'était guère à dédaigner pour un nouveau venu parmi les écrivains reconnus. D'autant plus que mon récit était en nomination pour le Prix du public.

Décembre et ses premiers flocons, un an de plus pour moi, les achats, le sapin à monter, les cadeaux des petits... et déjà, la fête s'illuminait. À la messe de minuit, nous avions allumé des lampions pour ceux qui nous avaient quittés des deux côtés et nous étions revenus pour jouir d'un charmant réveillon en famille. Avec les petits endormis sur le plancher, sauf Corinne qui combattait le sommeil depuis le début de la soirée, de peur de manquer le père Noël. Curieusement je n'ai pas ressenti de nostalgie de mes Noëls d'antan, cette fois-là. Comme si j'avais laissé le baluchon de mon passé au vestiaire. Et voilà qu'entre la fin de l'année et l'arrivée de l'autre, je suis plongé dans mon troisième roman, alors qu'il fait tempête à l'extérieur. Je ne vois pas, je n'entends pas, je suis enfoui dans les déboires de *Victoire Desmeules*, l'héroïne de mon écrit à qui... j'ai donné vie ! Pendant que Micheline dégarnit le sapin, enlève les guirlandes et range les cartes de souhaits reçues. Passant près de moi avec tout son bagage, une carte se retrouve au sol. Je me penche, je la regarde, c'est celle de la cousine Alma, de North Bay, dans laquelle elle nous disait avoir obtenu sa place au Golden Age Center de son quartier. À quatre-vingt-sept ans ! Il était temps qu'on s'occupe d'elle, non ?

Chapitre 15

Une tempête de février, une accalmie, et je rencontre Louis-Philippe Hébert, mon éditeur, au restaurant Le Bordelais, où il me demande de signer le contrat pour mon troisième roman : *Les bouquets de noces*. Je me rends compte qu'il va me falloir prendre cette carrière au sérieux et m'éloigner de plus en plus du journalisme, si je veux avancer dans cette voie qui m'est déjà bénéfique. Mais je ne peux encore faire une transition complète, j'ai besoin de travailler, de gagner de l'argent régulièrement, le roman ne me fait pas encore vivre. Mais ça viendra, je le sens... Quelques jours plus tard, on m'apprenait que mon récit, *Les parapluies du diable*, allait être publié en feuilleton dans *La Presse* quotidiennement, ce qui allait lui donner une visibilité... *at large*! Quelle belle reconnaissance de mes efforts! Le printemps s'écoule, l'été s'annonce et, à la mi-juin, j'étais allé avec Sylvie à l'école Jean-XXIII applaudir notre petite Corinne dans la pièce *Métamorphose* qu'on y présentait. C'était plutôt un joli tableau de courte durée dans lequel elle incarnait un papillon. Mais elle était si fière d'être sur scène et de nous voir, les yeux rivés sur elle. *Little things means a lot*, comme disent les Américains.

En août, nous célébrons le cinquième anniversaire de mariage de Sylvie et Christopher, et le Ciel, paresseux, ne leur a pas encore donné d'enfant. Son destin est peut-être celui d'éduquer tous les enfants des autres… Qui sait ? Ils ont une belle vie à deux, un bonheur qui perdure… Ne dit-on pas que l'amour est le premier ingrédient d'un couple heureux ? Le 12 du même mois, j'emmène mes petits-enfants à la grotte de la Vierge derrière l'hôpital du Sacré-Cœur. Toute de pierres avec une statue de Marie juchée sur un haut trépied, les mains jointes, qui nous force à lever les yeux pour voir son beau visage, sa robe et son voile. Néanmoins, il manque deux doigts à sa main droite, sans doute usés et tombés au gré du temps… Mais Carl l'a remarqué et en est fort peiné. Je lui avais dit que si tous les enfants priaient, elle allait peut-être les retrouver. Ils étaient revenus emballés de cette visite à la grotte où je me rends, parfois, pour méditer. Et je suis certain que, le soir venu, ce jour-là, ils avaient prié très fort tous les trois pour que la mère de Jésus retrouve ses doigts.

Et voilà que le 21 août, la librairie Leblanc de la rue Jarry, quartier de mon enfance, m'invite pour une signature de livres lors des fêtes du soixante-quinzième anniversaire de la paroisse Saint-Vincent-Ferrier, là où j'ai fait ma première communion. La librairie avait déjà pignon sur rue au temps de ma jeunesse, c'était là que nous achetions nos effets scolaires, mes frères et moi. Que de souvenirs ! Je regardais les alentours de mon ancien quartier, l'église juste en face, et j'en étais ému. Je revoyais, au deuxième étage de l'école de la rue Drolet, les fenêtres de ma classe alors que Mlle Cardinal m'enseignait en première année. De nouveaux propriétaires à la librairie, certes, mais l'intérieur du commerce était resté pratiquement le même. Assis à une table sur le trottoir, je signais des exemplaires des *Parapluies du diable*, récit de mon enfance, à des paroissiens qui avaient été nos voisins jadis. C'est ainsi que j'ai pu revoir Fleurette Bonhomme, William Madgin, Gordon Robinson et Lucille Boivin, des gens de la rue Saint-Dominique où j'habitais. Tous un peu plus âgés que moi, des amis de mes frères Pierre et Jacques. Mais je n'avais pas oublié leurs noms. Une journée qui me fit vivre de belles émotions. Je ne sais trop pourquoi, mais il y avait un petit quelque chose qui remuait au fond de moi. Comme si ma mère me chuchotait à l'oreille, comme autrefois : *Arrange-toi pour faire baisser un peu les prix quand tu iras à la librairie. Oublie pas qu'on achète là pour trois enfants à la fois !* Et je me demande encore pourquoi c'était à moi qu'elle demandait des choses comme ça… Peut-être parce que j'avais réussi à obtenir un rabais de cinq sous sur ses quatre choux au marché Jean-Talon, la veille ? Sauf que ça me gênait de « barguiner » à la librairie Leblanc, dans le temps. Surtout avec les dames si charmantes de ce commerce qui ne vendaient pas plus cher qu'ailleurs. Mais pour ma mère, une cenne de sauvée… Vous comprenez ? Et enfin, le 26 du même mois, j'apposais le mot FIN sur un troisième manuscrit écrit à la main, intitulé *Les bouquets de noces*. Il me fallait maintenant le taper à la machine et le peaufiner. La partie la plus intéressante pour un auteur, parce que le roman est enfin sur papier et non plus à mijoter dans les neurones qui, bien souvent, en perdent quelques bouts.

Septembre se lève et quatre jours plus tard, Micheline fête ses cinquante-neuf ans avec un vilain rhume. Ils sont tous venus célébrer ce jour avec les bras chargés. Le soir, les petits étaient épuisés à force de s'amuser et j'avais finalement réussi à endormir Christian dans mon bureau en lui fredonnant des chansons de l'abbé Gadbois. Je pense que je l'avais eu avec, *Youpe, youpe, sur la rivière* ou *Ne pleure pas Jeannette...* La plus lente, la deuxième, je crois. Côté travail, j'avais encore cet emploi de consultant pour *Le Lundi* ainsi que l'écriture d'un billet hebdomadaire. Je m'y rendais chaque mardi matin et, à midi, c'était terminé. En ce qui avait trait aux entrevues, aucune ou presque. À l'occasion seulement. Le journaliste en moi s'éteignait tout doucement pour céder sa place au romancier.

En novembre, on m'apprend que mon fils est à l'hôpital. Un malaise, une douleur à la poitrine, on l'a gardé. Je m'y rends avec ma femme le lendemain, il a l'air bien, mais son état ne nous inspire pas confiance. Roxane est sans cesse à ses côtés et nous nous partageons la garde des enfants avec Sylvie et son mari. Le 22 novembre, mauvaise nouvelle, on veut l'opérer pour des pontages, mais Michel ne veut pas, il préfère attendre après les Fêtes. J'angoisse... j'ai peur qu'il fasse un infarctus. Mon Dieu, pourquoi lui? Il vient à peine d'avoir trente-cinq ans! Mais il a décidé de sortir de l'hôpital et je l'ai ramené chez lui le 23 pour ensuite aller me détendre à la maison, le sentant en sécurité auprès de sa femme. En décembre, mon anniversaire de naissance avait été souligné par *Les deux Christine*, une émission animée par Christine Chartrand et Christine Lamer, qui m'avaient offert leurs vœux en pleine télévision. Ce qui eut pour effet de recevoir des souhaits de toutes parts sur mon répondeur. Entre autres de Nicole Martin, de René Simard, et de mon neveu Georges qui n'avait jamais raté aucun 6 décembre à ce jour. Le 18, comme c'est moi qui garde Corinne, je l'emmène au Centre Rockland où elle tombe en extase devant *Le bal de Versailles* et *Le village des oursons*. Illuminés et mobiles, tous les deux. Puis, un peu plus loin, elle croise le père Noël qui lui sourit en lui mettant sa main gantée sur la tête.

Elle en était impressionnée. Et, comme on dit : sa journée était faite ! La veille de Noël, un souper familial chez Sylvie. Un excellent poisson cuit au four pour faire changement, avec un bon verre de Liebfraumilch Hanns Christof, un vin fruité et doux, mon préféré dans les blancs. Puis, la messe de dix heures avec les chants traditionnels dont *Sainte Nuit*, qui me touche chaque fois. Finis les réveillons d'antan chez Laurent et Céline ou chez nous où l'on dansait jusqu'à cinq heures du matin. Puis, un Noël chez mon fils où les petits étaient ravis de nous voir arriver les bras chargés. Quelques jours plus tard, avant que minuit sonne à notre horloge grand-père, nos petits-enfants nous téléphonaient pour nous souhaiter à tour de rôle : *Bonne année, grand-mère ! Bonne année, grand-père !*

Le 16 janvier 1995, Michel est rentré à l'hôpital du Sacré-Cœur. On va l'opérer demain et ça nous inquiète, Micheline et moi. Le lendemain, il était opéré à cœur ouvert. Plusieurs pontages, je ne sais pas encore combien. Nous sommes allés le voir, il était sous le respirateur. J'en ai frémi. Un si bon père de famille, un tendre époux… Ah ! mon Dieu ! Parfois… Micheline était bouleversée. Des transfusions de sang… Nous avons peur. Le 18, il va mieux que la veille, mais il ne tolère pas le Demerol, il a des nausées constantes. On vient de s'en rendre compte. Finalement, c'est un quadruple pontage qu'il a subi des mains habiles du docteur Pierre Pagé. Deux jours plus tard, le moral est bon, mais il ne mange pas, rien ne passe. Ce soir, des poussées de fièvre… Malgré tout, le 23 janvier, Michel obtenait son congé pour le lendemain. Bonne nouvelle ! La convalescence sera meilleure à la maison. Il se remettra lentement, mais sûrement, de cette pénible opération. Que de progrès en si peu de temps… Et le 24 janvier les enfants sont contents, papa est de retour !

Micheline soupire d'aise, son « fiston » est réchappé ! Quel courage, ce Michel ! Dieu m'a aimé en me donnant un tel fils !

Février se montre le bout du nez, les jours filent, et voilà qu'à la fin du mois, je recevais les premiers exemplaires de mon troisième roman : *Les bouquets de noces*. Une brique de six cents pages dont j'étais particulièrement fier ! Un roman qui allait devenir le coup de cœur de ma femme, elle l'avait relu trois fois. Et le préféré de mon neveu Georges, encore à ce jour. Or, avec le roman en main, je sentais que ce serait celui qui me propulserait dans la notoriété. Et je n'avais pas tort ! La couverture avec la mariée vue de dos était magnifique. Chacun pourrait lui coller un visage… Les salons du livre de Hull et de Trois-Rivières m'attendaient déjà. J'avais appelé tous mes amis pour partager ma joie. Dieu que j'étais content, ce jour-là !

Au moment où les premiers bourgeons de mon lilas naissaient, je reprenais mon travail mis de côté et je faisais une entrevue avec Serge Lama. Mais je n'avais pas été impressionné. Un homme-enfant qui refusait de vieillir. Un homme à femmes sans doute déçu de voir apparaître un homme pour l'interviewer. Impossible d'aller le chercher en profondeur. Ses deux charmantes attachées de presse l'excitaient… plus que moi ! Le lendemain, Corinne regardait à la télévision *La Ribambelle*, avec Sébastien Ventura dans le rôle de *Thomas*, sans savoir encore que ses deux frères et elle allaient le rencontrer en personne chez moi, un de ces jours… On y reviendra, c'est trop mignon pour passer outre. Mais, quelle surprise pour moi que de me retrouver en troisième position dans *La Presse* avec *Les bouquets de noces*, après quelques jours de vente seulement ! Je n'en croyais pas mes yeux ! Je m'étais écrié : « Ça marche ! Je vends ! » Mon nom suivait d'une ligne celui de Lise Bissonnette.

Mon éditeur, Louis-Philippe Hébert, pour fêter cette montée en flèche au palmarès, m'avait invité à dîner au Petit Paris où le vin coula à flots pour célébrer le succès instantané du roman. Malgré tout, je devais gagner encore ma vie comme journaliste, de temps à autre, et c'est ainsi que je rencontrai la chanteuse du Cap-Vert, Cesaria Evora, qui m'avait reçu dans une petite salle de l'Hôtel du Parc où elle résidait avec une traductrice. Elle avait commandé, pour nous trois, des fruits exotiques de toutes sortes qu'on déposa sur une grande table. En voilà une qui savait recevoir les journalistes. Très populaire avec son tube *Petit Pays*, les gens se déplaçaient pour aller la voir chanter, pieds nus, partout où elle passait. Après la très belle entrevue, elle m'invita gentiment à la visiter sur son île dans son petit village. À ses frais! Ce que je n'ai pu faire, malheureusement. Ce que je n'aurais sans doute jamais fait. Pas à ses frais. Madame Evora, malgré sa notoriété, ne roulait pas sur l'or. Mais quel grand cœur que le sien! J'ai été très peiné, vivement chagriné, lorsque j'ai appris son décès il y a quelques années. Et de Cesaria, ce jour-là, je m'étais ensuite rendu à la Place Dupuis interviewer Claude Barzotti. Il m'avait parlé des femmes en bon séducteur italien qu'il était, mais quel être charmant. Un échange dont je me souviens encore. Et combien de fois ai-je fait tourner ensuite, dans ma voiture, *Mais où est la musique*, que mes petits-fils Carl et Christian reprenaient en chœur avec lui. Durant ce temps, mon éditeur poursuivait la promotion de mon roman *Les bouquets de noces*, avec des pages entières de publicité dans *La Presse*, *Le Devoir* et *Le Journal de Montréal*. Du jamais vu! Il avait tout misé sur moi! Avec le résultat que, trois jours plus tard, on réimprimait le roman qui était *sold out*! En avril, une entrevue avec Gérard Lenorman à la Place Dupuis. Agréable entrevue, celle-là, mais côté profondeur, rien qui vaille. Et côté intime, bouche cousue.

En mai, une rencontre avec Michel Fugain. Un gars qui n'avait rien à dire… Mais je l'oubliai vite en lisant dans *La Presse* une excellente critique de Danielle Bonneau sur *Les bouquets de noces*.

Juin se présente et je suis au Salon du livre de Québec. Un jour, je suis la vedette et le lendemain, je suis le journaliste qui interviewe… les vedettes ! Quelle double personnalité ! Ça n'avait pas de sens ! Parlant d'interview, je rencontrai Charles Dumont et, encore là, peu bavard et passablement imbu de lui-même. Décidément, les Français et moi, ça ne collait pas. Les Italiens ? Bien sûr ! Adamo, Claude Barzotti, oui ! Durant ce temps, Micheline avait passé un examen à l'hôpital Maisonneuve-Rosemont afin de voir ce qu'il était advenu de son cancer… Aucune trace ! Une rémission parfaite ! Dieu soit loué ! J'étais ému, elle pleurait de joie et nos enfants partageaient son bonheur et son grand soulagement. Elle allait devoir se l'enlever de la tête désormais, ne plus y penser et continuer à vivre comme s'il n'était jamais rien arrivé. Derrière elle, que tout ça ! Nous avions allègrement fêté la bonne nouvelle ce jour-là ! Le lendemain, mon éditeur m'invite à dîner. Il veut me faire signer mon prochain contrat d'édition. Ce qui m'étonne puisque je n'ai que douze pages d'écrites… Craint-il qu'on m'approche ailleurs ? Pas encore conscient de ma grande fidélité, celui-là ? J'ai toutefois signé sans hésiter, sachant fort bien que c'était encore avec lui que j'allais publier *Un purgatoire*.

Quelle joie pour ma Corinne ! Elle a parlé à *Thomas de La Ribambelle* au téléphone. Elle était émue, contente, mais pas timide pour autant, elle répondait à toutes ses questions. Sébastien Ventura l'avait trouvée très brillante. Quel bonheur pour un grand-père de faire plaisir ainsi à sa petite-fille ! Chanceuse que je sois dans le milieu artistique ! Puis, le lendemain, un rendez-vous aux Éditions

Logiques afin de rencontrer les représentants lors d'une réunion intime. C'est en ce 10 juillet 1995 que j'ai fait la connaissance de François Godin et de Jean-Luc Loiselle qui allaient être importants dans ma carrière d'écrivain. Puis, en fin de semaine, j'avais acheté le film *Fatale*, avec Jeremy Irons et Juliette Binoche. Elle était si belle, lui si bon acteur… Mais Micheline n'avait pas aimé. Trop de sexe à son goût, voire impudique ! J'en souriais. Et pour finir le bal, mes petits ont rencontré *Thomas* de *La Ribambelle* en personne. J'avais invité Sébastien Ventura à la maison afin de leur faire cette surprise et ils se l'arrachaient. Carl avait même grimpé sur ses genoux avant d'y être invité, de peur que Corinne s'en empare pour elle seule. Je revois encore la scène… Le pauvre *Thomas*, envahi de tous côtés, était reparti de chez moi… passablement assommé !

Dimanche, 13 août, j'ai rêvé toute la nuit. Un horrible cauchemar ! Debout à quatre heures du matin, en sueur, j'ai soudainement eu peur de me retrouver seul. Micheline était chez sa sœur à Québec… J'avais besoin d'être rassuré et ma douce moitié n'était pas là pour le faire. Et cette insécurité pécuniaire… Pourquoi ? Parce que je venais de laisser un poste de conseiller au *Lundi* ? *So what !* Mes romans me rapportaient déjà beaucoup… Mais, quand on a déjà vendu des bouteilles vides pour se payer un sandwich… Finalement, à la fin du mois, Micheline m'annonce qu'elle va prendre un mois de congé. Elle est fatiguée, elle mérite ce repos. On sent que la retraite approche… Le 4 septembre, avec Sylvie et Christopher, nous étions allés fêter ses soixante ans dans un chic restaurant de Laval. Le samedi, Michel, Roxane et les enfants étaient venus souligner sa fête à la maison en lui offrant un joli présent. Ce qui l'avait fait pleurer de joie alors que les petits croyaient qu'elle avait de la peine.

Bon, un peu de boulot, je dois encore gagner ma vie, et j'accepte d'effectuer une entrevue avec Alys Robi au studio du photographe Guy Beaupré. En vertu de la minisérie qui allait être diffusée à la télévision avec Joëlle Morin dans le rôle de la plus grande dame du Québec. Vilaine avec la maquilleuse, avec le photographe, avec quelques autres, Alys était de miel avec moi qu'elle aimait bien. Mais il fallait toujours y aller avec modération avec elle, ce que la plupart ne savaient pas. Moi, oui ! Peu après, c'est le souper de la retraite de Micheline et ses collègues d'Hydro-Québec sont venus en grand nombre la fêter à La Fonderie de la rue Lajeunesse. Elle avait été malade durant la journée... Des nausées, des vertiges, le trac d'avoir à affronter la foule. Pauvre elle ! Si heureuse, si détendue au sein de sa famille. Je l'ai un peu forcée à s'y rendre et, sur les lieux, elle a retrouvé ses esprits et son sourire. On l'a acclamée, on a louangé son mérite, on l'a applaudie. Une gratitude sans pareille ! Et elle est revenue à la maison avec un tribut floral de fleurs séchées. Le lendemain, pour nous détendre, nous avions regardé le film *Ziegfield Follies*, avec Hedy Lamarr. Je l'avais fait venir d'Hollywood, je ne le trouvais pas ici. Pas mal comme film, long par moments, mais Dieu qu'elle était belle, cette actrice ! Le jour suivant, on m'informait qu'on avait enregistré *Les parapluies du diable* pour les non-voyants. Agréable à écouter, mais pas aussi bien réussi qu'*Adèle et Amélie* que Reine France avait si bien interprété. Tout de même ! Quel intérêt de leur part pour mes romans ! J'en étais ravi ! Et le 3 décembre, j'apprenais que la douce Alma, cousine de ma mère, était morte à North Bay. Elle avait presque quatre-vingt-dix ans. Ce qui m'avait causé un choc. Je me revoyais chez elle, naguère, avec ma petite Sylvie. Nous étions allés visiter la maison des jumelles Dionne... Vous vous souvenez ? Quel accueil nous avions reçu de sa part !

Morte et enterrée, la cousine Alma. Avec Ernie, son mari sur le tard, parti avant elle. Si précieuse, si belle autrefois… La dernière des Labrèche du côté maternel à être inhumée dans le lot familial. Avec sa sœur Rita, ses frères Charles, Paul et Hubert… Une lignée éteinte, mais un arbre généalogique qui persiste, avec ma mère sur une branche.

Trois jours plus tard, c'était mon jour de fête, je célébrais mes cinquante-neuf ans. *Last call* de la décennie, à douze mois d'entrer… chez les vieux ! Parce que sexagénaire… J'aimais mieux ne pas y penser ! Le 17, un film touchant, *The Christmas Box*, avec Maureen O'Hara. Micheline avait les yeux embués, le papier-mouchoir dans la main. Puis, une veille de Noël tranquille. Que nous deux… Ensemble ! Très différente de ces soirées d'antan où nous dansions toute la nuit. Le filet mignon, la salade César, la tasse de thé, la pointe de tarte au sucre… Rien d'autre ! Puis, la messe en soirée et l'échange de nos cadeaux au retour. Une eau de toilette, un beaujolais et un pyjama de sa part. Un porte-monnaie, un parfum de Nina Ricci et les cassettes d'Angèle Dubeau et de Natalie Choquette, pour elle. Un peu de télévision, Pavarotti et ses chants de Noël, et nous nous sommes couchés comme deux vieux… encore jeunes ! Le lendemain, le contraire de la veille. L'explosion des enfants, leurs cris, leurs rires, leurs cadeaux, leur agitation… Pas croyable ! Mais nous avions réussi à revenir de chez mon fils d'un seul morceau ! Parce qu'on les aimait ces petits-enfants, gentils ou tannants ! Le 27 décembre, nous écoutions à la télévision l'opéra *Madame Butterfly*, en direct du Metropolitan de New York. Quel cadeau inespéré pour Micheline ! Et, le 29, c'était enfin le jour où ma douce moitié prenait définitivement sa retraite. À soixante ans ! La dernière journée de travail de sa vie. Elle pourrait désormais regarder les tempêtes d'hiver de sa fenêtre. Finis le train de banlieue, les autobus et le métro. Pour souligner cet événement, j'avais préparé le souper et nous avions pris un verre de vin, un seul, dans lequel elle avait à peine trempé ses lèvres.

Il a fallu nous réadapter à vivre à deux à longueur de journée, ce qui n'a pas été facile. J'étais là avant elle, seul à la maison, avec mes manies, mon rituel... Moi, la télévision à sept heures du matin... Je n'osais pas me plaindre, mais ça me fatiguait. Puis, au fil du temps, j'ai fini par lui dire ce qui me dérangeait et elle m'avait boudé durant deux jours. Comme autrefois! J'étais mal à l'aise, je tentais de lui expliquer qu'il nous fallait mettre de l'eau dans notre vin des deux côtés. Le lave-vaisselle qui partait alors que j'écrivais, le téléphone qui sonnait, ses longues conversations avec Gisèle ou Françoise... Tous les couples qui ont franchi ce cap après la retraite de l'un ou de l'autre vont sourire. Parce que ce n'est pas aisé, dans un cas comme dans l'autre. Un retraité bougon, ce n'est guère mieux qu'une épouse qui n'a plus envie de sortir de la maison. Mais comme le temps est un grand maître, j'ai fini par m'adapter à sa présence constante et la vie à deux est redevenue plus agréable. Ce qui me tiraillait au début était devenu une habitude de tous les jours. La vaisselle comme le lavage, la télévision comme le ménage. Et nous avions réappris à nous respecter de nouveau, à vivre et laisser vivre, et à nous aimer comme avant. Ah! ce que l'amour peut encore faire... à soixante ans!

Une autre année s'allume en ne nous laissant aucun répit pour nous remettre de celle qui s'est éteinte. Il faut continuer, la suivre, courir sur ses jours, même à bout de souffle! Il m'arrivait encore de ressentir quelques douleurs à la poitrine, mais je ne m'en faisais pas, c'était de l'angine passagère causée par le stress. Ça passera... Le

21 janvier, je regardais à la télévision les Golden Globe Awards. Je voyais la foule, les vedettes et les journalistes sur le tapis rouge, et j'étais des plus heureux de ne plus faire partie de ce troupeau dont quelques moutons cherchaient à sortir de l'ombre. Je ne reniais rien, ça m'avait fait vivre un certain temps, mais me sentir en dehors de la meute m'apportait un réel soulagement. Le mois suivant, travaillant à la pige tout simplement, je faisais une entrevue avec Enrico Macias et j'avais hâte que ça se termine. C'est tout dire ! Le 27 février, on publiait mon roman, *Un purgatoire*, et je recevais les premiers exemplaires. Je le trouvais très beau, j'en étais fier. Et je sentais que l'histoire de *Robert Landreau* allait toucher beaucoup de monde. Un roman en profondeur cette fois, à vase clos, avec des personnages auxquels on s'identifiait et qui faisaient réfléchir... Vous en dire plus serait dévoiler trop d'aspects de la trame. Je laisse toujours le plaisir aux lecteurs de découvrir eux-mêmes le parcours du personnage principal. Mais un fait demeurait, je voulais me consacrer à l'écriture à temps plein désormais. En aurais-je les moyens ?

Mars et ses froidures et le lancement d'*Un purgatoire* a lieu à la Librairie Garneau de la rue Fleury. Je n'avais pas invité beaucoup de monde. Quelques amis dont Francine Fleury, des gens du milieu comme Andrée Boucher et Jean-Pierre Bélanger, Claudette Lambert, Sébastien Ventura... Je n'avais pas invité ma femme, parce qu'elle ne tenait pas à faire partie de ma vie professionnelle. Les gens du milieu littéraire et artistique, ainsi que les photographes, non merci, pas pour elle. Je n'avais pas demandé à mon fils d'être présent, il ne s'intéressait pas assez à mes écrits. Il avait parcouru *Les parapluies du diable* pour tenter de connaître un peu mieux son père au temps de son enfance, mais pas plus. Michel ne lisait pas. Il préférait le cinéma et la télévision lorsque ses temps libres le lui permettaient. Et je ne lui en voulais pas. Le connaissant, je savais qu'il n'était pas du genre à se plonger dans un roman de cinq cents pages et d'en discuter par la suite avec l'auteur… son géniteur. Ma fille, cependant, avait lu chacun de mes romans et m'en avait donné son appréciation chaque fois. Comme elle enseignait tout près d'où se déroulait la soirée, elle était venue se mêler à nous, vêtue, je m'en souviens encore, d'une jolie robe bourgogne et de bottillons cirés noirs. Très belle, épanouie, je l'avais présentée à tous et elle avait causé et pris des photos avec l'éditeur et moi. Ma nièce, Nicole Landry, était venue me saluer, quelques fidèles lectrices s'étaient aussi réunies, j'avais signé des exemplaires et je m'étais prêté aux questions du public, mais je me disais intérieurement que jamais plus je ne ferais de lancement pour un roman. Mieux valait mettre cet argent sur la publicité et la promotion dans les médias. Toutefois, c'est avec émoi que Sylvie m'apprit ce soir-là qu'elle était enceinte d'un premier enfant. Avec l'aide de la science et après sept ans de mariage. À trente-quatre ans, plus précisément. Très touché par la nouvelle, je l'avais répandue au sein du groupe, et les plus proches, dont Francine Fleury et Francine Fréchette qui la connaissaient depuis ses premières armes au *Lundi*, l'avaient entourée pour la féliciter. Devant la joie de ma fille, mon cœur n'avait fait qu'un bond. Un nouveau roman et un autre petit-enfant en chemin… Elle l'attendait pour la mi-octobre, ce qui était encore loin, mais le temps court si vite, comme je disais plus haut. Le samedi qui suivait, alors que nous mangions tous ensemble, elle annonçait la nouvelle à la famille et ce fut l'euphorie totale. Micheline pleurait, il va sans dire, et mon gendre, Christopher, semblait enfin fier de lui. Comme s'il avait été responsable de cette longue attente! Puis, le 21 du même mois, je donnais une conférence à l'école Sainte-Croix dans le cadre de l'éducation aux adultes. Il y avait foule, j'étais stressé, pas encore à l'aise devant un vaste auditoire.

Un certain soir, par hasard, j'étais tombé sur le film *Le signe de la croix* avec Claudette Colbert, à la télévision. Quel souvenir avait surgi en moi ! Ce film avait été le premier que j'avais vu au cinéma Rio de Montréal-Nord, alors que j'avais douze ou treize ans. Je me demande si certains jeunes qui étaient avec moi dans l'assistance, ce dimanche-là, s'en souviennent encore. C'est si loin derrière, mais pour moi, jadis comme naguère, c'est comme si c'était hier. Le 18 avril, j'étais allé à la salle André-Mathieu avec Corinne voir le spectacle de Henri Dès qu'elle adorait et dont elle connaissait toutes les chansons. Un des plus beaux jours de sa vie d'enfant ! Tout excitée, elle chantait avec lui et les autres enfants, *La mélasse, Les bêtises à l'école, Le crocodile, La petite Charlotte* et combien d'autres ! Je crois que ma petite-fille n'oubliera jamais cette sortie avec son grand-père. Ce cher Henri Dès que je devais revoir souvent par la suite et m'en faire un ami. Je lui ai écrit maintes fois en Suisse et il me répondait toujours rapidement. Je lui faisais parvenir mes romans, lui ses albums… Jusqu'à ce que les enfants soient grands et que, peu à peu, le *fade out* nous sépare. Peu après, Jean-Pierre Coallier me recevait à son émission *Bon Dimanche*, à Télé-Métropole. Quel homme charmant ! Il connaissait tous mes romans et nous avions vite « cliqué » tous les deux. Encore aujourd'hui, dès qu'on se rencontre, c'est la jovialité d'antan. Je crois être le seul à avoir été reçu en entrevue à CJPX, Radio-Classique, où la grande musique a priorité sur tout. Et j'ai été le premier écrivain à annoncer un roman sur les ondes de cette station. Depuis ? Plusieurs autres m'ont imité, guidés par mon flair. Tant mieux, cher Jean-Pierre, c'est bon pour les affaires !

En mai, première visite en Abitibi, à Ville-Marie plus précisément, où le Salon du livre se déroule cette année-là. François Godin était déjà sur les lieux et, dès le premier jour, je rencontrais Yves Beauchemin et Tristan Demers, deux écrivains que j'appris à connaître, ainsi que Louise Deschâtelets que je retrouvais avec joie. Je débute par une entrevue à la radio avec Henri-Paul Raymond, un chic type qui m'avait ensuite raccompagné à Rouyn-Noranda, le dimanche, pour reprendre l'avion. Grâce à lui, j'avais pu attraper le vol de quatre heures et rentrer à Montréal plus tôt que prévu. Mais que de turbulences dans cet avion à deux hélices pour quelqu'un qui a peur de franchir les nuages. Je suis arrivé à Dorval sain et sauf, Dieu merci! Et j'ai gardé, grâce à l'accueil de Roger Grenier, président du Salon, un très bon souvenir de Ville-Marie. En juin, j'entamais le prologue de mon prochain roman. J'avais la piqûre d'écrire, écrire et encore écrire… C'était ma raison de vivre. Mais, le soir venu, avec Micheline, nous avions regardé le film *Les Poètes maudits*, avec Leonardo DiCaprio et David Thewlis. L'histoire d'amour tumultueuse de Verlaine et Rimbaud. Une œuvre à couper le souffle! Un film que j'avais apprécié, Micheline, beaucoup moins.

Enfin, l'été! Juillet et ses chaleurs! Micheline et Sylvie sont parties pour L'Isle-aux-Coudres ce matin. Et je vais me débrouiller comme un grand garçon à la maison. Hum… comme avant la retraite de ma femme! Le 17, on nous annonce l'écrasement du vol 806, un 747 de la TWA qui a plongé dans l'océan à Long Island après avoir décollé de New York. Bilan : 261 passagers emportés dans la mort avec les membres de l'équipage. Une tragédie aérienne dont on a parlé toute la journée. J'en frémissais, j'imaginais les passagers lors de la descente… Juste à y penser, je me sens mal… Des pères, des mamans, des enfants, des étudiants, des grands-parents… Partis avec le sourire et criant ensuite d'effroi... Pardonnez-moi, j'arrête, ça me remue encore terriblement et en essayant d'oublier ce drame, j'apprends que Louis-Philippe Hébert a vendu les Éditions Logiques à Transcontinental. Un dur coup pour moi! Ce qui m'a ralenti dans l'écriture de mon cinquième roman.

Micheline a maintenant soixante et un ans et ne s'en plaint guère. Pour souligner son anniversaire, les enfants lui ont fait cadeau d'un bel ensemble de valises de voyage sur roulettes. De ma part, un téléphone avec cadran lumineux. Pour qu'elle parle encore plus longtemps... avec ses sœurs! Le lendemain, une entrevue avec Marie-Josée Taillefer chez moi. Pour une première page du *Lundi*. Elle désirait que ce soit fait avec moi et, au nom de notre longue amitié, je n'ai pas pu lui refuser. Je crois qu'elle a été la dernière rencontre dans ma carrière journalistique, mais je n'en suis pas certain. On verra bien plus loin... Puis, le 12 septembre, j'apprenais la mort de Tillie Kish, celle qui m'avait secouru en m'engageant comme acheteur adjoint au temps de Towers/Bonimart. Brave dame qui, quoique bruyante, avait tenu une grande place dans mon cœur. Elle vivait à Oakville, en Ontario, et était âgée de soixante-quinze ans. Je la croyais invincible, cette femme, mais la mort avait rendez-vous avec elle. Comme avec chacun de nous... *Rest in peace, dear Tillie!* Le 16, en me levant, je me rendis compte que Micheline avait eu une faiblesse. Le *shower* de bébé de la veille pour Sylvie avait eu raison de ses forces. Elle est fragile, ma douce moitié. Elle en fait trop, elle garde souvent les petits-enfants... Ses forces ne sont pas, à mon avis, à la hauteur de son dévouement, mais son cœur de grand-mère... Je sens que plusieurs dames qui me liront vont se dire, *moi aussi, j'en fais trop, mais je les aime tellement*. Sans penser qu'elles hypothèquent leur santé. Ah! ces braves grands-mamans...

Octobre, ses feuilles mouillées au sol, et ma belle-sœur Vera, la plus jolie mariée de 1951, m'offre sa photo de noces où elle est seule, les yeux baissés sur sa traîne, pour orner la couverture de la traduction anglaise des *Bouquets de Noces* qui allait devenir *The Bridal Bouquets* pour les anglophones du Canada. Sur fond sépia, c'était tellement joli, mais le succès n'a pas été le même qu'en français. La traduction ne respectait pas tout à fait les émotions de la version originale… Comment aurait-ce pu être possible ? Le traducteur n'était pas l'auteur avec ses états d'âme, mais il avait fait de son mieux, le pauvre homme. On l'avait placé chez Chapters au Québec, mais nulle part ailleurs dans le reste du Canada. Et aucune entrevue de promotion nulle part, moi qui parlais très bien l'anglais. Lettre morte. J'étais terriblement déçu, mais que pouvais-je y faire ? Deux jours plus tard, c'étaient les funérailles de Robert Bourassa, décédé le 2 octobre. Je me souvenais encore de notre rencontre inusitée au motel-hôtel Universel de Québec où nous avions fait des longueurs de piscine ensemble. Son départ m'avait chagriné. Il avait de la classe, ce grand homme. Enfin, le 14 octobre, Sylvie donne naissance à son premier enfant. Après sept ans de mariage ! Un beau garçon de sept livres et trois onces qu'on appellera Matthew. Je me suis rendu à l'hôpital du Sacré-Cœur pour embrasser ma fille qui se porte bien. Elle n'a pas trop souffert et c'est Micheline qui a coupé le cordon. Quelle vive émotion pour une mère ! Il est Balance ascendant Capricorne, ce nouveau petit-fils. Né le jour de l'Action de grâces en plus ! Puisse Dieu guider ses pas. Le lendemain, je retourne à l'hôpital et j'ai mon petit-fils dans les bras. Il est adorable ! Un autre beau petit bonhomme à aimer. Les jours se succèdent et, les 26 et 27 octobre, je suis au Salon de Sherbrooke avec mon roman *Un purgatoire*. Un grand succès ! Mes lecteurs et lectrices sont de plus en plus nombreux et fort chaleureux ! Par la même occasion, je rencontre Andrée Boucher qui vient de publier son autobiographie. Ravie de me revoir, elle m'a serré dans ses bras. Comme toujours !

Novembre, ses pluies constantes, mon fils Michel fête ses trente-sept ans, entouré de sa femme, de ses enfants et de sa famille des deux côtés. Puis, en ce même jour, j'apprends le décès de Gérard Vermette. Mon passé resurgit et je me revois avec lui, en Floride, à faire le tour du Québec avec son micro pour promouvoir un de mes recueils de billets. Je le revois ensuite chez nous où il avait défoncé un fauteuil à cause de son poids, et Suzanne Gauthier et moi qui tentions de le sortir de ce mauvais pas. Cher Gérard du parc Belmont où il était en vedette. Gros *Humpty Dumpty* avec un rire unique et des histoires épicées à n'en plus finir qui faisaient le bonheur de mon fils. Sa présence m'a manqué fort longtemps, je ne pouvais croire qu'il n'était plus de ce monde. Mais il avait eu tant d'amis qu'il a dû en retrouver une bonne douzaine au paradis. J'ai encore, sur une étagère, son livre intitulé *Tant pis si j'en crève*. Une biographie dans laquelle il se foutait de son embonpoint et de ses écarts de conduite. Hélas, il en a crevé !

Décembre se pointe et j'ai soixante ans. Je n'ose le croire, tant de journaux intimes depuis mes trente-quatre ans. Je n'aimais pas le chiffre, je l'anticipais depuis six mois avec effroi, mais il avait fini par me sauter en pleine face ! À quoi bon fermer les yeux, j'étais sexagénaire. Comme Micheline qui me voyait entrer dans sa décennie avec un sourire. Mes petits-enfants m'ont chanté *Bonne Fête* au téléphone, et j'avais reçu l'album de Noël de Marie-Michèle Desrosiers de la part de mon fils, un pyjama, de ma fille, et une eau de toilette, cadeau de Micheline. Puis, un élégant souper en famille arrosé d'un soupçon de vin. À mon âge avancé, il me fallait réduire un peu les quantités. Une veille de Noël avec Sylvie, Christopher et leur petit Matthew… qui m'a souri. Le 25 décembre, le souper d'une grande famille. Dix à table! Avec la dinde et les pâtés de Micheline. On aurait dit une carte de Noël avec cette ambiance… Il faisait froid à ne pas mettre un chat dehors, mais nos cœurs étaient au chaud. Finalement, la dernière journée du dernier mois de l'année, je refermais mon vingt-cinquième journal intime. Que de pages, que de mots écrits durant toutes ces années. Avec, discrètement sur le coin de ma table de chevet, celui encore vierge de l'an qui allait naître.

Une année nouvelle, de la neige au sol et, à l'abri de l'hiver, je lis *L'Allée du Roi*, l'histoire de Madame de Maintenon, dont on a aussi fait une série télévisée qui m'avait passionné. Le 18, j'ai invité ma tendre moitié à souper au Bordelais et nous sommes ensuite allés au cinéma voir le film *Evita* avec Madonna et Antonio Banderas. Un film superbe que Micheline a vraiment apprécié et qui m'a réconcilié avec Madonna que je n'aimais pas particulièrement. Une belle soirée à deux, un retour dans notre accalmie et la promesse de refaire souvent ce genre de sortie… Ensemble! La semaine suivante, je visitais ma fille et son petit Matthew. Il était si mignon, il avait un regard irrésistible. Et ce bébé chantait déjà, je vous le jure! À trois mois seulement! Il chantait avec sa mère quand elle lui fredonnait des mélodies en le berçant. Quel enfant adorable!

Deux jours plus tard, je recevais un mot de Claude J. Charron qui me remerciait pour tout ce que j'avais fait pour lui. Juste avant qu'on célèbre les vingt ans du *Lundi* auxquels j'allais collaborer, bien entendu. Pour ce faire, on avait choisi une émission pas très cotée de TVA. Et ce fut un gâchis total. À cause du jeune animateur qui n'était guère disposé à vanter les mérites du magazine et qui refusait carrément de me vouvoyer malgré mon âge, et d'une artiste invitée qui semblait avoir des comptes à régler. Pas avec moi, elle m'aimait bien, mais avec certains journalistes... Ce qui avait donné, en ondes, une très mauvaise image de la publication. Bref, rien de malencontreux ne serait arrivé si on avait eu, à la barre de l'émission, un Michel Jasmin muni du professionnalisme qu'on lui connaissait. Je m'étais dit : *Jamais plus on ne m'y reprendra. Over my dead body !* Et ils m'ont pourtant eu encore, dix ans plus tard, mais cette fois l'anniversaire s'était déroulé dans un plus grand respect. À la toute fin du mois, Maman Simard me téléphonait pour me donner des nouvelles de René, Régis, Nathalie, Odette, Martin, Line, Jean-Roger... J'espère ne pas en avoir oublié un ! Elle a tellement d'enfants et de petits-enfants. Elle s'était également informée de ma santé... Quelle belle et longue amitié !

En 1997, les Éditions Logiques remettaient en marché la réédition d'*Adèle et Amélie*. Avec une nouvelle couverture qui en faisait un roman de toute beauté. Ô surprise, il se vendit aussi bien que celui de la première édition. Plus encore, il allait devenir le « roman de l'année 1997 » chez Renaud-Bray, ce qui allait être souligné lors de leur quarantième anniversaire. Une autre joie, je reçois les premiers exemplaires de mon cinquième roman, *Marie Mousseau, 1937-1957*. Il est superbe, j'en suis très fier ! Et mes lectrices et lecteurs l'aimeront, l'histoire étonnante se veut très touchante à certains moments. Un roman que j'ai aimé écrire et qui demeure, à ce jour, parmi mes préférés. Et le soir venu, seul avec Micheline, nous nous étions détendus en écoutant le film *Farinelli* que nous avions beaucoup apprécié. Ah ! ce triste temps des castrats...

À la fin du mois de mars, le Salon du livre de l'Outaouais ouvrait ses portes et je m'y rendis avec Jean-Luc Loiselle où une foule nombreuse m'y attendait. Nous avions eu à peine le temps d'avaler une bouchée à l'Oasis, un restaurant trouvé en passant, que j'en étais déjà à signer des exemplaires de mes romans. Radio-Canada était sur les lieux, les stations régionales aussi, et les micros m'étaient ouverts. Décidément, ma carrière d'écrivain faisait de grands pas. Je n'avais plus que cela en tête. Écrire, écrire... pour moi !

Ce n'est pas parce que j'ai trois petits-fils, dont mon beau Matthew, que j'oublie ma seule petite-fille, Corinne, l'aînée de mes petits-enfants qui fête, en ce 4 avril, ses neuf ans. Et nous l'avons bien entendu comblée de présents, sa grand-mère et moi. Le 9 avril, Serge Turgeon, alors à l'emploi du magazine *7 Jours*, était venu chez moi pour m'interviewer. Très aimable et à l'écoute, je lui avais parlé de *Marie Mousseau 1937-1957* avec emphase. Une belle rencontre de part et d'autre. Je lui avais rappelé son rôle de *Léon*, l'avocat, le fils de *Baby* dans *Les Belles Histoires des pays d'en haut*, et ça l'avait amusé. Peut-être était-ce déplacé de ne lui rappeler que ses débuts... Mais il avait marqué le Québec avec ce rôle sur mesure pour lui. Lorsque, plus tard, j'ai appris son décès causé par un infarctus dans des circonstances nébuleuses, j'en ai été bouleversé. Il n'avait que cinquante-huit ans. Quelle triste fin de vie... Puis, à la fin du même mois, je donnais une conférence à la bibliothèque de Saint-Ours, un des endroits où nous avions été les mieux reçus, Francine Fleury et moi. Que de gentillesse de la part de la responsable ! Un buffet, des rafraîchissements, une ambiance chaleureuse... Comme je l'ai déjà dit, je n'aimais pas tellement ces bains de foule, ça m'intimidait, mais j'allais tenter de m'y faire avec le temps, puisque j'avais déjà accepté plusieurs autres rencontres qui allaient suivre celle qui se déroulait si bien ce soir-là.

Entre-temps, *Marie Mousseau 1937-1957* figurait à la deuxième position du palmarès du *Devoir*. Et il se classait en finale pour le Prix du public dans tous les salons du livre cette année-là. Sans gagner, mais la nomination était là. Il y en avait toujours un pour me damer le pion. J'étais, comme on disait dans mon jeune temps, un bon deuxième de classe.

Le 18 mai, nous célébrions nos quarante ans de mariage ! Nos noces de rubis ! Micheline et moi n'en revenions pas ! Tant de temps écoulé... Que de belles années de bonheur ! La même complicité. Encore ensemble ! Unis à tout jamais si on peut dire. Avec les hauts et les bas de toute union, la nôtre incluse ! Car il nous est arrivé de froncer les sourcils l'un sur l'autre, n'en doutez pas. C'est ce qui a fait notre force ! Sourciller de temps à autre sans cesser de s'aimer... La famille s'était réunie et nous avions bien ri lorsque nos enfants nous avaient offert des chaises berçantes de jardin. C'était tout dire ! Et voilà que, quelques jours plus tard, Micheline repartait en voyage avec sa sœur Gisèle. En Grèce cette fois. Dieu qu'elles aimaient voyager, ces deux-là, mais j'étais si content pour ma femme. Elle s'empressait de profiter de sa retraite comme si quelque chose allait l'entraver... Une prémonition ? Et pourtant, à son retour, ma femme apprenait officiellement de son médecin que sa rémission du cancer du sein était terminée et qu'elle en était totalement guérie. Quelle joie pour elle ! Plus d'inquiétude... Vivre sans avoir peur, sans craindre la récidive. Et la sentir près de moi avec l'optimisme en plein cœur à l'égard de notre couple et de notre avenir. Et le mois se termina avec le plaisir de voir, dans *Le Devoir*, mon roman *Marie Mousseau 1937-1957* en deuxième position de leur édifiant palmarès.

Juillet et les vacances ! Le 14, c'est le baptême de l'air pour Corinne, Carl et Christian jusqu'à Toronto avec leurs parents, pour ensuite poursuivre jusqu'aux chutes Niagara par autocar. Corinne me téléphone toute excitée !

Si contente de me dire que ses frères et elles n'avaient pas eu peur dans les airs, qu'ils avaient tous aimé les sensations, turbulences incluses ! Heureuse de me laisser savoir qu'ils étaient tous les trois plus braves que leur grand-père ! J'avais souri, c'était si mignon de sa part. Mais, après cette courte joie, un énorme chagrin le 31, alors que j'apprenais le décès du chanteur Johnny Farago, victime d'un violent infarctus. À cinquante-trois ans seulement ! J'avais peine à le croire... Je me revoyais à Miami avec ma fille Sylvie, alors que nous allions l'entendre chanter, le soir, au bar de l'hôtel où nous étions. Au mois d'août, alors que mes petits étaient revenus de Niagara, leur papa les emmenait au Zoo de Granby d'où Carl me rapporta une poule en plâtre, sachant que c'était là mon animal préféré. Tout content de me l'offrir, je l'avais acceptée avec beaucoup d'enthousiasme. Croyez-le ou non, après tout ce temps, elle est encore sur le dessus de mon armoire de cuisine.

En septembre, Micheline fêtait ses soixante-deux ans. L'âge que sa mère avait lorsqu'elle est décédée tragiquement. Ce qui nous a rappelés à son bon souvenir. Le 29 du même mois, je découvrais une page entière de *La Presse* annonçant mon roman *Marie Mousseau 1937-1957*. Du jamais vu, une fois de plus ! Un si grand format, la page entière ! Si seulement ma défunte mère avait vu ça !

Le jour de Noël se lève et c'est la fête chez Michel et Roxane avec les petits-enfants. Nous étions arrivés les bras chargés de cadeaux. La journée était de cristal, il avait neigé toute la nuit et la glace avait fait son œuvre. Quelle magnificence pour les yeux ! Le soir, j'avais appris avec tristesse le décès de Pierre Péladeau, un homme que je respectais, mais avec lequel j'avais été incapable de travailler. J'ai eu une bonne pensée, j'ai même prié pour le repos de son âme et, tout comme lui, quelques jours plus tard, l'an s'est éteint comme par magie.

Le jour des Rois, et la fève et le pois ne sont plus cachés dans le gâteau. C'était au temps de ma mère, cette coutume. On couronnait ceux qui les trouvaient dans leur morceau d'une couronne de papier. Reine pour la fève, roi pour le pois. Or, comme nous n'avions pas de fille à la maison, c'est ma mère qui héritait chaque fois de la couronne de la reine. Ah ! souvenirs... Mais, en ce 6 janvier 1998, c'était une autre histoire. Une tempête de verglas survenue la nuit avait brisé nos arbres et endommagé la toiture du voisin. On notait que 675 000 personnes étaient privées d'électricité. Chanceux, nous avions été épargnés de la panne et, après avoir passé la journée emprisonnés dans notre maison, nous avions regardé, en début de soirée, *What's eating Gilbert Grape*, avec Johnny Depp et Leonardo DiCaprio. Un film inoubliable ! Quelle bonne façon de décompresser de cette dure journée. Ce fléau allait quand même durer quatre jours et nous avions hébergé Sylvie et son bébé, alors que Christopher avait réussi à se rendre à son travail. Le 10 janvier, « the days after », comme on pourrait dire, les ravages étaient terminés, mais les séquelles étaient nombreuses un peu partout. J'étais quand même sorti pour aller mettre de l'essence dans la voiture, il y avait une longue file d'attente, et j'étais allé acheter de l'eau en passant. C'était la panique ! Tout le monde se « garrochait » sur l'eau embouteillée qui était en moins grande quantité chez les commerçants en ce temps-là. Chacun craignait de boire l'eau de son robinet. Et pourtant... On aurait dit que la fin du monde était arrivée ! Une tempête de verglas, doux Jésus, pas une bombe atomique ! Mais les gens, complètement déboussolés, sans électricité pour quelques heures ou quelques jours, étaient paralysés. Ils n'existaient plus ou presque ! J'aurais bien aimé les voir avec moi à l'orphelinat au temps de la Seconde Guerre alors que les sœurs

Grises nous fourraient de force dans la gorge un morceau de viande plein de gras pour apaiser notre ventre creux. Ce qui était pire que de manquer d'essence, croyez-moi ! Et nous n'étions que des enfants… Peuple gâté que celui du Québec, la moindre contrariété le tue. Je le répète souvent à mes petits-enfants, pourtant devenus grands… qui haussent les épaules ! Finalement, tout le monde a regagné son chez-soi et un « frette noir » a pris la relève de la glace. Le 26, je subis une opération pour une bursite au coude à l'hôpital du Sacré-Cœur. On appelle ça « la bursite de l'étudiant » parce que tous les jeunes en héritent à force d'étudier avec les coudes sur le pupitre. Moi, c'est de cette façon que j'écrivais, d'où le problème.

Encore sous l'emprise des voyages, Micheline et sa sœur Gisèle partent pour la Thaïlande. Cette fois, je suis inquiet, c'est si loin, si peu sécuritaire… Je tente de l'en dissuader, mais peine perdue, c'est là qu'elle veut aller, sa sœur aussi. Je baisse donc les bras, mais je sens que je vais être angoissé de la savoir là-bas avec tout ce qui arrive en pays étranger. Surtout en Thaïlande avec tous les méfaits commis sur des touristes et le harcèlement de la prostitution. Mais ma femme a la tête dure ! Une vraie Acadienne ! *Pareille comme ton père*, que je lui disais ! Elles ont pris l'avion et je me suis tu. À la grâce de Dieu ! Ma femme y tenait tellement… En février, Sylvie nous annonce qu'elle attend un deuxième enfant. Décidément, c'est tout ou rien avec elle ! Ce qui nous a quand même ravis. La machine est en marche, tout fonctionne à merveille maintenant. L'enfant est prévu pour la fin octobre et ma fille en est heureuse. Sa mère aussi. Sept ans sans avoir d'enfants et deux presque de suite… Le bon Dieu a sûrement écouté ses prières. Les jours ont vite passé et, au début de mars, Micheline revenait de la Thaïlande avec sa sœur, saines et sauves ! Micheline me regardait narquoisement comme pour me dire *tu vois, je savais ce que je faisais, non ?* J'ai accepté le souvenir qu'elle m'avait rapporté et j'ai fermé ma... Elle semblait avoir adoré ce voyage et, blessé dans ma fierté, je ne l'ai pas questionnée sur les beautés et les bons côtés de ce pays, qu'en mon for intérieur je méprisais encore.

Tiens ! j'apprends que Québecor vient d'acquérir les Éditions Logiques ! Le fondateur, Louis-Philippe Hébert, restera en poste à titre de directeur, ce qui me console. Un peu plus tard, Jean-Luc Loiselle, mon compagnon de voyage dans les salons du livre, obtiendra lui aussi un poste à titre d'adjoint de mon éditeur. Tout va pour le mieux, rien ne change pour moi, ceux que j'aime et sur lesquels je mise restent en place. Quoi de plus rassurant pour un auteur ! Le 15 mars 1998, j'apprends néanmoins la mort de Michel Choinière, mon ami et rédacteur en chef au *Lundi* durant des années. J'en ai été atterré. Le mal de vivre à quarante-cinq ans seulement... Je l'avais vu la semaine précédente et, constatant sa détresse après une première tentative échouée, je l'avais supplié de ne jamais tenter quoi que ce soit par amour pour sa mère dont il était le soutien moral. Le lendemain, il m'avait remercié de mes bons mots d'encouragement. J'avais l'impression d'avoir réussi à le maintenir en vie, mais une brusque rechute dans la dépression avait été plus forte que mon intervention. Je le revoyais au mariage de Sylvie, alors qu'il nous conduisait, Micheline et moi, à la salle de réception. Je le revoyais dans nos nombreuses sorties, je le revoyais comme l'ami d'une vie... et il était parti. Pauvre mère ! Quel drame pour elle ! Abandonnée brutalement par ce fils qu'elle aimait tant... J'ai toutefois prié longtemps pour lui, je le fais encore chaque soir dans mes *Je vous salue, Marie*.

Avril, ses premiers bourgeons, et mon roman *L'ermite* est en deuxième position au palmarès de *La Presse*. Dieu qu'il me faisait peur, celui-là ! J'étais loin de *Marie Mousseau* avec *L'ermite*. C'était plus nature, plus cru, ça se passe sur une butte où il n'y a pas d'électricité... Et Sam, soixante ans, héberge une grosse fille de vingt ans, Pauline Pinchaud. Je craignais la réaction de mes lectrices, mais qui n'ose rien n'a rien. Quelques personnes âgées l'ont trouvé scabreux, une arrière-grand-mère s'en est quelque peu offusquée, mais, en général, malgré l'effet de surprise, *L'ermite* est devenu le plus gros vendeur de tous mes romans. Et c'est pourquoi il a ouvert la porte à la trilogie qui fut complétée avec *Pauline Pinchaud, servante*, et *Le rejeton*. Un beau mille trois cents pages de lecture en tout. C'est, selon moi, la plus grande œuvre de ma carrière. Une trilogie de ce genre, on ne fait ça qu'une fois dans sa vie. Toujours est-il que le 6 juillet, le *Journal de Montréal* le présentait en feuilleton dans ses pages. Durant je ne sais combien de jours tellement il était volumineux. Ce qui m'a permis d'atteindre enfin un lectorat masculin. Les chauffeurs de taxi, ceux des autobus, les travailleurs de la nuit, les lève-tôt, s'empressaient de le suivre chaque jour pour ensuite se lasser d'attendre et courir acheter le roman. Je n'invente rien, on me l'a dit plus d'une fois lors de mes rencontres publiques. Et, plus encore, certains hommes qui ont aimé *L'ermite* et son style à l'état brut, se sont ensuite jetés dans mes autres romans. Un *bouncer*, macho pas à peu près, m'avait dit avoir lu par la suite *Et Mathilde chantait*, un beau roman d'amour, celui-là, et l'avoir beaucoup aimé. La partie était gagnée. J'avais maintenant autant de lecteurs que de lectrices, ce qui augmentait les ventes. Et que dire des retraités qui, ne sachant trop quoi faire, se sont mis à lire les romans de leur femme ? Ils ont découvert le plaisir de lire, ils me le disent encore, ils aiment tous mes romans, mais la trilogie, commençant par *L'ermite*, demeure leur préféré. Et pour cause !

Le 9 juillet, mauvaise nouvelle, Sylvie, Christopher et leur petit Matthew sont approchés pour aller vivre à Calgary. Christopher s'est fait offrir une promotion inespérée par son employeur, Air Transat, qu'il serait absurde de refuser. Ils ont vingt-quatre heures pour y penser. Je ne m'interpose pas, mais j'ai le cœur gros à l'idée d'un tel éloignement... Or, le lendemain, après mûre réflexion, c'est décidé, ils partent. Un autre destin les attend là-bas. Dix jours plus tard, Chris, qui les avait précédés à Calgary, téléphone à Sylvie pour lui annoncer qu'il avait loué une maison non loin de l'aéroport. Je n'ai rien dit, j'ai respiré par le nez, mais j'avais de la peine. Micheline semblait prendre la décision mieux que moi. Dans mon cas, juste à penser que ma fille allait être, encore une fois, à des kilomètres de moi, me désarmait. D'autant plus qu'elle attendait un enfant qui allait naître ailleurs et non ici. Elle m'avait dit : « Nous allons essayer et si nous n'aimons pas ça, nous allons revenir. » Mais je connaissais ma fille. Cosmopolite comme elle l'était, elle se serait même habituée... en Mésopotamie ! Le 4 août, c'est moi qui ai eu la triste tâche d'aller reconduire ma fille et mon petit-fils à l'aéroport. Je faisais mine de rien, je causais avec elle comme si de rien n'était, mais quand je voyais Matthew dans son petit siège par le rétroviseur, j'avais une boule dans la gorge. Je les ai déposés au débarcadère après les avoir embrassés en retenant mon souffle et, de retour dans ma voiture alors qu'ils étaient entrés dans l'aérogare, j'ai repris ma route et j'ai pleuré comme un enfant. Comme si la vie m'enlevait ma fille et mon petit-fils indéfiniment. Pleuré comme ma fille ne m'avait jamais vu pleurer. *Je te l'avoue aujourd'hui, Sylvie, parce qu'à ce moment-là, ma fierté de mâle mal éduqué m'en avait empêché.* Mais, voir son fils ou sa fille aller vivre au loin avec nos petits-enfants... Tous les parents qui ont cette malchance comprendront ce que je veux dire. Pas facile de leur avouer qu'on les aime… par correspondance seulement. On souhaiterait les voir chaque semaine, les serrer dans nos bras, leur dire *Je t'aime* en les regardant dans les yeux, mais quand ils sont à des milles et des milles de nous… *Ah! Seigneur! Je vous en ai voulu pour cette dure séparation. Je vous en veux encore parfois… Si la rancune est un péché, vous aurez à me le pardonner, parce que je vous ai ignoré longtemps après ce départ qui m'avait éprouvé.* J'avais reçu, le lendemain, un appel de Sylvie me disant qu'elle s'était bien rendue, que tout semblait en ordre, mais, c'est drôle, je n'avais pas demandé à parler à son mari. Comme si je lui en voulais de m'avoir enlevé ma fille pour l'emmener dans un patelin anglophone. Je lui en voulais de n'avoir pas fait d'efforts pour apprendre le français et jouir de cette promotion ici, au Québec. Bref, j'en voulais même à ma fille d'être allée enseigner à Swift Current à ses débuts, et de l'avoir rencontré. C'est bête, mais c'était à ce point-là. D'ailleurs, Christopher n'avait pas demandé de mes nouvelles, sachant que je parlais à Sylvie au bout du fil. Un froid régnait, il le sentait… Et je m'étais consolé quelque peu du départ de ma fille, en soirée, lorsque Micheline m'avait dit avec sagesse, alors que je retrouvais un peu mon calme : « Qui prend mari prend pays. »

Le 16, mon amie Francine Fleury accouchait d'une fille qu'elle allait prénommer Sandrine. J'en étais heureux pour elle et son mari, Fred, ils avaient déjà deux garçons. Micheline s'était empressée d'aller acheter, pour cette belle enfant, une jolie robe de velours rouge qu'elle pourrait porter à Noël, tellement elle était petite. On aurait dit une robe de poupée ! C'était décidément l'année des grossesses. Ma grande amie qui venait d'accoucher et ma fille adorée qui allait avoir son second bébé avant que novembre daigne se montrer. Le 12 octobre, Micheline prenait l'avion pour se rendre à Calgary et être auprès de sa fille pour la naissance qui venait. Elle m'avait téléphoné pour me dire qu'elle avait fait un bon vol et que Matthew, ému et heureux à la fois, avait fait un « pote » en la voyant. Pauvre petit, il pleurnichait, il venait de la reconnaître, elle qui avait pris soin de lui durant un an. À ses yeux, elle était presque sa mère. Dieu qu'il me manquait cet enfant! Mais j'étais content de le savoir dans les bras de sa grand-mère. Le 20 octobre, Sylvie avait donné naissance à un deuxième garçon. Elle aurait souhaité une fille qu'elle aurait appelée Anne, mais elle avait aussi un prénom de garçon en réserve, et c'est Sacha qui vit le jour. Un beau poupon de huit livres et quatre onces qu'elle allait allaiter durant… vingt-deux mois! On aurait dit qu'elle le voulait pour elle seule, celui-là, ne pas avoir à le partager avec sa mère ou une autre gardienne. Peu pressée de se trouver un emploi, elle allait materner son bébé comme elle n'avait pas pu le faire avec son premier. Et ce n'était pas le gros poupon qui allait s'en plaindre! Avec cette naissance, Micheline et moi étions maintenant les grands-parents de cinq petits-enfants. Une petite-fille et quatre petits-fils! Un autre de plus à gâter avec Sacha! Né en Alberta, celui-là. Le seul à avoir vu le jour en dehors du Québec. Toutefois, la présence de Micheline me manquait. Pas facile d'être seul aussi longtemps, habitué de vivre à deux… Pour couper de moitié la solitude qui m'envahissait, j'étais allé au Salon du livre de Sherbrooke où une foule de bouquineurs m'attendait. J'avais signé, signé… sans arrêt! *L'ermite* autant que *Les parapluies du diable*. Je vendais de tout dans ces salons, même mes recueils de billets datant de plusieurs années. En novembre, mon fils Michel célébrait ses trente-neuf ans. Exactement l'âge que j'avais lorsque j'avais débuté au *Lundi*. Comme le temps file… Quelques jours plus tard, Micheline revenait de Calgary, heureuse de retrouver sa maison.

Peu de temps avant les Fêtes, en guise de carte de Noël, Sylvie nous avait fait parvenir une belle photo de famille prise chez le photographe. Je vous avoue avoir bien ri en voyant Matthew et Sacha dans leur costume de père Noël. Micheline s'était empressée de l'encadrer comme elle le faisait de toutes les photos de ses enfants et de ses petits-enfants. Si je n'ai pas, aujourd'hui, au moins quarante cadres dans des tiroirs, je n'en ai pas un ! Quelle manie que la sienne ! Les encadreurs ont fait beaucoup d'argent avec elle. Et voilà que le 24 décembre se pointa. La veille de Noël. J'étais tellement fatigué, j'avais trop écrit dernièrement, il fallait que je décompresse... Puis le jour de Noël, j'accompagnai Micheline à la messe matinale où des enfants chantaient *Il est né le divin enfant.* Un gros monsieur s'attaqua au *Minuit, Chrétiens,* mais ce n'était pas tout à fait Richard Verreau ou Claude Corbeil... Il avait quand même fait son possible, le brave homme.

Le lendemain, Micheline avait emmené les petits-enfants voir *Le Grand Cirque* au Centre Molson et, resté seul à la maison, j'avais fait une longue sieste en écoutant l'album des arias d'opéra de Montserrat Caballé. Pour fermer l'année, un froid intense et soudain s'était manifesté. Pour qu'on n'oublie pas que, malgré les Fêtes, nous étions en plein hiver. Le 31, c'était la grêle qui prenait la relève afin d'immobiliser les souvenirs de cette année dans la glace... Quoique, dans les cœurs, ils étaient encore bien en place.

L'année 1999 voit le jour, la dernière du siècle présent, celle qui, l'an prochain, cédera son siège au nouveau millénaire. Dieu que ça passe vite... Seigneur, arrêtez le temps ! Comme le mois semblait vouloir nous garder entre nos murs, je m'étais plongé dans la biographie de Peter Lawford, un acteur que j'aimais bien. Les jours s'écoulaient, aussi froids les uns que les autres et, à la fin du mois, j'apprenais que Lili St-Cyr, l'effeuilleuse d'origine américaine, était décédée à Los Angeles à l'âge de quatre-vingt-un ans. Le plus vieux de mes souvenirs de jeunesse, alors que j'aurais tant voulu aller la voir en personne au Théâtre Gayety de la rue Sainte-Catherine, mais on ne laissait pas entrer les garçons de treize ans à cet endroit. *P'tit vicieux!* m'aurait crié ma mère si elle avait appris mes intentions. N'empêche que mon oncle Ti-Gars, le frère de ma mère, plus «vicieux» que moi, s'y rendait régulièrement pour ensuite me raconter en détail ce que la déesse blonde faisait sur scène.

Février semblait vouloir être plus clément et le 9 de ce mois, Sylvie arriva à Montréal avec ses deux enfants. Quelle grande joie pour nous! Matthew était content de nous revoir, les caresses étaient multiples et, pour la première fois, je voyais Sacha qui me regardait sans doute en se demandant: *C'est qui, celui-là?* Il était adorable et je tombai sous son charme dans l'immédiat. Comme je ne parvenais pas à lui arracher un sourire, je l'appelais mon «bébé triste», surnom qui allait lui rester fort longtemps. Il va sans dire que beaucoup de personnes étaient venues à la maison pour voir Sylvie et ses enfants. Les tantes, les cousines, les amies, ça ne dérougissait pas. Certaines semblaient même être assises… sur une gomme! Et Sacha les regardait toutes… sans le moindre sourire. Mais Dieu qu'il était beau celui qui allait être le dernier de mes petits-enfants. Pour ajouter à ce bonheur, je recevais, deux jours plus tard, les premiers exemplaires de mon roman *Et Mathilde chantait*. Sans doute la plus belle histoire d'amour que j'ai pu écrire. Ma fille était ravie d'avoir une copie en main propre, alors que Micheline avait déjà déposé la sienne dans notre chambre. De là, une autre tournée de promotion.

En début de mars, Claude J. Charron me convie à dîner au Ritz-Carlton en compagnie de Réjean Tremblay. À ce moment-là, Réjean était une sommité à la télévision et Claude J. comptait fonder une maison de production avec lui. Réjean qui avait lu *L'ermite* s'était dit enchanté par ce roman qui ferait certes une très belle minisérie sinon un film. Et mon ami et patron était de cet avis, bien entendu. J'en étais remué, j'en étais fier, j'en étais même anxieux, mais le projet n'a jamais vu le jour. *Trop beau pour être vrai!* comme aurait dit ma mère. Quand je songe à tout ce qui devait survenir du même genre, de part et d'autre, dans ma carrière d'écrivain. À l'état du rêve sans cesse... Et pourtant, combien de producteurs auraient pu faire beaucoup d'argent en produisant mes romans. Je n'en démords pas. Je connais suffisamment le public pour savoir ce qui lui plaît ou pas. J'avais tout en main pour le conquérir avec cinq ou six romans. Imaginez aujourd'hui avec le chemin parcouru... J'avais déjà ébauché des génériques... Que de comédiens et comédiennes auraient été comblés et le seraient encore... Mais je n'ai pas insisté, j'avais déjà un très vaste lectorat. Faut croire qu'il ne faut pas trop en demander au bon Dieu. Ce qui comptait, c'était que *Et Mathilde chantait* était en première place au palmarès et que c'était maintenant à notre tour, Micheline et moi, d'aller faire un saut à Calgary. Le 11 mars, après un vol assez paisible pour une fois, nous y étions et Sylvie était ravie de nous accueillir. Matthew ne lâchait pas sa grand-mère d'un pouce, et mon gros « bébé triste », sans pour autant sourire, m'avait tendu les bras. Quelques jours plus tard, Michel et Roxane nous rejoignaient, c'était le baptême de Sacha dont ils allaient être parrain et marraine. Un beau jour, des invités des deux côtés, un bébé baptisé des prénoms de Joseph, Michel, Sacha, comme cela se faisait pour nos enfants, et Micheline et moi avions ensuite regagné Montréal. Un peu de turbulences, pas de poches d'air, une seule insatisfaction, on gelait à bord de l'avion.

En avril, Sylvie revenait s'installer chez nous pour six semaines avec ses deux enfants. Dieu que j'étais content ! C'est à ce moment-là que je me suis rapproché davantage de mon « bébé triste » qui apprenait à me sourire, et même à rire très fort lorsqu'il regardait les *Télétubbies* à la télévision avec moi, et que *Tinky Winky* déboulait la pente après être tombé par terre. L'après-midi, je faisais une sieste avec lui, je l'endormais en lui faisant écouter les chansons d'Alys Roby. Il connaissait le rituel. Il combattait le sommeil avec *Tico Tico*, mais il se laissait avoir avec *Amour Amour*, la deuxième chanson de l'album. Cette voix langoureuse avait un effet spécial sur lui. Il fermait peu à peu les yeux sur la mélodie qui devenait de plus en plus lointaine. Le 13 mai, ils repartaient tous pour Calgary et j'en avais le cœur serré. La maison allait redevenir silencieuse sans ces chers petits, et les *Télétubbies* allaient reprendre leur place dans le tiroir des cassettes inutilisées. En juin, Micheline partait pour l'Angleterre, l'Écosse et l'Irlande. Friande de voyages de plus en plus, elle ne ratait aucune occasion. J'étais content pour elle, elle le méritait bien, cette chère femme. En août, j'avais pris une semaine de vacances à mon tour et je m'étais rendu à Calgary. Eh oui, en avion ! Revoir les petits pour me changer les idées et, cette fois, j'avais eu la chance de visiter Banff et son superbe lac Louise où c'était de toute beauté. Nous avions également visité le Heritage Park de Calgary, un lieu que je revois chaque fois avec plaisir, depuis.

En septembre, Micheline fêtait ses soixante-quatre ans. Toujours aussi jolie, encore très élégante, bien coiffée, maquillée avec soin, je l'avais invitée à souper au restaurant et je lui avais offert un coffret à bijoux antique. Très à l'aise avec le temps qui courait, elle n'était guère incommodée par cet anniversaire. Pour elle ? Bah ! un an de plus ! Rien d'autre ! En octobre, une conférence à Varennes où l'accueil avait été charmant. Beaucoup de personnes présentes, ce soir-là. Puis, le 22, c'était le Salon du livre de Sherbrooke où je retrouvais la charmante Marguerite Lescop, ainsi que Pauline Gill, une écrivaine que j'aime beaucoup. Le soir de l'Halloween, j'ouvrais ma porte aux enfants pour leur donner des croustilles et des tablettes de chocolat, ce qui était beaucoup mieux que les pommes pourries que je recevais lorsque j'étais petit. Le 5 novembre, mon fils fêtait ses quarante ans. Wow! Voilà de quoi faire vieillir un père! Puis, ce fut le Salon du livre de Montréal où j'étais en nomination pour le Prix du public avec *L'ermite*. Encore une fois en lice, mais quelqu'un d'autre avait raflé le prix. Faut croire que mes lectrices n'allaient pas voter au stand de *La Presse* ou qu'elles n'en savaient rien, parce que si chacune était allée signer un coupon en ma faveur, j'aurais remporté cet honneur plus d'une fois. Bah! Était-ce si important? Je vendais tellement! Le 27, c'était le souper annuel de l'Union des écrivains. J'y suis allé, mais je m'en serais passé. J'avais payé une bouteille de vin pour la table qu'on m'avait désignée et, sans un merci de qui que ce soit, l'un des auteurs s'était écrié: « C'est là qu'on voit qui fait de l'argent dans ce métier! » Je vous l'ai souvent dit et je vous le répète, le succès dérange!

Décembre 1999 et j'ai soixante-trois ans! J'essaie de ne pas trop y penser... J'ai reçu des souhaits de tous les membres de ma famille, mais j'avais hâte que la journée prenne fin. J'étais, comment dire, de plus en plus « discret » sur mon âge. Le 24, nous avions regardé la messe en direct du Vatican, pour faire changement. Ce qui n'avait pas empêché Micheline d'aller communier à notre église paroissiale le lendemain matin. Et pour le dernier Noël de ce siècle, nous étions allés chez notre fils Michel, qui nous recevait à souper. Quel bonheur que d'être entourés de nos petits-enfants qui déballaient leurs cadeaux. Michel nous avait offert un téléphone cellulaire. Premier signe du progrès ! Et non le dernier avec tout ce qui suivrait !

Ce soir, 31 décembre 1999, j'entends Patrick Bruel chanter, à la radio, *Tout s'efface*. Quel beau texte ! Des mots qui allaient de pair avec l'ère qui allait s'envoler en poussière. Puis, j'avais écrit dans le dernier journal intime du siècle qui m'avait vu naître : *J'ai peur du nouveau millénaire... Sais pas pourquoi...*

Chapitre 16

Le 17 janvier 2000, je reprenais l'avion malgré ma peur, afin de pouvoir les tenir dans mes bras, je parle de mes petits-fils de Calgary, bien entendu. Quelle joie pour mon cœur de grand-père! Et j'ai appris par téléphone le soir même que Claude J. Charron avait vendu tous ses magazines, le *7 Jours* inclus, à Québecor. Deux jours plus tard, une triste nouvelle, l'actrice Hedy Lamarr était morte en Floride à l'âge de quatre-vingt-six ans. J'en ai eu le souffle coupé. Mon idole! Celle qui m'avait procuré tant de bonheur avec ses films comme *The Strange Woman* et *Samson and Delilah*. Je les ai encore... Le 24, je rentrais à Montréal après avoir embrassé ma fille et ses chers petits dont j'allais m'ennuyer. Mon « bébé triste » allait être seul pour regarder les *Télétubbies*. Désolé, cher petit ange. Un mois plus tard, c'était au tour de Micheline de se rendre auprès d'eux. Sylvie préférait que nous y allions l'un après l'autre, ce qui faisait de la visite plus souvent pour les enfants.

À la fin du mois, mon éditeur, Louis-Philippe Hébert, me parle du Salon du livre de Paris et me dit qu'il serait bon que je m'y rende avec lui. J'hésitais... Je savais que ce salon ne voulait rien dire de bon pour moi, ils ont des auteurs à la pelle, là-bas. Mais il y avait Paris... Ce Paris dont je rêvais depuis longtemps. On verra bien... En mars, le 4 plus précisément, cela faisait un an que je ne fumais plus. Je n'avais osé en parler à personne de peur de ne pas tenir le coup. Mais, c'est fait, j'ai réussi. Et j'ai cessé de fumer sans aide, *cold turkey*, comme on dit, en jetant mon paquet à moitié plein dans la poubelle et en me rongeant les ongles de rage les premiers jours. Mais j'ai gagné ! J'ai vaincu cette nicotine qui m'empoisonnait les poumons et j'ai traversé le sevrage avec courage. Mon bureau allait être repeint, les murs étaient d'un jaune à faire peur. Micheline était contente de ma décision et de mon succès, elle allait désormais vivre dans une maison saine et aérée. Et moi donc ! Si moi, j'ai pu le faire, tout le monde le peut. J'étais un fumeur et un récidiviste invétéré. Quelle force de caractère, cette fois ! D'autant plus que j'allais écrire un nouveau roman sans ma récompense à la fin de chaque paragraphe. En tâtonnant de la main pour chercher le paquet qui ne serait plus là... J'ai gagné, j'ai remporté le combat et j'en suis fier. Un an plus tard, je le proclamais, j'étais un ex-fumeur. Et je n'ai jamais fumé depuis ce jour. À la mi-mars, après avoir finalement accepté, c'était mon départ pour Paris. Un vol de nuit avec trois cents personnes à bord, j'étais anxieux, nerveux, j'avais peur de voler au-dessus de l'océan, et Louis-Philippe était déjà rendu depuis la veille. J'allais le retrouver. J'ai fermé les yeux je ne sais combien d'heures... Sans dormir, juste à écouter les moteurs ronronner et à tenir mon siège solidement dès qu'une poche d'air survenait. Je me disais : *Il faut que je m'y rende en toute sécurité,*

Marie-Antoinette m'attend. Et c'est peut-être ce qui m'a valu d'atterrir sain et sauf à l'aéroport Charles de Gaulle au petit matin, sans ressentir le moindre décalage horaire de la journée par la suite. J'ai sauté dans un taxi jusqu'aux Citadines où mon éditeur m'attendait et, après avoir discuté au jardin avec lui, nous étions allés en début de soirée aux Champs-Élysées voir l'Arc de triomphe. Le lendemain, visite de la tour Eiffel où je suis monté jusqu'au sommet pour prendre une photo. Tout un exploit pour quelqu'un qui craint les hauteurs. De là, une visite à la Conciergerie, dernier lieu de la reine Marie-Antoinette avant sa mort brutale. Curieusement, après être sorti sur la petite terrasse, j'avais dit à Louis-Philippe : « Là, sur le côté, tout au fond, il y a une petite porte qui mène à sa cellule. » Étonné, il m'avait regardé pour ensuite me demander : « Tu es déjà venu ici, toi ? » Non, c'était la première fois que j'y mettais les pieds, mais mon instinct me guidait, j'étais étrange, paraît-il, j'avais la tête ailleurs. Nous avons donc emprunté le chemin que je lui désignais et, effectivement, il y avait une porte que je poussai de la main. À peine entrés, nous avons pu apercevoir Marie-Antoinette, en cire, assise sur une chaise, bonnet sur la tête, robe de lin sur le dos, regardant droit devant elle. Il n'y avait personne d'autre que nous dans cette pièce où Louis-Philippe a pris une ou deux photos malgré l'interdiction. J'avais le regard évasif, j'étais en transe, c'était comme si je ressentais sa présence… Sorti de cet endroit, alors que je me sentais plutôt mal, mon compagnon m'avait dit : « Tu as vécu auprès d'elle dans une vie antérieure, toi. C'est impossible de trouver cette porte par hasard et d'en avoir ensuite de la sueur au front… » Je n'ai pas répondu. Peut-être était-ce vrai ? Faut-il croire en la réincarnation ? Si tel est le cas, j'ai vécu au temps de Marie-Antoinette, et très près d'elle. Il n'est pas normal d'avoir encore des frissons chaque fois que je vois un film sur la Révolution. Encore moins de haïr de tout mon cœur les sans-culottes avec leur fourche à la main dans un film et de fermer les yeux devant l'acteur qui incarne Robespierre. Je ne sais trop qui j'étais, mais j'étais là, je n'en doute plus maintenant. Ma ferveur pour Marie-Antoinette est trop forte pour que ce ne soit qu'un trouble de parcours. Pas à mon âge. Et j'éprouve la même haine et le même chagrin lorsque je pense à Louis XVI, à sa fille, Madame Royale, au petit Louis XVII... Et je me surprends à respirer d'aise quand je vois Danton, Robespierre, Saint-Just et les autres se faire guillotiner à leur tour à la fin du régime de la terreur. Comme si, par vengeance, j'applaudissais chaque tête qui tombait quand le couperet s'abattait... Vraiment étrange, ce que je ressens. Et ce, depuis longtemps... Quelqu'un peut-il me dire ? J'avais à peine quatorze ans lorsque j'ai eu, pour la première fois, un recul d'effroi rempli d'émoi en regardant le film *Marie-Antoinette* avec Michèle Morgan. Et ça n'a jamais cessé depuis.

J'ai visité aussi Versailles et ses splendeurs. Les lustres des grands couloirs, la chambre du roi et de la reine, les jardins magnifiques et j'en ressentais du bonheur. Parce que la souveraine était dans ses meilleures années à ce moment-là. Les bals de la cour, le Petit Trianon, ses enfants, la princesse de Lamballe, les fêtes champêtres, ses soirées à l'opéra... Pendant que le roi, plus casanier, horloger de surcroît, remettait un pendule à l'heure. Le lendemain, le Louvre ! Que de splendeurs ! La Joconde et son étrange sourire, des sculptures égyptiennes, des tableaux de Manet, Van Gogh, et j'en passe... J'ai visité le célèbre musée, mais pas de fond en comble ; je me promettais d'y revenir. Ce que je n'ai pas fait. J'étais moins attiré par les œuvres des artistes peintres et des sculpteurs que par les livres jaunis et les bibelots sous clef des rois et des reines de Versailles.

L'histoire de France… avant tout! Enfin, le Salon du livre de Paris! Je m'attendais à tout un déploiement, mais ce n'était guère le cas. Il y avait peu de monde, les gens ne couraient pas après les auteurs connus. Après avoir bavardé avec quelques visiteurs et avoir vendu deux exemplaires de *Marie Mousseau 1937-1957*, mon éditeur avait conclu qu'on n'avait plus rien à faire là et qu'il était préférable de rentrer à notre auberge de ce pas. Dommage, car tenace comme je l'étais, je commençais à attirer plus de monde à mon stand et, avec une heure de plus à ce salon, j'aurais peut-être réussi à obtenir une entrevue sur scène et à vendre plusieurs de mes volumes ainsi que ma trilogie très québécoise… aux Français! Mais j'ai dû suivre, Louis-Philippe était le maître d'œuvre ce jour-là et, sans lui, je n'aurais jamais retrouvé le chemin du retour. Pour terminer la soirée, un souper à Montmartre, un arrondissement populaire, un restaurant quelconque, beaucoup de monde, j'en suis sorti la gorge irritée par tous ces fumeurs que l'on tolère encore. Bref, une mauvaise journée, un affreux souper… Paris? Bof!

20 mars, dernier jour, et je quitterai demain sans le moindre regret. Dès le matin, je visitais le musée Grévin et j'ai pu admirer la reproduction en cire de Philippe Candeloro, mon patineur préféré, sans doute cher aux Français puisqu'ils l'immortalisaient au même titre que Napoléon. Le soir, nous étions allés souper, Louis-Philippe et moi, au restaurant que j'avais déniché sur le boulevard des Italiens et où j'avais si bien mangé et bu pour pas cher. Il n'y avait que nous cependant… Étrange! C'était bien, les pâtes étaient bonnes, le vin aussi, mais à notre grande stupeur, nous avons aperçu trois souris qui se dandinaient sur le plancher. La Sainte Trinité, quoi! Quelle horreur! Et ça n'avait pas coûté plus cher, le spectacle était inclus avec le repas. Réveillé à quatre heures du matin, le lendemain, j'ai

attendu que le jour se lève pour me rendre en taxi à l'aéroport. Mon éditeur allait prolonger son séjour de quelques jours, question d'affaires, m'avait-il dit. L'avion a quitté la piste, j'avais peur, c'était bondé... Un autre long voyage au-dessus de... Il faisait froid à quarante mille pieds d'altitude, mais nous avons fini par nous rendre et atterrir en toute sécurité. Ouf! Un de plus derrière moi! Micheline m'attendait à l'aéroport et j'étais fier de me blottir dans ses bras. Comme un petit garçon qui a eu peur et qui retrouve sa mère! Aussi bête que ça! Le soir, je me suis couché en me disant: *J'ai vu Paris, j'en suis ravi, mais je n'y retournerai pas.* Et je n'y suis jamais retourné, préférant de beaucoup regarder le portrait encadré de Marie-Antoinette sur ma table de chevet. Et à la fin de ce long mois d'hiver, je reprenais ma plume pour un prochain roman.

Avril 2000, et Micheline et moi regardons *Sodome et Gomorrhe*, avec Stewart Granger et Pier Angeli. Un film biblique comme je les aime. Micheline, un peu moins, mais le séduisant acteur ne la laissait pas indifférente. Le 16, je donnais une troisième et dernière conférence à l'école Vanguard où ma fille avait enseigné avant son départ pour l'Alberta. Je me rendais compte que ces jeunes entre seize et vingt ans apprenaient à lire avec mes livres, ce qui me comblait d'aise. Les questions fusaient, les réponses aussi, et je me demande si Vincent, Sophie et Jonathan se souviennent de cette journée. Ils avaient été les plus intéressés lors de l'échange laborieux. Moi, je me souviens d'eux... Le 27, nous apprenions que le célèbre hockeyeur, Maurice «Rocket» Richard, avait rendu l'âme. Ce grand champion, notre gloire nationale, qui avait grandi juste en face de chez Micheline, avenue du Bois-de-Boulogne, dans le quartier Bordeaux. Elle connaissait toute la famille, elle avait gardé les enfants de ses sœurs à maintes reprises. Moi, je connaissais surtout Henri et Claude, les deux de mon âge qui allaient à l'école François-de-Laval en même temps que mon frère André et moi. La province entière pleurait le départ de son idole et nous, au nom des souvenirs qui nous étaient chers, nous étions allés lui présenter nos respects.

Puis, le 3 juillet 2000, Jean-Luc Loiselle, mon compagnon de route, démissionnait de son poste aux Éditions Logiques. Un autre emploi plus prometteur l'attendait… Ce qui me peinait, nous avions tellement voyagé ensemble d'un salon du livre à un autre… Quatre jours plus tard, je montais, anxieux, à bord de l'avion pour me rendre à Calgary. Sur les lieux, avec les petits sur mes genoux, j'incitai ma fille et mon gendre à acheter une maison. Il n'était pas normal de débourser mille dollars par mois pour payer celle d'un autre. Quitte à les aider avec un prêt comme je l'avais fait pour mon fils. Ce que je désirais, c'était qu'ils soient chez eux dans leur maison familiale, comme moi dans la mienne. On regarda donc ensemble par-ci, par-là… La fin de semaine venue, je décidai d'aller passer deux jours seul à Vancouver, une ville que je n'avais jamais visitée, une province que je ne connaissais pas. Le soir venu, j'avais arpenté la rue Robson. Pour en voir de toutes les couleurs ! Sans m'en rendre compte, j'avais dépassé les coins de rue qu'on m'avait conseillé d'éviter et j'étais tombé dans un guêpier de jeunes prostitués asiatiques qui offraient leur « péril jaune » aux passants. L'un d'eux m'avait même expliqué comment retourner sur mes pas jusqu'au quadrilatère sécuritaire. Je lui avais remis cinq dollars pour le renseignement, mais je crois qu'il aurait préféré en avoir davantage… pour ses services ! J'ai fini par m'en sortir et rentrer à mon hôtel en taxi. Le lendemain, pour me remettre de mes émotions de la veille, j'avais fait un tour de ville en autobus afin de voir le bon côté de Vancouver. Je n'ai rien vu de particulier en cours de route, mais lors de notre arrêt au Stanley Park, j'avais été émerveillé par ses nombreux sentiers et ses arbres géants, majestueux... Le lendemain, je revenais chez ma fille sans encombre et, lui racontant mon périple, elle m'avait apostrophé : « Mon Dieu, papa, que tu n'es pas prudent ! On ne s'aventure pas dans de tels quartiers tout seul ! Tu n'as plus l'âge que tu avais à Hollywood pour te permettre de telles audaces ! Tu aurais pu te faire tuer ! » Bref, elle m'avait sermonné et j'en avais souri. Mais elle avait raison. Toutefois, la remontrance avait pris fin, car elle avait hâte de m'annoncer que Chris et elle avaient trouvé une très belle maison familiale située pas loin de l'aéroport où mon gendre travaillait. J'étais allé la visiter avec eux, mais l'agent immobilier ne voulait pas tenter de faire baisser le prix d'un centime. L'offre était ferme. Ce genre de contre-proposition ne se faisait pas à Calgary. J'ai insisté pour qu'il pige un peu dans sa commission et, croyez-le ou non, j'ai réussi à leur faire économiser cinq mille dollars. Pas une fortune, mais c'était mieux dans leurs poches que dans les siennes ! Le 28, le 757 d'Air Transat décollait et Chris s'était arrangé pour que, durant le décollage, je sois assis dans la cabine avec les pilotes. Pas possible ! Ils ont insisté et, installé derrière eux, je les ai vus aux commandes et je me suis senti secoué sur mon petit siège droit, la tête en direction des nuages. On m'a ensuite ramené à ma place, rangée 12, mais pour l'atterrissage on a refait le même manège et, assis et attaché derrière les pilotes, je me suis vu piquer du nez avec l'appareil, appréhendant le bruit infernal lorsque les roues toucheraient le sol. J'ai fait mine d'être content, je les ai remerciés, mais délivré de cet enfer je suis allé boire deux cafés au resto de l'aéroport pour me remettre de mes émotions. Et cette expérience unique et privilégiée ne m'avait pas guéri de ma peur de l'avion comme l'aurait cru mon gendre. Enfin chez moi, les deux pieds sur terre, assis dans mon petit bureau, je m'affairai à régler... les comptes à payer !

Tiens ! Micheline a pleuré en regardant le film *La vie est belle* avec Roberto Benigni. Un film poignant qui m'a noué la gorge à certains moments. Les kleenex n'étaient pas loin. Pour elle comme... pour moi ! Chez l'éditeur, François Godin est en voie d'obtenir le poste délaissé par Jean-Luc Loiselle. J'espère que ça fonctionnera ! François serait excellent à ce poste et, avec lui, j'aurais l'impression de retrouver un autre membre de ma « famille littéraire ». Quelques semaines auparavant, Micheline avait fêté ses soixante-cinq ans et je l'avais taquinée en lui disant que son premier chèque de « pension de vieillesse » allait rentrer sous peu. Toutefois, j'avoue que ça n'allait pas nous rajeunir tous les deux. Micheline avait beau dire qu'elle se foutait des chiffres qui s'ajoutaient, je crois qu'elle avait moins bien avalé celui-là. Le lendemain, je recevais les premières copies de *Pauline Pinchaud, servante*. Dieu que la couverture était originale ! Grâce à Gaston Dugas, l'artiste de mes romans depuis le tout premier. Le deuxième tome de ma trilogie était donc en route pour le succès ! Il serait, je le sentais, aussi fort que *L'ermite*. Puis, j'apprends que François Godin va être engagé chez Logiques. Un retour en force pour lui. Il sera celui avec qui je voyagerai désormais. Mais sa fonction ne se limitera pas qu'à cela, puisqu'il sera l'adjoint de Louis-Philippe Hébert, éditeur et directeur de la maison. Le 30 septembre, je revenais ravi du Salon du livre de Jonquière. Les exemplaires de *Pauline Pinchaud, servante* s'étaient vendus comme des petits pains chauds. Avec un bel accueil de la part des gens. Somme toute, un grand succès. Puis, en octobre, un agréable passage à l'émission télévisée, *C'est simple comme bonjour*, avec Claude Saucier et Louise Turcot à Radio-Canada. Et, à la fin du mois, comme mes deux petits-fils albertains étaient de passage à Montréal, nous les avions emmenés, Sylvie et moi, voir le spectacle d'Henri Dès au Saint-Denis. Vous décrire leur joie m'est impossible. La même que pour Corinne, naguère, lorsqu'elle l'avait vu de ses yeux. Ils ont apprécié, ils ont applaudi, et quelle ne fut pas leur surprise de le rencontrer personnellement à la fin du spectacle et d'être pris en photo avec lui ! Leurs petits cœurs devaient battre très fort pendant que les nôtres palpitaient de bonheur. Et en novembre 2000, j'étais au Salon du livre de Montréal où je me suis retrouvé devant une file d'attente avec cordon pour la signature de *Pauline Pinchaud, servante*. J'en étais mal à l'aise. Je n'aime pas faire attendre les gens. Je m'arrange même pour arriver avant l'heure afin de diluer la foule qui m'y attend, quand il y a foule. J'aime parler longtemps avec ceux et celles qui viennent me voir. Mais cette fois-là, pris au piège, j'ai fini par passer à travers ces gens qui m'attendaient en rang d'oignons, et j'ai ensuite déposé ma plume avec la main en sueur. De tels moments me stressent… Moi qui suis un adepte du tête-à-tête… Imaginez !

Décembre le 6… Bien oui, j'ai soixante-quatre ans. Qu'est-ce que ça change d'hier quand on est déjà sexagénaire ? Une semaine plus tard, le 14, je faisais l'émission *Les fils à papa* à TQS avec les animateurs Jean-Marie Lapointe et Érick Rémy. J'ai adoré l'entrevue de Jean-Marie Lapointe, un type exceptionnel avec lequel j'ai noué de bons liens d'amitié. Je me souviens leur avoir offert une toile rapportée d'Haïti. C'était pour une bonne cause, chaque invité se devait d'offrir quelque chose qui lui tenait à cœur. L'encan a dû être profitable avec tout ce qu'ils ont amassé cette semaine-là. Toujours le cœur sur la main ce Jean-Marie. Les autres avant lui… Sans cesse ! Pour envelopper cette journée, je m'étais rendu à la Librairie Monik de Repentigny pour une séance de signatures. Pas mal de monde. *Pauline Pinchaud, servante...* menait le bal!

Les jours de décembre couraient sur le calendrier et le 22, je pouvais m'écrier: «Enfin, le repos du guerrier!» La promotion de mon livre était terminée et j'en étais, avec Micheline, à l'étape des dernières emplettes des Fêtes. Pas facile de choisir en une journée, mis à part ce qu'elle avait fait venir par catalogue, mais nous y étions parvenus. Ma femme détestait magasiner et moi j'adorais ça! Curieux, n'est-ce pas? D'habitude ce sont les hommes qui ont horreur de cette corvée... Je vous l'ai dit, nous n'étions pas un couple comme les autres. Le 25, un souper de Noël chez mon fils, l'échange des cadeaux, la dinde, la tourtière, le bon vin... Puis, sur la dernière page de mon journal intime, j'avais écrit en post-scriptum: *Une année avec plus de joies que de peines. Une famille en santé, l'harmonie dans nos cœurs... Merci, mon Dieu, pour ces grandes faveurs.*

Janvier 2001 et Micheline s'envole pour Cancún au Mexique, avec des collègues retraités. Des vacances qui lui feront grand bien. Resté seul, je me jette corps et âme dans l'écriture du roman *Le rejeton*, le dernier tome de ma trilogie. Le 16, je participe aux *Mardis Fugère* à la salle du Plateau de la maison de la culture Frontenac. Jean Fugère, très professionnel dans ses entretiens, le meilleur selon moi, me fait une entrevue du tonnerre. Il y avait beaucoup de monde dans les gradins et, en plein milieu de la période de questions, une dame dans la trentaine se lève pour nous dire: «Je m'appelle Pauline Pinchaud!» Jean Fugère n'en croyait pas ses oreilles! Effectivement, elle portait le nom complet de l'héroïne de mon roman, sauf qu'elle était grande et mince, ce qui n'était pas le cas de «ma Pauline». Elle était venue de loin pour me dire qu'elle aimait mes romans, *Pauline Pinchaud, servante* en particulier et pour cause. Une belle soirée dont je me souviens encore. À la Saint-Valentin, je trouvais des petits chocolats sur mon bureau avec un mot d'amour de Micheline. Quelle belle pensée! En retour, je lui offrais la biographie de Coco Chanel qu'elle désirait depuis un certain temps. Le même soir, le téléphone sonnait et c'était Matthew qui, au bout du fil, disait des *I love you* à sa chère grand-mère. Le 23, je m'étais rendu à Calgary malgré une tempête de neige pour voir les petits. J'avais eu peur dans les airs, vous vous en doutez bien. À l'aéroport, Sylvie m'avait embrassé et, à bord de la voiture, les enfants, qui me regardaient timidement, acceptèrent de me donner des «becs», comme le font les poussins pour leur «grand-papa coq». Après ce bref séjour qui me transporta loin de ma plume avec le monde des *Télétubbies,* je reprenais le vol du retour. À bord de l'avion, quelque peu décontracté, j'avais fermé les yeux. Non pas pour dormir, mais pour ne rien voir de la montée, jusqu'au-dessus des nuages, de ce gros oiseau de métal... vulnérable!

Mars, ses froids intenses et, fait curieux, Micheline, si coquette d'habitude, était sortie de la maison pour me rejoindre dans la voiture avec un vieux chapeau noir enfoncé jusqu'aux oreilles et un manteau noir sorti des boules à mites. Je ne comprenais pas. Nous nous rendions aux funérailles d'une belle-sœur, mais tout de même! Lui en faisant la remarque au retour, elle m'avait regardé froidement pour me répondre: «C'était des funérailles, pas des noces!» Étrange... Le lendemain soir, alors que je l'invitais à regarder un film à la télévision avec moi, elle m'avait répondu sèchement: «Pas intéressée!» Faut dire que c'était *Danton* avec Depardieu, et qu'elle ne l'aimait pas, ce gros-là. Mais répondre de cette façon... Son humeur changeait beaucoup depuis quelque temps et ça m'inquiétait. Cinq jours plus tard, comme pour me remettre un sourire aux lèvres, j'entends au bout du fil Sacha qui me marmonne qu'il s'en va à la plage. Je le fais répéter et il me dit en franglais: *Just* à la *beach*... alors que Sylvie et Chris emmenaient les enfants *juste*... à Hawaii!

En avril, une autre conférence, celle-là à la bibliothèque Étienne-Parent de Beauport. Ce qui m'avait donné l'occasion de rencontrer Johanne, ma charmante nièce, fille de Françoise, la sœur de ma femme, avec sa fille Magali, toutes deux de la région. Mi-avril, je suis seul et j'écris, j'écris, j'écris... Micheline est à New York avec des amis d'Hydro-Québec. Le lendemain, la nostalgie s'empare de moi et je me rends chez Archambault où j'achète les albums des vieux succès d'Yves Montand et, parmi les films, je trouve *Qu'elle était verte ma vallée* avec Maureen O'Hara, le premier film de mon enfance dont je me souviens encore. Pour me détendre entre mes heures de travail littéraire, je lis *Marie-Antoinette, la mal-aimée*, d'Hortense Dufour, et j'ai peine à glisser le signet tellement cette femme écrit bien.

En juillet, un décès dans la famille. Mon oncle René qu'on appelait Ti-Gars, le frère de ma mère, est mort à l'âge de soixante-quinze ans. Ce qui m'a profondément attristé. C'est lui qui, jadis, me racontait, à l'insu des chastes oreilles de ma mère, les ébats sur scène de Lili St-Cyr au théâtre Gayety. C'est lui aussi qui me faisait entrer au cinéma Ahuntsic lorsque j'avais treize ans seulement, en disant à la caissière: «C'est moi qui l'sais si y'est en âge d'entrer, j'suis son père, calv... » Et j'entrais même si on se devait d'avoir seize ans. La caissière avait eu peur de lui. Et c'est grâce à tous ces films vus avec lui dans mon jeune temps que j'ai pu connaître Humphrey Bogart, Betty Grable et Ida Lupino, sa préférée. Pauvre oncle Ti-Gars qui avait habité chez nous dans le sous-sol durant plusieurs années. Ti-Gars à qui ma mère criait du haut de l'escalier:

« Lève-toi pis va t'trouver une job, maudit paresseux ! » Lui qui n'en trouvait pas à cause de ses tics nerveux et de son œil de vitre. Un bâton de dynamite trouvé dans le garage de son père lui avait éclaté en plein visage quand il était jeune et qu'il frappait dessus avec un marteau. Ah ! cet oncle Ti-Gars… Vulgaire dans ses propos, indélicat avec les femmes et qui disait à ma belle-sœur Vera, enceinte de son premier enfant : « Tu vas voir que ça rentre mieux qu'ça sort ! » Elle qui avait une peur bleue de l'accouchement. Dieu ait son âme ! Puis en septembre, un bonheur de plus pour moi, je reçois les premiers exemplaires de mon roman *Le rejeton*, le dernier de ma trilogie. Quelques jours plus tard, Jean Fugère me fait une entrevue dans un restaurant Nickles de la rue Saint-Hubert, afin de faire revivre l'époque des *juke-box* de ma jeunesse et de celles des personnages de ma trilogie. Sam, Pauline, Dédé… Que d'images des années cinquante dans ces mille trois cents pages ! Une entrevue filmée qu'on allait présenter à l'émission *Cent Titres* animée par Danielle Lorrain à Télé-Québec. Un tournage du tonnerre ! Et que dire des personnes que l'on croisait dans la rue et qui avaient toutes lu *L'ermite* et *Pauline Pinchaud, servante*. Des lectrices qui me félicitaient et à qui j'offrais, en guise d'appréciation, un exemplaire du dernier-né, *Le rejeton*. Pendant ce temps, Micheline était avec une amie au Festival de Stratford, en Ontario, en train d'apprécier le *Romeo and Juliet* qu'on y présentait.

Puis, le 11 septembre, jour fatidique que personne n'a oublié. Jour de terreur, de désolation, de tristesse… Deux avions qui, l'un après l'autre, se sont écrasés délibérément sur les deux tours du World Trade Center à New York. Je m'en souviens comme si c'était hier, je regardais la télévision à ce moment-là. En voyant le premier avion percuter la tour, j'avais cru à un terrible accident, mais en apercevant l'autre qui rentrait dans l'autre tour, j'ai compris que c'était un attentat. Je n'en croyais pas mes yeux ! C'était la panique sur tous les réseaux de télévision et de radio. Les voix tremblaient en rapportant cette attaque terroriste. En plein New York ! Sans parler des autres attentats à Washington et ailleurs, dont l'un fut raté. Qui donc pouvait avoir si peu de cœur pour tuer volontairement ces passagers ainsi que les quelque trois mille innocentes victimes des tours visées ? On pouvait voir des gens se jeter par les fenêtres du centième étage, préférant trouver la mort dans leur chute plutôt que de brûler vifs, coincés dans leurs lieux de travail. Je n'ose en parler davantage, ça me bouleverse encore. Et Micheline qui était encore à Stratford... J'aurais tant voulu la serrer dans mes bras pour la rassurer. La vie devait continuer...

Les feuilles sont déjà au sol et j'invite Micheline à souper au Gobichon où j'avais apporté un peu de vin pour accompagner la fondue au fromage. Nous avions parlé du monde actuel, de nos enfants, de nos petits-enfants, puis de nous deux afin de régler certains détails sur lesquels nous n'étions pas d'accord. Mais, à la fin du repas, un sourire de sa part, ma main qui se glissait dans la sienne, et nous savions qu'avec amour nous serions ensemble pour toujours.

Aux États-Unis, c'est une guerre sans merci qui se prépare entre les Américains et les talibans. On veut retrouver Ben Laden, l'auteur de la tuerie de masse dont on parle sans cesse. Les gens détestent les voilées, les turbans, ça se sent. « De la rapace ! » disent-ils. On veut les chasser, les retourner dans leur pays. Certains immigrants ne sortent plus de chez eux par crainte de représailles et, pendant que le monde entier est sur les dents, je suis à CJMS en train d'accorder une entrevue. Je me sens bien petit avec mon roman, comparé à ce qui se passe de l'autre côté de l'océan, mais c'est la vie. Il faut tout de même continuer de respirer, nous sommes encore vivants. Le 22 octobre, Sonia, la maman de notre bru, décède d'un cancer, et c'est la tristesse au sein de la famille. Comme je le disais, la vie continue. Avec ses joies et ses peines. Fin novembre, Salon du livre de Trois-Pistoles et causerie dans une polyvalente de l'endroit. Un petit salon de grande envergure sous l'égide de Nicole Sirois qui m'avait accueilli avec emphase. Décembre survient, le problème d'angine aussi. Trop de stress. Pour mon anniversaire, Louis-Philippe Hébert, mon éditeur, m'offre le stylo à plume Montblanc Charles Dickens, avec la pointe en or 18 carats. Quel prestigieux présent ! Les miens m'ont fêté. Soixante-cinq ans déjà ! Régime des rentes ! Un Noël chez mon fils, entourés, ma femme et moi, de tendresse et d'amour. Et, au dernier jour d'une année qui ne nous avait guère ménagés, je priais Dieu de garder nos enfants et leurs enfants en bonne santé.

Le 9 février 2002, nous apprenions que la princesse Margaret venait de mourir à l'âge de soixante et onze ans. Elle n'avait pas la santé de sa sœur aînée, la reine Élisabeth. Faut dire aussi que Margaret avait mené une vie passablement tumultueuse. Quatre mars. Tiens ! trois ans sans fumer ! C'est ce qui s'appelle tenir le coup. Chez l'éditeur, on a réuni ma trilogie dans un beau coffret dont je suis particulièrement fier. Ces trois romans, *L'ermite, Pauline Pinchaud, servante* et *Le rejeton*, méritaient d'être offerts sous un seul pli. À la fin de mars, je me rends compte que Micheline a de fréquentes pertes de mémoire et ça m'inquiète. Elle me pose les mêmes questions à tour de bras. Étrange... Le dernier jour du mois, Sylvie arrivait de Calgary avec ses deux fistons et, constatant que sa mère se répétait sans cesse, elle me regardait avec un point d'interrogation dans les yeux...

Et voilà qu'avril s'amène avec ses premiers bourgeons dans les arbres et quelques fleurs sauvages qui tentent de percer au sol. Le 12, j'étais invité d'honneur au Salon du livre de Trois-Rivières, un de mes salons préférés à cause de son accueil toujours chaleureux de la part des organisateurs et de la proximité que nous avions avec les lecteurs. De retour, je trouve parmi les photos de mon appareil, mon beau Sacha en petit page lors du mariage de son oncle. Une photo prise chez moi, par moi, dont je n'anticipais pas un si beau résultat. Si réussie, si formelle et traditionnelle, que je l'ai fait laminer pour la placer sur le pan de l'escalier en entrant. Elle y est encore! Cher «bébé triste!» Même petit gars, plus grand maintenant, pas de sourire sur ses photos. Sérieux comme les petits princes du temps des tsars et des monarques. Une photo qui m'aurait valu un prix si je m'étais donné la peine de la soumettre. Et, le 22, après le départ de Sylvie et de ses deux petits pour l'Alberta, je plongeais dans l'écriture d'un nouveau roman... *La maison des regrets*, cette fois.

En mai, alors que les lilas étaient en fleurs, j'ai été pris d'un nouveau malaise qui m'a fait peur, mais je n'ai pas consulté pour autant. Ça peut attendre... Le 25, au Salon du livre de l'Abitibi je rencontre Marie-Claire Blais pour la première fois. Et nous deviendrons des amis. Quelle femme généreuse de cœur! Deux jours plus tard, j'apprends que Louis-Philippe Hébert, mon éditeur de toujours aux Éditions Logiques, quitte son poste de directeur chez Québecor. On s'y attendait! Comment accepter d'être valet après avoir été roi! Je le comprenais, mais j'étais peiné de le perdre. Nous avions fait tant de grandes choses ensemble. Si je devais à Claude J. Charron d'avoir été le journaliste émérite de mes belles années, c'est à Louis-Philippe Hébert que je devais d'être le romancier reconnu que j'étais devenu. Et pour finir en beauté le mois de mai, j'ai fait parvenir à Marie-Claire Blais, mon récit de mon enfance, *Les parapluies du diable,* qu'elle avait lu avec émotion, elle m'avait répondu que le petit *Michel* de mon récit, en l'occurrence moi, lui faisait penser à *Jean Le Maigre* de son premier roman, *Une saison dans la vie d'Emmanuel,* qu'elle m'avait retourné par la poste, dédicacé d'une pleine page.

Juillet, l'été, et je suis au Stampede de Calgary! Avec ma fille, mon gendre et mes petits-fils. Voyage improvisé, avion inclus, la frousse comme d'habitude. Assez impressionnant ce spectacle! Tous ces chevaux fort gros, ces cowboys, les risques qu'ils prennent en les montant… Inouï! Micheline était restée à Montréal, chez son fils, ne désirant pas m'accompagner. Je m'en inquiétais moins, la sachant chez Michel, mais ses pertes de mémoire de plus en plus fréquentes m'alarmaient.

Août s'amène et je fais « du balcon » avec Micheline. Sa détente préférée. Chacun sur une chaise pliante à regarder passer les autos et les badauds. Comme pour se dire, sans se le dire, qu'on s'aime encore. Le seul accroc, c'est qu'aujourd'hui, Micheline oublie ce qui s'est passé hier. Fort souvent. Je n'en parle pas aux enfants pour ne pas les inquiéter, mais ça m'attriste. Et, rentré quand la noirceur arrive, j'écris, j'écris, j'écris… Je sens que ce sera un autre bon roman. Et voilà que quelques jours plus tard, ma douce moitié s'envole pour Calgary. Elle était moins fébrile cette fois. Curieux… Comme si elle ne s'en allait pas bien loin. Sans s'en faire comme de coutume. D'une façon indifférente, quoi! Ce qui ne lui ressemblait pas. Le lendemain, un dîner au Pen-Castel avec Claude J. Charron et, cette fois, c'est moi qui l'invitais. Ce n'était pas parce qu'il était plus riche que moi qu'il devait toujours payer. Ça me faisait plaisir de lui offrir ce repas. En toute amitié. Rencontre agréable. Nous avions échangé jusqu'à trois heures de l'après-midi. Nous avions évoqué le passé, parlé du présent, de l'avenir, mais pas d'affaires. Que des bons sentiments qui nous habitaient l'un envers l'autre. Micheline fête ses soixante-sept ans à Calgary. Je lui avais posté une carte et, le jour même, je lui réitérais mes vœux de vive voix. Quelques jours plus tard, je recevais un appel de Marie-Claire Blais de Key West en Floride, qui suggérait qu'on puisse se rencontrer dans une dizaine de jours à Montréal. Ce que j'ai accepté, il va sans dire. Les jours s'écoulent et Micheline revient de l'Alberta, ce qui me fait plaisir. Son retour remet chaque fois de l'ordre dans ma vie. Et ce, malgré l'étrange malaise qui la minait… Sinon, je travaille trop, je mange mal, je me couche trop tard… Ah! l'écriture! Et le jour arrive enfin où je rencontre Marie-Claire Blais au bistrot Côté Soleil de la rue Saint-Denis. Nous avons mangé et bu du vin, du blanc pour elle, du rouge pour moi, et nous avons parlé durant quatre heures de littérature, de nos projets d'écriture, de Key West où l'hiver n'existe pas et de Montréal où j'en vivrais un autre et pas le moindre. Puis, nous avions comparé son *Jean Le Maigre* avec mon petit *Michel Brisseau* des *Parapluies du diable*. Ils ont souffert tous les deux. Elle est très émotive. Elle a le cœur au bout des lèvres face aux enfants malmenés. Et elle adore les animaux, en particulier les chats. D'une grande simplicité malgré sa forte notoriété, Marie-Claire Blais est une femme qu'on a peine à quitter quand l'heure sonne en fin de journée. Une bise, un au revoir et nous sommes partis chacun de notre côté pour retrouver nos vies respectives. En octobre, elle m'écrivait de nouveau pour me dire qu'elle souhaitait répéter la rencontre qui nous avait été bénéfique. Pourquoi pas? Le premier rendez-vous avait été si agréable.

À la maison, c'était une autre histoire. Un soir, descendant au salon, je cherchais le pouf de mon fauteuil sans le trouver. M'informant à Micheline, elle me répondit l'avoir donné aux bonnes sœurs du couvent derrière notre maison, afin qu'il soit remis aux pauvres. Là où nous donnions des vêtements usagés, de vieux meubles du sous-sol, de la vaisselle... Lui demandant la raison d'un tel geste, lui disant que ce tabouret m'appartenait, que je m'y détendais les pieds le soir venu, elle m'interrompit pour me lancer : « Il était dans mes jambes, je m'en suis débarrassé ! » Ma femme, dans l'évolution de son malaise, sortait de plus en plus de choses de la maison pour les bonnes œuvres. Louable pour ce qui ne servait plus, mais les choses valables... À n'y rien comprendre... Ou, peut-être, commençais-je à trop comprendre ?

À la fin octobre, Francine Fleury, ma grande amie, est enfin plongée dans le manuscrit de mon prochain roman pour y apporter les premières corrections. Novembre est là avec ses jours tristes et Micheline cuisine de plus en plus mal. Étonnant ! Elle qui était un véritable cordon-bleu, voilà qu'elle change les ingrédients, qu'elle se trompe dans les épices... Je ne dis rien, mais je mange moins bien. Néanmoins le 3, elle était allée avec sa sœur entendre la chorale de Gregory Charles à l'église Saint-Gaétan. Durant son absence, j'ai pu rédiger un billet pour *Le Lundi*. La seule visibilité que j'avais encore dans ce magazine. À la maison, je n'avais guère de loisirs, j'étais sans cesse préoccupé par ma femme, je la suivais du coin de l'œil constamment. Comme on le fait d'un enfant qui fait ses premiers pas pour éviter les chutes. À la fin du mois, je signais enfin mon contrat avec mon nouvel éditeur, François Godin, pour la publication de *La maison des regrets*.

Décembre 2002 et le 6, j'ai soixante-six ans ! Ce qui faisait bien des 6, puisque né en 1936, ça prenait six 6 pour faire le 36 ! Le chiffre du diable ? Si c'est le cas, il m'avait bien fourché le derrière cette année-là ! J'étais loin du *Lucky 7* de plusieurs natifs du 7 le lendemain. Jean Lapointe, pour sa part, avait soixante-sept ans en ce même jour. Né un an avant moi, nous avions tout de même des points en commun. Son fils Jean-Marie ne ratait jamais l'occasion de me téléphoner et de m'offrir ses vœux le 6 décembre. Parce que l'anniversaire de son père lui faisait penser au mien. Quelle délicatesse de sa part! Le 14 du même mois, j'apprenais le décès de la comédienne Suzanne Langlois, celle qui m'aimait tant. Celle qui se faisait appeler *Madame de Vigny* pour me joindre incognito au bureau. Son décès m'avait grandement peiné. Je la revoyais en belle-mère de *Symphorien*, en maman de *Marisol*, en *Phonsine* du *Survenant*, et au Théâtre des Variétés dans des comédies burlesques. Quel talent que le sien! Elle n'avait que soixante-quatorze ans. Dommage.

Un Noël de plus! Nous sommes allés souper chez Michel. Un rituel précieux et harmonieux... Ensuite, le repos et l'arrivée du dernier jour de l'année. Peu de joies à enterrer, beaucoup plus de soucis, selon moi. Et je prie le Ciel pour que les oublis de plus en plus fréquents de Micheline ne soient pas... Je n'ose y penser. Pauvre femme... Comme si elle avait mérité une telle épreuve. Dieu l'en épargne et, qui sait, ce sont peut-être ses médicaments pour le cholestérol et l'hypertension qui sont en cause? Voilà ce qu'on se dit quand on veut vraiment que ce soit... autre chose.

Une autre année se lève et, au milieu du premier mois, Micheline s'est envolée pour Acapulco avec d'anciens collègues d'Hydro-Québec. Avec ses pertes de mémoire, ce que je ne leur ai pas dit de peur qu'il la laisse derrière eux. Ils s'en apercevront bien assez vite... Mais j'étais inquiet, je me demandais comment ça allait se passer. Pour avoir meilleure conscience, j'avais dit au groupe en leur remettant ses bagages : « Prenez-en bien soin, elle prend de l'âge, ma Micheline ! » Ils avaient éclaté de rire, mais j'avais au moins passé en douce le message. Pour le reste, à la grâce de Dieu ! Quelques jours plus tard, je démissionnais de ma chronique de billets au *Lundi*. Après vingt-cinq ans, dans un dernier billet, j'ai fait mes adieux à mes lecteurs et lectrices en les remerciant de m'avoir été si fidèles. Puis, Micheline était revenue d'Acapulco saine et sauve. Celui qui avait la charge de ses bagages les avait déposés dans l'entrée de la maison pour vite regagner sa voiture après de brèves salutations. Que s'était-il passé ? J'ai cru comprendre qu'ils s'étaient tous rendu compte de son état, mais je n'ai pas cherché à savoir. Micheline était rentrée si heureuse de son voyage et de m'en raconter quelques bribes, entrecoupées de temps morts, pour finalement me dire : « C'était bien beau. » Et je n'ai pas voulu entraver sa joie, ce jour-là. Elle souriait, c'était déjà beaucoup. En février, je recevais les premiers exemplaires de *La maison des regrets*, Dieu qu'il était beau, ce livre ! J'avais choisi, pour la couverture, la maison de ma jeunesse à Bordeaux, au coin de la rue Viel et du boulevard de l'Acadie. Elle y est encore ! Je voulais ainsi immortaliser la maison que mon père avait achetée pour y loger sa famille en 1950. Mais la trame du roman n'était pas la nôtre. C'était l'histoire de trois familles de classes différentes qui allaient habiter cette maison que j'avais transportée dans mon imagination à L'Abord-à-Plouffe, du côté de Laval. Ceux qui ont lu ce roman le considèrent comme l'un de leurs préférés. On m'en parle encore lorsque je vais dans les salons du livre. *La famille Nevers, la famille Charette, la famille Vilard*, que des personnages forts dans chacune des familles. Et que dire de *Jérôme*, l'épicier, qui les voit tous arriver et partir… Et l'institutrice de l'endroit qui a du mal avec certains… Un roman que l'on peut lire facilement deux fois pour mieux s'en imprégner, me faisait remarquer un lecteur du Saguenay.

Mais Micheline est étrange. Elle refuse de sortir, elle qui ne restait pas en place. Ce soir, elle m'a demandé de mettre un vieux film sur le lecteur. Une comédie musicale, n'importe laquelle. J'ai choisi *Carousel* avec Gordon MacRae et Shirley Jones, et elle l'a regardé avec des yeux... d'adolescente ! Comme dans le temps ! Bizarre... Voilà que je repars en promotion avec mon nouveau roman. Julie Stanton, du magazine *Le Bel Âge*, me reçoit en entrevue au Café Cherrier. Très professionnelle, cette dame. Puis, le lendemain, on m'invite à TQS pour l'émission matinale de Jean-Pierre Coallier. Comment refuser ? C'est toujours une joie que de revoir cet homme. Enfin, une belle critique dans *La Presse* signée Louise Chevrier. *La maison des regrets* a vraiment pris ses ailes. Les copies s'envolent !

Voilà que la Saint-Valentin s'amène et j'ai des entrevues plein la tête à planifier. Ce qui ne m'a pas empêché d'acheter des chocolats pour ma douce moitié, Micheline a tellement... la dent sucrée ! Peu après, des entrevues à n'en plus finir ! Ça n'arrête pas ! Et cette forte campagne de promotion fait que *La maison des regrets* se vend rapidement partout à travers le Québec. Un réel succès ! Le 20, un voyage en avion avec François Godin jusqu'à Sept-Îles, sur la Côte-Nord, pour leur Salon du livre. Vol épouvantable ! Rendu sur les lieux, il neige, on gèle, mais les gens sont chaleureux. Chantal Pary est là avec Carl William ; ils offrent un mini-récital chaque soir. Chantal vend sa biographie et Carl s'occupe du CD qu'ils ont enregistré ensemble. Les gens les aiment beaucoup dans ce coin-là. Ils adorent recevoir des vedettes du Québec et c'est ainsi qu'ils m'ont accueilli après m'avoir lu durant tant d'années dans *Le Lundi*. Je n'avais jamais visité la région avant ce jour. Et je vends beaucoup de romans ! Mais le retour, trois jours plus tard, n'a pas été facile. Une violente tempête empêchait les avions de décoller et nous avons dû, mon éditeur et moi, passer une autre nuit à Sept-Îles. Le lendemain, encore prisonniers des rafales, nous avons réussi à monter à bord de l'avion qui allait faire escale à Québec. Il faisait froid dans ce petit appareil et, confiné dans le dernier grand banc à cinq places en arrière, j'avais aperçu une petite fissure au-dessus d'un hublot. J'ai alerté mon voisin de siège qui semblait craindre l'avion autant que moi. Mais ce n'était pas notre heure, puisque nous sommes arrivés sains et saufs à Montréal, après la descente et remontée à Québec. Sauvés par l'indulgence du Paradis ! Chantal Pary et Carl William aussi ! Et, pour me remettre de mes émotions, j'apprends que *La maison des regrets* est en première position chez Archambault et en deuxième dans *La Presse* et chez Renaud-Bray.

En avril, je me retrouve au Salon du livre d'Edmundston au Nouveau-Brunswick. Tout va bien pour les ventes comme pour les entrevues. Le trajet ? En autobus cette fois ! C'était long, mais je suis arrivé reposé, détendu. Le lendemain, deux jeunes comédiens acadiens de la région, Robin-Joël Cool et Marie-Ève Chiasson, avaient interprété sur scène un extrait de *Pauline Pinchaud, servante*. Avec l'accent acadien ! Ce qui était époustouflant ! Et les gens présents avaient fort apprécié ce beau moment. L'auteur aussi évidemment ! Trois jours plus tard, je revenais encore en autobus avec un changement d'autocar à Rivière-du-Loup. Qu'importe ! À bord du second autobus, une dame lisait *La maison des regrets* sans savoir que l'auteur était à deux bancs derrière elle. Je ne l'ai pas dérangée, je me suis fait discret.

Avril, ses bourgeons, et j'étais l'invité d'une heure de Benoît Johnson, à *Salut Bonjour*, de Québec. Quel homme charmant que celui-là ! Respectueux et très professionnel.

Grâce à lui, je n'ai pas ressenti le moindre trac au cours de l'émission. Je ne l'ai pas revu depuis, mais où qu'il soit, je le salue bien bas. Et Jean Charest est devenu le premier ministre du Québec. Le changement ne fait jamais de tort. On espère… Puis, une invitation à l'émission télévisée *Souper de filles*, avec Marcia Pilote et France Gauthier. Elles m'ont très bien reçu et c'est France qui avait fait l'entrevue avec moi, très réussie, soit dit en passant. Je regardais Marcia Pilote et je trouvais qu'elle ressemblait étrangement à ma mère lorsqu'elle avait son âge. Au point que je lui ai dit et répété maintes fois depuis : « Si jamais on fait un film avec *Les parapluies du diable*, c'est vous qui allez incarner ma mère. » Et il en est encore temps si un producteur ou cinéaste se réveille et daigne jeter un coup d'œil sur le récit de mon enfance. Quel film superbe en vue ! Tout comme *L'ermite*, *Pauline Pinchaud, servante*, et *Le rejeton*. Des films aptes à rafler des prix, j'en suis certain ! Me voilà à l'émission *Rendez-vous avec…* animée par Pierre Marcotte au canal Vox. Des retrouvailles pour nous ! Et le 27, Micheline m'avait apostrophé ! Sans raison ! Dû à ses pertes de mémoire de plus en plus fréquentes, ce qui l'irritait énormément. Elle était en colère contre moi. Pour rien ! Impossible de savoir pourquoi. Étrange… Ce même soir, j'écrivais une longue lettre à ma fille à Calgary pour lui parler de l'état de sa mère… Elle me répondit en être navrée. Pour sa mère comme pour moi. Que pouvait-elle dire ou faire de plus ? Absolument rien et je le savais, mais le seul fait de m'être confié…

Pour terminer le mois en beauté, si je peux m'exprimer avec ironie, je me suis retrouvé en cardiologie à l'hôpital du Sacré-Cœur pour me faire dire que je faisais de l'angine. Comme si je ne le savais pas ! Je suis donc sorti du bureau de ce nouveau médecin, bourré de pilules à effets secondaires désastreux, que je n'ai pas ingurgitées. Je préférais me fier à ma petite *nitro* quand je sentais le mal me monter aux gencives. En juin 2003, un nouvel ordinateur pour moi, Un Mac X10 cette fois. Vais-je m'y faire ? Le 27, François Godin me propose de publier un dernier recueil de billets. Mes plus récents écrits, ceux de mes soixante ans. Les plus mûrs, les plus songés, remplis de sagesse et de sérénité. J'accepte donc et je demande qu'on l'intitule *Les sentiers du bonheur.* C'est celui que je propose dans les salons du livre quand on cherche mes billets. *À posséder tel un bréviaire pour une qualité d'âme et d'esprit,* leur dis-je.

Certains matins, je tente d'aider Micheline à se retrouver, mais elle est devenue irritable. Son mal progresse, ses oublis sont incroyables, ses neurones s'emmêlent... Tout chancelle de jour en jour. De plus en plus de gaffes... Je tente de lui être utile, de la serrer parfois dans mes bras, mais voilà qu'elle me repousse. Comme si j'étais responsable de son état qu'elle n'accepte pas. Comment lui dire que je l'aime encore, alors ? Les mots d'amour n'ont plus d'effets sur elle. Les miens comme ceux de ses petits-enfants. Les miens surtout, parce qu'elle a cessé d'y croire, je suis devenu sa bête noire. Mon cœur déjà pas trop solide se sent plus mal. En silence. Parce que Micheline oublie au fur et à mesure qu'elle m'a fait de la peine. Elle m'invective et, deux minutes plus tard, elle me demande ce que je veux manger pour souper... Au point d'en arriver à ne plus savoir où mettre le pion sur le damier.

L'été s'amène avec ses beaux jours ensoleillés, ses pluies légères, son vent plus doux, et comme je sors de moins en moins souvent pour ne pas laisser Micheline seule, je suis allé louer le film *Frida,* avec Selma Hayek, pour meubler un peu la soirée. Lisant le résumé sur le gousset de la cassette, elle me le remet en me disant : « Regarde-le tout seul, ton film plate ! » Sans même savoir de quoi il s'agissait. La vilaine ! Je sentais que, de plus en plus, elle me prenait en grippe et ça me crevait le cœur. Pourquoi ? J'étais pourtant attentionné... Quelques jours plus tard, j'ai engagé des peintres que j'ai dû annuler, car Micheline paniquait à l'idée de les avoir dans la maison. Je lui avais dit : « Tu n'auras qu'à sortir, qu'à te rendre chez ta sœur, Gisèle. » Elle m'avait rétorqué : « Ben non, va falloir que je les guette ! » Mieux valait tout annuler avant que ça se gâte davantage. Pauvre femme ! Pour elle, tout bloquait maintenant et j'avais de plus en plus de misère à composer avec son grave malaise. Surtout son mauvais caractère. À tel point que dans ma nervosité à la surveiller, je m'étais ébouillanté les doigts de la main droite. Ceux dont j'avais besoin pour écrire. Le 26, pour m'évader un peu de ma détresse, j'étais allé faire une séance de signatures chez Québec Loisirs de la Place Versailles. Une foule ! Ce qui m'avait changé les idées, même si j'étais rentré à la maison épuisée. Le soir venu, après un léger souper, j'avais placé dans le lecteur le film *Maytime* avec Nelson Eddy et Jeanette MacDonald. Un vieux film que j'avais depuis longtemps. Dès les premières images, elle m'avait dit : « Ça, ça m'a l'air d'être bon ! » Même si nous l'avions vu au moins cinq fois depuis notre mariage. Mais son sourire m'avait fait chaud au cœur. Ça faisait si longtemps... Le 28, nous étions allés voir son médecin de famille qui lui avait dit de prendre son mal en patience et de ne pas s'en faire avec ses pertes de mémoire. Et je n'ai rien dit même si je savais que le mal était plus sérieux. Micheline m'avait lancé un tel regard vainqueur que je préférais jouer le vaincu. Pour ne pas éteindre la moindre lueur d'espoir en elle. De retour à la maison, je la sentais mieux disposée envers moi. Plus sereine. Elle avait sans doute une crainte terrible au fond d'elle-même ; elle ne cherchait que des appuis pour mieux nouer le déni de sa maladie. Je la regardais, j'aurais voulu lui dire des mots tendres, mais craignant une réplique défavorable, j'ai préféré l'aimer… en silence.

Août, plein cœur de l'été, il fait très chaud et je surprends Micheline, un certain après-midi, en train de fouiner dans ma boîte de films. Je la laisse faire, je l'observe et elle en sort un qu'elle me demande de mettre sur le lecteur, elle ne sait plus trop comment ça fonctionne. Je m'exécute et je me rends compte qu'elle a choisi *The Prodigal*, avec Lana Turner. Un film biblique comme elle ne les aime pas, elle préfère les histoires d'amour. Et je comprends soudainement que c'est le nom de l'actrice qu'elle a reconnu, rien de plus. Un film des années cinquante comme si le monde actuel n'existait plus pour elle. La mémoire ancienne serait-elle en train de prendre le dessus sur celle du temps présent? Je n'ose le croire, mais l'évidence est presque là. Le 4 septembre, elle fête ses soixante-huit ans. Un bien grand mot, elle n'en fait pas de cas jusqu'à ce que je lui rappelle que c'est son anniversaire. J'ai un cadeau pour elle, une eau de toilette qu'elle aime. Elle ouvre le colis et dépose le flacon sur son grand bureau en me disant: «Ça sent bon.» Sans ajouter un merci. Sylvie lui téléphone durant la soirée pour lui offrir ses vœux et elle la remercie promptement pour ensuite s'empresser de lui dire que la pelouse est jaune parce que je la tonds trop souvent. Sans même s'informer des enfants, ce qui n'arrive jamais d'habitude. Elle a soixante-huit ans, la santé est bonne, seule la mémoire se détériore. Au point qu'elle ne sait plus où replacer les ustensiles dans la cuisine ni où se trouve le crochet où remettre les mitaines pour les plats chauds… Jean-Luc Loiselle, mon ami, s'engage à faire le grand ménage de la maison. De la peinture neuve partout. Elle l'accepte, celui-là, parce qu'elle le connaît, qu'il est venu souper quelques fois à la maison et qu'elle l'aime bien. Les tapis enlevés et jetés, il en a pour plusieurs jours, et Micheline lui apportait son aide. Elle enlevait la tapisserie, elle ramassait les braguettes restées par terre, elle le suivait avec son porte-poussière, ce qui ne le dérangeait pas. Au contraire, il appréciait ses interventions. Pour elle, c'était un jeu, pour lui une aide. Le fait de se sentir utile lui faisait du bien. De mon côté, la promotion de mon dernier roman se poursuivait.

Tiens! Des retrouvailles! Je suis allé souper avec Christine Lamer que je n'avais pas revue depuis longtemps. Au restaurant Del Toni de Sherbrooke, alors que j'y étais pour le Salon du livre en octobre. Je lui ai confié mes inquiétudes face à Micheline qu'elle avait rencontrée à quelques reprises et, compréhensive, elle m'avait encouragé. Mais je n'étais pas dupe, je sentais que ce qui m'attendait n'allait pas être de tout repos. Une espèce d'appréhension, un très solide... pressentiment! Au retour, je recevais les premiers exemplaires de mon dernier recueil de billets, *Les sentiers du bonheur*. Avec une belle couverture positive. À l'image de la sagesse et de la sérénité que, déjà, je sentais m'envahir. Un très beau livre de chevet que je recommande souvent à ceux et celles qui sont à la recherche d'un équilibre dans leur quotidien. Un cadeau à offrir à une personne hospitalisée ou en convalescence. Fin octobre, je donne une conférence à Sayabec, là où est né le patineur artistique David Pelletier. L'aréna de l'endroit porte d'ailleurs son nom. Une des plus belles soirées de ce genre, François Godin qui m'accompagnait peut en témoigner. Des gens formidables, un accueil du tonnerre. On avait peine à se quitter en fin de soirée. Un peu plus et on restait à coucher! Début novembre, je fais l'émission de Gilles Proulx à TQS pour ensuite me rendre à CJMS où Frenchie Jarraud m'attendait. Quel être merveilleux que ce dernier, il a toujours vanté mes mérites. Et que de cœur au ventre de sa part de travailler encore autant à un âge avancé. Dieu ait son âme, il repose en paix maintenant, mais comment oublier tout le bien qu'il a fait.

Le 29 novembre, une mauvaise nouvelle. Mon neveu, Gilles Monette, est mort d'un cancer à l'âge de quarante-deux ans. Ce brave neveu, père de deux enfants en bas âge, a lutté pour sa survie avec le soutien de sa femme Pascale. Quelle tristesse ! Quelle désolation dans la famille ! Fils de mon frère André, décédé du même mal en 1992, il laissait dans le deuil frère et sœurs, ainsi que sa mère Yolande, qui avait peine à se remettre de la mort de son fils. Avouez qu'il n'est pas normal pour une mère d'enterrer un enfant. C'est la pire des épreuves à traverser. Pire encore que la perte de son conjoint qui, lui, avait bénéficié d'un plus long parcours de vie. Gilles avait travaillé à Télé-Québec comme perchiste durant plusieurs années. Il avait collaboré à plusieurs émissions, dont celle de Michel Jasmin alors qu'il animait un talk-show. Lorsque je lui ai appris la nouvelle, il en fut atterré. Gilles était un collègue, un membre de son équipe qu'il avait beaucoup apprécié. Le jour des funérailles, on sortit l'urne de mon frère du columbarium où il reposait pour la mettre en terre avec celle de son fils. Le genre d'émotion qui bouscule le cœur.

Décembre se lève après cette lourde peine, et j'ai soixante-sept ans. Le chiffre 7 me porte habituellement chance. Espérons qu'il en soit ainsi pour les mois à venir. Micheline, sur la suggestion de Sylvie, m'a offert le CD de Diana Krall que mon fils lui avait procuré. Elle me l'avait remis avec un sourire et elle était contente de mon enthousiasme en le recevant. Quel beau jour pour moi ! Son sourire était le plus beau des cadeaux. Le 18 décembre, un autre décès dans la famille. Le père de ma bru Roxane, prénommé Nino, venait de mourir à l'âge de soixante et onze ans. Le cœur avait cédé et il était allé rejoindre sa femme au cimetière. Un triste jour, surtout à l'approche des Fêtes, mais la faucheuse ne choisit pas ses mois quand elle moissonne des vies. Les enfants de Michel et Roxane n'avaient plus que nous comme grands-parents maintenant. Avec ce que nous avions de santé, Micheline et moi. La veille de Noël, seuls tous les deux, nous avions regardé un concert à la télévision avec Andrea Bocelli. Quelle superbe voix! Que de beaux cantiques! Plus tard dans la soirée, Sylvie nous téléphonait de Calgary. Les petits attendaient la venue du père Noël. Puis, le 25, un souper chez mon fils. Avec sa gentille petite famille. Corinne a grandi, elle a maintenant un « chum »! Pas laid et fort aimable. Comme le temps passe... Et le 31, tout doucement, presque à notre insu, l'année s'éteignait en nous faisant signe qu'une autre arrivait. Et la vie continuait...

Chapitre 17

Je me sens coincé dans la poitrine, mon angine s'accentue et j'ai signé pour une coronarographie à l'hôpital du Sacré-Cœur. J'irai quand on m'appellera, rien ne presse... Nous sommes en janvier, on gèle, et je viens d'aller dîner par vingt-cinq degrés sous zéro au Pen-Castel avec Anne Béland, ma relationniste. Le lendemain, il fait moins trente, et Micheline est partie à Saint-Rémi-d'Amherst avec Gisèle et Gabriel. Ce qui va me reposer quelque peu, car la vie à deux, ces temps-ci... Le 19 janvier 2004, j'entrais à l'hôpital du Sacré-Cœur pour y subir la coronarographie en question. Dire que ce n'est pas douloureux serait mentir, mais comme j'ai un seuil de douleur élevé... Or, croyant qu'on allait m'installer un tuteur ou deux dont on parlait tant, j'ai eu la surprise de n'en recevoir aucun. Pas même une dilatation des artères. On m'avait parlé d'une éventuelle opération, de pontages, mais on n'a rien fait pour mon angine, ce jour-là. Et je n'ai pas insisté... J'avais de la nitro dans ma poche et de la promotion à terminer.

En mars, je recevais une lettre d'une dame qui me disait que sa sœur, âgée de cent quatre ans, désirait me rencontrer avant de mourir. Comment rester de marbre devant une telle demande ? Je lui ai téléphoné et, ravie de m'avoir au bout du fil, Rolande Normandin, quatre-vingt-onze ans, la benjamine, me parla avec enthousiasme de sa sœur aînée, Germaine, la centenaire, qui ne jurait que par moi. Les deux sœurs, célibataires depuis toujours, habitaient ensemble dans un luxueux appartement d'une résidence pour personnes autonomes à Saint-Lambert. J'ai donc pris rendez-vous avec elle et je m'y suis rendu avec François Godin, mon éditeur, le jour venu. Comme Rolande réservait la surprise à sa sœur Germaine, inutile de vous dire que cette dernière était plus qu'émue de m'avoir en personne devant elle. Et moi donc ! Une plus que centenaire avec un débit aussi charmant ! J'avais apporté un beau roman dédicacé et les demoiselles, ravies de notre présence, nous avaient offert un verre de Dubonnet, leur boisson préférée qu'elles achetaient à la caisse. En plus de biscuits à la farine d'avoine que la plus jeune avait cuits la veille. Et, de fil en aiguille, Germaine me montra une photo d'elle alors qu'elle était dans la vingtaine avec sa toque d'infirmière, sa profession de toute une vie. Quelle gracieuse jeune fille elle était ! Une jolie brunette qui avait dû faire tourner bien des têtes ! Puis elles nous invitèrent à descendre au grand parloir, parce que Germaine, la centenaire et plus, voulait nous jouer du piano. Quel enchantement ! Elle se rappelait ses notes, elle jouait sans même regarder son clavier. Quelque chose de Chopin pour commencer, pour ensuite enchaîner avec *Quand on s'aime bien tous les deux*, qu'elle m'invita à fredonner avec elle. Que d'émotions je sentais monter en moi ! Une dame si âgée avec une telle joie de vivre ! Toutes deux vêtues élégamment, avec bijoux au cou et aux poignets, bien coiffées, maquillées… Comme pour rester, à un âge avancé, les grandes dames qu'elles avaient été un peu plus jeunes. Quelle journée mémorable! Quel bonheur en plein cœur! Je leur ai parlé au bout du fil plusieurs fois par la suite… Et ce, jusqu'au jour où Rolande me téléphona pour m'apprendre que Germaine était morte. Je m'y attendais, bien sûr, mais j'en ai été chagriné. J'ai encore, dans un album, les photos prises lors de cette belle journée, mais je n'ai jamais su ce qu'était devenue Rolande par la suite. Affectée par le décès de sa sœur aînée, elle s'était réfugiée dans une espèce de mutisme… Tout ça pour vous dire que, dans le quotidien d'un écrivain, il n'y a pas que les mots qu'on griffonne. Il y a aussi les gestes que l'on pose et que, discrètement, on garde sous silence.

J'écris, j'écris, j'écris… J'entreprends le roman *Par un si beau matin*. Une histoire contemporaine, cette fois. François Godin est heureux de cette bonne nouvelle. Je viens tout juste de la lui apprendre. Ce mois de mars est très froid et, par un soir de fenêtres givrées, Micheline avait choisi un film à glisser dans le lecteur. Je regarde le titre, *Lola Montès*, avec Martine Carol. Elle l'avait choisi parce que la photo de l'actrice sur la jaquette ne lui était pas inconnue. Puis, je suis allé à Calgary pour me changer les idées pendant que Michel gardait un œil sur sa mère. Mes petits m'ont fait retrouver le sourire, je sourcillais tellement alors. De retour, j'ai repris mon rôle auprès de mon épouse. Celui « d'aidant » qui a de la difficulté à « aider » une femme qui lui résiste. La fin de l'hiver se dessine à l'horizon, je vois déjà fondre les glaçons de mes gouttières et je poursuis, j'écris, j'écris… pendant que la musique de Brahms m'accompagne en sourdine.

Mai, le joli mois de mai, et Micheline a pris l'avion pour l'Alberta. Mais pas comme de coutume. Elle était nerveuse, fébrile, depuis la veille. Comme si ce déplacement la contrariait, elle, d'habitude si heureuse de retrouver sa fille et ses petits-fils. Sylvie s'en était rendu compte dès son arrivée. Elle était lointaine, peu enthousiaste... Pourtant, la première communion de Matthew qui allait avoir lieu aurait dû la combler de bonheur. Mais non... Profitant de son absence, j'invitai mon ami Yvon Provost, celui qui avait fait le lettrage de tant de cartes de souhaits, à souper avec moi. Je ne pouvais plus ou presque recevoir d'amis quand elle était là. C'était insoutenable pour eux comme pour moi. Les répétitions, les mêmes questions qui revenaient... Elle ne laissait aucune place à l'interlocuteur, de peur, sans doute, de ne pas saisir ses réponses. Donc, elle parlait, parlait, parlait sans cesse. Seul avec Yvon, nous avions pu discuter librement de nos états de santé, du passé, de nos projets... Moi, de mes romans, lui de ses plus récentes toiles, il vivait maintenant de sa peinture. Une conversation dont j'avais besoin pour me remettre au pas des événements. Puis, Gaston Dugas qui a conçu la couverture de mon roman me la fait parvenir par courriel. Elle est magnifique ! Quelques petites retouches, pas plus. Quel talent que le sien ! *Par un si beau matin*, sur fond de lever de soleil rosé, était d'une rare beauté. Et voilà que Micheline est de retour et qu'elle me parle à peine de son séjour chez Sylvie. Parce qu'un volet de la fenêtre de sa mémoire s'était refermé, je le sentais. Ce même soir, pour la détendre, je dépose dans le lecteur de cassettes le film en noir et blanc, *The Life of Emile Zola* avec Paul Muni. Mais elle ne l'a pas aimé. Elle adore les vieux films, mais pas... historiques ! J'aurais dû m'en douter, mais Zola n'était tout de même pas Louis XIV... Tant pis !

Août et ses quelques canicules et j'en profite pour me rendre chez Archambault où je tombe sur le disque compact des œuvres de Schumann par le violoniste Joshua Bell, mon préféré. Je possède presque tous ses disques, d'autant plus que François Godin se faisait toujours un devoir de m'offrir le plus récent à mon anniversaire. Je reviens à la maison et je m'évade du quotidien dans la béatitude de ce concert... Quel bienfait ! J'adore le violon et, en particulier, celui de ce maître de l'archet. À la fin du mois, je me rends chez mon cardiologue qui désire me voir tous les six mois à cause de mon angine. Pour l'instant, ça va... Mais Dieu que je déteste les visites médicales ! Au début de septembre, Micheline a eu soixante-neuf ans et, pour elle, ça ne va pas. Les oublis sont de plus en plus fréquents. Les cadeaux d'anniversaire sont multiples en cette journée, mais dix minutes après les avoir reçus, elle se demande de qui ils viennent. Même quand on les lui remet en main propre. Cette façon d'agir est un irritant constant pour l'aidant. Et ça ne faisait que commencer ! Je craignais tellement le diagnostic quand le moment viendrait ! J'espérais que ce soit juste un peu de sénilité précoce.

Octobre, ses jours de plus en plus frais, et Micheline s'était rendue chez Roxane et Michel, à Pierrefonds, afin de promener leur petit chien. Ce qui rendait mon fils nerveux. Il avait beau lui dire de ne pas aller plus loin que le coin de la rue, elle disparaissait pour réapparaître après une longue marche près du bord de l'eau, par le boulevard Gouin, chemin opposé à celui indiqué. Quel soupir de soulagement de leur part quand ils l'apercevaient ! Ils craignaient tellement qu'elle ne s'égare dans ce quartier inconnu et qu'elle ne retrouve plus son chemin... Michel aurait préféré qu'elle s'abstienne de ces promenades, mais dès qu'il la voyait, Moka courait chercher sa laisse. Alors, que faire ? Le 18, une triste nouvelle. J'apprends le décès de Yolande Vigeant, une de mes plus prolifiques journalistes au temps du *Lundi*. Sa chronique *Dans l'eau bouillante...* avait connu un grand succès. Elle était décédée d'un cancer à l'âge de soixante-dix ans. J'en étais navré.

Nous avions partagé tant de bons et de mauvais moments ensemble à l'époque du journalisme. Je pense encore souvent à elle. Le lendemain, l'équipe d'*Évangélisation 2000* était venue chez moi pour un tournage en vue de leur émission télévisée. Le dimanche suivant, j'étais accueilli par Sylvain Charron, l'animateur, à leur studio de Sherbrooke et quelle ne fut pas ma surprise de voir et d'entendre à l'écran, au cours de l'entretien, mes trois petits-enfants, Corinne, Carl et Christian, me rendre un hommage, chacun à leur façon. J'en étais ému et ravi à la fois. On était allé chez eux les filmer sans que j'en sache rien. Mon fils ne m'en avait rien dit, évidemment, il était de connivence avec mon éditeur pour que tout se déroule à mon insu. Le plus cocasse de cette histoire est que, Carl, lors de son témoignage, avait dit que je le gâtais bien, que je lui avais acheté un beau mobilier pour sa chambre chez… Meubles en Gros ! J'en avais ri à m'en tordre les côtes après l'émission ! Il aurait pu nommer un magasin plus huppé, mais à cet âge, on ne ment pas. C'est là que nous étions allés pour ses meubles, pas ailleurs. Mais c'était vrai qu'ils étaient beaux ses meubles. *N'est-ce pas, Carl ?*

En novembre, on ne parle partout que du procès de Guy Cloutier, Nathalie Simard a témoigné… J'ai connu Guy Cloutier et je m'entendais plutôt bien avec lui. J'ai fait plusieurs entrevues avec Nathalie au temps où elle allait encore à l'école et plusieurs autres plus tard, et je ne me suis jamais douté de rien. Toujours enjouée, sans cesse souriante. Dieu que les victimes cachent bien leur tourment ! Les journalistes étaient aux aguets, ils avaient le producteur au bout de leurs stylos. Mais cette affaire a été si médiatisée que je ne vais pas m'attarder à en parler davantage.

J'en suis maintenant au Salon du livre de Montréal où je fais bonne figure avec mon roman *La maison des regrets*. De là, je me rends ensuite à Edmonton, en Alberta, où Ronald Tremblay m'accueille chaleureusement. Un homme qui allait devenir un ami avec le temps. Son père Georges également. On m'avait invité pour une émission à Radio-Canada, et j'étais ensuite allé à l'Université d'Edmonton donner un atelier d'écriture qui s'était fort bien déroulé. Beaucoup de participants de tous les âges. Le lendemain, Ronald Tremblay et sa conjointe Danielle me reconduisaient à l'aéroport où je reprenais l'avion pour un vol de trente minutes jusqu'à Calgary. Pas même le temps d'avoir peur, cette fois. Je ne pouvais rentrer à Montréal sans aller embrasser ma fille, saluer mon gendre et voir mes petits-fils Matthew et Sacha me sauter dans les bras. Quel bonheur! Je profitai de ce court séjour pour donner une conférence à l'école française La Rose Sauvage. Ce qui allait être ma dernière activité professionnelle de l'année. Ensuite, le retour, je me sentais épuisé.

Le lendemain, j'apprenais de ma Caisse populaire que, durant mon absence, ma femme s'y était rendue souvent pour leur poser des questions de toutes sortes. Au point d'exiger de voir le directeur, de déranger les conseillers, de perturber quelque peu les caissières qui la voyaient sans cesse revenir à leur guichet. On m'en avait avisé gentiment cependant, on comprenait la situation, mais je n'ai jamais su pourquoi elle était allée les embêter de la sorte. D'autant plus qu'elle ne s'en souvenait plus, la pauvre femme. Je la regardais laver la vaisselle et j'avais une boule au cœur. Se pouvait-il que l'état de celle que j'aimais tant puisse se détériorer si rapidement? Et pendant que je me posais tristement cette question, elle ouvrait la porte pour donner des croûtes de pain aux écureuils. En décembre 2004, j'ai soixante-huit ans. Les petits m'ont chanté *Bonne Fête* au bout du fil, mais, étrangement, aucun vœu, pas même une carte de la part de Micheline. Un oubli total de mon anniversaire malgré les nombreux appels que je recevais. Elle m'avait cuisiné mon souper comme si de rien n'était, sans même savoir quel jour nous étions. Le soir venu, alors que mon fils parlait avec elle au téléphone, elle s'était tournée vers moi pour me dire : « C'est ta fête ? Bonne fête ! » Il venait de le lui rappeler. Remarquez que j'aurais pu le faire durant la journée, mais je craignais que, prise en faute, elle l'avale tel un reproche. Et comme elle était très à pic avec moi... Pourquoi provoquer quoi que ce soit quand, cinq minutes plus tard, tout est dans la passoire ? Ce qui s'est produit avec ses vœux d'anniversaire après avoir raccroché. Pauvre elle ! Nous sommes allés chez son médecin et, voyant ce qui se passait, elle lui a parlé de tests à la Clinique de la mémoire, annexée à l'hôpital du Sacré-Cœur. Reste à voir si elle voudra s'y rendre quand le moment viendrait.

Entre-temps, bonne nouvelle pour mon fils, après moult examens poussés, il devient admissible pour une greffe de rein en 2005. Après cinq ans de dialyse trois fois par semaine, quatre heures chaque fois. Quel courage que le sien ! Je lui avais déjà offert de lui donner un de mes reins auparavant, j'avais même téléphoné à l'hôpital Notre-Dame pour les mesures à pendre. Il en avait été ému, mais ce que nous ne savions pas, c'est que nous étions incompatibles. Ce qui m'avait terriblement déçu, j'étais certain qu'il était du même groupe sanguin que le mien, mais non, c'était ma fille qui s'y apparentait, pas lui. Vivre avec un rein n'aurait pas été dommageable pour moi et, croyez-moi, quand on voit son fils dans cet état, on serait prêt à lui donner ses deux reins et prendre sa place en dialyse. Plus jeune que moi, il avait davantage besoin de la vie... que moi ! J'ai donc prié le Ciel pour qu'un donneur lui soit salutaire. Un rein solide qui lui permettrait d'élever ses enfants sans souci du lendemain. Je priais chaque soir pour que ce jour arrive.

Nous étions rendus au 24 décembre et Micheline regardait le calendrier en se demandant si c'était Noël demain. J'en pleurais presque. Je l'avais rassurée, nous avions soupé et nous avions ensuite regardé un vieux film à la télévision. En sourdine, nous pouvions entendre quelques chants de Noël de ma radio restée allumée dans la salle à manger, mais ces airs, aussi connus soient-ils, ne réveillaient rien en elle. Le lendemain il faisait froid et nous étions allés chez mon fils pour le souper des Fêtes. De chez lui, un coup de fil à Calgary où Micheline avait offert ses vœux, mais sans emphase cette fois. Machinalement. Comme pour répéter le *Joyeux Noël!* qu'elle entendait depuis notre arrivée chez Michel. Elle semblait cependant apprécier les cadeaux qu'elle déballait, mais de retour à la maison, elle ne se souvenait plus de qui venait le foulard de soie ou la chemise de nuit. Pas plus que de celui qui lui avait offert son parfum préféré, *L'Air du Temps* de Nina Ricci, que je lui achetais chaque année... depuis des années ! Le jour suivant, il faisait encore froid, nous récupérions de la veille et Micheline, dans son fauteuil, venait de déposer avec impatience son tricot, incapable de terminer la tuque qu'elle voulait offrir à Sylvie, elle qui, d'habitude, tricotait si bien et si vite. Des mitaines, des chandails, des gants... Des choses plus difficiles qu'une simple tuque. Quelle tristesse de la voir regarder ses broches et sa laine et ne plus savoir comment s'en servir. Le 30, nous avions parlé à Sylvie, à Chris et aux enfants à Calgary. Puis, pour clore l'année, Micheline était allée à la messe du Nouvel An. Un sursaut de bonne intention de sa part. Drôle d'année que celle qui s'éteignait, mais plus désastreuse encore pour Micheline dont la mémoire vacillait de plus en plus.

J'ai finalement fait un retour dans une salle de cinéma. Pour mes petits-enfants, cette fois. Je les ai emmenés tous les trois voir *Ma vie en cinémascope*, avec Pascale Bussières, qui relate la pathétique histoire de la chanteuse Alys Robi. En sortant, Corinne m'avait dit : « Elle était vilaine, cette femme, grand-père. Elle se croyait tout permis ! » Elle n'avait pas aimé le fait qu'Alys Robi se serve de sa renommée pour obtenir ce qu'elle voulait. Puis, c'était au tour de Micheline de venir au cinéma avec moi. Elle avait accepté sans trop savoir ce que nous allions voir. Le film était *The Aviator* avec Leonardo DiCaprio, la vie tumultueuse de Howard Hugues. Elle n'avait pas apprécié le film, elle n'avait pas saisi l'intrigue. Ses remarques étaient hors contexte. Elle titubait dans son malaise de plus en plus. Le 9 janvier 2005, elle se remettait à tricoter, ayant oublié qu'elle ne pouvait plus le faire. Elle en arrachait beaucoup, elle reprenait ses mailles, elle n'y arrivait pas... Pauvre elle ! Tant d'efforts sans se rendre compte qu'elle n'en était plus capable. Elle l'a finalement mis de côté, ce fichu tricot, pour me regarder et me demander si je savais que Leonardo DiCaprio était sourd. Elle voulait dire Howard Hugues, le personnage, et non l'acteur. Le film que nous avions vu la semaine dernière. Un *flashback* ! Quel horrible mélange dans sa tête... Et je craignais que ces sursauts lui fassent mal. Physiquement ! Des maux de tête ou quelque chose du genre quand des cellules éclataient. Comment savoir ? Je ne voulais tellement pas qu'elle souffre. Je la regardais et, tristement, je baissais les yeux pour ne pas pleurer.

Et voilà qu'elle ne savait plus comment cuisiner. Des escalopes de poulet avec des épinards dans du jus de tomate, elle n'avait jamais fait ça de sa vie ! Tout ce qui lui tombait sous la main ! Je devais cacher quelques ingrédients avant qu'elle ne les mette dans une simple soupe. Je me sentais tendu, ma pression était haute, je prenais même du poids à rester assis à la surveiller. Mais je l'aimais tellement... Je me disais qu'elle en aurait fait autant pour moi si les rôles avaient été inversés. À la fin janvier, nous étions allés voir son médecin de famille et cette dernière lui avait remis une ordonnance qui lui avait coûté cent soixante-douze dollars. Des pilules pour les personnes en phase modérée de la maladie d'Alzheimer. La brochure qui venait avec le médicament lui avait donné un choc. C'était la première fois que le terme Alzheimer lui sautait en plein visage. Elle avait vite jeté les instructions à la poubelle pour ne pas avoir à en parler. J'ai tenté délicatement d'aborder le sujet dans le but de l'aider, de la comprendre, mais elle m'a regardé froidement pour me lancer : « Mêle-toi pas d'ça! Occupe-toi d'toi, t'es plus malade que moi! » J'ai compris, ce jour-là, par le regard haineux qu'elle me jetait, que j'allais vite devenir… son souffre-douleur!

En février, elle devait aller dîner avec deux camarades d'Hydro-Québec. Comme elle se sentait sûre d'elle, je l'avais déposée au métro Henri-Bourassa, elle devait les rejoindre à Berri-UQAM. Elle s'y rendit, mais ne trouva personne et, après avoir attendu vingt minutes elle était revenue à son point de départ, la pauvre, déboussolée, et m'avait appelé au numéro qu'elle avait sur un bout de papier. Ils lui avaient donné rendez-vous sur la rue Amherst, mais connaissant son état, ils auraient pu l'attendre sur le quai Berri où elle était descendue. Ils auraient pu aussi me téléphoner, ne la voyant pas arriver… Déjà! Oui, déjà, on ne se préoccupait plus d'elle. Et ça m'avait choqué! Puis peiné… Je sentais une sorte de rejet et j'en étais blessé. J'étais retourné au métro Henri-Bourassa pour la reprendre et la ramener, mais voilà que je ne la trouvais pas à mon tour. Il y a tellement de sorties à cette station qu'elle en avait emprunté une au hasard, la moins courante, celle dont je ne me serais pas douté, elle menait aux autobus pour Laval. À force de tourner en rond, je l'ai aperçue. Elle semblait complètement perdue.

De retour à la maison, la serrant contre moi, je lui avais dit : « Oublie-les, Micheline. Tes proches, c'est Michel, Sylvie, tes sœurs et moi désormais ! » Elle ne m'avait pas repoussé cette fois, encore chagrinée d'avoir raté ce dîner et sans doute peu fière d'elle de ne pas les avoir trouvés. Je sentais qu'elle songeait, qu'elle était malheureuse au fond d'elle-même, mais de là à le dire... Non. Elle avait préféré ouvrir la porte de la cuisine et donner quelques croûtes à ses écureuils. Le lendemain, nous devions nous rendre à la Clinique de la mémoire sur la rue Grenet, non loin de l'hôpital du Sacré-Cœur. Nous y étions à l'heure convenue et, après la paperasse d'usage, elle avait passé pas moins d'une heure en compagnie d'une femme médecin qui allait l'évaluer. Elle était entrée seule, on m'avait demandé d'attendre dans la salle attenante. À sa sortie, la jeune femme médecin m'avait fait entrer à mon tour et, après m'avoir questionné quelque peu, m'avait déclaré : « C'est la maladie d'Alzheimer, monsieur Monette, il n'y a aucun doute. Elle est en phase modérée, mais ça va progresser graduellement. Il vous faudra beaucoup de patience. » J'étais resté bouche bée ! Je m'attendais à ce cruel diagnostic, mais ça m'avait donné un choc de l'entendre, cette fois, officiellement. J'aurais tant souhaité... D'autant plus que les comprimés coûteux qu'elle avait pris l'avaient rendue malade à en vomir, puis à ne plus vouloir manger. Nous les avions vite arrêtés car, de plus, ces pilules la déprimaient. J'étais donc revenu avec elle à la maison et elle passa outre à cette visite qu'elle oublia bien vite. Sans même en reparler. La femme médecin ne lui avait pas dit ce dont elle souffrait. On lui avait épargné le nom de la maladie. Mais, lorsque je l'ai annoncé à Michel et Sylvie le soir même, j'avais la voix éteinte. Ils se doutaient, bien sûr, du mal de leur mère, mais... Pourquoi elle ? Lorsque j'avais demandé aux médecins de la clinique s'il y avait quelque chose à faire, celle qui l'avait évaluée avait baissé la tête. Micheline avait, hélas, la maladie dont on ne guérissait pas. Ils avaient certes dû en voir plusieurs avant elle… Ils en connaissaient les phases et le dénouement. Mais on ne m'en parla guère… Pour ne pas avoir à me dire, sans doute, que j'aurais beaucoup à faire.

Entre-temps, je recevais les premiers exemplaires de mon roman *Par un si beau matin*. Dieu qu'il était beau ! Ce ton rosé du ciel au lever du soleil était magnifique. Micheline le regardait de tous côtés, mais je savais qu'elle aurait beaucoup de difficulté à le lire, celui-là. Elle avait absorbé avec peine le précédent, oubliant d'une page à l'autre ce qui s'était passé auparavant. Ce qui était triste, car elle aimait tellement lire dans son lit le soir, éclairée par une lampe de chevet. En février, nous étions allés souper chez Michel et, devant ses craintes face à l'état de sa mère, je lui avais dit : « Ne t'inquiète pas, je vais en prendre soin comme elle l'aurait fait pour moi. » Le 17 février, une autre visite à la Clinique de la mémoire, et un test de deux heures que Micheline n'a pas tellement réussi. Elle ne se souvenait plus de rien du roman qu'elle lisait, celui que je venais d'écrire. Ni du titre ni des personnages. On m'avait dit que sa mémoire était une passoire – ce que je savais déjà – et qu'elle ne gardait rien. Tout s'écoulait au fur et à mesure, sauf quelques bribes de ce qui la touchait davantage. Pour le reste, tout s'effaçait comme sur un tableau sur lequel on écrit à la craie. Je devais m'armer de patience, me répétait-on, ça n'allait pas être facile. Je ne connaissais rien de la maladie d'Alzheimer, j'étais profane en la matière, il n'y en avait jamais eu dans nos familles. Je devrais donc apprendre en pratique ainsi que sur certains sites de l'Internet. Ce que j'ai fait.

Je suis allé en séance de signatures chez Archambault de Laval. Fort heureusement, Micheline peut encore rester seule. Elle regarde la télévision, fait son ménage, téléphone à ses sœurs pour leur poser les mêmes questions, certes, mais on peut encore se fier à elle. Depuis l'arrêt de son affreux médicament, elle est moins déprimée. C'est toujours ça de pris, comme on dit! Fin février, une visite chez mon cardiologue pour mon angine. Il me prescrit d'autres pilules pour l'hypertension… que je ne prendrai pas. Les effets secondaires de ces médicaments me rendent plus malade… que ma hausse de pression! Micheline conduit encore la voiture, mais ça m'inquiète. Ses réflexes semblent passablement bons, mais s'il fallait… Je n'ose y penser pour l'instant. Elle est allée chercher Corinne à l'école pour l'emmener magasiner chez Sears avec elle. Elle adore gâter sa petite-fille. Ses petits-fils aussi! En mars, une entrevue à *Salut, Bonjour* à TVA, où Benoît Gagnon m'a aimablement reçu. Puis, une autre le même matin à TQS, à l'émission *Le mec à dames* avec Jean-Pierre Coallier et Danielle Ouimet. À la fin de mars, mon fils Michel est bel et bien en attente d'une greffe de rein. On est à la recherche d'un donneur et je prie le Ciel pour qu'on le trouve.

Le pape Jean-Paul II est mort, ce 2 avril. On en parlera jusqu'à ses funérailles, on attendra le prochain pape et on oubliera celui-là. Le pape est mort! Vive le pape! Micheline s'ennuie de plus en plus dans l'univers restreint de sa maison. Elle va chez la coiffeuse, elle regarde la télévision et elle appelle constamment à Calgary pour demander à Sylvie: «Comment vont les garçons? Quel âge a Matthew? Et Sacha?» Toujours les mêmes questions, mais au moins, elle se souvient encore de leurs prénoms! Je l'observe quand ça se produit le soir, j'écoute et je me rends compte à son air que, pour elle, c'est la première fois qu'elle questionne de la sorte. Et ça me peine terriblement. Pauvre femme ! Le 16, elle est allée passer quelques jours au chalet de Gisèle et Gabriel. Ces derniers voulaient me donner un peu de répit, voyant que j'étais épuisé. Pas facile pour les aidants, une telle maladie. Surtout quand on sait qu'on s'y prend mal parfois, qu'on n'a pas d'expérience avec ce mal incurable, qu'on commet des erreurs sans le vouloir... Le 20 avril, conférence pour les analphabètes du grand Québec au Musée de la civilisation. Je m'y suis rendu en train et, sur place, Karine Boudreau m'a conduit au musée où, après une courte visite, j'ai entrepris ma causerie devant deux cents personnes aux prises avec le problème. Chaleureusement applaudi, rendu à l'échange avec le public, plusieurs d'entre eux m'avouaient apprendre à lire graduellement avec mes romans. Ils avaient terminé *Les parapluies du diable* et ils en étaient maintenant à *L'ermite* et *Pauline Pinchaud, servante*. Ça faisait chaud au cœur d'entendre que j'avais pu faire du bien aux autres. En écrivant, en les divertissant tout simplement... Dieu que j'étais content ! Puis c'est le Salon du livre de Trois-Rivières. Disons que je participe à tous les salons ce printemps, voyages inclus, avec Danielle Ouimet qui a publié son autobiographie intitulée *Si c'était à refaire*. C'est mon éditeur François Godin qui nous sert de chauffeur, et c'est à partir de ce moment-là que Danielle et moi sommes devenus de bons amis. Je la connaissais avant par mes entrevues au *Mec à dames* à TQS, mais c'était strictement d'ordre professionnel et non amical comme ça le devenait maintenant. Depuis 2005, Danielle et moi échangeons des courriels. Nous mangeons parfois ensemble, pas souvent, car la distance nous sépare ; elle habite au sud, de l'autre côté du fleuve, alors que je suis à deux pas de la rivière des Prairies. Mais, nonobstant ce fait, l'amitié s'est installée et, entre nous, à ce jour, les échanges persistent.

En juin, Micheline se rendait à Ogunquit avec les retraités d'Hydro. J'étais allé la reconduire sur la rue Jarry Ouest où se faisait le départ et j'avais demandé à l'une de ses anciennes compagnes de veiller sur elle, ce qu'elle m'avait promis. Au retour, on m'avait téléphoné pour me dire que l'autobus était arrivé rue Jarry et j'avais sauté dans ma voiture pour aller la chercher. Rendu sur les lieux, personne, plus un chat, sauf une petite dame apeurée qui attendait sur un coin de rue, une valise à ses pieds. Ma femme ! Celle qu'on devait surveiller et qu'on avait abandonnée à son sort, pas même capable d'attendre que j'arrive quinze minutes plus tard. Ils étaient tous partis chez eux et l'avaient laissée au coin de la rue d'où elle n'osait bouger, ne sachant pas vraiment où elle se trouvait. En début de noirceur, dans un quartier inhabité, sur la rue Jarry Ouest. Elle aurait pu être attaquée, molestée, détroussée... J'étais en beau maudit ! Je ne leur ai rien dit, mais j'ai compris qu'on ne pouvait se fier à personne, pas même à une ex-collègue, une supposée amie. Lorsqu'elle m'avait aperçu, un grand sourire avait illuminé son visage, je l'avais même entendue soupirer d'aise au moment de s'installer à mes côtés. Elle avait eu peur, elle se sentait maintenant en sécurité. En cours de route, plus je la questionnais sur son séjour, plus les réponses se diluaient... La mémoire ne retenait rien de banal. Que l'événement, et encore... Un matin, à l'heure du lunch, Micheline m'obstinait qu'elle n'était pas allée reconduire Corinne à l'école le matin même, alors qu'elle l'avait fait. Exaspéré, levé du mauvais pied et à bout de patience pour la première fois, j'étais sorti de mes gonds. Je m'étais emporté... Et elle était restée figée et étonnée de cette véhémence de ma part. Dieu que j'agissais mal ! Je ne comprenais pas encore qu'elle souffrait plus que moi dans son obstination en règle, certaine de ne pas être sortie ce matin-là.

J'aurais dû passer outre, elle ne s'en souvenait plus, mais j'étais à bout ! C'était au temps où la tolérance avait une limite... Au temps où je savais à peine comment épeler le nom de sa maladie. J'aurais dû être plus indulgent, j'avais toute ma tête, moi ! Dieu que je me haïssais ! Quel écart de conduite impardonnable. Pauvre Micheline ! Moi qui l'aimais... Puis, en juillet, elle s'était égarée au centre commercial de Côte-Vertu. J'avais acheté un appareil électronique et, pendant que le commis me donnait des explications, je m'étais concentré pour bien comprendre. Je la croyais derrière moi, elle y était quelques minutes plus tôt, mais elle avait disparu... Elle était sortie du magasin et avait emprunté sans doute une autre allée bondée de gens. Et comme elle avait le pas rapide... Je l'ai cherchée partout, j'ai même avisé la sécurité, mais rien à faire, elle était introuvable. Je m'étais rendu jusqu'à l'auto au cas où... Inutilement, elle n'y était pas. J'étais revenu à l'intérieur et, à force d'arpenter les allées et les magasins avec l'aide des agents, j'ai finalement eu la bonne idée de retourner au magasin La Baie où nous étions allés en tout premier. Et je l'ai aperçue, errant à l'intérieur, me cherchant, se demandant où elle était. Dieu que j'ai eu peur ! Nous avions mis une heure pour la retrouver ! Jamais plus je ne la quitterais des yeux un seul instant, je me le jurais, son mal empirait... J'en transpirais ! Par la suite, elle était restée confuse toute la journée.

Le 2 août de la même année, je rencontrais Jean Baril, directeur de la promotion du Groupe Librex dont faisaient partie les Éditions Logiques. Nous avions mangé ensemble au restaurant Le Pen-Castel. Un homme charmant et très compétent. À la fin du mois, je me rends compte que la maladie de Micheline évolue rapidement. Je crains qu'elle ne puisse plus conduire l'auto, on nous demande des papiers médicaux la concernant. J'ai peur de perdre notre maison en frais de poursuite si elle a un accident. Ça se veut de plus en plus risqué de la voir encore au volant. Ça m'inquiète. Que faire ? Septembre s'amène et elle est plus confuse que jamais. Je crois que c'en est fait pour l'auto. Il nous faut l'arrêter de conduire. Je l'entends dire à ses sœurs au téléphone que son état est temporaire, ce qui m'exaspère. Ce fichu déni de la maladie dont on n'ose prononcer le nom devant elle, de peur de la blesser davantage dans son amour-propre. Je suis allé livrer une lettre à son médecin concernant la conduite de la voiture. J'ai besoin de son aide… Le fait de ne plus la savoir au volant saura nous rassurer, quitte à la conduire partout où elle voudra se rendre.

Le 4 septembre, nous avons fêté les soixante-dix ans de Micheline au restaurant Il Cenone du boulevard Gouin, son endroit préféré. Michel, Roxane et leurs enfants étaient avec nous. Elle semblait si heureuse que ça faisait plaisir à voir. Sylvie lui avait télégraphié des fleurs de Calgary et lui avait offert ses vœux le lendemain. Mais la fête de la veille était déjà… oubliée ! Une dizaine de jours plus tard, je commençais mon douzième roman, *La paroissienne*. Une histoire contemporaine qui allait garder le lecteur en haleine du début à la fin.

En octobre, je m'étais rendu à Shippagan au Nouveau-Brunswick, invité par le Salon du livre de l'endroit. L'avion avait atterri à Bathurst cependant, et je logeais dans un bed and breakfast bien tenu, appelé Chez Jeannine. J'ai revu le poète Sylvain Rivière, celui que j'appelais « Dieu est partout » tellement on le rencontrait… partout ! Et ce sympathique garçon, natif de la Gaspésie, allait être mon guide pour les visites de l'endroit. Le lendemain, il m'emmenait dîner à Caraquet où je donnais une conférence. Puis ce fut le salon où je signai des livres. Sylvain Rivière me fit ensuite visiter Tracadie-Sheila où habite le jeune académicien Wilfred Le Bouthillier. Un endroit charmant. Au retour, il m'avait emmené au cabaret Pirate Maboule où c'était extrêmement bruyant. J'ai néanmoins accordé des entrevues à Shippagan, j'ai également croisé Antonine Maillet… et c'était le retour. Malgré les bourrasques et ma crainte ancrée, le petit avion à deux hélices avait réussi à me déposer à Dorval. Heureuse de me retrouver après un si long moment, Micheline avait commencé à faire ses bagages pour se rendre à Calgary. Très mêlée dans ce qu'elle devait apporter, j'avais tenté de l'aider, mais elle m'avait viré de bord d'une rude façon. Elle voulait rester autonome, elle qui ne l'était plus. Dieu que ce n'était pas facile! J'étais vraiment sa bête noire… Elle qui, pourtant, m'avait tant aimé. Moi qui l'aimais encore autant. Le 11 octobre, son médecin lui avait enfin ordonné de laisser tomber son permis de conduire, ne pouvant signer les papiers attestant de ses capacités pour le renouveler. Elle avait obéi en sa présence, mais, de retour à la maison, elle lançait les hauts cris: «Pourquoi la vieille d'en face, à quatre-vingt-cinq ans, peut encore conduire, elle?» hurlait-elle. La voisine âgée dont elle parlait avait toute sa tête, elle, mais comment le lui dire? Je crois que la perte de son permis de conduire a été la plus forte gifle au cours de sa maladie. Elle en pleurait! Et j'étais aussi triste qu'elle pouvait l'être, mais il fallait la protéger d'elle-même et protéger aussi les autres. S'il avait fallu… Mon fils et moi avions laissé échapper un long soupir quand son permis fut enfin résilié. Finies les inquiétudes chaque fois qu'elle partait de chez lui ou de chez moi au volant de la Mazda. Le boulevard Gouin qu'elle empruntait est si étroit. Et je me sentais coupable de la voir mettre ainsi la vie des autres en danger. Enfin, c'était révoqué. Merci, mon Dieu! Le soir venu, veille de son départ pour l'Alberta, abattue, elle avait accepté que je l'aide à boucler ses valises. Il était temps que je m'en mêle, elle n'avait mis que la moitié de ses effets personnels dans le fond de son grand sac. Je compatissais et, le dos tourné, j'avais les larmes aux yeux. Je me refusais à dire qu'elle « faisait pitié ». Un terme que je n'ai jamais employé, même dans ses pires moments. Parce que je l'aimais comme on aime... une enfant !

Levés tôt, nous étions à l'aéroport pour le petit déjeuner. Puis, après avoir enregistré les bagages, je l'ai laissée passer la sécurité seule en gardant mes doigts croisés. J'avais peur qu'elle ne trouve pas sa barrière d'embarquement malgré le numéro inscrit sur son papier. S'il avait fallu qu'on déplace, par le micro, l'endroit de l'embarquement ? Elle serait restée clouée sur place. J'ai vu l'avion prendre son envol et je suis allé au comptoir de WestJet pour m'assurer qu'elle était bien à bord. Pourquoi ne pas les avoir avertis de son état au moment de l'enregistrement ? Parce que, la sachant atteinte de sérieux troubles de mémoire, sans leur mentionner la maladie, on aurait refusé de la laisser voyager seule. Et je savais qu'elle pouvait encore le faire. Pour combien de temps ? Le bon Dieu m'en avertirait sûrement.

Détendu depuis son départ, j'avais reçu des amis à souper, j'étais allé chez l'un, chez l'autre, bref, j'ai pu vivre « normalement ». Du moins, pour un bout de temps. J'ai donné des conférences un peu partout et, le 19, j'étais rendu à Edmundston au Nouveau-Brunswick, le coin de cette province que j'aime, afin de faire le tour des bibliothèques des environs avec Patrick Provencher, un bibliothécaire qui allait me servir de guide et d'animateur à chaque escale. J'habitais au Fief, un charmant bed and breakfast tenu par une dame on ne peut plus gentille. Or, avec Patrick, nous avions commencé notre tournée par la bibliothèque d'Edmundston. De là, les jours suivants, nous avions visité Grand-Sault, Saint-Léonard, Kedgwick et

Saint-Quentin où je suis arrivé sans un seul roman de disponible, je les avais tous vendus dans les bibliothèques précédentes. Il y avait tellement de monde partout qu'il m'en aurait fallu deux caisses ! Ce que je n'avais pas du tout prévu. La veille de mon départ, Johanne Jacob, la bibliothécaire en chef, m'avait reçu à souper chez elle avec tous les membres de son équipe. Un dîner d'apparat comme on en voit dans les banquets ! J'y avais fait la connaissance de son époux Stéphane et de ses deux enfants, Caroline et Vincent, d'âge scolaire. Patrick m'avait aussi présenté son épouse, Caroline Lavertu, animatrice à la radio de Dégelis, la ville d'accueil du Témiscouata en entrant au Québec. À partir de ce jour, cette charmante jeune femme devait faire plusieurs entrevues téléphoniques avec moi. Pour chacun de mes romans. Quelle gentillesse de sa part ! Le lendemain matin, je quittais l'auberge et l'on me déposait à la gare d'autobus d'Edmundston pour le retour. Après huit heures de trajet sans m'en plaindre, j'étais enfin à la maison. Un voyage très long, mais beaucoup plus agréable que l'avion ! À la fin de ce même mois, mon ami, Yvon Provost, lettreur au temps des cartes de souhaits, était venu me visiter. Sa femme Denise avait succombé à un cancer quelque temps plus tôt, et il semblait encore désemparé. Elle était partie… mais avec toute sa tête. Je ne pouvais m'empêcher d'y penser, l'état de Micheline refaisait sans cesse surface.

Le Salon du livre de Montréal vient d'ouvrir et l'on peut voir une foule à n'en plus finir pour Nathalie Simard qui signe des exemplaires de son récit autobiographique dans un salon privé. Elle est la vedette de l'heure cette année. Je me débrouille assez bien de mon côté avec tous mes romans dans un présentoir, mais le vendredi soir, j'ai fait une sérieuse crise d'angine au point de ne plus pouvoir grimper les marches qui conduisaient au stand que nous occupions. J'étais avec Danielle Ouimet qui s'inquiétait, qui tentait de me venir en aide et je lui avais dit : « Va, monte seule, on t'attend, tu dois signer tes livres toi aussi. Je te rejoindrai, ce n'est que passager. » Elle refusait de me quitter, mais, à force d'insister, elle était montée en me disant qu'elle allait prévenir François Godin de mon malaise, dès que rendue en haut. Il s'apprêtait à accourir quand, à travers la foule, il m'aperçut au loin. J'avais réussi à monter ces marches une à une, très lentement, reprenant mon souffle toutes les cinq secondes. Pourtant, il y avait un ascenseur pour les handicapés et les gens en difficulté, mais je n'en savais rien. J'ai réussi tant bien que mal à faire mes deux heures de signatures, pour ensuite sauter dans un taxi et revenir chez moi. L'ambition perd son maître, dit-on ? La mienne avait failli me tuer ce soir-là ! Le lendemain, Line Beauchamp, ministre de la Culture, était venue me rendre visite pour me féliciter. Après avoir causé allègrement avec elle, je remarquai qu'elle lisait le résumé d'*Adèle et Amélie*, alors que sa compagne discutait encore avec moi. De retour chez moi, je lui avais fait parvenir le roman à son bureau de comté, mais, fait curieux, je n'ai jamais reçu le moindre remerciement. Pas même un accusé de réception de sa part. À ce jour, je me demande encore si on le lui a remis. Possible que non. Mystère et boule de gomme ! Le 28, avec Micheline de retour saine et sauve de Calgary, nous apprenions que le gouvernement de Paul Martin avait été renversé. Mais, chose plus importante, Micheline avait réussi à faire son pâté chinois sans le manquer ! Elle était si fière d'elle !

Début décembre, une autre crise d'angine. Assez forte, celle-là. Je n'en parle à personne. Je suis tendu. Micheline recommence à m'en faire voir de toutes les couleurs. J'ai de la nitro sous la main, heureusement, je m'en sers très souvent, mais je sens que ça va finir par ne plus être suffisant. Le 5, j'ai des problèmes de digestion, je manque de souffle… Je dois voir mon cardiologue le mois prochain. On verra bien ce qu'il en dira. Le lendemain, j'ai soixante-neuf ans ! *Last call* de la soixantaine ! Roger Gosselin m'a offert ses vœux en ondes à Radio-Boomer. Puis de nombreux appels, dont ceux de mes amis, Francine Fleury, Jacques Chaput, Jean-Luc Loiselle, Germain Monté, Francine Fréchette et Claude Leclerc. Mon fils m'a offert une bouteille de vin rouge du vignoble de Gérard Depardieu. Très bon vin ! Micheline a fait cuire un *roast beef* pour la famille, avec l'aide de ma bru Roxane. Puis le soir venu, un appel de Sylvie de Calgary, et des vœux des enfants et de son mari. Bref, personne ne m'avait oublié. Je suis un homme aimé ! Comblé ! Le 18 décembre, malgré mon piètre état de santé, je prépare mes bagages pour aller passer Noël à Calgary. Il faut que je prenne une distance de Micheline, son état empire et risque de me tuer avant mon angine. Elle passera les Fêtes chez Michel. Il a bien du courage de s'en occuper ainsi, mais il me sent à bout ces temps-ci. Et mal en point en plus. Le lendemain, j'arrive donc à Calgary après un voyage épuisant. Les enfants sont venus avec leur père me chercher à l'aéroport. Ces chers petits que j'aime tant. J'ai défait mes valises, et Sylvie, revenue de l'école où elle enseigne, prend le temps de préparer un bon souper. Le soir, je m'étais couché tôt, j'avais le souffle court. Le lendemain, voyant que je ne filais pas bien, ma petite famille de l'Alberta m'a laissé me reposer toute la journée. J'ai téléphoné à Montréal et, ne voulant pas m'inquiéter, mon fils me disait que tout allait bien. Puis, à force d'insister, il a fini par me dire que sa mère en perdait de jour en jour. Ce dont je me doutais. Malades tous les deux ! Elle, la tête, moi le cœur ! Il m'arrivait parfois de me demander : *Qui va enterrer l'autre ?*

Le 22 décembre, Sylvie me proposa d'aller au zoo avec eux. Je n'en avais guère envie, mais j'ai accepté pour ne pas être un rabat-joie. C'était humide, il y avait des côtes à descendre, et je me voyais mal les remonter. Comme prévu, après la visite du zoo, j'ai été incapable de les remonter, ces côtes, et c'est la gardienne du zoo qui m'avait remonté dans son *cart*. Elle voulait même me conduire à l'hôpital le plus près, ce que j'ai refusé. De retour à la maison, j'avais dit à ma fille et à mon gendre : « Ne faites plus cela, laissez-moi à la maison désormais, je ne suis pas capable de vous suivre. » Ils semblaient mal à l'aise, ils avaient fait cela pour me faire plaisir, ils n'avaient pas mesuré mon degré de capacités. Et mon gendre qui avait été le plus insistant, a compris que *dad*, comme il m'appelait, n'avait plus de forces... sauf pour sourire. Le 23, les voisins de Sylvie, un charmant couple, nous avaient invités pour un gentil réveillon. J'y suis allé, c'était à quelques pas, j'ai bu un verre de vin, j'ai avalé quelques bouchées, pour ensuite retraverser à la maison et retrouver le fauteuil du salon. La veille de Noël, il faisait beau à Calgary, pas un brin de neige, et nous étions tous allés à la messe du soir de leur paroisse. Que de monde ! Les gens sont restés très pratiquants en Alberta. Des grands gars et filles dans la vingtaine avec leurs parents, des jeunes couples avec leurs enfants, la communion pour tous... On se serait cru au temps de *Father Knows Best* et j'en étais ébahi, parce qu'au Québec, la pratique religieuse... Donc, un Noël à Calgary pour moi, un à Pierrefonds pour Micheline. Séparé l'un de l'autre cette fois, en espérant que nos cœurs soient liés par la pensée, puisque dans ses oublis, elle demandait souvent à Michel : « Où est ton père ? » Pendant que moi, à Calgary, je priais l'Enfant Jésus de lui venir en aide.

Deux jours plus tard, mal en point, mais content d'avoir visité ma fille et sa famille, je reprenais l'avion pour revenir à Montréal. Sans même me plaindre des turbulences, cette fois. Parce que je me sentais mal et que, dans de tels moments, on pense davantage à son souffle… qu'à sa vie. Micheline semblait contente de me revoir, du moins pour se plaindre d'un tas de choses. Du petit chien de Michel qui jappait trop, des enfants qui étaient traîneux… Mon angine ? Elle n'en avait que faire ! Je n'avais mal nulle part, selon elle, ça se passait entre mes deux oreilles !

Vilaine ? Non ! Elle n'était pas foncièrement méchante, elle ne se souvenait plus de ses injures après les avoir prononcées. Elle enchaînait même avec : « Veux-tu que je te fasse un bon café ? » Le 31, alors que le calendrier allait être déchiré le lendemain, j'avais en tête les séquences d'une année difficile, mais à quoi bon s'en plaindre ? D'autant plus que celle qui allait suivre risquait, côté santé, d'être plus pénible pour elle comme pour moi. Avec nos maladies qui progressaient… La seule injustice était que mon problème de santé n'était pas incurable et que le sien… Je n'osais y penser. Pas encore. Ça faisait trop mal de voir une femme qu'on a aimée sombrer ainsi dans l'abîme de l'oubli… Une femme qu'on aime encore. Profondément.

Janvier 2006 et le 5, je souffre de l'angine toute la journée. Les symptômes sont de plus en plus fréquents et la nitro ne suffit plus. Mais je résiste, avec une main sur la poitrine, l'autre dans celle de Micheline. Sa mémoire se détériore, mais elle aussi tient le coup. Je la sens se battre contre sa maladie. Le 17, n'en pouvant plus, ayant peine à monter les onze marches du sous-sol à la cuisine, je me rends chez mon cardiologue qui, devant mon état lamentable, décide de me faire passer un cathéter le lendemain, non sans m'avoir donné quelque chose de plus fort pour passer la nuit. Au petit matin, après avoir peu dormi, je me suis rendu en voiture jusqu'au stationnement de l'hôpital du Sacré-Cœur et, descendu de l'auto, j'étais incapable de monter seul la petite côte jusqu'à la porte d'entrée. Il faisait froid et c'est une brave infirmière qui, s'étant garée elle aussi et me voyant appuyé sur ma voiture, m'avait offert son aide pour me rendre jusqu'à l'intérieur. Me voilà enfin en salle pour subir la coronarographie. Le même médecin que la fois précédente qui, m'apercevant, s'écria : « Tiens ! Vous avez réussi à sauver deux ans ? » Mais il n'a pas réussi à me dilater ni à me débloquer comme je l'espérais. On ne m'a pas laissé partir, on m'a gardé, il fallait m'opérer. Le soir, j'étais dans une chambre à deux, hospitalisé… emprisonné ! Le lendemain, Micheline était venue me visiter. Elle semblait désemparée, son « aidant » n'était plus à la maison. Elle avait les yeux embués de larmes et sa mémoire était terriblement affectée. Elle voulait que je sorte de là… Je tentais de lui faire comprendre qu'on allait m'opérer… *J'attends mon tour…*, lui disais-je, mais elle était perdue, lointaine. On m'a enfin donné une chambre privée. Pas grande, désuète, sans toilette, mais plus calme que celle à deux. J'ai pu ouvrir, étant seul, ma petite radio à piles et écouter Radio-Classique, ce qui me détendait. Le 23, j'attendais encore… mon tour ! Quelle désobligeance ! Micheline venait me voir avec Michel, mais elle se demandait encore ce que je faisais là. Chaque fois qu'elle me voyait, c'était à recommencer pour elle. Elle avait oublié sa visite de la veille et ne se souciait que du moment présent. Mais je la sentais triste et, même si mon moral était bas, je la regardais et je me sentais coupable de ne pas être auprès d'elle. Je l'aimais, quoi !

Le 26 au matin, c'est sans crainte ni angoisse que je suis monté sur la civière qui me conduirait à la salle d'opération. À soixante-neuf ans ! Je n'en pouvais plus de cette angine qui me tuait à petit feu. Le chirurgien qui allait m'opérer était le docteur Pierre Pagé, le même qui avait opéré mon fils lorsque ce dernier avait trente-cinq ans.

Lors de notre rencontre deux jours plus tôt, il m'avait dit en souriant, l'air étonné : « C'est la première fois que je vais opérer le père après le fils. D'habitude, c'est l'inverse ! » Donc, un précédent pour lui, mais j'ai compris par ce propos que les pères et fils avaient souvent les mêmes maux. Le père en premier, d'habitude, sauf qu'avec son diabète juvénile Michel m'avait précédé dans ce problème d'artères bloquées. J'ai fermé les yeux au moment de l'anesthésie et je n'ai pu compter jusqu'à dix, j'étais parti au pays des rêves… Je me souviens cependant de m'être vu couché dans une allée champêtre, entouré des deux côtés, de longues tiges de blé. Au loin, une lumière brillait… J'ai sans doute vu l'entrée du Ciel, alors que, cliniquement mort, mon cœur retiré du corps battait sur la table à côté de la civière. Et ce, pendant qu'on me faisait un quadruple pontage. Une opération assez réussie, on avait prélevé des artères de ma jambe gauche seulement. J'entendais au loin : « C'est terminé, monsieur Monette », pendant que je cherchais ce champ de blé qui peu à peu disparaissait et que je ne voulais pas quitter. J'avais même cru apercevoir une main qui se tendait… Laquelle ? Le jour suivant, récupérant quelque peu sous l'effet des calmants, j'écrivais le soir venu, mon journal intime. Tout croche ! Illisible ou presque ! Mais je ne voulais sauter aucune page. J'ai reçu la visite de Michel et de Roxane ainsi que de Micheline… Je revenais à la vie, mais je fermais les yeux. J'ai même laissé échapper un soupir… Je venais de me souvenir que Micheline, ma douce moitié, était malade. Sans mémoire ou presque, gauche à souhait, tout me revenait. Le 31 janvier, je quittais l'hôpital pour rentrer à la maison où Micheline m'attendait. Mon neveu, Jeannot, qui travaillait à l'hôpital, était celui qui m'avait descendu en fauteuil roulant et qui m'avait aidé à monter dans sa voiture. J'habitais à quelques rues de là, un court trajet pour lui.

J'ai donc retrouvé mes murs, alors que Roxane m'attendait avec Micheline. Comme ça sentait bon ! Je humais enfin... la maison ! Le soir venu, j'avais écrit à la fin de la page de mon journal : *Amen !* Parce que c'était fini et qu'il ne me restait plus qu'à récupérer. Mais, en revenant sur les pages précédentes, je pus relire ce que j'avais écrit au bas de la page, la veille de mon opération. J'avais inscrit tous les noms des membres de ma famille : Micheline, Michel, Roxane, Sylvie, Chris, Corinne, Carl, Christian, Matthew, Sacha, avec, à la toute fin un *Je vous aime !*

Février se leva, j'allais déjà un peu mieux, mais j'ai refusé toute forme d'entrevue des médias sur mon opération. Je ne voulais pas qu'on s'apitoie sur mon sort. Tant d'autres subissaient la même intervention chirurgicale chaque jour sans qu'on en parle. Et puis, j'avais un roman en chantier que j'avais hâte de reprendre. Oui, ça faisait mal ! Surtout la nuit. Mais, avec mon seuil de douleur élevé et les petits comprimés, ça pouvait aller. À ma grande surprise, Micheline s'avéra une bonne infirmière. Au point d'avoir demandé à mon fils de la laisser seule avec moi, qu'elle en était capable. Confiné à l'étage, je l'entendais cuisiner en bas, pour ensuite remonter avec un cabaret garni de bonnes choses. C'était comme si le bon Dieu lui avait redonné quelques-unes de ses facultés pour me venir en aide. Elle avait un beau sourire et elle était contente lorsque je la remerciais de ses bonnes attentions. Elle semblait ravie d'être, pour une fois, l'aidante et non l'aidée. Elle était aux aguets, elle montait voir si je dormais et, quand c'était le cas, elle redescendait sur la pointe des pieds. Je prenais quelques appels, ceux de mes enfants, ceux de Francine Fleury et ceux de Jean-Luc Loiselle. Mais pas les autres, je n'en avais pas encore la force. Quelques jours plus tard, ma fille était venue de Calgary pour me voir. Quelle délicatesse de sa part. Elle avait laissé les enfants aux bons soins de leur père. Et pour ma première sortie, le lendemain de son arrivée, elle m'avait emmené au centre commercial Normandie pour acheter quelques effets chez Rossy puis au IGA, pas plus loin. À notre retour, je sentais que Micheline était hargneuse, elle avait repris son air des mauvais jours. Sans doute parce que Sylvie m'enlevait à elle. Elle voulait, dans sa maladie, être la seule à m'être utile. Or, déçue, elle avait boudé pour ensuite... oublier. Après six jours à la maison, Sylvie retournait auprès des siens en Alberta. Elle m'avait beaucoup aidé et je lui en savais gré. Le 17 février, de la neige, des vents forts, et je regarde cette tempête de ma fenêtre. Ça va beaucoup mieux pour moi, j'ai passé le pire, je crois. Le samedi suivant, j'ai demandé à Michel d'inviter sa mère à souper. Je sentais qu'elle s'ennuyait à la maison. Même avec moi. Elle devenait morose, maussade. Mon fils était venu la chercher, elle avait hâte d'aller promener le petit chien, même par ce temps froid. Resté seul, j'avais regardé le film *La Chartreuse de Parme* avec Gérard Philipe. À la fin du mois, il faisait encore froid, mais j'avais davantage remonté la côte, je vaquais maintenant à mes occupations coutumières. Ma femme était partie à Saint-Rémi avec sa sœur et son mari et, seul sous mon toit, je me détendais. Après avoir été si dévouée, la pauvre, elle était redevenue irritable et vilaine. Parce qu'à ses yeux, je n'étais plus malade. L'aidant avait retrouvé ses forces ? Elle allait donc lui « rentrer dedans ! » Comme avant !

En mars, j'ai repris l'usage de ma voiture et je suis allé à l'hôpital du Sacré-Cœur rencontrer le docteur Pierre Pagé, le chirurgien qui m'avait opéré. Satisfait de mon rétablissement rapide, il m'avait encouragé en me disant que l'angine ne devrait plus se manifester, pourvu que je change un peu ma façon de manger et de me comporter. Éviter le stress et faire de l'exercice... Bref, ce qu'il disait sans doute à tous ses patients, mais c'était rassurant. Le 21 mars, tel que planifié avec ma fille, Micheline partait pour Calgary jusqu'au 5 avril. Ce qui allait me permettre de me rétablir entièrement. Je suis allé la reconduire à l'aéroport et tout s'est bien passé. Elle s'est rendue à la bonne barrière et l'avion s'est envolé… Merci, mon Dieu ! Mais à la fin du mois, je parle avec elle au téléphone et je me rends compte qu'elle ne termine pas ses phrases. Ce qui s'ajoute à ses déficiences. Puis, Sylvie me murmure qu'elle en « arrache » un peu plus avec elle, qu'elle se rend compte que sa mère est d'un cran plus bas qu'à son arrivée. Ce qui promet… Avril s'est levé et nous avons fêté les dix-huit ans de Corinne. Majeure déjà ! Pas Possible ! Micheline est de retour, ça va plus ou moins, mais les heures passent… Le 12 avril, mon ami Laurent Lebel est mort au petit matin. Dieu que ça m'a peiné ! Soixante et onze ans seulement. Un cancer irrémissible. Ce cher Laurent, époux de Céline, nos premiers voisins et amis alors que nous étions jeunes mariés. Et ces vacances passées à Saint-Hubert avec eux, nos enfants et les leurs, non loin de Rivière-du-Loup. J'ai composé un texte émouvant à la demande de son fils Ronald qui l'a lu à l'église en pleurant. Dieu ait son âme ! C'était toute une époque qui partait avec lui. Quelques jours plus tard, Micheline faisait parvenir un chèque à Sylvie pour qu'elle s'achète un lave-vaisselle. Comme ça ! Sans demande de la part de ma fille, elle pouvait se le payer, et sans besoin immédiat. Elle ne sait plus ce qu'elle fait de son argent. Elle fait des gestes de cette nature à mon insu et, le lendemain, elle ne s'en souvient plus. J'avais dit à Sylvie en riant : « Garde-le et gâte les enfants, elle l'a au moins posté au bon endroit. » Le mois de juin se lève avec son été prometteur. Je jongle beaucoup, ça ne va pas bien pour Micheline. Il serait pénible et répétitif d'écrire tous les incidents qui survenaient avec sa maladie, ils étaient trop nombreux et elle n'y pouvait rien, elle ne s'en rendait pas compte. Mais je veillais sur elle, je l'emmenais avec moi un peu partout, même chez Bureau en Gros pour ma papeterie ou au garage pour faire un plein d'essence. Elle suivait sans protester, elle adorait sortir. Pour elle, une balade en voiture valait un voyage. La phase de la solitude étant passée, elle était sur le « go » sans arrêt. Donc, plus une minute ou presque à moi seul quand j'écrivais et qu'elle regardait la télévision au salon. Je l'entendais toutefois dire à Sylvie au téléphone : « J'suis toute seule comme une dinde, en bas ! Y'est toujours en haut dans son m... bureau ! » À partir de ce jour, le « toute seule comme une dinde » allait revenir dans chaque conversation avec ma fille, mon fils ou sa sœur Gisèle. J'en souriais et je ne disais rien, car elle croyait que je ne l'entendais pas d'en haut. Je ne disais rien parce que j'étais rempli de compassion devant le mal qui s'aggravait chez celle que j'aimais. Le 16 juin, en dépit de tout, je réussissais à inscrire le mot FIN sur le manuscrit à la main de mon roman *La paroissienne*. Quel moment mémorable chaque fois ! Quel soupir de soulagement de voir qu'on a terminé ! Même si on sort de l'épilogue moralement épuisé.

Le jour suivant, mon roman, *La paroissienne*, était rendu chez Francine Fleury pour une première révision et cette dernière se disait captivée par l'intrigue. Ce qui me rassura, car écrivain chevronné ou pas, on doute sans cesse de soi. À la fin du mois, Sylvie, Chris et les enfants étaient à Montréal pour quelques jours. Ce qui permit à Micheline de trotter partout avec eux. Pendant ce temps, je gardais leur petite chienne qui avait voyagé en avion avec eux, et je me remettais physiquement des semaines précédentes.

En août, Francine Fleury et son époux, Fred, fêtaient leur vingt-cinquième anniversaire de mariage au Ritz-Carlton. En grandes pompes ! Micheline et moi, Roxane et Michel, avions été invités. Cela s'était relativement bien passé, même si Micheline détonnait souvent. Elle s'amusait ferme, cependant, et se mêlait aux autres. Un mois succède à l'autre et, pour son anniversaire qui venait, j'étais allé avec elle lui acheter un joli tailleur chez Laura Petite. Imaginez! Elle portait du quatre ans! Elle semblait contente, mais elle avait hâte de rentrer à la maison. Elle détestait magasiner et essayer des vêtements. Ça la rendait hors d'elle! Le lendemain après-midi, seuls tous les deux, j'avais placé dans le lecteur le film *Singing In The Rain* avec Gene Kelly. Ce qui lui avait fait plaisir. Le passé, quoi! Des jours plus frais, parfois doux comme un relent de l'été et, le 20 septembre, Claude Bacon, le mari de Françoise, sœur de Micheline, décède à Québec à l'âge de soixante-neuf ans. Un mois plus tard, un autre décès survenait. Une connaissance cette fois, une journaliste qui avait travaillé avec moi durant des années au *Lundi*, Marcelle Ouellette. Nous avions vécu tant de beaux moments ensemble. Elle avait quatre-vingt-trois ans au moment de son triste départ. Une femme que j'aimais beaucoup.

J'ai les nerfs à fleur de peau! J'ai des douleurs névralgiques au bout des doigts, au poignet, à l'avant-bras... Je fais même un peu d'angine malgré mon opération. Bref, je suis au bout de mon stress! La cause? Ma femme et sa terrible maladie. Nous ne sommes que deux dans cette maison, personne d'autre pour prendre la relève lorsque je suis à bout d'indulgence et de patience. Elle veut faire bouillir des pâtes et elle ne remplit que le fond du chaudron, parce qu'on est «juste deux», dit-elle. Je pourrais certes compatir si elle était douce, mais non, elle devient agressive quand elle me voit ajouter de l'eau. Furieuse même! «Tu ne me montreras pas comment faire cuire des pâtes!» me crie-t-elle dans sa colère. Alors, je deviens nerveux, abattu, déprimé... Et je suis certain que beaucoup d'aidants aux prises avec une personne souffrant de la maladie d'Alzheimer traversent de tels moments. Ce même soir, pour la calmer, j'avais regardé la finale des compétitions de patin artistique à Vancouver et elle m'avait lancé : « C'est plate ! » Elle qui adorait pourtant le patin. Parce qu'elle était encore négative. De mon côté, j'étais épuisé de mes journées avec elle. Beaucoup plus que de mes nuits blanches de jadis, alors que mon bébé Michel pleurait à chaudes larmes à cause de ses coliques. Parce qu'un bébé de six mois, ça pleure... mais ça ne parle pas ! Quelques jours s'écoulèrent et c'était encore l'enfer avec elle. Mais les soirs venus, à cause d'un sursis, compatissant, je sentais la tendresse que j'avais pour elle prendre le dessus sur les inconvénients. Et malgré les injures, les attaques verbales et les menaces de sa part... je l'aimais encore.

Fin novembre, des émissions à faire à TVA dont *Artistes à la chaîne*. Marie-Chantal Toupin m'avait choisi et je l'avais rencontrée au marché Bonsecours pour l'enregistrement dans un vaste studio. Elle m'avait parlé de son engouement pour *Pauline Pinchaud, servante*, elle avait adoré ma trilogie et elle la suggérait à tous les téléspectateurs. Ce qui avait eu son effet. À mon tour de choisir l'artiste suivant et j'avais jeté mon dévolu sur Mario Pelchat que je n'avais pas revu depuis longtemps. Il était venu chez moi où l'équipe de TVA se trouvait déjà. Que de belles retrouvailles ! Il avait pour mission de m'aider à monter mon sapin de Noël tout en chantant une chanson de circonstance que je devais choisir. Je lui avais demandé *Petit Papa Noël*, que je chantais depuis mon enfance à l'orphelinat.

Décembre surgit et Gisèle et son mari ont invité Micheline à passer trois jours au chalet. Et, pour la première fois, ma femme ne voulait pas y aller. Négative, il m'a fallu la convaincre du bienfait de l'air de la campagne pour sa santé et, après deux jours de pourparlers, elle a fini par accepter. Dieu merci ! Ce qui allait me procurer un repos bien mérité. Le 6, les dés sont jetés, j'ai soixante-dix ans ! Septuagénaire ! Peu fier de l'être cependant... Mais, impuissant devant le fait accompli. J'ai reçu des vœux de partout et Michel et les siens veulent me fêter en fin de semaine. Ce dont je me serais bien passé... Comme de coutume, Micheline était d'humeur massacrante. Dommage que sa maladie la rende si méfiante, si offensive. Elle a du nerf ! Elle a le poing souvent serré, je la regarde et j'ai l'impression d'être son... *punching bag*! Même si elle ne m'a jamais bousculé. Le problème, je le sens, est qu'elle ne supporte pas que je conduise encore l'auto, que je cuisine, que je sorte seul, alors qu'elle ne le fait plus. Mon autonomie la dérange. Pas celle des autres, que la mienne, son aidant, son conjoint par-dessus le marché ! Et, psychologiquement, ça se comprend. Cette rivalité chez les couples... Pour la calmer un peu, le soir venu, j'avais placé dans le lecteur le film *Mildred Pierce* avec Joan Crawford et Zachary Scott. Elle l'avait regardé évasivement, sans rien suivre vraiment, pour me demander en plein milieu : « Pourquoi c'est pas en couleurs ? » Elle qui raffolait pourtant des films en noir et blanc. Le 24, en après-midi, je suis allé voir le film *Marie-Antoinette* de Sofia Coppola dans un cinéma de Laval. Un film insipide, empreint de modernisme, que je n'ai pas aimé. Ce même soir, néanmoins, la messe de Noël à neuf heures avec Micheline. Que de beaux cantiques ! J'y étais allé, cette fois, j'ai même communié sans me confesser, je n'avais rien sur la conscience. Et j'ai prié l'Enfant Jésus bien fort... pour elle.

Un jour de Noël tranquille chez Michel. On nous a offert plusieurs cadeaux, une eau de toilette et un vin français pour moi, des chocolats et la biographie de Dominique Michel pour elle. Sera-t-elle seulement en mesure de la lire ? J'en doute... Le mois s'achève et le 31 au soir, je refermais un autre journal intime d'une main épuisée. Par l'écriture... Le cœur, lui, se portait mal à cause du quotidien peu facile à vivre... Mais j'avais mes enfants et mes petits-enfants et, juste à côté de mon fauteuil berçant, il y avait, dans le sien, ma femme, malade, que je contemplais avec attendrissement.

Chapitre 18

Un froid intense à l'extérieur. Pour contrer les impatiences de Micheline, j'ai mis le film *Brigadoon* avec Van Johnson dans le lecteur, mais elle a décroché après quinze minutes. Elle préférait tourner en rond dans la cuisine, se pencher et ramasser des grains de poussière ou des miettes de pain sur le plancher. Elle est très perdue ces jours-ci, ce qui amplifie sa mauvaise humeur. À la mi-janvier, je recevais les premiers exemplaires de mon roman *La paroissienne*. Un moment qui me réjouissait chaque fois. La couverture était très invitante. Un profil de femme portant un chapeau avec voilette. Intrigant! Le samedi suivant, ma femme était allée chez Michel, ce qui m'avait permis de reprendre l'écoute des championnats canadiens de patin artistique à Halifax où Jeffrey Buttle avait remporté la médaille d'or en solo chez les hommes, alors que notre Québécoise Joannie Rochette prenait la première place chez les femmes. Et, ce 30 janvier 2007, je débutais une tournée de promotion pour mon nouveau roman en commençant à RDI par une bonne entrevue de Michel Viens, un homme très sympathique. En février, par un soir de froidure, Micheline m'est arrivée au salon avec un film entre les mains. Un vieux film dont j'oublie le titre, avec l'acteur Guy Madison. Elle était allée à la pêche dans la boîte de carton, je crois. Je l'ai écouté avec elle, il était d'un ennui mortel, mais elle l'avait quand même regardé jusqu'à la fin, celui-là. Curieux… Puis, des entrevues un peu partout par téléphone à travers le Québec, et d'autres pour les journaux et magazines, dont une très solide avec Michèle Lemieux pour *Le Lundi*. Mon roman, *La paroissienne*, semblait en voie de battre des records de vente. Pour les 30 ans du *Lundi*, le 27 janvier 2007, j'avais eu le plaisir de faire une entrevue téléphonique à Las Vegas avec Céline Dion et René Angélil. Elle avait été charmante et m'avait manifesté beaucoup de reconnaissance pour ce que j'avais fait pour elle à ses débuts, alors que je dirigeais *Le Lundi*. Puis, René avait pris l'appareil et nous avions causé de ces bons moments derrière nous, il n'en avait oublié aucun. À la fin de notre entretien, avant de raccrocher, il m'avait dit : « Denis, je t'invite à Las Vegas ! Viens nous voir ! Appelle Francine Chalout, elle va arranger tout ça. Tu es mon invité ! » J'ai répondu que je ne pouvais pas m'y rendre à cause de mon opération au cœur, que les assurances n'allaient pas me couvrir aux États-Unis, et il avait répliqué : « Allons donc, fais un effort ! Ce n'est pas si loin ! Ça va te faire du bien ! Et si tu as des problèmes de santé rendu ici, je m'en charge ! » Je l'avais remercié chaleureusement, mais je n'y étais pas allé. Je ne pouvais pas laisser Micheline derrière moi ni l'imposer à mon fils et à sa femme qui travaillaient tous les deux. Ce que je n'avais pas dit à René… Mais c'était gentil de sa part de m'inviter si chaleureusement. Je reviens donc aux trente ans du *Lundi* et je me remémore le bel accueil reçu de Denis

Lévesque à son émission. On était même venu me chercher à la maison en limousine. Nous avions parlé du *Lundi*, de mes années à Hollywood, de ma vie intime, de mon opération que je venais de subir. On m'avait consacré l'heure entière, ce qui avait été très apprécié de la haute direction des magazines. Denis Lévesque, ainsi que son recherchiste Bruno Genest, avait été plus que courtois envers moi. Monsieur Lévesque, respectueux des efforts d'autrui, avait été emballé par toutes ces années consacrées aux artistes d'ici et d'ailleurs. En plus du côté humain du magazine que j'entretenais avec minutie au temps où je le dirigeais. Bref, un anniversaire qui s'était prolongé tout au long de l'année, mais après une semaine de radio et de télévision, on pouvait dire que le plus gros de la fête était souligné. Surtout avec l'entrevue de Céline et René en guise de conclusion parue dans *Le Lundi*.

En mars, ma fille m'annonçait que sa maison était payée. Hourra ! Moi, les dettes… Sur ce plan, je suis comme Dominique Michel, j'aime payer comptant… ou rapidement ! Le même mois, je donnais une conférence à la bibliothèque de Saint-Léonard et, six jours plus tard, Jean Charest était réélu premier ministre du Québec, et le mois de mars, avec ses tempêtes et ses jours d'accalmie, s'était terminé par le Salon du livre de Trois-Rivières où beaucoup de lecteurs et lectrices m'attendaient. J'en étais sorti épuisé après trois jours de dur labeur, mais heureux de constater que le romancier que j'étais devenu puisse plaire autant. *La paroissienne* faisait fureur partout. Ainsi allait la vie et ses émois : une peine… une joie. En avril, Alain Stanké m'interviewait pour le magazine *Dernière Heure*. C'était la première fois que je le rencontrais. Un homme aussi captivant que son sourire. Ce qui m'avait ravi, c'est qu'il m'avait avoué avoir passé tout droit à sa station dans le métro tellement il était absorbé par *La paroissienne*.

Venant de lui, c'était un fort beau compliment. Trois jours plus tard, une invitation pour une table ronde à l'Union des écrivains animée par Stanley Péan.

Le 18 mai 2007 se pointe et voilà que Micheline et moi fêtons nos noces d'or. Bien humblement cependant. Tout de même, cinquante ans de mariage et toujours ensemble, c'était à souligner d'une certaine façon, même si ma douce moitié n'avait plus toute sa raison. Cette néfaste maladie d'Alzheimer et, de mon côté, ce cœur malade… Nous n'étions plus que les épaves de ce que nous avions été le 18 mai 1957. Pas facile à admettre, mais avec les faits bien en face… Je nous revoyais tous les deux, jeunes et beaux, faisant un signe de la main aux invités avant de partir en voyage de noces. Malgré tout, nous étions encore debout. Défectueux, mais encore deux à respirer chaque jour qui se levait, cinquante ans plus tard. Nous n'avions pas eu de grande fête familiale, je m'y étais opposé. Ça n'en valait pas la peine, Micheline aurait été mentalement absente de l'événement et moi, je n'y tenais pas vraiment. Francine Fleury nous avait fait parvenir des fleurs, ses parents également. Le lendemain, Michel et Roxane nous avaient invités au restaurant avec nos petits-enfants de plus en plus grands. Un beau témoignage d'amour et de gratitude de leur part. Puis, on nous avait remis les cadeaux regroupés de notre petite famille. Des boucles d'oreilles en or pour leur mère et un superbe album rigide et illustré sur Marie-Antoinette à Versailles pour moi, leur père. En plus d'une assiette murale 50e anniversaire avec bordure en or 24 carats, sans oublier des cartes reçues de toute la parenté. Nous n'avions rien voulu de grandiose, mais dans notre modestie, force est d'admettre que ces présents… l'étaient! Tout semblait avoir été coulé dans l'or de nos noces d'or! Le lendemain, j'avais fait un montage de tous les cadeaux reçus sur la table de la salle à manger et j'avais demandé à Nancy, notre gentille voisine, de venir nous prendre en photo devant ce fabuleux décor. Sur cette unique photo, nous avions tous les deux offert un sourire, celui de Micheline plus timide cependant, mais assez franc pour dire à tous, par cette image, que nous nous aimions encore... et davantage ! Hélas, le lendemain, tout était loin dans la mémoire de ma femme. Évaporé dans les nuages au-dessus de notre maison. *Qu'importe !* me disais-je, *elle aura vécu un moment de bonheur. Et je ferai en sorte de le garder au fond de mon cœur... pour elle !*

En juin, je me rendais à la librairie Monet où, feuilletant le magazine *Le Libraire*, je pus lire un bon commentaire sur *La paroissienne*, en deux lignes seulement. Ah ! ces littéraires ! Le 20, ma fille Sylvie avait quarante-cinq ans. Une semaine plus tard, Micheline se rendait à Calgary, mais pas seule, cette fois, notre petit-fils de seize ans, Christian, l'accompagnait. Ce qui était plus rassurant pour nous, mais elle était quand même nerveuse et angoissée. Elle disait qu'elle n'allait pas se rendre, que l'avion allait avoir des problèmes. Bref, elle était stressée et apeurée, ce qui ne lui arrivait pas avant. Incompréhensible ! Elle partait avec son petit-fils ! Ils ont fini par prendre l'avion et tout s'est bien déroulé pour eux. Le soir venu, le téléphone sonnait et je ne répondais pas. À personne ! J'étais littéralement vidé ! Au point de m'endormir dans mon fauteuil devant le bulletin de nouvelles. Je n'ai pas soupé, j'ai décompressé, car un jour de plus avec elle et je me serais effondré ! Bien sûr que je la plaignais et que je compatissais, mais il aurait fallu être à ma place pour ressentir ce que je vivais. On a beau être un aidant, on n'est pas invulnérable pour autant. Vient un temps où... J'avais besoin de me reprendre un peu en main. J'avais mal partout, j'étais tendu de la tête aux pieds. Je l'entendais me dire et me redire des choses invraisemblables et en silence... je pleurais.

Le 7 du 7 de l'an 2007, et c'est ce samedi que j'ai choisi pour inviter Roxane, Michel et les enfants à souper au Il Cenone, afin de souligner le vingtième anniversaire de leur mariage. Un copieux repas, du vin de qualité et, en guise de présent pour leurs noces de porcelaine, je leur ai offert une figurine Lladró, ce qu'ils ont apprécié. Tout cela, pendant que Micheline, à Calgary, rendait la vie de Sylvie assez mouvementée. Une semaine plus tard, elle revenait et, dès son retour, elle était agressive. *Ça recommence!* me disais-je. *Je vais devoir rouler mes manches! Ah! Seigneur! Comme elle doit être malheureuse dans sa tête et dans son cœur!*

Je commence un autre roman. À saveur historique cette fois. Intitulé *M. et Mme Jean-Baptiste Rouet*. Ma fille me disait: « Pourquoi ne pas en écrire un contemporain? Toutes ces recherches qu'il te faudra faire... Ça va t'épuiser, papa! » Mais j'avais envie de remonter loin dans le temps, en 1885 si possible, et de tracer le portrait d'un couple, d'une famille qui traverserait deux guerres dans la misère et le courage. Le genre de roman que j'aimais... En passant, vous ai-je dit que je suis un passionné du tennis et que j'aime beaucoup regarder les tournois à la télévision? Je ne manque jamais la coupe Rogers à Montréal, mais je ne me rends pas sur place, je ne sais pas comment ça fonctionne aux guichets et je ne voudrais pas hériter d'un billet en plein soleil avec mon état de santé. Le 11 août, je regardais Rafael Nadal qui avait été déclassé. Je l'aime beaucoup, cet Espagnol, il est excellent et franchement sympathique. Le lendemain, c'était au tour de Roger Federer, un joueur superbe avec beaucoup de classe, qui avait néanmoins perdu contre Novak Djokovic, plus offensif dans son jeu. Mais j'aime tous les joueurs et je donne la chance au coureur. De toute façon, comme c'est un sport plutôt individuel, il faut un gagnant et un perdant, mais les deux ont du mérite. Chez les femmes, Maria Sharapova et Serena Williams ont ma préférence... Du même coup, je me tourne vers mon roman qui prend forme, qui coule de plus en plus... Comme un ruisseau qui deviendra rivière. Ce qui me permet de m'évader et de retrouver Micheline avec plus de patience par la suite. Même si elle continue de dire à Sylvie au bout du fil : « J'suis toute seule comme une dinde en bas ! Y est toujours en haut ! » Enfin, ce mois peu bénéfique se termina. J'étais à fleur de peau, je m'emportais pour un rien contre mon éditeur, parfois contre les amis. Comme si je déversais sur eux le trop-plein reçu de ma femme. Je ne me reconnaissais plus moi-même, et ma fille tentait de me calmer. Une mauvaise passe ! Il fallait que je me reprenne en main, que je retrouve le sourire sans amoindrir mon courage. Micheline y était pour tout, je le savais, mais elle n'y était pour rien au fond, elle était malade. Et mon comportement m'arrachait des larmes...

Septembre, la rentrée des classes, la fin des vacances. Le 3, je donne un *lift* à Michel jusqu'à la clinique où il subit ses dialyses trois fois par semaine, quatre heures chaque fois. Je le vois entrer et j'ai le cœur en lambeaux. Pauvre fiston ! Pauvre père de famille qu'il est, si bon, si aimant pour ses enfants... Pourquoi ? À quand la greffe de rein qu'il attend encore ? Le lendemain, Micheline célébrait ses soixante-douze ans. Dans le déséquilibre de sa maladie. La pauvre ! Pas même le droit de vieillir dans la dignité. Après avoir travaillé toute sa vie pour ce petit « bout d'temps » ensemble. Ce soir, on lui a chanté *Happy Birthday* de Calgary et elle semblait émue. J'ai voulu l'emmener au restaurant, mais elle a refusé. Elle n'avait pas faim, disait-elle. On l'avait toutefois fêtée le samedi chez Michel avec un bon souper, un gâteau d'anniversaire et des chocolats et des biscuits de fantaisie de la part des enfants, mais tout ce qu'elle avait vécu ce jour-là était tombé dans l'entonnoir d'aujourd'hui. Tiens ! j'apprends que Pavarotti est mort. Quelle désolation ! Je l'annonce à Micheline, c'était l'un de ses préférés à l'opéra. Mais elle a très peu réagi. Comme s'il n'était plus en vie… depuis longtemps déjà. Pour ensuite regarder un film en noir et blanc avec Gail Russell sur lequel elle s'était endormie. J'écris, j'écris, j'avance… Mon prochain roman est déjà à l'état d'un fœtus. Dieu que je l'aime ! *M. et Mme Jean-Baptiste Rouet* jouira d'un grand succès, je le sens. Pendant que j'écrivais, Micheline regardait la télévision sans rien suivre, téléphonait à ses sœurs, à Sylvie, mais en se plaignant moins de moi, étant de plus en plus mêlée dans ses propos. Comme si d'autres cellules cérébrales avaient éclaté. Tout fondait dans sa mémoire au fur et à mesure que ça entrait. C'était si triste à voir…

J'ai posté une carte avec mes vœux d'anniversaire à Marie-Claire Blais, ma bonne amie, écrivaine de renom. On ne se voit pas souvent, mais on s'écrit, on maintient le lien qui nous unit. Les confidences se poursuivent. Ce mois d'octobre contient aussi d'autres jours de fête, ma bru, Roxane, mes petits-fils de l'Alberta, Matthew et Sacha. Des Balance… équilibrées ! Ce soir, j'ai emmené Micheline un peu de force manger au restaurant. Il m'a fallu insister, elle ne veut plus sortir… Rendus au Il Cenone, elle a mangé au complet un saumon grillé avec légumes, précédé d'une soupe et suivi d'un dessert très sucré. J'ai mangé moins qu'elle et je me suis permis un verre de vin pour me détendre. De retour, je la sentais heureuse d'être sortie. En regardant un film avec Esther Williams, elle m'avait soudainement demandé : « On va-tu y retourner à ton restaurant ? » Comme si c'était la première fois, alors qu'on y allait depuis deux ans. Une dizaine de jours plus tard, dans sa quête de films d'autrefois, elle avait choisi dans la boîte *Soudan* avec Maria Montez, un film que j'avais vu au cinéma lorsque j'avais douze ans. Pas d'hier, comme vous pouvez le constater ! Je l'avais placé dans le lecteur et elle avait été surprise de voir qu'il était en couleurs, celui-là. Bref, tout pour lui plaire, mais j'avoue que ça m'avait fait autant plaisir qu'à elle, ce soir-là.

Novembre, des jours plus sombres, et mon fils a eu quarante-huit ans le cinquième jour de ce mois. Il a eu la bonne idée, toutefois, d'aller les fêter à Las Vegas avec sa femme. Un court séjour, il va sans dire, à cause de la dialyse trois fois par semaine. Tout de même, une fin de semaine bien méritée pour tous les soins qu'ils prodiguent à Micheline. Pour nous, trois jours plus tard, c'était jour du vaccin annuel contre la grippe et il m'a fallu traîner Micheline, elle ne voulait pas me suivre. J'ai mis des heures à la convaincre. Pas facile ! Comme le vaccin était donné par notre médecin de famille, nous en avons profité pour le jumeler à la visite médicale de ma femme, pour nous rendre compte qu'elle ne pesait plus que… 87 livres ! Pas surprenant, elle ne mangeait plus ou presque, elle laissait la moitié de son assiette. Que pouvais-je donc faire ? On ne force pas une femme de son âge, malade en plus, à avaler d'autres bouchées comme on le fait avec une enfant. Mais ça m'inquiétait… Le 21 du même mois, Christopher, mon gendre, était venu à Montréal avec ses garçons pour un rendez-vous d'affaires. Un séjour de deux jours tout au plus et, en retournant, il avait réussi à convaincre *Mom*, comme il appelait ma femme, de revenir avec ses petits et lui à Calgary. Il avait réussi ! Dieu merci ! Sylvie allait l'avoir pour huit jours, ce qui allait me permettre de retrouver mon souffle. Il était temps qu'elle parte, cette fois, j'étais au bout de mon rouleau. Et ce, même si j'avais encore beaucoup d'amour dans le cœur. Puis, il s'était mis à neiger, à pleuvoir et, seul entre mes murs, j'écoutais de la musique classique et j'écrivais… Quand venait le soir, je regardais des films, sur lesquels je m'endormais. De fatigue... Pour le retour de Micheline, Sylvie l'avait accompagnée jusqu'à la porte de l'avion, ce qui est permis en Alberta, mais pas au Québec... évidemment ! Quand elle est descendue dans l'escalier mécanique à l'aéroport de Dorval, nous la regardions de loin, Michel et moi, et elle semblait confuse. Elle avait les yeux hagards et la tuque de travers sur la tête. Un portrait qui m'avait fait mal. Puis, nous apercevant, Michel et moi, je l'ai sentie rassurée. Sans aucun sourire de sa part toutefois, elle s'était vite accrochée au bras de son fils pendant que j'allais attendre ses valises auxquelles elle ne pensait plus. Ainsi allait sa triste vie... Décembre se leva et, quatre jours plus tard, nous recevions quarante centimètres de neige. La plus grosse tempête depuis 1941. Il m'avait fallu déblayer la voiture à trois reprises. Deux jours plus tard, les jeux étaient faits pour moi, j'avais soixante et onze ans révolus. Était-ce un âge vénérable ou un outrage à ma défunte jeunesse ? Je n'en savais rien, mais le fait d'avancer me faisait peur, j'avais tellement de romans dans la tête... Les courriels, les coups de téléphone, les souhaits de tous côtés. Comme d'habitude. Une semaine plus tard, encore de la neige ! Prisonniers de nos murs, Micheline et moi, nous avions regardé *The Sun Also Rise* avec Tyrone Power et Ava Gardner. Un film que je n'avais pas aimé et que Micheline, pour me contrarier, disait avoir apprécié. Alors qu'elle avait dormi pendant la moitié de la projection ! Juste pour me tenir tête ! N'étais-je pas son souffre-douleur ? Je disais « rouge » et elle disait « bleu ». Je lui avais dit qu'Ava Gardner était jolie et elle m'avait répondu : « Non, elle est laide ! » Alors, je ne disais plus rien, sachant qu'elle attendait un autre mot de moi pour dire le contraire. Vraiment triste... Mi-décembre, *Ah ! comme la neige a neigé...* écrivait Nelligan dans son poème *Soir d'hiver*. Une autre tempête ! Décidément, c'étaient les hivers d'antan qui refaisaient surface. Mais Micheline était plus malléable ce jour-là. Elle avait même apprécié le souper que j'avais préparé. Merci, Seigneur! Un répit pour mon cœur! Le 20, hélas, elle s'était endimanchée, elle se croyait rendue au jour de l'An. Elle avait sorti le rôti de bœuf au moins quatre fois du réfrigérateur pour le faire cuire pour Michel et les siens. Je le replaçais au congélateur et, tentant de lui expliquer que ce n'était pas encore le moment, elle m'avait tourné le dos pour aller s'asseoir dans son fauteuil et me bouder. Presque toute la journée! Je tentais, de temps à autre, de lui faire comprendre que Noël n'était même pas arrivé, peine perdue, elle me regardait par en dessous, avec les yeux d'une enfant qui en veut à son père. Je me taisais, je respirais par le nez, je la regardais plus ou moins, car c'était pire… Mais je l'aimais.

Veille de Noël! Je range les cartes reçues dans un bas de feutre. Celle de Marie-Claire Blais, la première. Elle avait ajouté la photo de son chat. Quelle joie de la lire! Une soirée calme devant le téléviseur, des cantiques de Noël par une chorale, le *Adeste Fideles* que Micheline aimait tant… Le lendemain, un souper chez Michel. Ma femme adorait aller chez son fils, elle y aurait passé le reste de sa vie… Pourquoi pas? Je plaisante, c'est avec moi qu'elle traversait son dur quotidien, mais elle avait apprécié les tourtières de Roxane, la dinde au jus et les cadeaux reçus. De retour à la maison, elle s'était couchée tôt, épuisée par la journée. Et, seul dans mon bureau, en écoutant Mozart tout doucement, je replongeais dans mon roman. Deux ou trois jours plus tard, elle avait téléphoné chez Sylvie à deux reprises pour lui poser les mêmes questions. *Quel âge a Matthew? Sacha va-t-il à l'école?* Ayant oublié, bien sûr, lors du second appel, qu'elle avait causé avec elle quelques secondes avant. Puis, le 31 au soir, j'écrivais dans mon journal intime: *Je ne vois rien de bon à l'horizon.*

Pessimiste ? Peut-être. Difficile d'être optimiste quand on voit celle qu'on aime dépérir de la sorte. On voudrait lui prendre la tête, appuyer tendrement les pouces sur ses tempes et tenter d'arrêter ce mal qui progressait. Comme par miracle ! On voudrait tant de choses pour elle, mais on ne pouvait que prier. Ce que je faisais chaque soir en regardant le crucifix du mur de ma chambre. Mais, ce qui m'a le plus ému en ce dernier jour de l'année, c'est quand elle m'a dit avant d'aller se coucher : « Je vais prier pour que t'aies plus mal à ton cœur. » J'ai senti un motton m'étrangler !

Nous avons dégarni le sapin et rangé la couronne accrochée à la porte d'entrée. J'ai relu les signatures des cartes reçues, je les garde toujours un certain temps. Tout redevenait normal dans notre maison, sauf Micheline qui était terriblement confuse... Un jour à la fois. Un de mes amis m'avait invité à souper et, sans m'en rendre compte, j'avais bu un ou deux verres de vin de trop, moi qui n'en prenais qu'un à table. Pourquoi donc ce soir-là ? Pour oublier ? Pour noyer mes déboires tout en me confiant ? Sans doute les deux, mais il allait me falloir être plus vigilant. Le vin et ses effets ne sont que des palliatifs... Rien de bienfaisant pour le cœur. Je devais pourtant le savoir... Misère !

Elle dégringole de plus en plus de sa mémoire... Demain, c'est encore le jour de l'An qui s'en vient pour elle, et elle a téléphoné à notre fille à Calgary trois fois de suite ce soir. Pauvre Sylvie ! Elle a beau avoir beaucoup de patience, c'est méritoire de sa part. Que puis-je donc faire ? Lui dire qu'elle a déjà téléphoné ? Non, ce serait l'agression verbale s'il fallait que je lui dise qu'elle se répète. Au fur et à mesure, on apprend, vous savez. Je ne suis pas assez masochiste pour courir après les troubles. Je laissai donc Sylvie composer avec la situation... Ah ! bonne Sainte

Vierge, venez-lui en aide ! Tiens ! C'est le 11 janvier et il pleut ! La nature est à l'envers, mais ça fait fondre un peu la neige. J'ai écrit toute la journée ou presque, pendant que Micheline sommeillait dans son fauteuil. En soirée, nous avons regardé le film *Lulu Belle* avec Dorothy Lamour. Elle l'a aimé, mais, selon elle, ce n'était pas le genre de film à regarder la veille… de Noël !

Les jours suivants se sont écoulés semblables à celui-là, avec des hauts et des bas. J'ai réussi à terminer tant bien que mal mon roman, *M. et Mme Jean-Baptiste Rouet*. J'en étais fier, je le relisais et j'ajoutais, par-ci, par-là, un mot ou une virgule. Enfin, mars arrive et nous en sommes à un autre dimanche de Pâques. Ce dont je parle peu souvent, parce qu'on le fête plus ou moins dans la famille. Il est loin le temps des roses de papier crêpé que le boucher épinglait sur le jambon de ma mère ! Michel était venu avec sa famille, nous avions des chocolats pour eux et Micheline, avec l'aide de Roxane, avait fait cuire son *roast beef*. Seule, il aurait fallu la surveiller constamment à cause du temps requis qu'elle oubliait au cadran ou des boutons de la cuisinière qu'elle confondait souvent. De plus en plus troublée, elle s'était habillée le matin même pour aller chez la coiffeuse, alors qu'elle s'y était rendue la veille. Plus mêlée que ça… Pauvre elle ! Une semaine plus tard, Michel était venu la chercher pour qu'elle passe la journée avec eux. Un fait nouveau, elle prend des heures à manger. Elle coupe tout en petits morceaux dans son assiette et les avale un à un. Même sa salade ! Comme une enfant de quatre ans ! Imaginez ! On ne sait que faire… Rien d'autre que d'attendre avant de servir le plat principal. Et à ce rythme-là, tout ce qu'elle mange est froid.

Le CLSC de notre arrondissement a ouvert un dossier pour elle et viendra l'évaluer prochainement. Et, en ce même jour, le 4 avril 2008, notre petite-fille Corinne fêtait ses vingt ans. La semaine suivante, je donnais une conférence à la bibliothèque de Pointe-aux-Trembles. J'en étais sorti fatigué, mais content du succès remporté. Quelques jours plus tard, alors que Micheline était relativement plus calme, nous avions regardé ensemble le film *L'Affaire du collier de la reine* avec Viviane Romance. Disons, pour être honnête, que je m'étais fait plaisir une fois de plus, car elle avait trouvé l'histoire bien compliquée... Les jours se suivent, mais ne se ressemblent pas, dit-on, et on a bien raison. Le 16 du même mois, l'humeur de ma femme était insupportable, voire exécrable. J'en ai vu de toutes les couleurs ! Mais, Dieu soit loué, sa sœur Gisèle l'a invitée au chalet pour la fin de semaine. Ouf ! Quelques jours plus tard, je donnais une conférence à l'école Édouard-Montpetit où mon ami Jacques Chaput enseignait. Devant des élèves du secondaire. Inutile d'ajouter qu'on a beaucoup parlé des *Parapluies du diable*. Plusieurs d'entre eux l'avaient lu et les questions fusaient de partout, surtout du plus petit en avant qui se passionnait pour les livres. Et ce mois s'était clos sur une phase assez difficile à traverser avec Micheline. La confusion à son plus haut niveau et de très fortes obstinations de sa part. Bref, une ou deux journées que je regrettais d'avoir vécues... debout !

Le 5 mai 2008, une date mémorable. Mon fils Michel a été greffé d'un rein ce matin à l'hôpital Notre-Dame. On l'a appelé en pleine nuit, il avait deux heures pour se rendre, le rein était en route de Québec. Quand je l'ai appris, j'ai pleuré de joie, il attendait ce moment depuis si longtemps. Et nous, donc ! Il a bien traversé l'opération, mais ça n'avait pas été facile. J'en ai averti Micheline seulement ce soir. Elle est perdue, elle croit qu'on va l'opérer seulement demain... Mais quel bonheur pour mon fils, pour sa femme et pour leurs trois enfants ! Après toutes ces années en dialyse. Et j'ai prié Dieu ce soir pour que ce rein donne à Michel une autre vie. Puis, j'ai demandé à la Vierge Marie de remercier de ma part le donneur. Du plus profond du cœur ! Les jours suivants, je les ai passés à l'hôpital aux côtés de notre fils qui se remettait assez bien de l'intervention. Avec Roxane, évidemment, qui avait encore les yeux embués de crainte et de joie. Pour ensuite donner des coups de fil un peu partout, pour annoncer la bonne nouvelle. Micheline, durant ce temps, était déconnectée de la réalité. Elle se demandait ce que je répétais au bout du fil puisque le message s'effaçait au fur et à mesure de sa mémoire. D'où les questions répétitives aux cinq minutes. Dieu que ma patience a été mise à rude épreuve ce jour-là, mais je me suis contenu. C'était une mère affligée et malade qui tentait de comprendre... Je n'avais qu'à prononcer le prénom de notre fils et elle réagissait. *Qu'avait-il donc ?* devait-elle se questionner. Ce qu'elle me demanda sans arrêt toute la journée. J'avais beau lui dire ce qui était arrivé, elle me le redemandait... Elle souriait, bien sûr, c'était une grande nouvelle, mais peu après, elle sourcillait. J'en étais rendu à murmurer le prénom de Michel aux interlocuteurs pour ne pas qu'elle s'inquiète. Pauvre femme ! Pauvre mère ! Elle qui l'aimait tant... Elle avait fini par se rendre à l'hôpital avec Roxane. Elle semblait comprendre ce qui s'était passé pour ensuite s'en informer. Mais comme Michel prenait du mieux, elle était contente de le voir afficher un sourire. C'était encore... son p'tit gars ! Si sa tête, parfois, ne s'en souvenait pas, son cœur, lui, n'oubliait pas. Elle était revenue heureuse de sa visite à l'hôpital Notre-Dame, mais le soir venu, hélas, tout avait disparu.

Je ne vais pas vous raconter toutes les bévues de ma femme, car ce livre aurait mille pages ! Sachez, cependant, que son état s'aggravait et qu'il n'était pas facile d'être un aidant naturel. La plupart du temps, lorsque les journées étaient trop difficiles, je les amenuisais avec un film que je plaçais dans le lecteur. Comme je l'avais fait un certain soir en lui faisant regarder *The Prince And The Showgirl* avec Marilyn Monroe. Ça l'avait calmée, elle se croyait au cinéma. Mais pour Michel, encore hospitalisé, ça allait moins bien en ces heures-là. La pilule antirejet le rendait malade. Il était irritable et de fort mauvaise humeur. Le choc postopératoire y était aussi pour quelque chose. De retour chez moi, je me sentais désarmé... J'ai prié le Ciel de l'aider, j'ai même invoqué tous les disparus de la famille, mais personne ne m'a répondu. Même pas ma mère ! Le 22, je regardais le calendrier pour me rendre compte que ça faisait dix-huit jours qu'il était à l'hôpital. Et pas près d'en sortir ! Si seulement le bon Dieu pouvait l'aider... Micheline était revenue le visiter, mais je l'avais vite ramenée à la maison. Par charité pour lui, elle était en train de le rendre fou à force de le questionner. Pauvre mère ! Elle croyait qu'il venait tout juste d'entrer à l'hôpital et elle se demandait ce qu'on allait lui faire. Il m'avait fallu espacer ses visites. Michel avait beau avoir du courage que, dans son état, sa patience était à bout. Il allait s'en sortir, j'avais confiance, mais j'avais peur... Quelques jours plus tôt, j'avais craint de le perdre. Alors, toute amélioration nous soulageait énormément. À la toute fin du mois, mon fils avait finalement obtenu son congé. Il avait retrouvé sa maison, sa chambre, son confort et son petit chien. Ce qui lui remontait le moral, il va sans dire. Tout semblait bien aller pour l'instant... À la grâce de Dieu !

Le mois de la fin des classes. Les enfants des alentours me disent qu'ils ont hâte d'être en vacances. Le 10 juin, l'évaluatrice du CLSC est venue chez nous comme convenu et Micheline, sur la défensive, m'avait beaucoup accablé devant elle. J'avais l'air d'un… tyran ! Elle ne faisait que parler nerveusement et ne répondait pas aux questions de la dame. Aucune gratitude envers moi, je ne m'y attendais pas, mais ça me faisait de la peine. Ce n'était plus la Micheline d'il y a quelques années, c'était une autre dont j'étais la bête noire. Pourquoi ? Je crois que la plupart des aidants traversent ces durs moments, à moins d'avoir une patiente docile, ce qui n'était pas mon cas. Néanmoins, j'ai été indulgent, j'ai même pris tous les blâmes pour ne pas la contrarier. L'évaluatrice en avait vu d'autres, elle me le faisait savoir d'un regard ou d'un signe. Selon ma femme, je ne savais pas cuisiner, j'étais toujours en haut, elle en bas comme… Non, je ne me répéterai pas, vous connaissez la suite. La dame lui avait cependant suggéré de venir chaque semaine aux activités du CLSC, qu'on viendrait même la chercher en autobus. Elle avait accepté… Restait à voir ! Après son départ, Micheline, comme si de rien n'était, m'avait demandé : « Qu'est-ce qu'on mange pour dîner ? » Elle venait de me traiter comme du poisson pourri, mais elle avait déjà tout oublié. Quelle terrible maladie que la sienne… Je la regardais avec un sourire attendrissant, je compatissais… Mais, me regardant soudainement de travers, sur la défensive, elle m'avait lancé : « Tu ris-tu d'moi ? » Que répondre à cela, sinon : « Ben non, voyons… » Puis, un vendredi 13 pénible. Elle avait été inqualifiable, ce jour-là. Depuis le matin, dès son lever… Elle m'avait agressé verbalement toute la journée. Elle était féroce, j'avais peine à la contenir. Je me sentais au bout du rouleau ! J'aurais voulu hurler, crier plus fort qu'elle pour la faire taire, mais je ne l'ai pas fait. Elle était malade, pas moi. J'ai préféré monter à ma chambre et tenter de faire une sieste… Sans succès. Le soir, une récidive, elle m'invectivait de tous les noms, elle refusait de prendre les appels téléphoniques de ses sœurs… J'ai tout essayé... En vain ! Jusqu'à ce qu'elle monte se coucher. J'avais beau avoir de la compassion... Mais, à savoir si je l'aimais ce jour-là... Non !

Michel est de retour à l'hôpital. Une infection quelque part, il est fiévreux. Il ne s'en sortira donc jamais ? Pauvre lui ! Attendre cinq ans pour un rein et éprouver des difficultés... Mais il était si tenace, si courageux. Cinq jours après son congé de l'hôpital, il était encore hospitalisé. On ne prend pas de chance avec les greffés, on double plutôt de précaution. Il avait parlé à sa mère au téléphone en après-midi, mais cette dernière, en soirée, se plaignait de ne pas avoir de nouvelles de lui. Six jours encore et enfin on le libérait de l'hôpital. Tout semblait sous contrôle. Merci Seigneur ! J'avais tellement prié.

Micheline est allée aux activités du CLSC pour la première fois aujourd'hui. Sans rouspéter. Elle semblait heureuse qu'on vienne la prendre à la porte avec le petit autobus blanc et bleu. Je ne sais trop si elle a aimé ou non cette expérience, mais elle n'a pas contesté le fait d'y retourner la semaine suivante. À son insu, j'ai appelé l'intervenante et cette dernière m'a dit qu'elle avait participé aux jeux et qu'elle s'était assez bien mêlée aux autres. J'en déduisais donc que cette sortie hebdomadaire allait lui être bénéfique. Elle m'avait parlé d'une dame qui était à côté d'elle dans le petit autobus, ainsi que d'un Noir qui mesurait au mois sept pieds selon elle, et qui dormait sur le dernier banc. Elle se souvenait des gens dans l'autobus, beaucoup plus que de ceux qu'elle avait croisés sur place, parce que c'étaient les derniers qu'elle avait vus avant de rentrer. La majorité des patients étaient atteints, tout comme elle, de la maladie d'Alzheimer. Elle ne parlait jamais cependant de l'état de santé des autres ni du sien, et elle disait à sa sœur Gisèle qu'elle allait chaque semaine à des activités et à un dîner de l'âge d'or. Peu consciente

Mon premier recueil de billets, *Au fil des sentiments*, publié en 1985.

Le bureau de travail dans lequel j'ai écrit tous mes romans.

Au Nouveau-Brunswick pour six conférences dans les bibliothèques avec Patrick Provencher.

Au Salon du livre de Montréal en 2007.

Invité d'honneur du Salon du livre de Montréal en 2009.

Micheline avant sa retraite d'Hydro Québec. En plein travail!

Micheline et moi en 1986 au Caf'Conc pour un spectacle d'envergure.

Micheline avec sa belle-maman, qu'elle affectionnait beaucoup.

Ma mère avec sa robe brune de sortie, lors des fiançailles de Michel en 1986.

Ma mère dans mes bras peu de temps avant sa mort.

Le mariage de Michel et Roxane en 1987.

Un jour inoubliable pour Sylvie en 1989.

Photo heureuse de la famille entière en 1990.

Sylvie, Christopher et leurs enfants à Calgary.

Nous deux et les enfants de Michel.

Avec mon fils et son épouse, Roxane, le jour de mes soixante-huit ans.

Corinne prend soin de son grand-père après un quadruple pontage.

Ma plus précieuse amie, Francine Fleury.

Des noces d'or en toute intimité en 2007.

Notre dernière danse…

de la réalité, elle invitait sa sœur à se joindre à eux la prochaine fois, qu'on irait même la chercher. Un peu plus tard, juste avant le souper, je la sentais maussade et, pour voir si elle avait gardé quelque chose en mémoire de ses activités, je lui avais demandé ce qu'elle avait fait au CLSC. Me regardant, elle me répondit froidement: «J'ai bretté toute la journée!» Ce qui augurait mal. J'aurais donc dû fermer ma g... Il m'arrivait de commettre des erreurs comme vous pouvez le constater. Je n'avais pas insisté et vite changé de sujet. Ça tombait bien, son écureuil préféré était sur le garde-fou de la galerie pour avoir sa croûte de pain. Je constatais aussi que sa réponse allait de pair avec l'oubli qu'elle avait de sa journée, d'où sa colère contre elle-même. J'espérais qu'elle y retourne, même si ce n'était que le lundi pour l'instant, et de courte durée. Mais pour un aidant épuisé, six heures d'affilée de congé une fois par semaine, c'était inespéré! Le 21 juillet, j'achetais un billet d'avion pour Micheline, destination Calgary. Sera-t-il encore possible pour elle de voyager seule? Aucun risque à essayer... À la fin de juillet, l'intervenante du CLSC m'appelle pour me dire qu'on pourrait la prendre deux fois par semaine désormais, le lundi et le jeudi. Quelle bonne nouvelle! Mais lorsqu'elle y est allée pour la première fois un jeudi, ça l'a mêlée. À son retour, je lui avais demandé si elle avait passé une belle journée et elle m'avait répondu: «Achale-moi pas!» Comme une petite fille qui se rend compte qu'elle va à l'école plus souvent maintenant.

Le 27 juillet, j'étais allé la reconduire à l'aéroport en vertu de son départ pour Calgary. Pas facile cette fois! Passer la fouille, répondre à des questions... Je l'observais de loin, je voyais qu'on insistait, j'étais prêt à bondir, mais elle avait poursuivi son chemin et j'avais gardé mes doigts croisés. Lorsque l'avion avait enfin décollé, je m'étais encore informé et, la sachant à bord, j'avais laissé échapper un soupir de soulagement. Mais, rendue à l'aéroport de Calgary, au lieu de suivre la foule, elle avait décidé d'entrer dans une toilette qu'elle venait d'apercevoir. Lorsqu'elle en était sortie, il n'y avait plus personne en vue, la foule s'était dissipée. Ne sachant quoi faire, elle s'était jointe à cinq hommes d'affaires qui, debout, discutaient sans doute de leur éventuelle journée. Sylvie, inquiète, l'attendait au pied de l'escalier mécanique et lorsqu'elle vit descendre les agents de bord et les handicapés, elle comprit que sa mère était bloquée quelque part en haut. Durant ce temps, la sentant parmi eux, un des hommes lui avait demandé ce qu'elle désirait et elle lui avait répondu qu'elle attendait ses valises. Étonné, il lui avait indiqué l'escalier à descendre pour ses bagages, ce qu'elle avait fait en tournant les talons. Et juste comme Sylvie allait alerter les autorités, elle avait aperçu sa mère qui descendait seule l'escalier roulant. Ma femme, apercevant sa fille en bas, lui avait lancé de la cinquième marche : « Qu'est-ce que tu fais là ? » Comme si c'était Sylvie qui arrivait ou qui surgissait de nulle part. Elle ne savait plus où elle était, si c'était elle qui voyageait ou sa fille qui arrivait, elle était complètement perdue. Sylvie s'empressa de l'entourer de ses bras pour la rassurer et, me téléphonant, elle m'avisa que sa mère était arrivée. Sans m'en dire davantage devant elle. Mais, Dieu soit loué, j'allais bénéficier d'un long congé. Peut-être… le dernier ! Deux jours plus tard, mon amie Francine Fleury fêtait ses cinquante-deux ans et je lui avais offert mes vœux de bon cœur. Dire qu'elle n'avait que vingt et un ans lorsque je l'ai connue ! Elle était, à ce moment-là, la plus jeune journaliste du *Lundi*. Quelle belle et longue amitié depuis…

Micheline est revenue de Calgary, mais avec Sylvie, son mari et ses enfants. Ce qui avait été moins inquiétant pour mon fils et moi. Après vingt-deux jours de répit, ce qui était un bon coup de main pour un « aidant ». Je sentais que Sylvie, néanmoins, en avait vu de toutes les couleurs avec sa mère, mais c'était tout ce qu'elle pouvait faire, étant loin d'elle en d'autres temps. Disons que Michel, sans discréditer sa sœur pour autant, avait une plus lourde charge. Sylvie la recevait, toutefois, le plus longtemps possible chaque fois. Elle le faisait pour sa mère, bien sûr, mais aussi pour son père qu'elle sentait plus vite épuisé avec l'âge. Je pensais souvent à Chloé Sainte-Marie et à son apport aux aidants naturels, et ça m'encourageait à poursuivre. Elle aussi avait le courage jusqu'au bout des doigts. Le 23 août, Sylvie et sa famille repartaient pour l'Alberta. Force est d'admettre que leur séjour avait prolongé mon bien-être. Partout où ils allaient, ils emmenaient Micheline avec eux. Chez mon fils pour se baigner dans sa piscine et dans le Vieux-Montréal que mon gendre aimait visiter, Micheline suivait ! Sans doute ravie de s'éloigner de son « bourreau »... moi ! Pourtant, je n'avais que des égards pour elle... Pourquoi cette haine soudaine après m'avoir tant aimé ? Ça faisait partie du cheminement, me disait-on. Sans doute, mais ça me peinait énormément. Septembre, fête du Travail, congé pour tous, Micheline et moi avions suivi un match de tennis à la télévision entre Rafael Nadal et Sam Querrey. Un duel que Rafa avait remporté de justesse. Micheline aimait suivre le tennis. Elle avait un penchant pour Roger Federer, elle le trouvait distingué. Et quand Hélène Pelletier disait « le bonhomme » en parlant d'un joueur, elle s'emportait : « C'est pas poli, ça ! On dit pas le bonhomme ! » Et ça revenait chaque fois que madame Pelletier utilisait le terme. Allez savoir pourquoi ! Le manuel des bonnes manières d'autrefois ?

Trois jours plus tard, Micheline fêtait ses soixante-treize ans, mais c'était à peine si elle s'en rendait compte. On avait beau lui téléphoner et lui offrir des vœux, tout coulait dans l'entonnoir de sa mémoire. On l'avait comblée de cadeaux qu'elle avait rangés pour ne se délecter que des friandises reçues de Francine Fleury, non sans me demander : « Ça vient de qui ces choses-là ! C'est donc ben sucré ! » Pour ensuite reprendre un chocolat crémeux dans la boîte. Deux jours plus tard, Réjean Léveillé me recevait à LCN pour une bonne entrevue que je ne reverrai jamais, mon enregistreuse n'avait pas fonctionné. Qu'importe ! *M. et Mme Jean-Baptiste Rouet* se vendait très bien. Pour illustrer la couverture, j'avais choisi le portrait de noces de mes grands-parents maternels, Henri et Georgina. Un très beau couple de cette époque. Ce n'est toutefois pas leur histoire, c'est un roman, mais j'avais l'impression de leur rendre un bel hommage à ma façon. Et je suis certain que, du haut du ciel, ma grand-mère, que j'ai peu connue tellement elle est morte jeune, était ravie de se voir sur tous les présentoirs des librairies. Enfin, l'inconnue qu'elle était passait en quelque sorte à… l'histoire ! Puis, une entrevue à *Allô-Vedettes*. J'étais content de retrouver le directeur de la publication, Guy Chaput, chaque fois. Je le mentionne parce qu'il est mort dernièrement. Subitement ! Trop jeune, lui aussi ! Puis, une conférence à Roberval où je m'étais rendu. La plus grosse à ce jour côté assistance, au moins trois cents personnes ! Pour moi, c'était comme si la moitié de la ville s'était donné rendez-vous ! J'exagère, ils sont plus de dix mille citadins à Roberval, mais à mes yeux, c'était beaucoup de monde pour un seul homme ! On m'aime beaucoup au Saguenay–Lac-Saint-Jean et je le leur rends bien. De retour, j'avais pu me permettre un répit des déplacements, mais non le repos auquel je m'attendais. Micheline ne me quittait pas d'un pouce. Elle cherchait la bagarre, je le sentais. Comme une enfant qui voulait se venger de son père pour être allé quelque part sans elle. Elle n'avait rien retenu de mon voyage d'affaires, elle n'avait que ressenti... l'absence. Et c'était suffisant pour aviver sa revanche. Ce qui m'attrista... Ce qui me consola, toutefois, c'est que ma fille m'avait téléphoné de Calgary pour me dire qu'elle avait adoré *M. et Mme Jean-Baptiste Rouet*. Selon elle, c'était le roman le plus phénoménal de ma carrière. Elle en était restée émerveillée. Et, venant d'elle, c'était tout un compliment !

Le lendemain, face à la réalité, Micheline grognait contre tout. Une pénible journée à traverser avec elle. Des heures qui m'ont paru des jours. Ah ! que de ravages cette maladie peut faire ! Où donc est rendue celle avec qui je partageais tant de choses ? Le cinéma, les restaurants, le magasinage, les balades en voiture... Broyée dans ses neurones défectueux ? Dieu qu'il était triste de la voir se désintégrer ainsi. Pauvre Micheline ! Je compatissais sans cesse, mais je dépérissais lentement, moi aussi. On ne peut pas être sur ses gardes à tout moment et ressentir une joie de vivre. Certains jours, c'était plus près de l'enfer que du purgatoire. Pour moi comme pour tous ceux et celles qui se dévouent corps et âme et qui, en retour, sont durement bardassés. Demandez-leur ! Le soir, découragés, il ne nous reste qu'à prier. À la fin du mois, pour éviter à Micheline le branle-bas de l'Halloween, je l'avais emmenée souper au Il Cenone. Et, fait nouveau, dès que le patron lui décrivait un premier plat, elle répondait rapidement : « Je vais prendra ça ! » Pour la soupe comme pour le mets principal. Parce qu'elle avait sans doute peur de le voir revenir avec son carnet de commandes à la main. J'ai donc retenu les suggestions et regardant le menu, j'ai commandé pour elle non pas le « Je vais prendre ça », mais un autre plat, parce qu'elle n'aimait pas le foie de veau pour lequel elle avait nerveusement acquiescé. Un bon saumon grillé était plus approprié pour elle. Ce qu'elle n'a pas contesté, elle a mangé au fur et à mesure ce qu'on lui servait. Sans s'étonner de quoi que ce soit, pas même de son dessert. Pauvre elle !

En ce début de novembre, mon fils fêtait ses quarante-neuf ans. Malgré tout ce qu'il avait vécu physiquement. Son courage lui avait fait vaincre toutes les embûches croisées sur sa route, ce qui suscitait l'admiration de tous. Je n'aurais pu souhaiter un meilleur fils que lui pour prendre la relève de mon nom. Nous l'avions abondamment choyé en ce jour de fête. De cadeaux, certes, mais surtout de notre amour. Puis, le lendemain, un autre vol d'avion à deux hélices pour moi ! Quelle horreur ! Pour me rendre à Rimouski, cette fois, au Salon du livre. Claire Pimparé était à bord et nous avions renoué avec le passé. Je me souvenais de mes entrevues avec elle au temps de *Passe-Carreau*, de mes visites chez elle, de ses deux beaux enfants, de son rôle dans le film *Gabrielle* avec Vince Van Patten… Finalement, le vol n'avait pas été aussi terrible qu'anticipé. Merci à Claire… De retour, je m'étais rendu à RDI pour une entrevue passablement réussie avec Louis Lemieux. Plus tard, une entrevue chez moi avec Sophie Bérubé, animatrice de l'émission *Sans filtre* au canal Vox. Elle était arrivée avec son équipe et nous avions filmé durant des heures, allant d'un décor à un autre. Très professionnelle cette dame. Durant ce temps, Micheline était allée à Saint-Rémi, au chalet de sa sœur. De retour, Gisèle et Gabriel m'avaient dit qu'elle avait halluciné et qu'ils avaient passé une éprouvante nuit avec elle. En pleine noirceur, à deux heures du matin, debout à la fenêtre, elle criait qu'il y avait des animaux sauvages devant le chalet ! Et des hommes qui se battaient ! Ils avaient passé des heures à tenter de la calmer et, au petit matin, encore debout, voyant cette fois une cigogne à l'extérieur, elle voulut ouvrir la porte et s'en aller et c'est Gabriel, mon beau-frère, qui l'en avait empêchée. C'était, je crois, la dernière fois qu'ils l'invitaient au chalet. Et la première fois que ma femme hallucinait de la sorte. Une autre phase de sa maladie débutait. Ses terrifiantes visions allaient se poursuivre...

Les 21, 22 et 23 novembre, j'étais au Salon du livre de Montréal. Avec les yeux cernés à cause de mes nuits écourtées. Mais, comme disent les Américains, *The show must go on!* J'ai donc fait de mon mieux, j'ai signé durant des heures et des jours, et *M. et Mme Jean-Baptiste Rouet* compensait pour les efforts, on l'achetait sans même lire le résumé en quatrième de couverture. J'habitais à l'hôtel Bonaventure et, quelle horrible nuit que la dernière de mon séjour. À deux heures trente du matin, on sonnait l'alarme. Il y avait un feu dans les cuisines pas loin des chambres où j'étais. La fumée venait de plus en plus près et, en pyjama, pantoufles et robe de chambre, j'ai descendu quatorze étages par l'escalier de secours. De là, avec plusieurs autres pensionnaires de l'hôtel, nous avions dû attendre durant quatre heures dans l'humidité d'un portique en ciment de l'escalier de sauvetage. Le feu maîtrisé, j'ai pu remonter et dormir deux heures avant de me relever et me rendre à nouveau en séance de signatures. J'ai causé comme si de rien n'était avec mes lecteurs et lectrices, mais je suis sorti de cet après-midi-là avec de sérieux vertiges. J'étais exténué ! Au point de m'endormir dans le taxi qui me ramenait chez moi ! C'était la deuxième fois de ma vie que je faisais face à un incendie. Encore dans les hauteurs ! Ce qui n'était pas pour me guérir de ma phobie. Depuis ce jour, plus rien de haut dans les hôtels, le troisième étage tout au plus.

Tiens ! Première neige de l'hiver qui s'en vient ! Le 25 novembre, jour de la Sainte-Catherine ! Ça ne veut plus rien dire maintenant, mais autrefois, les filles de vingt-cinq ans révolus faisaient partie des « vieilles filles », ce jour-là. Or, en ce matin neigeux, Micheline était allée à la boîte postale du coin de la rue pour y déposer des lettres. C'était à peu près la seule chose qu'elle pouvait encore faire sans se tromper de parcours. La boîte postale, la coiffeuse à deux pas de chez nous, la pharmacie pas loin et l'église Sainte-Odile sur la rue de Salaberry. Rien de plus. Autrement, elle se serait perdue. Pour moi, ça n'allait pas tout à fait bien, deux crises d'angine le même jour. Je faisais pourtant attention à ce que je mangeais, je ménageais mon souffle... Je crois que c'était dû à l'anxiété et au stress que je vivais quotidiennement. Mon médecin m'avait prescrit des sédatifs, mais ça ne semblait pas suffire. Heureusement, j'avais mon fils et sa femme pour me dépanner. Ils venaient souvent chercher Micheline, ce qui me permettait un repos mérité.

En début de décembre, je passais à *Noir de Monde* avec Harry Delva, au canal Vox. Une émission qui rejoignait tous les Haïtiens, dont plusieurs étaient mes lecteurs. Une expérience nouvelle pour moi. Un animateur distingué, fort affable, et une entrevue de main de maître. L'émission a disparu des ondes, monsieur Delva aussi, mais j'avoue que j'aimerais bien le revoir... Puis, le 3, j'étais invité à *Pour le plaisir*, à Radio-Canada, avec Michel Barrette et France Castel. Michel Barrette avait lu *M. et Mme Jean-Baptiste Rouet* au complet et il en avait fait un tel éloge que je n'avais rien eu à ajouter ou presque après son compte rendu. Quel charmant monsieur que celui-là! Il avait adoré le roman et je lui avais dit, et je le lui répète, que si cette œuvre devenait un film ou une minisérie, il serait tout désigné pour incarner Jean-Baptiste Rouet. Il a non seulement le talent pour bien le rendre, mais aussi le faciès du personnage. Tenez-vous-le pour dit, messieurs les producteurs! Et puis, voilà, j'ai soixante-douze ans! Que puis-je dire de plus? Rien! J'avance en âge tout simplement. Avec des vœux de partout pour les souligner. Le 14 décembre, levé mal en point, on me transportait à l'hôpital du Sacré-Cœur où j'ai vu successivement le docteur Diodati et mon cardiologue, le docteur Denis Hamel. Chambre 413, prises de sang, injections, bref, tout ce qui allait me préparer pour la journée pénible du lendemain. Le 15, au petit matin, on me montait en salle d'opération où le docteur Doucet allait m'opérer. Après un sérieux déblocage, on m'a installé deux *stents* ou, si vous préférez, deux tuteurs dans les artères du cœur. On m'a ensuite ballonné le plus possible, mais le problème était au centre de l'artère mammaire, la plus solide, dit-on, qui s'était désintégrée. Après une irrigation vers une autre... Je vous épargne tous les termes et les étapes, ça ne servirait à rien, on m'a finalement remonté, affaibli à ma chambre. Le pire était fait, il ne me restait qu'à récupérer. Pas croyable! Une autre intervention deux ans seulement après le quadruple pontage! Inutile de vous dire que c'est un malaise cardiaque qui va m'emporter un jour, c'est de famille. Deux jours plus tard, sorti de l'hôpital, repos complet. Ça sentait déjà l'hiver et, durant ce temps, Michel s'occupait de sa mère.

J'étais persuadé que c'était impossible, mais Micheline allait retourner en avion à Calgary. Je la croyais incapable de se rendre seule à l'embarquement, mais West Jet avait prévu un accompagnateur pour la conduire jusqu'à l'embarquement quand le moment viendrait. Elle partirait donc dans trois jours. Le lendemain, 18 décembre, je faisais l'acquisition d'une cage et d'une perruche pour tenter de la désennuyer. C'est donc en ce jour que Coco VI, oui, sixième du nom, est entré dans notre maison. Le vendeur m'avait dit que c'était un mâle, mais il allait s'avérer, avec le temps, que c'était une femelle, trop petite pour le discerner lors de l'achat. Je l'ai quand même gardée, mais avec son nom masculin, je l'ai traitée en garçon comme les mâles qui l'avaient précédée. Micheline sembla l'aimer à première vue. Elle la regardait, lui parlait, comme elle l'avait fait pour les autres. Habituée à ce genre d'oiseau, je souhaitais que ce rapprochement par la méditation animale lui vienne en aide. On disait que les perroquets et les perruches étaient des déclencheurs de souvenirs et faisaient même oublier l'isolement des malades atteints de la maladie d'Alzheimer. Je n'avais donc rien à perdre à essayer et tout à espérer pour elle. En vain ! L'espoir allait mourir avant même d'avoir pu me nourrir. Le 21, c'était son départ pour Calgary. Michel était venu à la maison pour l'aider à s'habiller, puis, avec Roxane, ils l'avaient emmenée à l'aéroport où, comme prévu, accompagnée d'un jeune homme, elle s'était rendue à son siège dans l'avion. En après-midi, Sylvie m'avait téléphoné, sa mère était avec elle. Dieu merci !

La veille de Noël, j'ai reçu un ami d'Edmonton, pour un brunch arrosé d'un bon vin, Ronald Tremblay, sa conjointe, Danielle et son père Georges. Ronald Tremblay était celui qui m'avait si bien accueilli lors de l'atelier d'écriture donné dans sa ville. Depuis, nous étions devenus de bons amis et, durant ses passages à Montréal pour visiter le paternel, c'est toujours avec joie que nous nous retrouvions quelque part. Cette fois, c'était chez moi. Le lendemain, je passais le jour de Noël chez Michel, pendant que Micheline fêtait le sien chez Sylvie, à Calgary. Chacun de son côté pour une deuxième fois. Chez mon fils, il y avait eu échange de cadeaux, puis un bon souper comme seule Roxane sait en préparer. De retour vers neuf heures du soir, je m'étais assis dans mon fauteuil et, avec de la musique classique en sourdine, j'avais jonglé. À tant de choses... Micheline était loin de moi, je décompressais, mais j'y pensais constamment. Me cherchait-elle ? J'en doutais puisqu'elle ne vivait que le moment présent avec qui se trouvait à ses côtés. Je pensais à elle et je blâmais cette horrible maladie qui s'était emparée de sa mémoire. Pourquoi, elle ? Une si bonne personne ? C'est ce que je murmurais en regardant, de ma fenêtre, le ciel à peine éclairé.

Trois jours plus tard, Micheline, avec l'aide de Sylvie, téléphonait de Calgary. Elle était confuse, elle balbutiait des choses que je ne parvenais pas à saisir. Je me demandais même si elle savait à qui elle parlait. Sylvie avait ensuite pris le récepteur, nous avions jasé un peu et elle m'avait murmuré : « Pas facile... » Ce dont je me doutais bien, chère fille, mais tu faisais ta part. En plein temps des festivités, avec un mari et deux enfants... Non, pas facile d'abriter sous son toit une mère troublée qui chaque nuit, vers quatre ou cinq heures, se levait pour faire ses valises, croyant que c'était le moment de partir... Et d'avoir à la convaincre de se recoucher. Il fallait le vivre pour le croire. Moi, je savais...

Enfin, le moment des résolutions pour l'année qui allait suivre. Faire attention à ma santé, d'abord, pour pouvoir prendre soin de ma femme, et être le plus tolérant possible. J'avais parlé à Micheline une fois de plus, quelques minutes plus tôt, et elle avait marmonné au bout du fil : « J'ai hâte de revenir. » Pauvre elle ! Avec sa fille et ses petits-enfants, comblée à souhait, elle avait hâte de revenir auprès de moi. Pour m'agresser davantage ? Non, elle était irrépréhensible, elle n'avait plus de raisonnement. Elle voulait être auprès de moi parce que, dans ce qu'il lui restait de mémoire, elle se rappelait peut-être... que je l'aimais !

Chapitre 19

Micheline est de retour de son temps des Fêtes à Calgary. Mes petits-fils, Carl et Christian, sont allés la chercher à Dorval. Elle semblait contente d'être chez elle, mais elle était très mêlée, elle se cherchait dans notre maison. Elle s'était couchée tôt, épuisée par le voyage en avion, seule, qui l'avait sans doute stressée. À savoir si une dame était à ses côtés dans l'appareil, elle répondait oui, pour ensuite dire : « Non, c'était un garçon. » Puis, peu après, c'était une fille… Elle ne s'en souvenait plus, tout simplement. Le vol entre Calgary et Montréal était tombé dans la passoire. Le samedi suivant, mon fils était venu la chercher et elle semblait heureuse de voir… que je n'y allais pas ! Comme une enfant qui se débarrasse de « sa gardienne ! » J'ai souri, j'ai relaxé et j'ai entrepris la lecture de la biographie de Danielle Ouimet que je n'avais pas encore eu le temps d'ouvrir. Très intéressante d'ailleurs, pleine de rebondissements ! Le lendemain, c'était la soirée des Golden Globe Awards, à Hollywood. Que de souvenirs ! Entre-temps,

Micheline se rendait encore au CLSC. Parfois à reculons, mais avec un coup de pouce de ma part, elle finissait par s'habiller et à attendre que l'autobus bleu et blanc stationne devant la maison. À son retour, pas moyen de savoir ce qui s'était passé, sauf qu'il y avait un grand Noir de sept pieds qui dormait dans le dernier banc de l'autobus. Ce qui était mieux que rien de sa part… L'oubli de ses activités se comprenait, mais elle n'oubliait jamais de me dire que le chien *Fadelle* n'était pas là. Même quand il y était… Le chien l'intéressait. La zoothérapie, quoi ! Au même titre que la présence de notre perruche dans sa cage.

Février 2009 et Michel l'avait invitée à souper chez lui. Il était venu la chercher avec ses fils, Carl et Christian, en lui disant que Roxane avait préparé un bon souper pour elle. Il l'avait ramenée vers neuf heures et, lui demandant ce qu'elle avait mangé chez lui, elle ne s'en souvenait pas. Que c'était triste ! Le mal empirait… Oublier un repas pris quelques heures plus tôt… Impatiente, elle avait ajouté : « Arrête avec tes questions ! » Et vlan ! Deux jours plus tard, elle voulait préparer le souper pour nous deux. Je n'ai rien dit, mais je la surveillais de près. Elle avait sorti deux poitrines surgelées du congélateur et hop, dans une petite poêle à steak directement sur le rond de la cuisinière avec un peu de beurre. Avec le cadran à *High* ! Imaginez ! J'ai voulu intervenir, corriger le tir, mais elle m'avait poussé du coude et je m'étais emporté. À bout de nerfs, j'avais pris le poêlon et tout jeté dans l'évier. Surprise, elle était allée bouder dans le salon. Ça m'avait fait beaucoup de peine d'agir de la sorte, elle n'était pas responsable… Mais vient un temps où il faut réagir. J'admets que le geste avait été brusque, je m'en repens, mais je ne pouvais pas la laisser commettre un impair qui risquait d'être dangereux pour elle. Ça frétillait terriblement sur le rond de la cuisinière… Je craignais qu'elle se brûle, d'autant plus qu'elle m'avait plus à l'œil que son poulet. Prête à me « poussailler » une seconde fois. Comme un chien qui protège son os ! La journée n'avait pas été facile. J'étais à fleur de peau... Retrouvant mes esprits, j'avais fait bouillir des pâtes et, vingt minutes plus tard, elle était à table avec moi, ayant oublié l'incident. Je l'avais regardée, je lui avais souri... pour ensuite échapper quelques larmes.

Le 20 du même mois, j'étais en entrevue à Radio Ville-Marie avec Jean-Guy Roy, un entretien en profondeur cette fois. Avec un homme qui avait du métier et le respect de son invité. Il fait froid, l'hiver est long. Ce matin, une auxiliaire du centre m'a demandé, au téléphone, si j'étais conscient de la progression de la « démence » de ma femme. Dieu que j'ai détesté ce terme ! Pourquoi pas « la folie », un coup parti ? Je préfère qu'on emploie « maladie » et non qu'on affuble ceux et celles qui en sont atteints de déments ou démentes. La plupart de ces personnes ont été si brillantes avant de sombrer dans l'abîme de l'oubli. Bien sûr que, selon la médecine, c'est une forme de démence de perdre graduellement la raison, mais par respect pour ceux et celles qui les entourent, s'il vous plaît, ayez la décence d'employer des termes moins irrévérencieux pour les désigner, ne serait-ce que par indulgence. Et pour répondre à la dame qui me posait cette question inepte, bien sûr que je m'en rendais compte, je vivais avec elle ! Je constatais beaucoup plus qu'elle la détérioration de son état. Je souhaitais tant qu'une pilule miracle... Le plus triste, c'est qu'il n'y avait rien à faire. C'était ce qui faisait le plus mal... Comme un dard en plein cœur pour les conjoints, les enfants, les aidants.

À la fin du mois de mars, je me remettais à l'écriture. Cette fois, j'allais écrire *Quatre jours de pluie*, un roman contemporain ayant pour personnages principaux, trois hommes. J'avais presque toujours des héroïnes dans mes romans, cette fois, trois hommes de quarante ans qui se retrouvent après vingt ans, alors qu'ils allaient au cégep ensemble, et qui racontent à tour de rôle leur cheminement depuis. Je sentais que ce serait bon, très différent des autres. Trois hommes enfermés dans le chalet de l'un d'eux durant quatre jours de pluie. Avec les confidences de Ronald, celles de Victor et, enfin, celles de David, leur hôte pour le week-end. J'espérais que ce roman fort troublant puisse séduire mes lecteurs et lectrices, et ce fut le cas. *Quatre jours de pluie* allait obtenir un grand succès autant auprès des hommes que des femmes. Et ce, encore aujourd'hui, en format de poche ou en livre numérique, d'après les commentaires que je reçois.

Le 5 mai 2009, je ne pouvais que me réjouir, ça faisait un an en ce jour que mon fils avait été greffé du rein dont il avait tant besoin pour vivre. J'en remerciais encore le donneur sans savoir qui il était. Trois jours plus tard, j'invitais Micheline à souper au restaurant pour la fête des Mères. Au Il Cenone, bien entendu, où elle se sentait à l'aise. Le fait que c'était la fête des Mères était passé dans l'entonnoir, mais elle avait apprécié le poisson frais du jour. Elle avait un beau sourire ce soir-là, ce qui ne gâtait rien. J'adorais lui faire plaisir, ça me faisait tant de bien à moi aussi. Et quand elle était réceptive comme en ce beau dimanche, mon Dieu que je l'aimais ! Néanmoins, Micheline n'arrivait plus à faire le ménage, et j'ai engagé un couple de Marocains, Nadia et Abdo, des franchisés de Ménage-Aide. Fait surprenant, ma femme était fort gentille avec eux, jamais un mot plus haut que l'autre. Elle ne les surveillait même pas, elle pourtant si particulière sur la propreté de sa maison… Il faut croire que leur travail lui plaisait ou qu'elle appréciait le fait d'avoir de la visite à la maison. Le 5 juin, c'était la finale du tennis à Madrid. Nous l'avions regardée et Roger Federer avait gagné. Voilà qui l'avait rendue joyeuse, c'était son préféré. À la mi-mai, j'avais un souper d'affaires de quelques heures seulement et j'avais demandé à mon fils d'appeler sa mère à deux reprises afin de voir si tout se passait bien en mon absence. Car la laisser seule devenait de plus en plus difficile. Il a donc téléphoné, mais pas de réponse. Dix minutes plus tard, encore pas de réponse. Inquiet, il était parti de Pierrefonds pour venir jusque chez moi pour la trouver sur le perron d'en avant, la porte fermée derrière elle, en train de se bercer avec l'oiseau dans sa cage, à terre à côté d'elle. Quel soulagement! Mais quelle imprudence d'avoir ainsi sorti la cage pour la déposer par terre, avec tous les chats qui guettaient les oiseaux dans le voisinage. Ces vilains prédateurs! Il aurait suffi qu'un *Sylvester* aperçoive le *Tweetie*, et mon oiseau était cuit! Son jugement était de plus en plus affecté. Si elle avait seulement laissé la porte extérieure ouverte pour garder fermée que celle du portique, elle aurait entendu la sonnerie du téléphone du salon, pas loin d'elle… Mais non! Pauvre Michel! Cinq jours plus tard, une autre journée passablement difficile à traverser. Elle oubliait tout d'une minute à l'autre. Le soir venu, j'avais marché jusqu'à la boîte aux lettres du coin, et ça m'avait causé de l'angine. Malgré le timbre de nitro que j'avais collé sur mon épaule. Je me disais: *Je m'en vais lentement…* en baissant les bras. La triste maladie de ma femme était en train de m'avoir… J'en pleurais presque. Pour elle comme pour moi.

Le 4 juillet, Serena Williams, ma préférée chez les championnes de tennis, remportait la finale de Wimbledon et, le lendemain, Roger Federer gagnait chez les hommes. Micheline avait dit en regardant la remise des trophées: «Lui, y sourit juste quand il gagne. Autrement il a l'air bête!» Assez observatrice dans sa maladie, même si le beau Suisse était son favori. Le 13 juillet, notre voisin d'en face avait succombé à un arrêt du cœur et, lorsque je l'avais annoncé à Micheline, elle m'avait répondu sans sourciller : « Y était assez vieux pour faire un mort ! » Décidément, la sympathie n'était pas au rendez-vous... Un voisin, pourtant, avec lequel elle causait depuis vingt ans. Pour les dix-neuf ans de notre petit-fils Carl, nous avions assisté à son souper d'anniversaire. Je lui avais offert une montre à l'effigie d'Eric Clapton, son préféré, ainsi qu'un livre sur Napoléon. Carl avait invité son amie de cœur, Véronique, que tout le monde appelait Véro... sauf moi ! Les diminutifs, je ne suis pas pour ça. Fort gentille, jolie, cultivée, je sentais que mon petit-fils était heureux avec elle et vice versa. Au retour, en cours de route, toujours aussi négative, Micheline m'avait dit de Véronique : « Elle ne parle pas beaucoup... » Elle n'était que timide, la jeune fille, mais comment le lui expliquer ? Rendue à la maison, elle avait déjà oublié sa journée.

À la fin du mois, Sylvie arrivait à Montréal avec sa famille entière. Ce qui allait me donner un sérieux coup de main. Dès leur arrivée, Micheline avait déjà accaparé les enfants. Des questions à tour de bras ! Toujours les mêmes ! Mais elle était si contente de les voir et ils étaient maintenant assez grands pour comprendre. Ils savaient que leur grand-mère était malade. Heureuse d'avoir la maison pleine, elle m'avait oublié pour s'occuper d'eux. À la toute fin du mois, Sylvie et les siens nous quittaient pour poursuivre leurs vacances en Italie, Montréal n'avait été qu'une escale pour eux, ma fille désirait voir sa mère qui ne retournait plus à Calgary. La dernière fois qu'elle s'y était rendue avait sans doute été... la dernière !

Cet après-midi, la cigale a chanté. Mauvais présage, le mois d'août va être chaud. Avec une ou deux canicules, sinon plus, qui nous feront transpirer. Le 5 août, c'était le vingtième anniversaire de mariage de Sylvie et Christopher, qu'ils fêteraient en Italie avec leurs enfants. Micheline, pour sa part, était très agitée ce jour-là. Au point d'avoir à la surveiller de près... Une semaine plus tard, à cinq heures du matin, elle m'avait réveillé pour me dire qu'on sonnait en bas. Cette fois, je ne m'étais pas levé, ça faisait trois fois qu'elle me faisait le coup. À peu près à la même heure... Une phase auditive de ses hallucinations ? Probablement. Je l'excusais, bien sûr, je la réconfortais, mais n'empêche que je ne me rendormais pas après avoir été brusquement secoué de la sorte. Et je ne m'étais pas trompé avec la cigale, la canicule s'était installée, trente-neuf degrés ! Les ventilateurs tournent au maximum. Pas d'air climatisé, j'y suis allergique, ça me rend aphone. Le lendemain, journée archi-chaude, quarante degrés ! Ça n'en finit plus ! Sylvie était de retour de son voyage en Italie. Heureuse d'être dans sa maison, je lui avais parlé le soir même et elle m'avait senti fatigué. J'avais détourné le sujet, je ne voulais pas lui avouer que sa pauvre mère était en train d'avoir ma peau. Je ne voulais pas l'inquiéter davantage... Mais, ayant sans doute discuté entre eux, mes enfants commençaient à me parler de trouver un endroit pour placer leur mère. Ils n'en pouvaient plus de la voir s'acharner sur moi. Mais je résistais, je ne voulais pas m'en séparer. *Pas encore... Elle va être malheureuse ailleurs, elle va me chercher... Non, je la garde ! Elle a quand même ses bons moments...*, leur disais-je. Ce mois de chaleurs s'éteignit lentement et, à la toute fin, alors que Micheline était chez Michel, resté seul, j'avalais un hot dog sur le coin de la table. Je n'avais pas d'appétit... Trop nerveux sans doute. Elle était partie pour la journée ? Le Ciel en était béni ! Et j'écrivais, j'écrivais, j'écrivais... *Quatre jours de pluie.*

Micheline était allée au CLSC comme de coutume et, ce jeudi-là, on lui avait offert son dîner gratuit pour souligner son anniversaire de naissance qui allait avoir lieu le lendemain, 4 septembre. On m'avait dit qu'elle avait apprécié le geste, d'autant plus qu'on avait ajouté une marguerite en chocolat sur son dessert. Ils étaient bien sympathiques ces gens-là, et malheur à qui dirait quoi que ce soit contre les CLSC et leurs activités. Ce furent les plus beaux moments de ma femme durant sa longue maladie. Le lendemain, elle s'était levée du bon pied, elle avait soixante-quatorze ans en ce vendredi. Elle avait reçu des appels de ses sœurs, de ses enfants et petits-enfants, et elle avait reçu des cadeaux de toutes sortes. Un jour de répit de sa part s'offrit à moi le lendemain et j'ai pu regarder les US Open, du tennis à l'état pur. Rafael Nadal avait gagné en après-midi, Venus Williams avait été éliminée et Juan Carlos Ferrero que j'aimais beaucoup, résistait. À la finale, Roger Federer avait été éliminé par Juan Martin Del Potro. Dommage ! Micheline en avait été déçue pour quelques minutes, pas plus. L'instant d'après, elle était ailleurs... Le lendemain, le tennis étant terminé, elle avait fouillé dans la boîte de films pour me remettre *Whispering Smith* avec Alan Ladd. Un western de 1949. Le genre de film qu'elle n'aimait pas, elle avait horreur des cow-boys, mais elle l'avait regardé jusqu'au bout. Trois jours plus tard, j'étais hors de moi ! Elle était montée me déranger dans mon bureau au moins quinze fois pendant que j'écrivais. Pour des futilités ! J'avais respiré par le nez, vu son état, mais je n'avais pas eu d'autre choix que de ranger ma plume, ce jour-là.

J'ai enfin terminé mon roman. Malgré tous les dérangements et la mauvaise volonté de ma femme. Il ne me restait qu'à le peaufiner, la partie la plus intéressante. Mais j'avais apposé le mot FIN sur le manuscrit et, fort heureux de l'avoir fait, j'avais téléphoné à Sylvie, comme d'habitude, pour lui dire : « Mon roman est terminé et, si je meurs demain, tu n'auras qu'à venir le transposer à l'ordinateur. » Un jour, je ne le lui dirai peut-être pas en vain... Qui sait? Mais, au moment où je rangeais mes bouts de papier, *Quatre jours de pluie* n'allait pas être mon œuvre... inachevée! Le mois suivant, je signais mon contrat avec Johanne Guay, directrice du Groupe Librex et des Éditions Logiques, au restaurant Il Cenone. Une personne on ne peut plus agréable. Éloquente et calme à la fois, elle dégage beaucoup, cette dame, et elle a des yeux rieurs, ce qui ajoute à son charme. En novembre, j'apprenais que j'allais être parmi les invités d'honneur au Salon du livre de Montréal. On avait même organisé un souper en notre honneur au restaurant Chez Julien, auquel j'avais assisté. Il y avait certes des auteurs venus de loin, mais j'avais surtout discuté avec Mireille Deyglun, porte-parole du Salon, que je connaissais depuis longtemps. Un souper fort agréable avec, en plus, les dirigeants du Salon et de beaux échanges littéraires, mais j'avoue humblement être beaucoup plus à l'aise dans mon stand avec mes lecteurs. Moi, les formalités...

Le 5 novembre, Michel fêtait ses cinquante ans! Avec son état de santé et tout ce qu'il avait traversé, ça tenait presque du miracle et j'en remerciais le Ciel. Nous l'avions fêté au restaurant, cette fois-là. Avec ses enfants, Corinne, Carl et Christian, avec Jeannot et Josée, ses cousins devenus des amis, et ma femme lui avait souhaité *Bonne Fête!* à quatre reprises durant le repas, à dix minutes d'intervalle. Chère mère! Elle semblait si heureuse pour lui. Et Michel, bon joueur et content de la voir sourire, la remerciait chaque fois. Trois jours plus tard, toutefois, j'écrivais dans mon journal intime: *Ah! Ce qu'elle était à pic aujourd'hui!* Sa mémoire de plus en plus ébranlée l'avait mise hors d'elle, mais c'était moi qui en avais subi les colères. Et ce, du matin jusqu'au soir! L'une des pires journées à ce jour! Quoique hier... Est-ce que je l'aimais encore ? Avais-je le cœur aussi tendre à force d'être malmené de la sorte ? Je n'en savais rien… Mais j'ai toujours dit qu'en vieillissant, malade ou en santé, l'amour de nos quarante, cinquante et soixante ans de l'un pour l'autre se transformait graduellement en une grande affection et une infinie tendresse. On s'aime autant, mais différemment. On est attaché l'un à l'autre. Tant d'années… On ne songe plus à se quitter, ça ne traverse même plus nos pensées. Parce que les défauts de l'un et de l'autre qui, autrefois, allumaient des feux violents, ne sont plus que des étincelles avec le temps. On les a encore, ces mauvais plis, mais l'autre ne les voit plus. Ce qui était infernal devient banal. Dans mon cas, avec la maladie de ma femme, la compassion l'emportait sur l'amour. Je l'aimais, bien sûr, mais pour la protéger, en prendre soin… Une forme d'amour plus forte que l'amour pur et simple, parce que plus présente, plus exigeante. Et comme Micheline redevenait peu à peu une enfant, la tendresse avait repris le dessus de mes bons sentiments. À bout, épuisé, agressé moralement, j'aurais eu envie de m'évader, de fuir cette maison en la laissant derrière moi, mais lorsque je la voyais dans son fauteuil, parfois plus calme, les yeux dans le vide… le cœur me serrait la gorge ! Je savais, dès lors, que j'allais être avec elle encore longtemps, que je ne la quitterais jamais, que j'allais prendre soin d'elle comme elle l'aurait fait de moi. Mais, ce qui me peinait le plus, ce qui m'attristait, c'était de sentir dans ses regards de glace qu'elle ne m'aimait plus. Pour ce qui était de son affection et de sa tendresse envers moi, rien à bâbord ni à tribord. Deux sentiments dont Micheline, hélas, ne pouvait plus épeler… les noms ! Et si quelques lignes de ce paragraphe vous semblent discordantes, pardonnez-moi, il y a de ces situations qui peuvent rendre la main… inconsistante.

Peu de temps après, j'emmenais Micheline chez le dentiste. Un nouveau dentiste à Laval. Un homme, pas une femme ! Micheline détestait se faire traiter par une femme. Sauf par Suzanne, son médecin de famille, une privilégiée dans le cœur de ma femme. Nous y étions donc allés et il s'était montré fort gentil. Un bon nettoyage seulement, elle a toutes ses dents et elles sont superbes. De retour à la maison, elle avait oublié le dentiste et l'hygiéniste. Pauvre elle ! Mais je ne laissais rien au hasard, je voulais qu'elle soit belle, que son sourire soit éclatant… quand elle daignait nous l'accorder ! Oui, j'en prenais soin des pieds à la tête, sauf que pour cette dernière, je ne trouvais personne pour lui « greffer » une mémoire. De ce côté, aucun espoir ! Le 18 novembre, j'étais au Salon du livre de Montréal, invité d'honneur, avec ma photo aussi grosse qu'un panneau-réclame des autoroutes. On m'avait réservé une chambre luxueuse au Hilton-Bonaventure. Un monde tellement différent de mon quotidien à la maison. Ce qui me faisait grand bien. Deux jours plus tard, un autre souper d'apparat pour les invités d'honneur.

Décembre le 6, j'ai soixante-treize ans. J'avance ! Ça ne me plaît pas tout à fait, mais qui puis-je ? Il y aura toujours des plus vieux et des plus jeunes que nous. On n'y peut rien, nous sommes tous sur la même roue. Ma fille m'a fait parvenir un livre sur Marie-Antoinette édité en 1910. Un livre rare ! Mon fils et les siens sont venus préparer un bon souper à la maison avec un superbe gâteau de fête. Francine Fleury m'a offert la biographie de Catherine Parr, la dernière femme d'Henri VIII, et François Godin m'a remis un disque compact de Joshua Bell, mon violoniste préféré. Sans parler des nombreux coups de fil de tous mes amis, incluant celui de Danielle Ouimet pour la première fois. Qui donc a pu lui dire que c'était mon anniversaire ? Moi qui le cachais si bien… Les gens des Éditions Logiques, sans doute. Et, en guise de cadeau de la nature, une première neige était tombée en cette journée. Trois jours plus tard, une visite chez mon cardiologue. Tout va bien pour l'instant. Puis, j'ai choyé Micheline en lui achetant un téléviseur à écran plat de trente-sept pouces, afin qu'elle puisse lire les bandes au bas des bulletins de nouvelles. Notre petite-fille, Corinne, était venue l'installer, Micheline l'avait regardé faire et, le soir venu, elle avait appelé mon fils pour lui dire que j'avais envie d'acheter un téléviseur gros comme le sien, alors qu'elle l'avait devant les yeux ! Nous en étions là ! Le présent devenait le futur. Quelle tempête dans sa tête ! Et je me demandais vraiment si une telle maladie lui causait des douleurs cervicales… Parce que, souvent, elle me disait en désignant un point précis du dessus de sa tête : « Touche juste là, c'est chaud… » Je posais un ou deux doigts et, en effet, c'était chaud. Comme une vapeur qui s'échappait d'une bouilloire ! J'ai eu beau en parler au médecin, je n'ai jamais su ce qui lui causait cette chaleur inconfortable. Ça faisait partie de sa maladie, j'en conviens, mais personne n'a pu répondre à cette question, on en ignorait la raison.

Le 22 décembre, c'était le dîner de Noël au CLSC et j'avais décidé de l'accompagner, car sa sœur Gisèle qui s'y était rendue avec elle l'an dernier n'était pas disponible cette année. Que de tristesse mêlée à la joie à cet endroit… Des tables rondes de dix personnes, cinq habitués accompagnés d'un aidant. Un père sans mémoire avec sa fille, une dame âgée, atteinte elle aussi de la maladie d'Alzheimer, avec son fils. Une grosse dame avec son époux. Cette dernière, dans sa maladie, était devenue boulimique. Elle avait hâte de manger, elle me répétait que ça allait être bon, elle salivait, elle voulait être servie la première… Et son mari, le pauvre homme, la sentant agitée, tentait discrètement de la calmer. Puis, un autre monsieur, les yeux hagards, se demandant ce qu'il faisait là. J'observais les autres et je me rendais compte, à cette étrange table, que je n'étais pas le seul aux prises avec un problème. Le monsieur avec sa mère, la jeune dame avec son père, l'autre homme, époux de la grosse dame agitée, tous semblaient épuisés. Et ce dernier m'avait murmuré pendant que sa femme se vautrait dans son assiette : « Je fais la cuisine à longueur de journée. Elle veut toujours manger… » Avec un air accablé, complètement découragé… De nous tous, il était sans doute le plus à plaindre. On avait emmené, pour la circonstance, la chienne *Fadelle* dont ma femme me parlait sans cesse. Ce qui avait égayé ceux et celles qui la reconnaissaient. Comme des enfants, chacun l'appelait et voulait la flatter. Les intervenantes avaient tout mis en œuvre pour que Noël, à défaut d'être dans leur tête, soit dans leur cœur. On avait fait tirer quelques prix de présence et un chanteur était venu interpréter des chansons de Noël que tous les malades fredonnaient avec lui. Micheline aussi ! Je la regardais et lorsque je vis ses yeux s'embuer alors qu'elle chantait *Petit Papa Noël*, j'ai senti ma gorge se nouer. C'était si touchant, si émouvant… Je voyais aussi toutes ces vieilles personnes, tenter de se rappeler des mots de *Souvenirs d'un vieillard*, et j'en avais les larmes aux yeux. Il m'avait fallu détourner la tête pour que Micheline ne me voie pas pleurer. On a ensuite poursuivi avec un trio et de la danse et j'ai invité Micheline pour un *slow* sur le *White Christmas* de tant d'années. Elle était dans mes bras, blottie contre moi, je lui tenais la main sur mon cœur et elle suivait mes pas en regardant ailleurs. Loin, très loin… comme si elle revoyait nos réveillons d'antan, alors que nous dansions sur les mêmes chansons… Pourtant, malgré sa survivance, ce *White Christmas* de cœur et d'insouciance… allait être notre dernière danse.

La veille de Noël, journée très froide, nous étions restés à la maison à écouter des cantiques de Noël à la radio. Puis, en fin de soirée, fidèle à ses habitudes, elle était allée choisir un film en noir et blanc dans la boîte de carton. Avec Loretta Young, cette fois... Une histoire d'amour sur laquelle elle s'était endormie. Le lendemain, un saut jusque chez Michel, le sapin, les tourtières, la dinde, le vin... La maison était pleine, toute la famille était là, les amis des enfants aussi! Micheline était fort agitée. Trop de bruit pour elle. Les cris, les rires, les jeunes qui jouaient à *Pyramides*, ça l'énervait. De retour à la maison, elle avait bu une dernière tasse de thé pour ensuite monter se coucher. Seul au salon, j'avais fermé le téléviseur pour me plonger en silence dans le dernier chapitre de la vie de Catherine Parr. Le lendemain, j'apprenais que mon amie Francine Fleury s'était brisé la hanche en glissant sur une plaque de glace. Hospitalisée, on devait l'opérer, lui greffer une hanche artificielle. La chute avait été sévère. Si jeune encore et handicapée à cause d'un bête accident... Elle, une si bonne personne... Dieu châtie bien ceux qu'il aime, dit-on? Mais, à ce point, elle s'en serait passé, ma pauvre amie. Le lendemain, une journée terrible m'attendait, Micheline était dans tous ses états, au point de me faire transpirer d'angoisse. Une vilenie n'attendait pas l'autre et les injures se succédaient. Pourquoi? Pour rien! J'avais été plus que gentil avec elle... Sauf que j'avais ajouté de l'eau dans son chaudron de pâtes. Impossible de le faire à son insu, j'étais sous haute surveillance. J'avais réussi à la calmer en fin d'après-midi seulement, en installant dans le lecteur le film *The Sound Of Music*. Ce qui m'avait permis une courte sieste pour récupérer. Enfin, une dernière journée d'une année éprouvante. J'y avais laissé une partie de ma santé, mais ce qui me peinait davantage, c'était de voir

Micheline diminuée de la sorte. Au point d'avoir envie de pleurer...

L'année 2010 a vu le jour et dès les premières semaines Micheline était intolérable. Mais, tout doucement, je démissionnais, je ne faisais plus d'efforts pour lui faire comprendre quoi que ce soit. Je retenais mon souffle, je ménageais ma salive. Parce qu'elle était agitée et qu'elle parlait sans arrêt pour dire n'importe quoi. À quoi bon ! C'était ma survie que je cherchais à travers sa maladie. Sinon, je risquais de tomber avant elle... J'avançais en âge, moi aussi. Je me réfugiais donc en haut dans mon bureau, pendant qu'elle vociférait au salon et qu'elle appelait Sylvie pour lui dire qu'elle était toute seule en bas comme une dinde ! La même rengaine ! J'ai tenté de regarder les Golden Globe Awards, mais je ne me suis pas rendu jusqu'à la fin. Je ne connais plus les acteurs et actrices de l'heure actuelle... Loin de moi ces belles années où je m'y rendais... Pour clore le mois, un dîner avec Jean Baril pour discuter de la promotion de *Quatre jours de pluie*. Un homme compréhensif et rassurant que celui-là. Et, sur le plan personnel, très humain face à ce que je traversais dans ma vie privée. Quelques jours plus tard, j'avais à me rendre à l'hôpital du Sacré-Cœur pour un examen, pendant qu'elle irait chez la coiffeuse du coin, le seul endroit où elle pouvait encore aller seule. Mais, après mon départ, elle avait annulé son rendez-vous et elle était venue à l'hôpital dans le but de me trouver. Elle avait retenu le mot « hôpital » et ça l'avait sans doute plongée dans l'insécurité. Elle avait fini par m'apercevoir dans la salle d'attente de la cardiologie, et elle était venue s'asseoir à mes côtés. Pauvre femme ! Je sentais un regain de dévouement de sa part face à moi, elle voulait que je revienne à la maison pour me soigner. Ce qui m'avait touché.

Je débute un nouveau roman. Déjà ! Pour meubler le temps, prisonnier de ma maison à cause de l'hiver et des soins apportés à ma femme. J'ai sorti un synopsis de mes tiroirs et ce sera *Le jardin du docteur Des Oeillets*. Un roman pour lequel Marie-Claire Blais allait me féliciter. Je n'en suis qu'au prologue, mais je sens que l'encre coulera vite sur un si bon sujet. Le lendemain, j'allais dîner avec Claude Leclerc, un ancien collègue du temps du journalisme. Tout comme mon fils, il se battait courageusement contre la maladie. Il avait subi une attaque à l'aorte du cœur, on l'avait opéré, il avait survécu. Mais que de complications depuis… Ce jour-là, toutefois, nous avions oublié nos malaises respectifs pour nous rappeler nos bons souvenirs. Puis, une conférence à la bibliothèque de Val-David où j'ai rencontré des personnes du temps où j'étais un enfant sur la rue Saint-Dominique ! C'est d'ailleurs l'une d'entre elles, Reine Verdon, qui m'avait invité. C'était loin derrière moi, cette époque de ma jeunesse, mais ça m'avait amusé de revoir Denise Chartier, ma première « petite blonde », alors que j'étais encore… sur mon tricycle ! En mars, le mois de l'hiver le plus long selon moi, Sylvie Lauzon de Rock Détente avait fait une belle critique en ondes de *Quatre jours de pluie* qu'elle avait beaucoup aimé. Venant d'elle, j'en étais honoré. Le soir, pour tuer quelques heures, j'étais allé sur YouTube voir toutes les entrevues qu'ils avaient sur moi et j'avais été surpris de retrouver celle faite avec le regretté Alain Montpetit, au moment où je publiais mes billets. Puis une autre avec Claudette Lambert à Radio-Canada, pour *Adèle et Amélie*, et encore une autre avec les *Deux Christine*, à Sherbrooke, pour *Les bouquets de noces*. Et combien d'autres ! Ça n'en finissait plus ! Je suis même tombé sur l'entretien radio avec la plus que charmante Isabelle Maréchal à son émission. Je suis comblé par YouTube. Voilà qui va me survivre ! Mon éditeur, lui, me parlait de format de poche pour mes romans, de livres numériques et j'acceptais tout. Je voulais atteindre le plus de gens possible. L'important pour un auteur, c'est d'être lu. Quelle que soit la façon qu'on emploie. Le 10 du même mois, on m'accueillait en entrevue à l'émission *Parole et Vie* au canal Vox, animée par Lise Garmeau. Très réussie, selon moi. Et à la fin de ce long mois, j'ai pu me détendre en regardant avec Micheline le tennis en Californie. Mais voilà qu'elle confond les joueurs maintenant, Federer est devenu Nadal pour elle et vice versa. Quand elle voit Rafael, elle me demande : « C'est lui Federer ? » Pauvre elle ! Je sens dans son regard qu'elle est perdue et je trouve extrêmement triste que, sur le plan visuel, la maladie l'affecte à présent. Pourvu qu'elle n'oublie pas qui je suis...

Nous avons de nouveaux voisins depuis peu de l'autre côté de la rue, juste en face de notre maison. Des Ukrainiens arrivés ici depuis un certain temps ; un couple avec un fils de vingt ans, atteint d'une paralysie cérébrale depuis sa naissance, et une fillette de huit ou neuf ans. Le garçon prénommé Alexandre se déplace à pied, mais il titube et tombe souvent. Son côté gauche est gravement affecté, il ne se sert que de sa main droite. Dommage, car il est intelligent et beau garçon ; il est grand, il ressemble beaucoup à sa mère. Sa petite sœur s'appelle Sophia. Très mignonne, elle va à l'école pas trop loin, tandis que le grand frère se rend chaque jour dans une école spécialisée, en autobus adapté. Alexandre était venu se présenter, il cherchait de la compagnie, je crois. Micheline avait été gentille avec lui, mais elle ne le comprenait pas, son langage était trop difficile à saisir. Ce n'était pas plus facile pour moi, mais j'arrivais à lire sur ses lèvres et, parfois, à le faire répéter pour enfin capter ses propos. Micheline le questionnait sans cesse quand il venait nous visiter, et comme elle ne retenait pas ses réponses, elle lui posait d'autres questions, souvent les mêmes. Je lui avais finalement expliqué la maladie de mon épouse. Comme elle faisait du coq à l'âne avec lui, il avait également de la difficulté à la suivre. Imaginez ! J'étais aux prises avec Micheline confuse et avec lui que j'avais peine à comprendre et qui m'inquiétait quand il montait l'escalier, je craignais de le voir tomber. Pauvre garçon ! Ma femme l'épuisait ! D'autant plus qu'il parlait le français, mais pas à la vitesse de ma femme et encore moins dans ses termes. Après un certain temps, je l'ai prié d'espacer ses visites, de ne plus traverser à l'improviste. Micheline était en train de le rendre fou avec ses multiples questions auxquelles je devais répondre à sa place. Ce qui me stressait terriblement. C'était trop difficile pour elle comme pour lui, et pénible pour moi.

En avril, mon neveu Georges me téléphone pour me vanter les mérites de *Quatre jours de pluie* mais, au fil de la conversation, je me rends compte que *M. et Mme Jean-Baptiste Rouet* avait été son préféré. Chacun avait son « coup de cœur », même les lecteurs, mais rarement pour le même titre. Ce qui me rassurait, car autrement, j'aurais eu l'impression de n'avoir écrit qu'un seul bon roman. Pour Micheline, du temps où elle était bien, c'était *Les bouquets de noces* qu'elle avait préféré, tandis que Sylvie s'était davantage attachée à *Marie Mousseau 1937-1957*. Mon petit-fils Carl avait eu un faible pour ma trilogie, *L'ermite, Pauline Pinchaud, servante* et *Le rejeton*, alors que mon fils avait encore en tête *Les parapluies du diable* qui lui avait permis de connaître l'enfance de son père. Mais l'héroïne préférée de tous mes romans était *Pauline Pinchaud* ! On m'en parlait dans tous les salons du livre. Lors d'une conférence dans une bibliothèque, une dame à qui j'avais demandé quel était son coup de cœur m'avait répondu. « Je les aime tous ! C'est votre style que j'adore ! Je les achète sans lire le résumé ! » Ce qui m'avait comblé. Quant à moi, tous mes romans sont mes enfants, donc pas de préférence, j'aime encore autant le premier… que mon p'tit dernier !

Le 25 avril, un dimanche pas facile, Micheline était dans tous ses états, j'avais hâte que Michel vienne la chercher pour la journée. À son retour, le soir, elle n'était guère de meilleure humeur et lasse de me voir zapper, elle s'était levée et avait choisi un film dans la boîte pas loin d'elle. Elle me l'avait remis pour que je le place dans le lecteur, et jetant un coup d'œil sur la cassette, c'était une fois de plus, croyez-le ou non… *The Sound of Music!* Quatre jours plus tard, j'écrivais dans mon journal : *Oh! que ça ne va pas bien avec Micheline!* J'en parlais avec mon fils le lendemain qui se demandait où ça allait nous mener toutes ces frasques. Elle était allée au CLSC le matin, mais elle en était revenue de mauvaise humeur. Cherchant à savoir ce qui s'était passé, elle m'avait regardé d'un drôle d'air pour me réponde : « Rien ! » Puis, elle m'avait demandé : « C'est-tu demain que je vais au CLSC ? » Elle venait à peine d'en arriver. Durant la soirée, Alexandre était venu sonner et elle l'avait fait entrer pour ensuite le marteler de mille et une questions ! À forte dose de répétitions ! En mai 2010, on avait organisé pour moi une soirée-hommage à Rock Détente. Anne Béland était venue me prendre à la maison pour me « livrer en pâture » à mes lecteurs et lectrices dans une grande salle. Il y avait tellement de personnes que je n'ai pas pu les compter ! Sylvie Lauzon m'avait fait, au micro, une superbe entrevue qui avait été chaleureusement accueillie par l'assistance. Je me souviens avoir signé des livres durant au moins quarante minutes. Une soirée mémorable qui m'avait comblé et stressé à la fois. Le 18 mai, c'était notre cinquante-troisième anniversaire de mariage et Micheline ne s'en souciait guère, elle était complètement perdue. Je la revoyais, à vingt et un ans, sur le long tapis de l'église Saint-Joseph-de-Bordeaux alors que son père la conduisait à l'autel. Qui aurait pu prédire, qu'un jour... Ça me fait de la peine juste à y penser. Je la regarde, elle est encore belle, elle est svelte, elle a les jambes d'une jeune fille... Si bien conservée physiquement. Avec, aujourd'hui, un corps encore attesté sur une tête dissociée. J'en avais le cœur gros ce matin alors qu'elle descendait avec un panier rempli de linge pour faire la lessive. Ce qu'elle faisait encore. Plus ou moins bien, trop de savon, mais c'était mieux que rien. L'effort était là. Ses mains se forçaient à faire ce que sa tête lui refusait. Elle ne pensait plus, elle agissait seulement. Mécaniquement ! Pour souligner quand même cet anniversaire de mariage, j'avais déposé sur la petite table près de son fauteuil, une boîte de chocolats dont j'avais retiré la cellophane. Elle l'avait regardée banalement, l'avait regardée encore, pour ensuite l'ouvrir et en manger... sans savoir d'où ils venaient.

Ma petite-fille Corinne faisait à cette époque son stage en radiologie à l'hôpital du Sacré-Cœur. Ce qui voulait dire qu'elle venait souvent à la maison ; nous habitons à deux pas de l'endroit. Ce jour-là, elle était venue regarder le tennis avec nous, alors que Rafael Nadal battait Robin Söderling et remportait ainsi le Roland-Garros en finale. Micheline était très négative cependant, elle regardait de son perron les enfants jouer au ballon dans la rue, ce qui m'avait permis, après le départ de Corinne, de regarder le film *Che*, sur la vie de Che Guevara, qu'elle ne voulait pas voir. Mais elle maugréait chaque fois qu'elle entrait. Elle jetait un coup d'œil sur la télé et, comme le film n'était pas fini, elle me disait que c'était plate, que je perdais mon temps à regarder ça, que c'était niaiseux, qu'il y en avait de meilleurs dans la boîte de carton... Bref, tout pour m'importuner sans arrêt. J'ai tout de même réussi à regarder le film jusqu'à la fin. Pauvre femme ! Elle ne savait pas à quel point elle me faisait mal parfois. Le lendemain soir, Alexandre, notre jeune voisin, était venu nous rendre visite, mais je ne l'avais pas gardé longtemps. Il agitait Micheline de plus en plus, il l'énervait, parce qu'elle ne comprenait pas ce qu'il disait. Il m'avait donc fallu l'éloigner graduellement... Ce qui valait mieux pour ma femme. Puis, le 18 juin, l'une de ses pires journées ! Elle avait été abominable ! Une question n'attendait pas l'autre, les bévues se succédaient et les injures aussi. Je me tenais la tête à deux mains, j'avais envie d'avaler tous mes sédatifs pour ne plus l'entendre ! Elle était en train de me rendre fou ! Michel était venu la chercher avant qu'elle ne me fasse crever ! Après son départ, dans le silence, je pleurais... De rage et de peine. De compassion aussi, parce que cette femme n'était pas la Micheline de nos beaux jours. Elle était gravement malade et elle n'en savait rien. Quelle tristesse... J'étais au bout de mes forces mais, au plus profond de mon être, je l'aimais encore et elle me manquait déjà, trois heures après son départ... Fou à lier, ma foi ! Quand elle était là, je voulais qu'on m'en délivre, et dès qu'elle était partie, je sentais un grand vide dans la maison. C'était le contraste brutal entre le bruit infernal et le silence total qui me causait cette réaction.

En juillet 2010, j'écrivais dans mon journal : *La raison de Micheline n'est plus de ce monde. Hélas...* Sylvie était venue avec sa famille pour quelques jours, et toutes les sorties que Micheline faisait avec eux tombaient une à une dans l'oubli, dès son retour. Selon ma fille, il lui arrivait même d'être avec eux quelque part et de regarder, les yeux hagards, ce qui se passait autour d'elle. Elle était ailleurs. Dieu seul savait où, mais elle était complètement retranchée de son entourage immédiat. Il fallait lui toucher le bras pour qu'elle revienne peu à peu dans son univers actuel. Mais, pour si peu de temps, que Sylvie devait répéter maintes fois le geste pour ne pas la perdre de nouveau dans son monde imaginaire. Ils étaient repartis pour Calgary cinq jours plus tard et, ayant emmené Micheline avec moi au IGA, je la voyais mettre des chocolats et des bonbons à profusion dans le panier. Lui demandant : « Pour qui toutes ces friandises ? », elle m'avait répondu : « Pour les enfants. » J'avais insisté : « Quels enfants ? » Et elle m'avait rétorqué : « Ceux de Sylvie, voyons ! Elle s'en vient chez nous avec eux autres demain ! » Alors qu'ils venaient tout juste de repartir !

La canicule. Quarante-deux degrés ! On crève de chaleur ! Et, fait nouveau chez ma femme, elle me suit partout maintenant. Comme mon ombre ! Elle ne me quitte pas d'un pouce ! En haut, en bas, jusqu'à la toilette où elle m'attend à la porte. La phase de l'insécurité totale, celle où une personne atteinte de cette maladie ne veut pas se retrouver seule un seul instant. J'écrivais mon roman… et elle était tout près. Elle m'avait tellement à l'œil qu'il m'avait fallu déposer la plume, incapable d'avoir de l'imagination sous surveillance. Lorsqu'elle s'endormait, le soir venu, je reprenais le temps perdu. Parfois, jusqu'au milieu de la nuit. Ce manège de l'insécurité a duré deux longues semaines avant de s'atténuer et disparaître. J'avais tout fait, pourtant, pour la rassurer, lui dire que j'étais là, qu'elle n'avait rien à craindre, mais ça n'avait pas suffi, j'entendais sans cesse le bruit de ses pas derrière moi. Avec le recul, je constate qu'on ne pouvait en rien freiner les étapes de la maladie. Je les ai toutes vécues, l'une après l'autre, sans avoir pu en modérer aucune. Un soir, à la fin de ce mois épuisant, dans un moment de découragement, j'avais écrit dans mon journal intime : *Mon Dieu, calmez-la, guérissez-la, écoutez ma prière, je vous en supplie… J'ai des vertiges, je suis en train de me rendre malade... Aidez-nous, faites quelque chose! C'est invivable...* Mot pour mot.

Mon fils est de nouveau à l'hôpital Notre-Dame. Un autre déblocage s'impose. Nous sommes allés le voir et Micheline est revenue plus mêlée que jamais. Le lendemain, il était fiévreux. Une hausse anormale de créatinine dans son sang. Une autre inquiétude prenait place. Roxane m'avait téléphoné le soir, il n'allait pas bien, il avait des nausées, il était encore fiévreux. On cherchait. Son déblocage n'avait pas réussi, on avait recommencé, il y avait eu rupture. J'étais allé le voir à l'hôpital le lendemain. Seul. Pendant que Micheline était au CLSC. Je l'avais trouvé enflé. Je craignais pour son rein... Je priais le Ciel! Il fonctionnait encore ce rein du donneur, mais à un rythme lent. *Sauvez-le-lui, Seigneur!* Et j'étais revenu à la maison juste à temps pour accueillir Micheline qui descendait du petit autobus bleu et blanc. Le 7 août, mon fils remontait un peu la côte. J'aurais souhaité aller le visiter, mais il m'aurait fallu emmener Micheline. À défaut de quoi, je lui avais parlé au téléphone seulement. Je ne la laissais plus seule à la maison maintenant. Puis, le jour suivant, une visite chez le médecin de Micheline qui, voyant dans quel état j'étais, avait tenté doucereusement de l'intéresser à vivre en résidence, là où l'on prendrait grand soin d'elle... Elle n'avait pas eu le temps de terminer sa phrase, Micheline l'avait interrompue en fronçant les sourcils pour lui dire d'un ton ferme : « Non, je n'veux pas. » L'autre n'avait pas insisté mais, de toute façon, nous n'en étions pas là. Je voulais qu'elle reste avec moi malgré ma santé qui se détériorait. Je voulais la garder le plus longtemps possible, à moins de partir avant elle... Parce qu'avec tous les dérapages de sa part et ce que j'endurais, je ne donnais pas cher de ma résistance. Elle avait de grosses chances de m'enterrer avant mon temps, mais ce n'était pas de sa faute, elle n'était pas consciente des ennuis qu'elle me causait. Elle ne vivait qu'un moment à la fois, celui qui s'écoulait au rythme de sa respiration. Alors, à quoi bon… À la grâce de Dieu !

Enfin ! Michel sortait de l'hôpital ! Sauvé une fois de plus ! Grâce à la science et aux excellents médecins et chirurgiens qui en prenaient grand soin. Dieu qu'ils ont du mérite ! J'en ai été témoin tant de fois. Le 23 août, je signais mon contrat pour mon roman *Le jardin du docteur Des Oeillets*, avec Jean Baril, mon éditeur. À la toute fin du mois d'août, malgré ma bonne volonté et sur les conseils du CLSC, j'étais allé avec Michel visiter quelques résidences privées et publiques pas loin de chez nous et j'en étais revenu chaviré. Tous ces malades, hommes et femmes, qui se berçaient ensemble dans un solarium… Quel triste spectacle ! Non, pas pour Micheline ! Pas pour ma douce moitié ! Je ne la voyais pas parmi ces gens qui, tour à tour, divaguaient dans leurs propos. Non, pas pour elle ni pour moi le cas échéant… *Vous m'entendiez, Seigneur ?*

Septembre 2010, Micheline célébrait ses soixante-quinze ans. Trois quarts de siècle ! Et lorsque, gentiment, je lui ai mentionné son âge, elle a répondu abruptement : « Voyons donc ! Soixante-quinze ans ! J'ai soixante-sept ans ! Es-tu en train de devenir fou, toi ? » Donc, tout en la fêtant, ce soir-là, nous évitions de mentionner son âge, ça la choquait. Même si un gros 75 en chiffres de cire était planté sur son gâteau d'anniversaire. Elle n'y avait pas porté attention. Sylvie, Chris et les enfants avaient appelé de Calgary pour lui offrir leurs vœux. Elle avait apprécié, mais il ne fallait pas trop insister sur son âge… Je la regardais et je la revoyais en image dans la splendeur de ses trente-trois ans ! Blonde et voluptueuse ! Avec les ans et surtout la maladie, malgré une apparence conservée, elle était quasi défaite… Comme c'était triste à voir ! De plus en plus démunie de ses facultés et de son jugement, c'est moi qui l'avais aidée à choisir ses vêtements le matin. Ce qu'elle avait plus ou moins accepté, avec un arrêt-stop comme : « Mêle-toi de tes affaires ! » lorsque je lui suggérais un pull plus léger que celui qu'elle avait sorti d'un tiroir. Elle finissait par plier… mais que de salive dépensée de ma part pour ne pas trop la contrarier.

Michèle Constantineau, une autre fidèle correctrice, en est à la seconde partie de mon nouveau roman. On a beau être vigilant, on oublie toujours, ici et là, des fautes de frappe. Ce qui ne lui échappe pas. Pour la couverture, j'avais trouvé une diapo avec des fleurs bien rangées et un gros chat noir qui allait les piétiner. Le fameux *Noiraud* de mon histoire que le docteur Des Oeillets haïssait tant ! Tout était en place. On allait bientôt l'imprimer, j'attendais juste qu'on me prévienne. Puis, le 9 septembre, une journée archi-difficile avec ma femme, tout y était passé ! Ses bévues comme ses obstinations ! Allez savoir pourquoi… Un aidant se doit d'avoir un bouclier constamment. À la place du cœur, parfois ! En me couchant, ce soir-là, j'avais souhaité ne plus me réveiller… Pour que tout s'arrête !

Ma tante Thérèse est morte ce matin. La dernière à partir du côté de ma mère. Elle est allée rejoindre ses sœurs, Jeannette et Irène, ma mère, ainsi que ses frères, Édouard et René, alias Ti-Gars. Pour les raisons que vous devinez, je n'ai pu assister, hélas, à ses funérailles… Entre-temps, Micheline dépérissait de plus en plus et le CLSC me recommandait encore un centre d'hébergement avant d'y laisser ma peau. Mais je résistais, je ne voulais pas la voir avec ces gens, je l'aimais encore ma femme… Ça ne se faisait pas, on ne place pas sa conjointe quand la tendresse est encore dans le cœur et que la sensibilité nous rend les yeux embués. Je m'étais surpris à demander au bon Dieu de venir la chercher dans son sommeil avant d'être obligé d'en arriver là. C'était si injuste... Le 27, elle ne voulait pas aller à ses activités au CLSC. Dès le lever, c'était : « Non ! j'y vas pas ! » Ça arrivait parfois, mais pas aussi radicalement que cette fois-là. Je l'avais convaincue de prendre sa douche et de s'habiller, que nous irions peut-être chez Sears ensemble... Un pieux mensonge. Lorsque l'autobus est arrivé et que la préposée a sonné, Micheline lui a ouvert, lui a souri, et l'a suivie avec son sac à main sous le bras. Elle avait oublié la visite chez Sears avec moi. Tout était instantané ! Elle avait reconnu le visage de la jeune fille et, enchantée de son « Bonjour, madame Landry ! » elle l'avait systématiquement suivie.

En octobre, c'était le Salon du livre du Saguenay, suivi de celui de l'Estrie. Je les avais faits tous les deux. Pour décompresser de ma tâche quotidienne, quoique j'étais revenu à la maison assez fatigué par toutes ces rencontres et ces entrevues. Roxane et Michel avaient pris la relève avec Micheline et ils semblaient assez tendus tous les deux. Inconsciemment, ma femme ne les avait pas épargnés. Quoique plus agréable avec eux qu'avec moi. Ils allaient encore me rendre le même service cinq jours plus tard, alors que je devais me rendre à Saint-Georges-de-Beauce pour une conférence. De retour à la maison, je croyais décompresser un peu, lorsque Micheline est revenue de chez mon fils. En m'apercevant, avant même un bonjour, elle me lança : « Ça donc ben été long, ton dîner ! » croyant que je revenais du restaurant seulement. Sa nuit entière chez Michel était dans la poubelle. Pauvre elle ! Quelques jours plus tard, nous regardions à la télévision la série télévisée *Madame Bovary*, enregistrée en 1975, et elle avait été malcommode tout au long de la projection. Vers la fin octobre, je recommençais avec mon fils une tournée de visites de résidences privées en vertu d'un éventuel geste à poser. Ça me crevait le cœur, mais ma santé se détériorait de plus en plus et mon fils ne voulait pas me voir partir avant sa mère. J'avançais en âge et, avec les artères usées, je n'allais pas me rendre loin avec le stress qui m'envahissait chaque jour. Septuagénaire, on titube de temps à autre, mais lorsque ça devient fréquent… C'était, hélas, mon cas, ce qui inquiétait mes enfants. Nous avions visité un endroit, rue Papineau, mais l'ambiance n'était pas chaleureuse, le personnel encore moins. « Non, pas là ! » avais-je dit à mon fils. Je ne regardais que les mauvais côtés, comme pour me trouver une raison de ne pas la placer. Je me revoyais à l'orphelinat où j'avais tant pleuré… Je revoyais aussi mon père que j'avais sorti de l'hôpital Notre-Dame-de-la-Merci pour le remettre à ma mère. C'était certes autrefois, tout ça, mais était-ce vraiment mieux aujourd'hui ? Ces souvenirs m'avaient meurtri une fois de plus, et je ne pouvais imaginer Micheline sans moi. Mon fils désespérait, il avait si peur que je ne tienne pas le coup. J'étais vieux à ses yeux, malade en plus… Alors que je me voyais comme un robot. Automatisé ! Sans faille !

Novembre, ce n'est pas octobre, je déteste ce mois. Il est presque toujours gris et il nous annonce, avec ses fortes pluies, l'hiver qui suit. De ce temps, ma femme veut faire les repas et elle me crie en haut, dans mon bureau, au moins cinq fois de suite : « Qu'est-ce que tu veux manger pour souper ? » Ce rituel quotidien me rend fou ! Non pas qu'elle soit gourmande, ce qu'elle veut, c'est cuisiner, mais elle n'en est plus capable. Elle met un fond d'eau dans le chaudron pour faire cuire des patates ! Plus rien ne va, et entendre parler de « mangeaille » à longueur de journée, ça démolit un homme ! Ce qui me faisait penser au mari de la grosse dame… Pauvre lui ! Et Micheline continuait d'ouvrir le réfrigérateur sans cesse durant la matinée pour me demander chaque fois : « On mange quoi à soir ? » À partir de dix heures du matin ! De quoi rendre fou et provoquer des impatiences de ma part. Je m'en rends compte en écrivant ces lignes. Je savais qu'elle était malade, j'aurais dû en tenir compte, mais pour les nerfs, c'était un supplice égal à celui de... la goutte d'eau! Je n'en pouvais plus! J'avais les paumes des mains rouges à force d'y enfoncer mes doigts. Tellement, que j'avais cessé d'écrire pour aller m'étendre sur mon lit. Une minute plus tard, j'entendais du bas de l'escalier: «On mange quoi pour souper?» et, de rage, je m'étais mis à pleurer.

Plus ça allait, plus je me rendais compte que j'étais d'humeur massacrante. À fleur de peau! À vouloir me frapper la tête sur les murs, mais je me frappais plutôt la poitrine en guise de *mea culpa* de m'emporter contre elle. Pour rien... ou pour tout à la fois. Dans ces moments d'impatience, elle me regardait ahurie, en silence, interrogative à savoir ce qui se passait, et ses beaux yeux verts embués me rappelaient combien je l'aimais. Néanmoins, je me noyais dans ma détresse. Michel et Roxane faisaient ce qu'ils pouvaient, mais c'était moi qui étais avec elle du matin au soir. Je ne pouvais quand même pas en demander plus à mon fils avec tous les problèmes de santé qu'il avait traversés. Parfois, je me taisais pour lui éviter toute angoisse, il s'en faisait déjà tellement pour moi. Mais je me tenais souvent la poitrine, je sentais mon cœur battre d'effroi. Elle me regardait et se demandait sûrement: «Qu'est-ce qu'il a?» Pauvre Micheline... *Pardonne-moi, mais il y avait de ces jours... Et tu ne méritais pas ça!* Le 20 novembre, le Salon du livre de Montréal avait lieu. Ma soupape! Quelques jours de répit en dépit de la foule qui m'attendait. Je n'avais envie de voir personne pourtant, j'étais si épuisé, mais rien n'avait paru, les gens venus me voir de bon cœur m'avaient redonné le sourire.

Je viens d'avoir soixante-quatorze ans! Je préfère l'écrire en lettres, ça saute moins au visage! En chiffres, j'aimerais les inverser, mais je n'y peux rien. J'en suis là ! Avec encore la même main d'écriture. Francine Fleury m'a invité au Il Cenone pour le lunch, quelle gentillesse de sa part ! Puis, un souper chez Michel. Le gâteau, le repas, de l'affection, le rituel, quoi ! Et de même avec Sylvie et les siens qui m'avaient téléphoné et dont j'avais reçu les cadeaux par la poste. Micheline, se croyant plus jeune que moi, était contente que je prenne un an de plus. Le lendemain, première tempête de l'hiver. Comme de coutume ou presque ! Le 17, journée à faire des gaffes à force de surveiller... les siennes ! En après-midi, comme je l'avais à l'œil parce qu'elle mêlait tout dans la cage de la perruche, j'ai versé, sans m'en rendre compte, le savon à vaisselle pour l'évier, dans le lave-vaisselle ! Imaginez ! La mousse sortait de partout dès le premier cycle. Quel dégât ! J'ai mis une heure à tout essuyer sur le plancher de la cuisine et à rincer le lave-vaisselle. Le stress était tel que c'était moi qui commettais des maladresses. Sans m'en apercevoir ! Mais je ne m'en suis pas pris à elle, ce n'était pas de sa faute. D'autant plus qu'elle m'aidait avec des linges à vaisselle, à éponger le tout. J'avais respiré très fort... et je lui avais souri.

Le 22 décembre, jour fatidique, en pleine nuit, cinq heures du matin environ, Micheline était au salon en train d'avoir de graves hallucinations. Elle voyait des hommes de l'autre côté de la rue qui grimpaient dans les poteaux, puis des animaux sauvages qui se battaient et, enfin, une autruche qui se baladait sur notre terrain. Elle gesticulait, elle était en panique et je n'arrivais pas à la maîtriser. Une réelle crise de démence ! J'ai téléphoné à mon fils qui s'est empressé de venir me donner un coup de main, mais elle continuait de plus belle à vociférer contre les travailleurs imaginaires à l'extérieur. On a réussi à l'asseoir, à la calmer avec un sédatif et Michel est allé travailler quelques heures.

À son retour chez moi, elle était de nouveau en crise, ça ne passait pas. Elle voyait des animaux à l'extérieur, un chat dans le salon, des hommes assis sur le bord du trottoir à ne rien faire et qu'on payait… Bref, j'en oublie ! J'avais peine à tenir debout ! Ça faisait presque douze heures que j'étais réveillé à tenter de la contrôler. Quel enfer que cette nuit et le jour qui suivit ! J'en étais assommé et Michel, fatigué, avait les traits tirés. Nous avions réussi à la coucher avec un autre sédatif à dix heures du soir, et je m'étais écrasé dans un fauteuil, tremblant encore de nervosité. Levant les yeux, j'ai regardé mon fils qui, devinant ma pensée, m'avait dit : « Il va falloir la placer, papa, sinon c'est toi qui vas crever ! » Et pour la première fois, d'un signe de la tête, j'ai acquiescé.

Elle n'était pas allée au CLSC le lendemain, elle dormait encore. J'ai même dû la réveiller à onze heures pour la faire manger. Non pas que le sédatif était fort, mais elle était épuisée après ce dur combat contre « les envahisseurs » de la rue et de notre terrain. Pauvre Micheline ! Elle était à bout de souffle, elle aussi. Elle s'était levée, ne s'était pas habillée, avait avalé quelques bouchées et, en après-midi, elle s'était rendormie dans son fauteuil. Complètement vidée par sa crise démesurée. Le soir, après l'avoir encore réveillée pour la faire souper, j'ai remarqué que sa confusion avait augmenté. Elle ne savait plus où elle était, ni ce que je faisais là… Elle me regardait, hébétée, et j'avais saisi, dans son regard, un vent de folie qui m'avait bouleversé. Le 24 décembre, veille de Noël, je l'ai emmenée chez la coiffeuse, mais le soir venu, tout s'est gâté. Elle est allée à la messe avec Michel et Roxane, mais ce fut une erreur. Dès son retour, elle me disait être allée souper avec Gisèle, Françoise, Roxane, Michel, les enfants… Tout le monde y passait ! Et ce fut de pire en pire. Elle ne savait plus qui était Gabriel Francoeur, le mari de Gisèle, son beau-frère préféré, et elle cherchait sa mère dans la maison. Elle chuchotait « Denis », comme si elle me cherchait et, lui disant que c'était moi, elle me répondait brusquement : « Ben non, t'es pas mon père, toi ! » J'ai compris que nous étions à l'avant-dernière phase de sa maladie. Elle voulait s'en aller « chez elle », appeler « chez elle ». Elle était ailleurs, autrefois, jadis... Bref, nous avions réussi à la calmer et à la coucher avec la moitié d'un tranquillisant, et elle s'était endormie nerveusement.

Quel triste Noël... Ce matin, elle n'était plus que l'ombre d'elle-même, mentalement. Amorphe, défaite, les yeux partout et nulle part à la fois, elle cherchait... Quoi ? Dieu seul le savait ! J'ai réussi à l'emmener chez Michel, mais dépaysée, assise dans un fauteuil, regardant à peine le sapin et l'entourage, elle se levait, elle voulait s'en aller. Je l'ai donc ramenée à la maison plus tôt que prévu et, aussi fatigué qu'elle, je me suis couché sur ce Noël sans bonheur... ou presque. Le lendemain, une autre dure journée, Micheline était incontrôlable. Elle avait commencé tôt à me parler de son père, de sa mère et de son « chum », Denis. Je crois qu'elle avait seize ans dans sa tête ce jour-là. Parce que j'étais son « chum » à ce moment-là. Elle me parlait comme à un étranger. Le soir, Sylvie avait téléphoné pour tenter de la « reconnecter » avec la réalité, mais ça n'avait pas fonctionné. Sa mère ne l'écoutait pas, elle avait juste hâte de raccrocher. Elle lui avait marmonné des choses que ni ma fille ni moi n'avions pu saisir. Deux jours plus tard, j'étais son père et non plus son mari. Elle me demandait, croyant que j'étais lui : « Où est maman ? » Ensuite : « Gisèle n'est pas rentrée ? » Elle me câlinait, elle me demandait si j'étais fatigué, elle voulait aller me border. Elle me flattait même la main en guise d'affection, croyant que c'était celle de son père. Quand je lui demandais : « Où est Denis ? », elle répondait : « Chez lui. » Michel avait téléphoné pour me parler, j'avais laissé ma femme répondre pour la tester, et quand mon fils lui a demandé : « Papa est là ? », elle lui avait répondu : « Non, il est couché. » Son père était couché et, parlant davantage avec elle, Michel se rendit compte qu'elle le confondait avec Gilles, son frère d'un an plus jeune qu'elle en ce temps-là. Triste à dire, mais je n'ai jamais été aussi bien traité par ma femme durant sa maladie que pendant ce temps où, cheminant par en arrière, elle me prenait... pour son père !

Le lendemain, ça se poursuivait. Le soir, après un bref souper, elle cherchait encore Gisèle, Gilles, Françoise, Louis, Gérard... Ils y sont tous passés ! Frères et sœurs, père et mère ! Que sa famille immédiate au temps de ses années rue Saint-Réal, alors qu'elle était adolescente. Étant la plus vieille des enfants, elle avait toujours veillé sur ses frères et sœurs, et ça lui revenait tel que c'était jadis. Quand je lui demandais son âge, elle répondait... « Dix-sept ans. » Pathétique et émouvant à la fois, parce qu'elle était sereine et calme dans ce lointain retour. J'avais la conviction qu'elle avait été plus heureuse avant moi... qu'après. Et ça me peinait, ça m'arrachait le cœur de constater que j'étais arrivé comme un « envahisseur » dans sa vie. Dans de tels moments, on se pose bien des questions. Je l'aimais, elle m'aimait, mais... Ce qui était difficile, c'était de composer avec ce dédoublement de personnalité. Devais-je tenter de la ramener au présent ou la suivre dans son passé ? Je ne savais plus trop, mais j'ai préféré jouer le jeu, de peur qu'elle retrouve un naturel qui ne m'était pas favorable. À la longue, toutefois, ça devenait inquiétant, j'étais désorienté. Elle n'était plus orageuse, elle était même affectueuse. Mais, c'était « ma blonde » d'antan que j'avais à mes côtés, pas ma femme de maintenant. Elle connaissait Denis, bien sûr, c'était son *chum steady* dans son passé réincarné. Mais c'était sur son père qu'elle veillait. Sans doute parce qu'il avait été très malade en ce temps-là et qu'elle avait craint de le perdre. Je téléphonais à mon fils et je lui disais : « Ça continue, Michel, je suis encore son père et toi, tu n'existes pas, Sylvie non plus. Denis, c'est juste son *chum* et il est parti se coucher, il travaille demain matin. » Mon fils et moi ne savions plus quoi dire… Ça faisait peur !

Le 30 décembre, elle était allée au CLSC sans même savoir où elle s'en allait ce matin-là. J'en avais profité pour appeler son médecin qui avait fait parvenir à la pharmacie une ordonnance d'un tranquillisant plus adapté pour elle, en cas d'éventuelles hallucinations. Vers trois heures, elle était revenue sans se souvenir de ses activités au CLSC. Trop fatigué pour cuisiner, j'avais commandé du poulet pour souper, mais elle avait très peu mangé de sa portion, se contentant de picorer dans sa salade. Peu après, sans rien dire, elle était montée se coucher. Néanmoins, du bas de l'escalier, j'entendais un son de voix. J'ai grimpé quelques marches, j'ai prêté l'oreille, c'était elle qui parlait… avec sa mère ! Encore ailleurs, dans un passé lointain… Pauvre femme ! Bouleversé, désemparé, j'étais redescendu sur la pointe des pieds en essuyant quelques larmes du revers de ma manche.

Enfin, dernier jour de cette année qui ne m'avait pas épargné. Ce soir, je suis redevenu son père et elle cherche sa sœur Gisèle. Je n'ai rien fait de la journée, j'ai causé avec Michel, avec Sylvie, personne d'autre. Je suis resté avec Micheline pour ne pas embêter qui que ce soit à deux pas des réveillons. Son « père », en l'occurrence moi, a réussi à la convaincre d'aller se coucher, et elle « lui » a obéi sans rechigner. Puis, après un peu de lecture, je suis monté à mon tour. Les dés étaient jetés. Il me fallait baisser les bras et chercher un endroit. Avant de mourir d'épuisement ! Mais, juste avant d'éteindre, j'avais saisi mon journal intime pour y inscrire : *Puisse le Ciel songer à nous. À elle comme à moi, d'une façon ou d'une autre.*

Chapitre 20

Le 3 janvier 2011, madame Tousignant, du service-conseil de Visavie, que j'ai contactée, s'offre de nous aider à trouver une résidence pour Micheline dans le nord de la métropole ou à Laval. Je me sentais mal de visiter des endroits avec elle, j'avais l'impression de trahir la confiance de ma femme qui n'avait que moi comme appui dans sa vie. Il y avait, bien sûr, les enfants, mais c'était à moi qu'elle se fiait, sans s'en rendre compte, pour la suivre dans son quotidien. Parmi les endroits visités, j'avais quelque peu jeté mon dévolu sur la Résidence Sainte-Rose, un immeuble de quatre étages assez moderne, avec repas, soins infirmiers, surveillance, bref, tout ce qu'on nous promettait un peu partout. Je n'ai pas pris de décision ce jour-là, mais il ne fallait pas tarder. Micheline était de plus en plus confuse, toujours au poêle en train de vouloir cuisiner. J'avais peur qu'elle s'ébouillante, je passais mes journées à la surveiller. C'était insoutenable ! Il fallait qu'elle se retrouve en sécurité, là où elle aurait une belle grande chambre, des soins appropriés et un téléviseur pour la distraire. Le lendemain, j'y étais retourné avec Michel qui avait trouvé que l'endroit était vraiment approprié pour sa mère. Tout était neuf, on aurait dit un hôpital de luxe avec chambre privée, grande salle de bain, ventilateur au plafond, vaste fenêtre donnant sur la devanture de l'immeuble, ce qui était divertissant puisqu'elle pourrait nous voir arriver et repartir de sa chambre. Nous avions rencontré l'infirmière en chef, Francine Rocheleau, qui nous avait accueillis aimablement avant de nous faire visiter les lieux, de la salle à manger jusqu'à celle de la récréation. Tout était superbe ! Cependant, il nous fallait meubler sa chambre avec ses meubles, son lit, son chien de soie sur le couvre-lit, sa commode, son téléviseur, ses petits tapis, un réfrigérateur que nous allions lui acheter, bref, tout pour qu'elle se sente chez elle et non dans un lieu inhabituel. Il suffisait que Micheline s'y adapte et elle serait très heureuse dans cette somptueuse résidence. Le seul hic, c'est qu'elle serait logée au quatrième étage et non au rez-de-chaussée et j'avais des doutes un peu, côté surveillance, mais on nous avait assuré qu'il y avait des préposées à chaque étage et qu'elles s'occuperaient de la conduire au réfectoire par l'ascenseur quand viendrait l'heure des repas. Je l'imaginais donc radieuse parmi ces gens, docile et fort aimable, mais je me trompais souverainement. Il n'allait pas en être ainsi... Tout de même, nous avions signé le bail, il fallait que le placement se fasse, nous étions à bout de forces, mon fils et moi. Mais, en sortant de la résidence, soulagé quelque peu, sans en parler à Michel, ça me faisait mal au cœur de faire ça. Aussi beau était l'endroit, ça me tuait, j'étais encore sous le choc... Toutefois, comme on allait en prendre grand soin... N'empêche que des pensées plus sombres m'envahissaient. Elle, si peu autonome, portée à vouloir sans cesse s'en aller... Puis, les idées plus claires, je me disais que les pensionnaires, hommes et femmes croisés à la résidence, avaient l'air très heureux d'être là. *Qui sait si elle ne sera pas mieux avec eux qu'avec moi ?* pensai-je. De toute façon, son propre domicile lui échappait, elle ne reconnaissait plus sa maison. Vous voyez ? Je me cherchais déjà des excuses de peur de culpabiliser. Le pour et le contre sans cesse durant toute la soirée et, l'observant alors qu'elle regardait dehors, j'en avais déjà des remords. Pauvre Micheline... Malade... Son destin entre nos mains... Incapable de s'y soustraire, impuissante, à la merci de... J'ai senti un nœud au creux de ma poitrine et j'ai détourné la tête ; j'avais des larmes au bord des yeux.

Le 7 janvier, dernière journée sous notre toit, elle l'avait passée à chercher sa mère, sa sœur Gisèle, son frère Louis... Le matin, elle avait commencé un lavage qu'elle avait ensuite oublié et que j'ai dû terminer. Le soir venu, j'étais certain de passer la nuit blanche. M'en séparer, la placer, j'avais encore le cœur en boule. Quel triste geste à poser ! Je l'avais tellement protégée et aimée, je l'aurais fait encore... Dieu que je l'aimais cette femme ! Encore plus à ce moment précis que j'avais pu le faire tout au long de ma vie. C'était « la Micheline » de nos premiers jours, celle que j'avais connue à l'âge de quinze ans... La petite fille sensible de ce temps qui, en un instant, me faisait oublier la femme coriace qu'elle était devenue avec la maladie. Oui, j'avais oublié tout ce que j'avais pu vivre au cours de ces dernières années. Parce qu'elle était jeune dans sa tête en ce dernier jour et qu'elle cherchait son père et sa mère. Et comble de remords pour moi, elle avait été gentille toute la journée. En me prenant pour son père, bien sûr, et en « lui » disant que Denis, après avoir travaillé... viendrait peut-être veiller !

Le lendemain matin, jour de son départ, je l'avais aidée à s'habiller et Michel et Roxane étaient venus la chercher.

Il avait été décidé que c'étaient eux qui allaient la conduire à la résidence et non moi, j'en aurais été incapable, je l'aurais ramenée. Je la regardais partir au bras de mon fils et j'en étais foudroyé. Parce qu'elle n'allait plus revenir comme de coutume le soir. Parce qu'elle allait être placée en institution. Parce que… J'avais baissé le store pour que mon fils ne voie pas mon chagrin en montant dans sa voiture. Elle devait passer une partie de la journée chez eux, pour ensuite être conduite à la résidence où sa chambre l'attendait. Tous ses meubles installés dans sa chambre en matinée par mes petits-enfants, rien n'avait été oublié. Le tout s'était fait non sans peine. Rendue sur les lieux avec Roxane et Michel en fin d'après-midi, voyant sa chambre meublée de ses effets, elle était restée figée. Puis, réalisant peut-être… elle avait demandé à s'en aller. Il n'avait pas été facile pour eux de la laisser aux bons soins des préposées, Michel en avait le cœur déchiré. Heureusement, Roxane était à ses côtés. Sans doute un peu plus forte pour l'appuyer. Revenu chez lui en fin de soirée, Michel lui avait téléphoné et elle voulait rentrer à la maison. J'avais dit à mon fils au bout du fil : « Ne m'en raconte pas plus, ça me torture ! » J'espérais que la nuit qui viendrait puisse la calmer, mais j'en doutais. Puis, j'avais bu du vin. Plus que de coutume. Pour oublier, pour me rassurer, pour essayer de m'endormir… J'avais bu comme pour tenter de mourir avec elle ! J'étais meurtri, complètement démoli ! Malgré le vin aidant, je n'avais pas dormi de la nuit. Je culpabilisais. Je me demandais comment ça se passait dans sa tête et si son père et sa mère étaient encore avec elle. Je sentais que Michel et Roxane étaient terriblement mal à l'aise de l'avoir déménagée, et je me trouvais lâche de ne pas l'avoir fait à leur place. Dieu que je me suis haï cette nuit-là ! Il fallait pourtant qu'il en soit ainsi car, au premier signe de détresse, me connaissant, je serais revenu avec elle. On m'avait même demandé d'éviter de lui téléphoner ou de la visiter les premiers jours, car la présence de l'aidant depuis tant d'années risquait d'aggraver la situation. Il fallait qu'elle s'habitue à eux... sans moi! Et, cela fait, je pourrais ensuite revenir la visiter sans lui causer trop d'effet. C'était donc mon fils qui allait faire face à ses premiers comportements qui n'allaient pas être faciles. Deux jours plus tard, Michel était allé la voir avec son fils, Christian, et elle avait fourré toutes ses affaires dans des sacs. Elle voulait sortir de là! Il avait beau lui dire que c'était un hôpital, que ce ne serait que pour un certain temps, pour la soigner... Mais, ça ne passait pas, elle voulait s'en aller, les suivre, descendre avec eux... Et elle ne parlait plus de son père, de sa mère ou de Gisèle, ils s'étaient soudainement évaporés de sa mémoire. Michel et Christian n'avaient eu d'autre choix que de fuir à son insu, alors qu'une préposée la distrayait. Ce qui allait s'avérer notre stratagème chaque fois désormais. Le lendemain, on avait cru bon de lui enlever ses sacs vides et elle avait tout «paqueté» dans... ses taies d'oreillers! Comme une prisonnière qui veut s'évader! Madame Rocheleau me disait au bout du fil: «Vous allez voir, ça va passer... On en a eu des plus réticentes qu'elle. Avec les activités, la coiffeuse, l'habitude, tout va se replacer.» Mais ça n'allait pas se passer ainsi, ils allaient éprouver beaucoup de difficultés...

Le 13 janvier, j'apprenais qu'ils avaient des problèmes avec elle. Ma femme faisait maintenant des baluchons avec ses draps et enfouissait tout ce qu'elle avait dedans. Puis, avec son chien de soie bleu sous le bras, elle empruntait l'escalier et descendait pour tenter de trouver une sortie. Elle ne prenait pas l'ascenseur, sans doute de peur d'être aperçue. Non, elle fuyait et, pour réussir à le faire, elle savait instinctivement comment procéder. Elle apportait tout avec elle, débarbouillette et brosse à dents incluses.

Elle ne s'habituait pas et mes visites n'allaient en rien lui être favorables. Dès qu'elle m'avait aperçu la première fois, sans même un bonjour, elle m'avait lancé : « Envoye ! On s'en va ! Vas-y ! » Trois bouts de phrase qui allaient revenir constamment. Le « Vas-y » signifiait d'aller leur dire qu'on s'en allait. À la directrice, à l'infirmière ou à n'importe qui d'autre ! Et j'avais dû partir alors que madame Rocheleau l'occupait avec de la paperasse. Je m'étais sauvé comme un voleur ! Sans la serrer dans mes bras, sans déposer un baiser sur sa joue. Il m'avait fallu m'enfuir… pour ne pas qu'elle le fasse ! Dans ma voiture, les mains sur le volant, j'avais le cœur en miettes. Moi qui avais espéré que, dans une certaine timidité, elle soit docile… Loin de là ! La gêne avait pris le bord ! Et, fait curieux, depuis le début de sa maladie elle ne pleurait plus. Elle, pourtant si sensible à la joie comme à la peine. Aucune larme… Comme si ce fichu mal sournois l'avait démunie de toute émotion dès son apparition. Elle combattait donc son sort ; elle était inépuisable ! Quatre étages à descendre à pied avec tout son bagage chaque jour ! Un branle-bas de combat constant de sa part ! Sans en être épuisée malgré sa taille menue et ses quatre-vingt-cinq livres ! La résidence n'était pas le CLSC d'où elle avait l'habitude de revenir. Il n'y avait pas d'autobus bleu et blanc pour la véhiculer. La docilité était rompue. Mon fils était retourné la voir le lendemain et elle l'attendait près de la porte d'entrée principale, sur une chaise pliante, avec son sac à main et des effets dans les bras. « Envoye ! On s'en va ! Vas-y ! » refit surface en l'apercevant, et il avait eu à se battre moralement avec elle pour réussir à la remonter au quatrième avec lui. Elle ne voulait rien entendre, elle quittait cet endroit, point à la ligne. Mon Dieu ! Que faire ! Que ce soit Corinne, ma petite-fille, qui la visitait, ou même ma bonne amie, Francine Fleury, qui habitait tout près, elle voulait partir avec qui se montrait et qu'elle reconnaissait. Parce que si elle oubliait plein de choses, le temps présent, le statut comme les noms des gens, elle n'avait pas encore oublié un visage. À vrai dire, je n'aurais jamais cru qu'elle deviendrait agressive dans un endroit comme celui-là. Je croyais qu'entourée de bons soins elle serait soumise. J'aurais dû m'en douter, mais j'espérais. Je voulais tellement qu'elle soit heureuse, souriante... Mais, dès son entrée à la résidence, je n'ai jamais revu un sourire sur ses lèvres... Jamais !

Rien n'allait pour elle en cet endroit qu'elle voulait fuir à tout instant. Il lui arrivait d'être à l'aise lors des activités, parce qu'en ces moments-là elle se croyait au CLSC. Et l'intervenante des jeux et des distractions était si gentille. Micheline semblait s'être prise d'affection pour elle. Elle aimait aussi aller chez la coiffeuse, elle pouvait y passer des heures sans bouger. À tel point que madame Rocheleau, l'infirmière en chef, se demandait par quel miracle la coiffeuse pouvait la garder en place sur une chaise aussi longtemps, alors qu'elle ne pouvait la retenir plus de trois minutes. Micheline a toujours aimé les salons de coiffure. Même à la maison, alors qu'elle s'y rendait, elle arrivait avant l'heure du rendez-vous pour regarder sa coiffeuse attitrée en coiffer d'autres. Ce qui expliquait sa patience lorsqu'elle se trouvait dans cette petite chambre de la résidence, aménagée en salon de coiffure pour les pensionnaires. Le plus douloureux pour Michel et moi était d'avoir à se sauver dès qu'elle avait le dos tourné. C'était la seule façon de partir sans la sentir s'accrocher à notre veston. Ça nous crevait le cœur d'avoir à lui délier les doigts un à la fois de notre manche d'imperméable et laisser la préposée la distraire avec un « Regardez qui s'en vient par là ! ». Elle détournait la tête, naturellement, et c'était juste une autre pensionnaire qu'elle apercevait. Quand elle reposait son regard sur nous… nous n'étions plus là! C'était immonde de faire ça! Je n'ose revivre la scène, je sens mes yeux s'embuer. Malgré toutes les attentions qu'on lui donnait, elle refusait de s'adapter à cet endroit, ou c'était son état de santé qui s'y opposait. La nuit, elle errait dans les corridors avec tout son linge dans les bras. Elle cherchait une issue et, ne trouvant rien, il lui arrivait d'entrer dans la chambre d'un ou d'une autre pensionnaire, croyant que c'était la sienne, et de tenter de se glisser dans leur lit. Imaginez la frayeur des patients de voir surgir ainsi, au milieu de la nuit, une personne errante dans leur chambre! Michel et moi n'en revenions pas. On s'attendait à une certaine réticence, mais on misait sur une accoutumance… Ce qui ne venait pas, loin de là. Et la démence, il me fallait maintenant accepter le terme, l'incitait à commettre des bévues inattendues. Et on n'avait pas le droit de fermer sa porte à clé de l'extérieur, c'était interdit en cas d'incendie. «On en a vu d'autres», m'avait dit au départ madame Rocheleau, mais aucune semblable à elle, sûrement. Et les patients et patientes de cette résidence ne souffraient pas tous de la maladie de ma femme. Certains étaient là en toute lucidité, trop vieux pour s'occuper d'eux-mêmes, et d'autres, en fauteuil roulant. Il y avait cependant d'autres cas d'Alzheimer troublants, comme la dame dont on avait condamné tous les miroirs de ses commodes avec du papier journal, parce qu'elle détestait et engueulait avec rage celle qu'elle y voyait. C'était un cas grave et avancé, mais cette dernière, au moins, ne tentait pas de s'enfuir à tout moment. Micheline, pour sa part, n'ouvrait jamais le téléviseur ni le ventilateur, de peur de rendre sa chambre active. Comme son but était de partir de là, elle fermait tout ce qu'on tentait d'ouvrir. Au fur et à mesure. Même la lumière de sa chambre. Et elle ne téléphonait à personne et ne répondait pas quand on appelait. Comme si elle avait été absente, sortie pour la journée... Le docteur Ulysse, attaché à la résidence, était passé et, constatant son état, lui avait prescrit deux calmants par jour. Ce qui devait la tranquilliser... Ce qu'il croyait, du moins. Pauvre elle! Si malheureuse! La culpabilité risquait autant de m'emporter que tout ce que j'avais enduré avec elle à la maison. Je ne me couchais plus le soir, je ne trouvais plus le sommeil et je priais la Sainte Vierge pour qu'elle lui vienne en aide. Mais rien n'allait l'apaiser, ni les calmants ni les prières.

Je n'allais pas la visiter chaque jour, c'était l'enfer! Sa démence était de plus en plus démesurée. Je craignais même qu'on ne veuille plus la garder. Que ferais-je, alors? Michel m'avait dit: « Détends-toi, essaie de t'enlever tout ça de la tête, papa, regarde la télévision, invite des amis... » J'ai ouvert le téléviseur et je suis tombé, par hasard, sur un match de tennis entre Roger Federer et Gilles Simon. Mon fils avait raison, ça me changeait un peu les idées. Il fallait que je continue à vivre... À écrire... À respirer d'aise en me disant qu'elle était bien soignée, qu'on veillait sur elle. En espérant surtout qu'on allait la garder. Je n'aurais pas voulu, pour tout l'or du monde, qu'on la transfère dans un CHSLD. Je l'aurais ramenée chez moi si tel avait été le cas. Je me souvenais trop bien de mes années de larmes... dans un orphelinat! Ses sœurs étaient allées la voir et elle voulait également partir avec elles, mais avec moins d'insistance que lorsque c'était Michel ou moi. Elle avait, malgré tout, des jours plus faciles. Comme ceux où Brian, l'infirmier de garde qu'elle aimait bien, l'emmenait avec lui, de chambre en chambre, distribuer des médicaments à des résidents. Elle poussait son chariot, elle l'attendait à la porte de chaque chambre, elle avait l'impression de travailler. Mais, quand elle revenait dans sa chambre, c'étaient les bagages qui recommençaient. Elle avait fini son travail? Elle s'en allait! On tentait de lui faire ouvrir le téléviseur, elle le refermait. Elle ne regardait plus rien, pas même le bulletin de nouvelles avec Pascale Nadeau qu'elle trouvait si belle.

Michel la visite souvent avec Roxane. Elle veut partir! Elle veut s'enfuir! «Envoye! On s'en va! Vas-y!» revient toutes les trente secondes. Corinne s'y rend souvent aussi, le jour de sa coiffure, surtout. Mais, après avoir été coiffée, elle remonte avec elle à sa chambre pour ensuite la chicaner parce qu'elle ne veut pas l'aider à sortir de là! Elle lui donne même des tapes sur les mains en guise de réprimande. *Brave petite-fille! Quel dévouement! Chaque jeudi, tu étais là… Pour la journée! Ton grand-père n'a pas oublié, tu sais.* Le 31 janvier, avec la complicité de la préposée, j'avais réussi à la rejoindre au téléphone. Elle avait pris le récepteur et, dès qu'elle avait reconnu ma voix, elle m'avait dit d'un ton triste: «Attends-moi, je m'en viens te rejoindre.» Ça m'avait arraché le cœur! Je la sentais emprisonnée comme dans une camisole de force. J'aurais voulu la consoler, la protéger contre elle-même, elle était si menue, si fragile… On aurait dit une petite fille au bout du fil. Après avoir raccroché, je m'en souviens, j'avais pleuré. Je me disais intérieurement qu'il fallait que j'aille la chercher, que je la sorte de là comme je l'avais fait pour mon père autrefois. Avant qu'elle ne s'enfuie comme je l'avais fait de l'orphelinat. J'y pensais sérieusement. Je ne savais pas quand le moment viendrait, mais je n'allais pas la laisser angoisser à en mourir. J'en avais glissé un mot à notre médecin de famille qui m'avait répondu fermement: «Monsieur Monette, ne faites pas ça!»

Et le 4 février, comme je l'avais appréhendé, Micheline s'était enfuie de la résidence. Par la grande porte qu'elle surveillait sans cesse. Sans doute au moment où un visiteur entrait. Il fallait sonner et se nommer au micro pour qu'on nous ouvre du poste, ce que le visiteur avait sans doute fait pour entrer. Et c'est à ce moment-là qu'elle s'était faufilée. L'homme qu'elle avait tassé l'avait sans doute prise pour une employée qui allait vérifier quelque chose dans le grand portique. Elle avait donc poussé la porte extérieure et emprunté le chemin de la rue Lancelot, droit devant elle. En petits souliers d'été, avec juste un pantalon et une blouse garnie d'un débardeur cousu dessus. Par un matin passablement froid! Quand on m'a appelé, j'ai failli perdre connaissance en apprenant la nouvelle. On la cherchait partout dans le quartier. Heureusement pour elle, une brave dame qui passait en voiture l'aperçut alors qu'elle allait emprunter le chemin de l'Équerre enneigé. Immobilisant sa voiture, elle avait baissé sa vitre pour lui demander : « Vous n'avez pas froid, madame ? » et Micheline de lui répondre : « Oui, j'ai froid ! » Elle l'avait fait monter dans sa voiture et l'avait emmenée chez elle non loin de là. Voyant que ma femme n'avait pas toute sa raison et devinant qu'elle s'était enfuie d'une institution, elle l'avait réconfortée, lui avait offert un bon café et, discrètement, avait appelé les policiers qu'on avait déjà avertis de la disparition d'une patiente. Les policiers maintenant rendus sur place, Micheline ne s'objecta pas à les suivre et remercia chaleureusement la dame de son hospitalité, comme si elle était allée la visiter. On la ramena donc à la résidence et elle put réintégrer sa chambre. Les employés, soulagés, me téléphonèrent pour me dire qu'on l'avait retrouvée, alors que je me dirigeais en voiture à Sainte-Rose. Rendu à la résidence, j'aperçus Micheline qui m'attendait près de la porte vitrée. Comme pour s'enfuir encore... J'ai dû la retenir pour qu'elle ne me file pas entre les doigts. À l'heure de mon départ, elle s'accrochait encore à mon bras. Comme moi, jadis, à l'orphelinat, quand ma mère repartait et que les Sœurs grises me détachaient d'elle pour me monter au dortoir avec une taloche. J'ai donc dû quitter la Résidence Sainte-Rose avec le même manège habituel, ce jour-là. Mais avec ce qui s'était produit le matin, mécontent du manque de surveillance et de ce qui aurait pu lui arriver sans la bonne samaritaine, j'avais envie de la ramener avec moi. C'est mon fils, au bout du cellulaire, qui m'en avait empêché. Il m'avait même conseillé d'espacer mes visites, qu'elle allait peut-être accepter davantage sa situation en ne nous voyant pas chaque jour. Je me disais : *Il rêve en couleurs, celui-là...* et je n'avais pas tort. Quelques jours plus tard, Brian, l'infirmier qu'elle aimait bien, nous suggéra de faire l'acquisition d'une armoire de métal fermant à clé pour y mettre son linge, et de rapporter à la maison sa commode qu'elle vidait sans cesse. Ce qu'on fit dès le lendemain, mais Micheline, avec l'adrénaline qu'elle avait dans le corps, avait réussi, en tentant de la forcer chaque jour, à briser la poignée de cette armoire. Rien à son épreuve ! Grosse comme un pou, forte comme un bœuf !

Entre-temps, comme j'avais des salons du livre à honorer, j'avais rencontré mon éditeur, Jean Baril, qui s'était inquiété de mes traits tirés. Très compatissant, il m'avait encouragé de ses bons mots, mais que pouvait-il faire de plus ? Il n'en tenait qu'à moi ; il fallait que je reprenne un peu ma vie en main, j'étais encore très actif sur le plan littéraire. Le 11 février, je recevais les premiers exemplaires de mon roman *Le jardin du docteur Des Oeillets*. La couverture était splendide. Ce chat noir sur fond vert avec des fleurs de couleurs, ça sautait aux yeux ! Faits cocasses, dans les salons du livre les enfants s'arrêtaient devant mon roman et disaient à leur mère : « Achète le chat ! Je le veux ! », ou lorsque l'une d'elles s'arrêtait devant mon présentoir, indécise, un autre petit lui disait : « Le chat, c'est le plus beau, maman ! » Et la maman qui avait peut-être envie de *Quatre jours de pluie* se dirigeait vers la caisse, avec le chat, pour faire plaisir à son enfant.

À la résidence, les journées se succédaient et rien ne changeait, ma femme voulait toujours s'en aller. Mais la vie devait se poursuivre pour nous et, à la Saint-Valentin, Roxane m'avait invité pour souper. J'étais arrivé les bras chargés de boîtes de chocolats et je m'étais uni à leur joie. J'avais souri, j'avais même ri, ce qui m'arrivait rarement, et je n'avais fait allusion à quoi que ce soit. Mais, je pensais à Micheline constamment au cours de ces heures, je la sentais cramponnée en moi en cette fête des cœurs. Il fallait, cependant, que je m'enlève certaines images de la tête. Je la voyais sans cesse enfermée dans cette résidence, seule à se battre contre son désespoir. Comme moi, jadis… à l'orphelinat. Elle souffrait sans doute autant que moi autrefois, mais sans en être consciente comme je l'étais dans ma petite enfance. Mais, il fallait aussi que je cesse de comparer son sort au mien. J'avais été forcé de la placer, moi, je ne l'avais pas fait de gaieté de cœur. Tandis que ma mère…

Michel se rend la visiter et elle lui demande des nouvelles de son père. Croyant qu'elle parlait de moi, il la questionne un peu plus et elle lui répond qu'il s'appelle Jos. Ça revient! La parenté surgit d'un trou de mémoire! Ce qui ne me choquait pas, au contraire, elle était plus soumise quand elle parlait de son père. Mais ça n'a pas duré, hélas… Des retrouvailles d'une seule journée, car le jour suivant, ayant réintégré les cellules de sa mauvaise humeur, le « Envoye! On s'en va! Vas-y! » avait refait surface, au grand désenchantement de mon fils. 23 février, un froid glacial, je ne pouvais me rendre pour la visiter, je faisais de l'angine. Francine Fleury qui habitait tout près m'avait offert de prendre la relève et elle s'y était rendue en après-midi. Micheline, la reconnaissant, s'était accrochée à la manche de son manteau pour repartir avec elle. Ma grande amie qui n'était même pas de la famille avait eu autant de difficulté à la quitter que Michel ou moi. « Micheline semblait bouleversée », m'avait-elle dit à son retour. Apprenant cela, en mon for intérieur, je m'étais dit : « Je vais aller la chercher... Sans en parler à qui que ce soit. » Mais je ne l'ai pas fait. Pas cette fois-là...

Je suis au Salon du livre de Gatineau et les lecteurs, nombreux, me changent les idées. J'ai, de plus, bravé toutes les entrevues afin de parler du *docteur Des Oeillets*, le détestable personnage de mon roman, mais le soir venu, micros fermés, je pensais à Micheline. Je revoyais son doux visage d'antan et je soupirais de tristesse. Son mal me causait un tel malaise... Dieu que j'ai souffert à ce moment-là ! Toujours à Gatineau, nous avions bénéficié d'un souper de groupe au restaurant Le Tartuffe, avec la vice-présidente Johanne Guay, mon éditeur Jean Baril, et quelques autres auteurs, dont Janine Sutto qui venait de publier sa biographie écrite par Jean-François Lépine. À mon retour à la maison, j'avais répondu à mes courriels, pour ensuite parler avec Michel qui était allé voir Micheline durant mon absence. Ce qu'il m'avait dit sur sa mère en résidence m'avait tellement découragé, qu'une fois de plus, je songeais à la sortir de cet endroit. On ne pouvait pas, humainement, laisser souffrir une personne comme ça ! Encore moins la femme qu'on aime !

Au début de mars, je m'y rends et je constate que, malgré leur bonne volonté, ma femme n'est pas bien encadrée à cet endroit. Cette vaste résidence n'est pas faite pour des cas comme le sien. Pour des gens en perte d'autonomie physique, oui, mais pas pour des cas sévères de la maladie d'Alzheimer. À moins que la patiente soit docile comme un ange, ce qui n'était pas le cas de ma femme. Côté respect envers elle, ça pouvait aller avec certaines préposées, mais j'ai dû en rappeler une ou deux à l'ordre. Moi, des « tu » à une dame qu'on avait toujours respectée et vénérée dans sa vie, je n'acceptais pas ça. La direction non plus, c'était une clause dans leur formulaire, mais allez donc savoir avec tous ces changements de garde... Il y en avait une dont je vais taire le nom, que je n'aimais pas au point de lui interdire d'approcher ma femme. Je ne voulais pas qu'elle soit là pour l'heure de ses bains, je la trouvais brusque, je m'en méfiais, mon fils aussi. Mais il y en avait d'autres comme la brave Rosie, une jeune Haïtienne que nous aimions bien et que ma femme avait prise en affection. Il fallait avoir l'œil averti ; il n'était pas facile de tout voir et, comme Micheline oubliait d'une minute à l'autre, ce n'était pas elle qui allait se plaindre d'avoir été bousculée ou injuriée... Vous comprenez ? Quel dommage de se douter et de ne pouvoir rien faire parce que, de retour à la maison, on ne savait plus ce qui se passait entre ces murs. Madame Rocheleau était fort aimable. Brian aussi, mais certaines autres... Dieu que je les scrutais à la loupe, celles-là !

Je suis finalement allé la chercher. J'étais tellement hanté à l'idée qu'elle ne soit pas bien traitée par certains membres du personnel, que je ne pouvais plus me résoudre à l'abandonner à son triste sort. Les personnes atteintes d'Alzheimer sont sans défense, on le sait. Elles oublient tout, elles sont comme des enfants qu'on peut gronder sans crainte de représailles. Je l'ai donc ramenée et, à mon grand étonnement, elle avait reconnu de la voiture la façade de la maison. Une fois à l'intérieur, je la sentais plus perdue cependant. Elle ignorait Coco VI dans sa cage, elle qui en avait tant pris soin, elle avait un regard étrange, elle était montée en haut avec moi pour redescendre sans même s'arrêter devant son ancienne chambre où un lit était en place avec un couvre-lit qu'elle connaissait. Après avoir réussi à la faire dîner d'un sandwich, la joie que j'éprouvais le matin en la ramenant chez nous s'était peu à peu transformée en cauchemar. Elle s'était mise à halluciner et à voir des gens partout. Son père, son frère Gilles décédé depuis vingt ans, sa sœur Gisèle, pas encore rentrée de sa sortie... Finalement, elle parvint à me dire qu'elle n'était pas chez elle. Vers cinq heures, je lui avais fait un hamburger steak pour son souper et, assise à la table avec moi, elle eut soudainement peur de je ne sais trop qui ou quoi, et elle voulait monter avec son assiette remplie de sauce dans sa chambre. Je lui disais qu'elle était chez elle, que nous étions chez nous, ensemble, que nous mangions toujours à la même table, mais, contrariée, elle s'était levée pour jeter le contenu de son assiette dans la poubelle. Elle prétendait ensuite entendre des bruits en bas, que quelqu'un montait, et elle se dirigeait effrayée vers la porte d'entrée, prête à s'enfuir. Je refermais la porte derrière elle, je tentais de la calmer, mais après trois heures de combat de la sorte, j'avais téléphoné à Michel pour lui dire : « Viens vite à la maison, je ne suis plus capable de la contrôler, elle veut partir à tout moment. Par en avant comme par en arrière ! Et elle devient agressive ! » Michel s'était empressé de venir me rejoindre et, vers onze heures du soir, voyant que nous ne pouvions plus rien faire à deux, nous étions repartis vers la résidence avec elle. Rendue là, elle nous avait dit : « Pas là, c'est pas là... » Elle voulait s'en aller ailleurs, sans doute rue Saint-Réal, à la maison de sa prime jeunesse. Nous avions réussi à la convaincre d'entrer et la bonne Rosie s'était chargée de la ramener à sa chambre. Le lendemain matin, madame Rocheleau m'avait dit : « Vous aurez au moins essayé, mais comme vous voyez, elle n'est bien nulle part. Je m'en doutais... » Pour moi, c'était échec et mat. Et c'est à ce moment que j'ai compris que Micheline ne réintégrerait plus jamais la société ni sa famille. Elle était destinée à vivre enfermée, rêvant d'un ailleurs dont elle seule connaissait l'emplacement… Et ça m'avait fait mal.

Le lendemain, Michel était retourné la voir et elle était plus calme. Sans doute épuisée par tous ces combats menés la veille. Mais cet essai de la reprendre m'avait réconcilié avec ma conscience. Les remords s'étaient dissipés, la culpabilité s'était amenuisée. Je me sentais moins blâmable de l'avoir placée, voyant qu'elle ne voulait plus revenir vivre sous notre toit. Nous lui avions acheté un petit frigo dans lequel il y avait sa boisson gazeuse préférée, le Ginger Ale, mais elle n'y avait pas touché. De plus, comme il y avait une bordure qui dépassait sur le dessus, elle tentait d'ouvrir le réfrigérateur par là. Pas moyen de l'habituer à utiliser la poignée, elle tentait de soulever le dessus et je disais à mon fils : « Elle va finir par l'arracher, comme elle l'a fait de la poignée de l'armoire. » Mais, peu à peu, elle se désintéressa de son frigo ; elle ne surveillait que sa porte de chambre, les gens qui venaient et avec lesquels elle aurait la possibilité de s'en aller. Rien d'autre ! Un certain matin, arrivé à l'étage avant son retour de la cafétéria, j'arpentais le couloir et, revenant au bras de Brian, l'infirmier, elle lui avait dit en m'apercevant : « Regarde ! C'est mon papa » ! Je l'avais accueillie à bras ouverts et j'avais eu envie de pleurer. Parce qu'elle était sage et affectueuse quand je redevenais… son père ! Cette petite dame chétive dont je parle avec émotion sans cesse, c'est ma femme. La plus belle femme du monde des années soixante ! Je la vois maintenant qui s'en va doucement et j'en suis impuissant. J'aurai néanmoins tout fait pour sauver sa dignité. Hélas, en vain !

À la mi-mars, une éclosion de gastro à la résidence nous empêche de visiter nos malades pour un certain temps. J'en étais fort navré, je me demandais comment on la traitait, si elle manquait de quelque chose… J'appelais l'infirmière en chef chaque jour pour m'en informer. Puis, le lendemain, j'étais allé rencontrer mon éditeur, Jean Baril, qui voulait publier, en format de poche, le récit de mon enfance *Les parapluies du diable*. J'hésitais un peu, parce qu'on voulait modifier la couverture et qu'on ne me verrait plus en petit garçon de jadis, puis j'ai accepté. Il faut savoir composer avec les compromis, et ceux et celles qui voudront voir la photo de l'enfant que j'étais avec mon frère en ce temps-là n'auront qu'à acheter le grand format, toujours disponible.

Je ne peux aller voir ma femme à cause de l'interdiction, et je ne sais trop comment me détendre. Un soir, seul chez moi, je regarde dans la boîte de carton et j'en sors le film *Gilda* avec Rita Hayworth, en noir et blanc. Et je l'ai regardé comme si Micheline avait été assise dans l'autre fauteuil, juste à côté. Enfin les restrictions sont terminées et c'est Michel et Roxane qui sont allés la voir en premier. Elle n'avait pas été victime de la gastro, tout allait bien pour elle, mais dès qu'elle les vit, elle voulait s'en aller. Comme avant! Pire même! Mon fils et sa femme étaient sortis épuisés de leur visite. Elle avait perdu ses lunettes et son portefeuille et elle avait enfoui dans un drap de lit tout ce qu'elle avait dans les tiroirs de sa table de chevet. Quel combat persistant! Et Sylvie qui allait partir de Calgary pour venir la visiter la semaine suivante… Le 20, j'étais allé la voir avec sa sœur Gisèle et le manège s'était répété. Elle était confuse, triste, perdue dans sa bulle ou dans un monde imaginaire. Nous avions tenté de la distraire… Impossible! À l'heure du départ, ce fut déchirant. Elle s'accrochait à moi, elle rageait, elle voulait partir et je l'ai laissée aux bons soins de deux préposées qui l'avaient ramenée à sa chambre. Gisèle avait les larmes aux yeux et moi, j'étais chaviré. Tremblant en ouvrant les portes de l'auto, j'avais le cœur brisé. Le soir, au coucher, incapable de m'endormir, je revoyais son regard qui m'implorait et, seul dans le noir de ma chambre, serrant mon oreiller sur ma poitrine, je pleurais.

Je me permets quelques jours de répit, car plus elle nous voit, pire c'est. Sans nous, il lui arrive de participer aux activités et de suivre davantage les consignes de la résidence. Elle sait que ce n'est pas avec madame Rocheleau, ni avec Brian ou Rosie, qu'elle pourra s'en aller. Elle attend son monde pour ça ! À la fin mars, j'étais en route pour Trois-Rivières, afin d'être présent au Salon du livre. Beaucoup de monde, des signatures à n'en plus finir et, à la fermeture le dimanche, je remportais le Prix des lecteurs pour mon roman *Le jardin du docteur Des Oeillets*. C'est mon bon ami Dany Laferrière qui devait me décerner le prix, mais j'étais déjà parti, en route pour Montréal. Ce n'est que le lendemain que j'ai appris de mon éditeur que j'avais remporté la palme. Je ne savais même pas que j'étais en nomination. J'avais tellement de choses en tête... Le 28, Sylvie arrivait à Montréal avec ses enfants. J'étais très heureux de revoir ma fille et mes deux petits-fils que je ne voyais qu'une fois l'an ou presque, à cause de la distance. Nous avions décidé d'aller voir « grand-mère » l'après-midi même, mais ce ne fut pas facile. Micheline semblait reconnaître sa fille et les enfants, mais comme elle était au temps présent, elle ne pouvait s'imaginer qu'ils venaient de si loin pour la voir. Sa condition avait bouleversé les enfants qui ne reconnaissaient plus leur grand-mère en cette dame fort agitée avec ses « Envoye ! On s'en va ! » Surtout l'aîné, Matthew, dont elle s'était beaucoup occupée lorsqu'il était bébé et durant ses premières années. Encore très attaché à elle, l'état de sa grand-mère l'avait profondément affecté. Le lendemain, Sylvie avait insisté pour y retourner seule. Je l'ai laissée aller affronter sa mère qui, la voyant, avait recommencé sur-le-champ, avec la même tirade, à vouloir s'en aller. Sylvie était restée assise, lui disant qu'elle venait la visiter seulement, qu'elles allaient jaser et, voyant que sa fuite était entravée, ma femme s'était emportée contre elle. Pour ensuite baisser les bras, lui répéter qu'elle était fatiguée et qu'elle voulait mourir. Une des rares fois où, désarmée, elle avait souhaité que le Ciel vienne la chercher. Mais, à la toute fin de la visite, dans un regain d'énergie, Micheline avait tenté de la tasser de son chemin pour sortir, en lui disant: «Vas-y!» à tour de bras. Sylvie n'avait eu d'autre choix, finalement, que de la quitter avec l'aide de la préposée. Décidément, ma femme ne s'habituerait jamais à cet endroit, et inutile de songer à la déménager ailleurs, le drame aurait recommencé. Comment trouver une autre solution quand elle n'avait même pas voulu réintégrer sa propre maison? Il nous fallait donc composer avec la situation, aller la voir, parler, jaser un peu, puis se soustraire et s'esquiver, sans même l'embrasser. La seule façon de prendre congé d'elle. Nous aurions certes pu espacer les visites, elle en aurait moins souffert, mais nous nous y rendions régulièrement comme le font tous les conjoints et les enfants de ces malades. Par amour, bien sûr, mais aussi pour s'assurer qu'elle était entourée de soins et de vigilance. Et ce, malgré la bonne renommée de la résidence. Avec tout ce qu'on entendait à la télévision... Vous comprenez? Le dernier jour du mois de mars, Sylvie repartait avec ses enfants pour Calgary. Avec la triste image de sa mère en mémoire et le chagrin au fond du cœur. Elle m'avait dit avant de prendre l'avion: «Je vais prier pour elle, papa, et pour toi. Je vis si loin, c'est tout ce que je peux faire. Loin de vous deux, Michel et toi, mais pas loin du bon Dieu.» J'en avais été remué.

Au début d'avril, je retournais visiter Micheline et elle m'attendait à la grande porte de la résidence. Dès mon apparition, c'était des « Envoye! Vas-y! » à répétition, et elle fonçait sur moi pour que je recule dehors avec elle. Elle était si brusque, si forte, que j'avais appelé à l'aide pour qu'on vienne la maîtriser. Je n'ai pu rester que dix minutes, il fallait la tenir, elle se débattait, elle était hors d'elle. J'ai pu finalement partir après que Brian l'ait convaincue de le suivre. Dans ma voiture, j'étais affaissé, je n'en croyais pas mes yeux, j'avais peine à retrouver mon souffle. Ce même soir, seul dans ma chambre, fixant le crucifix, j'ai murmuré pour la première fois: « Mon Dieu... Venez la chercher! »

Le 6 avril, pénible journée! La résidence m'avisait qu'on envoyait Micheline à l'hôpital à cause d'un bleu à l'aine et d'une descente d'organe. Une chute dans l'escalier, selon eux. Je leur avais demandé d'attendre que nous arrivions, et Michel et moi l'avions accompagnée à la Cité de la Santé. Sur place, c'était l'enfer, elle voulait s'en aller à toutes les secondes. J'étais allé voir l'infirmière de l'évaluation en lui expliquant le cas, mais elle m'avait répondu impoliment: « Y en a des plus malades qu'elle! » Ce n'était pas de maladie dont je lui parlais, mais de comportement, de notre difficulté à la maintenir en place, du dérangement qu'elle causait aux autres, mais rien à faire! Cette femme au regard dur, puisse-t-elle se reconnaître, n'a jamais éprouvé une once de compassion envers elle ni envers nous qui étions à bout, à force de la retenir dans le fauteuil roulant. Elle voyait bien que nous ne savions plus que faire, mais elle restait de marbre. Et il n'y en avait pas de plus malades qu'elle, nous regardions partout, la plupart étaient là pour un rhume, un plâtre à enlever ou je ne sais quoi, mais aucun cas dramatique comme le sien! Or, après quatre heures d'attente à tenter de la retenir, je me suis dirigé encore vers l'infirmière et lui ai dit devant un médecin: « Ça va faire! Nous partons! C'est inhumain ce que vous nous faites vivre ! Et vous allez entendre parler de moi ! » Je me retenais, j'aurais voulu… Passons ! Voyant que le médecin avait entendu et que Michel s'apprêtait à rebrousser chemin, elle m'avait dit : « Non, attendez, elle est la prochaine à passer ! » Soudainement ! Comme ça ! Elle venait de nous « qualifier » avant d'autres, avant que j'ameute les médias, ce que je m'apprêtais à faire. Nous avions finalement vu un spécialiste de je ne sais plus quoi qui se demandait pourquoi on l'avait dirigée vers lui. Mais, sympathique, il nous avait dit après l'avoir examinée : « Son bleu va partir, le reste va se replacer, c'est une petite descente de vessie, rien de grave. » Lui demandant si le bleu pouvait parvenir d'un coup de pied, il regarda encore, hésita, mais il n'osa se prononcer. De peur d'être mêlé à une histoire, sans doute… Je lui avais demandé cela, parce que, à la résidence, un homme en fauteuil roulant ne pouvait souffrir ma femme qui, se baladant d'une chambre à une autre, entrait parfois dans la sienne. Sans tenter de comprendre qu'elle était malade et perdue… il avait dit à une voisine de table, avec le regard menaçant, qu'il allait s'en occuper. Ce qui ne m'était parvenu aux oreilles que l'avant-veille de sa chute. Je voulais aller voir cet homme après l'accident, le confronter, questionner de plus près… J'en avais parlé à la direction qui me disait qu'on n'avait entendu parler de rien, que c'était sûrement une chute dans l'escalier. J'aurais voulu pousser plus loin, mais sans preuve et sans appui de qui que ce soit, que pouvions-nous faire ? Pour ce qui était de la Cité de la Santé, aussi bonne sa réputation peut-elle être, jamais plus pour une urgence ! Imaginez ! Quatre heures d'attente avec une femme en pleine démence qui bouscule tout autour d'elle ! Et que mon pauvre fils retenait de peine et de misère. Jamais plus !

Le 11 avril, j'apprenais qu'il y avait une chambre à la résidence qui se libérait au rez-de-chaussée et j'avais insisté pour que Micheline l'obtienne afin qu'elle soit plus près du poste de commande et qu'on la surveille mieux. Et elle l'avait obtenue. Mes petits-fils ont tout déménagé encore une fois, mais nous souhaitions que ce changement en vaille la peine, qu'elle soit plus docile en les voyant plus souvent passer qu'au quatrième étage où les tournées étaient plus rares. Le lendemain, madame Rocheleau m'avait convoqué pour me dire que Micheline avait été très agitée au dîner, qu'elle se levait de table à tout instant, qu'elle voulait s'en aller… J'ai cru comprendre qu'ils en avaient assez de cette patiente incontrôlable, qu'elle devenait un cas trop lourd pour eux. On ne nous demandait pas de la déménager, mais c'était tout comme. Or, avant qu'elle aborde le sujet, je lui répondis que j'allais chercher ailleurs, et madame Rocheleau n'avait pas acquiescé ni protesté ; je sentais qu'elle voulait rester neutre et laisser son sort entre nos mains. Deux jours plus tard, j'étais au Salon du livre de Québec, et Michel et Roxane étaient aux prises avec Micheline qui leur disait sans arrêt ses « Envoye ! On s'en va ! Vas-y ! » Dès mon retour de Québec, avec l'intervenante du CLSC de Laval, je cherchais un autre endroit pour elle. On pensait à la résidence Nouveau-Bordeau, mais je devais voir son médecin de famille avec Micheline avant de visiter l'endroit.

Le lendemain, avec sa sœur Gisèle, j'avais emmené Micheline chez son médecin de famille qu'elle aimait bien. Mais, pas cette fois ! elle voulait s'en aller dès qu'elle était entrée dans son cabinet de consultation. Après avoir réussi à la faire monter sur le pèse-personne, elle constata que Micheline ne pesait plus que quatre-vingt-trois livres, la pauvre ! De plus, elle avait un pied enflé, mais rien de grave. Bref, la visite fut écourtée et nous l'avions ramenée à la résidence sans trop de peine, cette fois, elle était épuisée. Le dimanche de Pâques, j'étais retourné la voir et elle était dans sa chambre, la porte fermée, attendant qu'on vienne la délivrer. Je m'étais rendu compte qu'on avait caché son papier de toilette, ce qui lui avait fait utiliser une serviette pour ses besoins. J'étais en furie ! M'en plaignant à la direction, on m'avait dit que Micheline jetait tout dans la toilette, papier et débarbouillettes, qu'elle la bloquait chaque jour, qu'il fallait venir avec la pompe, parce qu'elle y jetait, en plus, le rouleau au complet. Nouveau problème ! Que faire ? Et pourquoi cette manie ? Je m'y suis rendu plusieurs fois, j'ai observé le manège, je débloquais la toilette moi-même, j'ai observé, observé, puis… eurêka ! J'ai trouvé la raison de cette vilaine habitude ! Lors de son entrée à la résidence, Roxane lui avait acheté de nouvelles serviettes, débarbouillettes, grandes serviettes, bref, tout pour sa toilette quotidienne… mais en BLANC ! Toutes ses débarbouillettes comme ses petites serviettes étaient blanches ! Or, pour elle dans son pauvre raisonnement, tout ce qui était blanc allait dans la toilette, la taie d'oreiller et ses culottes avec ! Avouez que c'était un réflexe logique, mais pas une raison pour y jeter le rouleau au complet, cependant. Mais son état s'aggravait tellement… J'ai donc changé toutes ses serviettes blanches et ses sous-vêtements pour d'autres en couleurs et le cas avait été réglé. Pour le papier, hélas, je n'en ai pas trouvé de couleur, mais chaque fois que je m'y rendais, c'était moi qui débloquais, avec la pompe laissée sur place, le trop-plein de papier. Quelle corvée ! Mais lorsque j'avais fait part de ma découverte à la direction, je crois qu'ils s'étaient rendu compte que j'étais plus psychologue que la plupart d'entre eux. Personne n'avait pensé à cela ! Pas même l'infirmier Brian qui venait la voir chaque matin. Faut dire qu'ils en avaient plusieurs sur les bras, mais, tout de même… Juste un peu plus d'observation… Puis, ce fut la phase de l'incarcération. Pour se venger d'eux, Micheline s'enfermait dans sa chambre, fermait le loquet et tirait devant la porte son gros fauteuil qui les empêchait d'entrer, à moins de pousser de toutes leurs forces. Ce que parvenaient à faire certaines préposées plus costaudes. Je me demandais comment une si petite femme pouvait déplacer un si gros La-Z-Boy jusque devant la porte pour en bloquer l'accès. Il était si lourd! Mais avec de l'adrénaline… Avec la force de les vaincre… Elle avait répété le manège maintes fois. Un matin, alors que Francine Fleury était allée la visiter, on lui avait dit qu'elle s'était embarrée dans sa chambre. Francine avait frappé, lui avait parlé à travers la porte, et reconnaissant sa voix, ma femme avait poussé le fauteuil pour ensuite ouvrir et la tirer par la manche dans la chambre en lui disant: «Vite! Ils vont arriver!» À l'intérieur, ma bonne amie avait tenté de la convaincre de ne pas obstruer ainsi la porte, que c'était dangereux, mais Micheline ne voulait rien écouter et, après son départ, Francine put entendre le gros fauteuil glisser et venir s'appuyer sur la porte. Une manie qui a duré quelques semaines! Elle avait décidé que plus personne n'entrerait chez elle. Comme pour les punir de la retenir malgré elle! Le 16, je téléphonais à madame Tousignant, de Visavie, pour m'aider à trouver un autre endroit, puis, à madame Rocheleau pour l'en aviser. On cherchait une solution des deux côtés.

Mai se présente, il fait beau, et on m'avise que Micheline ne veut plus descendre manger. Elle n'écoute plus Brian, l'infirmier qu'elle aimait bien, ni Rosie, sa préposée préférée. Personne n'en vient à bout! Michel s'était donc empressé de s'y rendre et c'est lui qui avait réussi, finalement, à la convaincre de descendre manger après une heure de pourparlers. Le 5, madame Rocheleau me téléphonait une fois de plus pour me dire qu'il fallait me hâter de trouver un endroit, que la garde de ma femme à la résidence était devenue insoutenable. Selon elle, il fallait chercher ailleurs, Micheline était devenue un cas trop sévère, elle tremblait, elle souffrait beaucoup intérieurement et, selon l'évaluation, elle était entrée dans la phase de la peur. J'ai donc appelé le CLSC qui allait tenter de l'héberger ailleurs avant qu'un CHSLD puisse la prendre. Non, mon Dieu ! Pas là ! N'importe où, mais pas un CHSLD ! Ils vont l'attacher si elle bouge trop ! Je la ramènerai chez moi s'il le faut, mais je ne la laisserai pas être placée dans un CHSLD. N'y pensez pas ! *Over my dead body !* Le lendemain, j'étais allé la visiter et, malgré les réticences de la direction, je l'ai emmenée au St-Hubert du boulevard Curé Labelle, non loin de là, un libre-service où l'on commande à la caisse. Elle me tenait la main, avait les yeux hagards, regardait partout, mais ce qui m'avait ému, c'est qu'elle avait fait un *bye bye* à un bébé dans une chaise haute. Avec un léger sourire aux coins des lèvres... Une brève souvenance sans doute, une vision de joie pour elle qui avait tellement aimé ses petits-enfants. La serveuse au comptoir, en la voyant, avait vite constaté qu'elle n'était pas normale avec les yeux apeurés et le rictus amer qu'elle lui offrait. De plus, elle me tenait fermement la main. Comme une petite fille l'aurait fait avec son père. Je commandai pour moi et, ensuite, demandant à la serveuse si elle pouvait lui en donner moins, elle répondit : « Je pourrais vous donner la portion pour enfants pour elle. » Ce que j'avais accepté d'emblée. Rendue à une table isolée, en plein après-midi où il n'y avait personne ou presque, Micheline disait ne pas vouloir manger. J'ai donc commencé à tremper une frite dans ma sauce et elle m'avait imité. Même manège avec le poulet qu'elle refusait pourtant de manger. Elle m'observait et elle m'imitait... En somme, elle avait oublié comment on mangeait. Pauvre Micheline, même de ça, elle ne rappelait pas comment faire... C'était si triste que j'avais peine à suivre son regard qui observait mes gestes. Pour elle, c'était comme une découverte à chaque bouchée ! Tout allait bien cependant, mais, à un moment donné, un homme emprunta l'allée de notre table pour se rendre à la porte de sortie. Dès qu'elle l'aperçut, elle s'écria : « Vite, on s'en va ! Le bonhomme, le bonhomme ! » Je lui disais que ce n'était qu'un client qui retournait à sa voiture, mais dans la phase de sa peur, elle ne tenait plus en place, elle voulait que j'apporte les cabarets dans l'auto et que je barre les portes. Je lui disais que c'était mieux à la table, que la sauce allait couler sur les bancs de la voiture, mais elle ne m'entendait plus... Le « bonhomme » l'avait effrayée au point qu'elle se leva pour se diriger à son tour vers la porte. Je n'eus d'autre choix que de sortir avec elle et de m'empresser de la mettre à l'abri dans ma voiture. Et je me demandais si ce « bonhomme » assez costaud ne lui rappelait pas soudainement celui en fauteuil roulant que je redoutais tant... La sentant moins nerveuse, je l'ai ensuite ramenée à la résidence et, au moment de mon départ, elle s'était accrochée à moi, repoussant de toutes ses forces les préposées qui tentaient de la distraire et de la ramener à sa chambre. J'étais sorti de là fort secoué, mon cœur battait à toute vitesse, je titubais. Plus tard, en fin de journée, madame Rocheleau m'avait téléphoné à la maison pour me dire : « Je vous avais pourtant prévenu, je vous l'avais dit qu'elle n'était plus sortable, monsieur Monette. Elle est trop avancée. »

Le lendemain, alors que je me remettais difficilement de l'épreuve de la veille, on me téléphonait de la résidence pour me dire que ma femme avait fugué une fois de plus et qu'on la cherchait partout dans le quartier. Cette fois, elle s'était sauvée par la porte du garage, la porte double des livraisons. Elle l'avait trouvée, cette sortie, en se glissant souvent vers cet endroit qui était, pourtant, dans la plus vieille section de la résidence, là où elle n'avait pas le droit d'entrer. Allez savoir comment elle avait fait! Elle avait donc emprunté la rue Taillefer, derrière la résidence, c'est tout ce qu'on savait. J'étais fort mécontent. Une fugue, ça passait, mais deux en si peu de temps, il y avait sûrement un manque de surveillance. Quoique, rapide et fouineuse comme elle l'était... Je n'ai pas eu le temps de me rendre qu'on me rappelait pour m'avertir que la police venait de leur téléphoner, qu'on l'avait retrouvée et qu'on la ramenait sur-le-champ. Et j'ai enfin pu savoir ce qui s'était passé. Elle avait emprunté la rue Taillefer en marchant vers le nord et, apercevant une voiture qui venait en sa direction, elle s'était mise à lui faire des signes pour qu'elle s'arrête. Comme c'était passablement chaud au mois de mai, personne ne s'était inquiété de voir une dame peu habillée se promener dans la rue. C'était une si belle journée. Or, la jeune conductrice interpellée de la sorte s'était arrêtée et Micheline, ouvrant la portière du côté passager, s'était assise à l'intérieur pour dire à la conductrice: «Envoye! On s'en va!» Je suis certain que pour lui donner ainsi des ordres, Micheline avait pris la jeune femme pour notre petite-fille Corinne qui avait environ le même âge. Chanceuse une fois de plus, elle était tombée sur une personne qui travaillait dans un milieu connexe et qui avait vite deviné que sa passagère avait fui un endroit des alentours, mais lequel? Comme il y en avait plusieurs, elle s'était dirigée au poste de police le plus près avec elle. Comble de malchance, le poste était fermé et la jeune femme continua jusqu'à la bibliothèque où elle fit descendre Micheline pour ensuite entrer avec elle. Elle en prenait grand soin, m'a-t-on dit. Micheline était gentille avec elle et ça se comprenait, elle était «la complice» de sa fuite. À l'intérieur, la bonne samaritaine avait appelé discrètement les policiers qui s'amenèrent pour prendre en charge « la fugitive » et la ramener à la résidence. Micheline avait tout de même remercié la jeune fille qui semblait triste de la quitter. De retour au stationnement de la résidence, elle avait dit aux policiers : « Pas là ! C'est pas là que je reste ! » On lui avait demandé où elle habitait et elle leur avait répondu : « Sur la rue Saint-Réal ! » Une fois de plus, le lieu de sa jeunesse. Comme ça devait être triste dans son cœur d'espérer revoir la maison de son enfance et de revenir à la résidence qu'elle ne pouvait souffrir. On réussit tant bien que mal à la faire descendre et à la confier aux bons soins de madame Rocheleau, et ce fut la fin de sa deuxième et pénible escapade. Imaginez, cependant, si elle était tombée sur des voyous ou un déséquilibré qui aurait pu la séquestrer quelque part et en abuser… J'y pensais et j'en frissonnais. Dieu l'a aimée pour qu'elle tombe à deux reprises sur des âmes charitables qui avaient pris soin d'elle. J'avais remercié de vive voix la première dame, mais je n'ai jamais réussi à obtenir les coordonnées de la jeune fille qui avait été si aimable avec elle cette fois-là, et que je remercie dans ces lignes. Avec tous ces bouleversements, j'avoue que j'avais le moral bien bas, mais il me fallait poursuivre mes activités pour la promotion de mon roman. Et je finissais par trouver le courage de le faire, à force de supplications dans de ferventes prières.

Deux jours plus tard, on me téléphonait encore pour me dire que Micheline n'allait pas bien. Elle restait au lit et ne mangeait plus. Comme Michel était en réunion, ce jour-là, c'est mon petit-fils Carl qui m'avait accompagné afin de la conduire en médecine familiale à l'hôpital du Sacré-Cœur. Son médecin de famille ne pouvant, hélas, la recevoir, eut l'amabilité de la confier à une collègue qui l'avait examinée. Mais cette dernière avait eu le malheur de l'envoyer en radiologie, ce qui allait gâcher tout ce qui avait marché jusque-là ! Alors qu'on s'assoyait pour attendre qu'on nous appelle, elle s'était mise à pousser son petit-fils du coude en lui disant : « Envoye ! On s'en va ! Vas-y ! » et ça ne cessait pas. Je tentais de la retenir d'une main parce qu'elle se levait et s'en allait et Carl en faisait autant de son côté, mais elle le bousculait pour s'en défaire. Lui, plus que moi, parce qu'il était jeune. Pauvre petit-fils, il en a vu de toutes les couleurs avec sa grand-mère, ce jour-là ! Elle avait finalement passé en radiologie et ça n'avait rien démontré de sérieux ou de grave, selon la technicienne responsable. Je crois qu'elle traversait juste une mauvaise passe et qu'elle gardait ainsi le lit pour leur tenir tête. Tout ce qui était défendu lui était permis, et tout ce qui pouvait les mettre en rogne devenait… sa besogne ! De madame Rocheleau en passant par Brian ou les préposées, elle n'aimait plus personne. Sauf Rosie qu'elle affectionnait encore et l'aimable éducatrice qui s'occupait des activités. Ces deux-là seules avaient sa préférence. De retour à la résidence avec ma femme et Carl dans la voiture, elle se mit en tête de ne plus vouloir descendre, de s'embarrer, de nous envoyer au diable, de ne rien vouloir savoir de sortir et de retourner là. J'ai parlementé au moins trente minutes avec elle et, la suppliant d'entrer avec moi parce que sans son aide, je ne pouvais aller rien chercher à l'intérieur, je gagnais enfin le combat. Se sentant importante, elle avait répondu : « O.K. d'abord ! » et elle nous avait suivis jusqu'à l'intérieur où on l'avait gardée au poste en l'occupant, pendant que Carl et moi sortions discrètement pour ne pas être vus. Je crois que mon petit-fils Carl se souviendra toute sa vie de ce jour-là. Il avait certes vu sa grand-mère commettre des impairs chez lui, mais il ne l'avait jamais vue dans un tel état. Quel brave garçon il avait été de m'accompagner en cette dure journée. Seul, je n'y serais pas arrivé. Parce qu'avec ses quelque quatre-vingts livres et son énergie, ma femme était plus forte que moi. Faut dire que j'avançais en âge moi aussi et que l'épuisement commençait à se faire sentir sérieusement.

Le 18 mai 2011, notre cinquante-quatrième anniversaire de mariage et ça me crevait le cœur de le fêter... tout seul ! Sans elle qui ne savait même plus quel jour nous étions. Puis, le lendemain, un appel, on voulait la revoir à Sacré-Cœur pour un *scan*, cette fois. Le radiologiste n'avait pas aimé ce qu'il avait vu sur les films reçus en les examinant de plus près. Un autre tour de force pour Michel et moi. On avait dénoté trois fractures au rameau pubien, ce pourquoi elle marchait avec difficulté, et on l'avait mise sur la codéine. Mais, d'où venait donc cette nouvelle difficulté qu'on n'avait pas détectée en médecine familiale ? Des séquelles du choc brutal en tombant dans l'escalier ? Comment savoir ? Elle se tenait sans cesse dans les escaliers, même si elle était maintenant logée au rez-de-chaussée. J'en avais parlé avec les responsables et on m'avait promis une vigilance et une surveillance encore plus étroite. Je leur avais dit qu'une troisième chute risquait de la rendre handicapée sérieusement et qu'il y avait bien assez qu'elle avait perdu l'usage de sa mémoire sans perdre celui de ses jambes. Je voulais la sortir de là, ce jour-là, mais madame Rocheleau, par compassion pour moi, m'en avait dissuadé en m'affirmant qu'une des requêtes pour la placer ailleurs était sur le point de se concrétiser. Elle se déplaçait maintenant avec l'aide d'une marchette et on l'avait mise aux couches. Quelle tragédie ! Ma pauvre Micheline qui survivait comme certaines patientes internées... Et avec un transfert ailleurs que je redoutais... J'en tremblais juste à y penser !

J'ai repris la plume, il fallait que je m'évade du quotidien avant de perdre la raison à mon tour. J'avais un synopsis dans mon tiroir, j'avais même commencé le prologue… *Les Délaissées* allait être mon prochain roman. Puis, j'étais allé la voir. Elle marchait un peu en se tenant après les murs ou à mon bras, mais je préférais la promener en fauteuil roulant. Elle me dirigeait, elle me signifiait du doigt où aller… Vers la porte d'entrée de l'établissement, évidemment ! Et lorsque je la contournais, elle s'emportait… Je l'avais ramenée un peu plus tard à sa chambre et je l'avais laissée aux bons soins d'une préposée qu'elle tolérait. Et je m'étais enfui comme un malappris ! Quel désespoir que de la quitter ainsi ! J'aurais tellement aimé l'embrasser, la serrer dans mes bras. De retour dans ma voiture, j'en tremblais de remords. Comme chaque fois que je l'abandonnais à son sort. J'étais retourné la voir quelques jours plus tard seulement, après avoir laissé la place à ses sœurs et à Michel et Roxane qui voulaient aussi la visiter. Elle m'avait regardé sans faire trop de cas de moi, elle était si perdue, si confuse… Elle poussait encore les portes, me disait-on, mais avec moins de résistance. Elle était si maigre, elle n'avait plus que la peau et les os. Elle refusait de manger, on la maintenait avec le supplément nutritionnel *Ensure* qui lui servait de repas. Elle avalait parfois une bouchée ou deux et repoussait son assiette. Elle oubliait de manger, je crois qu'elle avait oublié comment manger… Comme au St-Hubert, alors qu'elle réapprenait en m'imitant. Mais là, impossible de rejouer le jeu de l'élève et du professeur, elle repoussait tout de la main à mesure qu'on l'approchait. Le *Ensure* pouvait aider, mais ça ne valait pas un bon repas. Elle qui avait besoin d'engraisser… Et, il fallait s'y attendre, elle était devenue totalement incontinente.

Juin s'ouvre avec des vents forts, et je regarde le match de tennis entre Rafael Nadal et Robïn Soderling à Roland-Garros et Nadal a gagné, bravo ! En après-midi, j'ai entamé le premier chapitre de mon roman *Les Délaissées*. Très différent du précédent, contemporain, je crois qu'il saura plaire à la majorité de mes lecteurs. Mon fils, pour sa part, est allé voir sa mère à la résidence où elle n'en mène pas large. Elle est abattue, mais encore têtue, difficile à manier. J'en suis désarmé. Le lendemain, c'était Corinne qui allait la voir à son tour. Comme à chaque jeudi ! Le jour de sa coiffure ! Un rituel pour ma petite-fille. Micheline se faisait encore teindre les cheveux. Toute sa vie, elle avait été blonde, rousse ou brune, elle avait toujours dit qu'elle ne serait jamais blanche. Et par respect pour elle, nous l'avions gardée brune ou rousse, selon la formule de la teinture. Mais, après ses moments de bonne humeur chez la coiffeuse, elle avait encore tapé Corinne sur la main parce qu'elle ne voulait pas la sortir de là ! Deux jours plus tard, je m'y rendais à mon tour. Pauvre femme ! Elle avait un pied sur Terre, l'autre déjà au Ciel. Elle était dans sa bulle, elle se parlait et se répondait, mais on avait peine à saisir ses propos. J'étais revenu ahuri de cette visite. Triste et décontenancé. Le 7 juin, il était deux heures du matin lorsque le téléphone avait sonné chez moi. C'était la préposée de nuit de la résidence qui m'avisait que Micheline avait fait une autre chute en bas de son lit ou dans la toilette, et que les ambulanciers arrivaient pour la transporter à la Cité de la Santé, mais j'ai tellement hurlé au bout du fil, menacé d'aller la chercher moi-même, qu'ils ont fini par accepter de la conduire à Sacré-Cœur, à condition que je sois là pour les attendre. Je me suis habillé en vitesse et je me suis rendu à l'hôpital à un coin de rue de chez moi, pour arriver sur les lieux en même temps qu'eux. De la civière, m'apercevant, elle me tendait les bras… J'avais une boule dans la gorge, je me retenais… J'ai passé seize heures à ses côtés sans la quitter. Elle ne marchait plus, elle pouvait à peine bouger, mais, encore là, elle voulait s'en aller en s'agrippant à ma veste de laine. Un médecin était venu la voir, on a pansé ses blessures au nez et au front, on a tenté de faire le nécessaire, puis on l'a calmée avec une injection. On l'a ensuite transférée de l'autre côté de l'urgence, là où c'était moins beau, tassés les uns sur les autres, et une gériatre venue l'examiner s'était ensuite tournée vers moi pour me dire qu'elle était au bout de sa vie. Sa forte chute dans la salle de bain avait eu raison de son corps. Alors que dans sa tête... J'étais désespéré ! Beaucoup plus que Michel, qui, lui, comprenait fort bien ce qu'on venait de me dire. Le soir, dans mon lit, seul et sans soutien, j'ai pleuré de tout mon être. Je la revoyais qui m'implorait, qui... Elle me reconnaissait, mais elle ne parlait plus. Ses gestes, cependant, voulaient encore dire « Envoye ! On s'en va ! Vas-y ! » Je pouvais le lire dans ses yeux. La nuit fut brève, j'avais à peine dormi, et mon fils, de son côté, avait été très touché par le diagnostic. Surtout quand le médecin avait parlé, de soins... palliatifs ! Le lendemain, Dieu qu'elle souffrait dans ce lit ! Elle se tenait la tête comme si la chute avait provoqué un coup qui lui causait d'affreuses migraines. Pauvre Micheline... Plus que l'ombre d'elle-même. J'en avais parlé le soir même avec Sylvie qui n'avait pas paniqué. Elle savait qu'avec cette chute, en plus de son état, sa mère était finie. Elle avait même demandé la veille au bon Dieu de venir la chercher. Elle pensait aussi à moi, à son frère, à ceux qui chaque jour l'avaient soutenue et visitée. Très loin de nous, en Alberta, impuissante devant les faits, je crois que, malgré tout, elle culpabilisait. Pauvre fille ! Elle n'avait pas à le faire pourtant, elle l'avait accueillie tant de fois chez elle. Elle l'avait gardée durant des mois alors que sa mère voulait repartir chaque matin... *Non, Sylvie, ne regrette pas de ne pas avoir été là sans cesse, tu as fait plus que ta part. C'est ton père qui te le dit.*

Le 9 juin, voyant dans quel piteux état elle était, les médecins avaient opté pour les soins palliatifs. Quelques heures plus tôt, alors qu'elle avait Michel à ses côtés, elle avait fait au lit, ce qu'il avait nettoyé avec un préposé, puis encore refait au lit… C'était terrible ! Pour lui, le pauvre fils qui voyait sa mère dans cet état lamentable. De son côté, elle ne se rendait plus compte de rien, elle n'avait que le réflexe de vouloir arracher les tubes qu'on lui posait et de tenter de mettre le pied hors du lit… pour s'enfuir ! Encore et encore… Que cette fuite sans trêve qui la tenaillait jusqu'au plus profond de son être. Cet ailleurs inexistant, cette demeure d'autrefois qui n'était plus qu'une vague image dans sa tête. Ce passé, son père et sa mère… Elle ne les appelait plus, elle avait oublié de le faire. Tout comme elle avait oublié comment manger, comment se laver, comment avaler, comment respirer ou presque… et je la regardais avec une infinie tendresse.

Le 10 au matin, elle avait tenté de se jeter en bas du lit. Sans forces, pourtant, dans un ultime excès de résistance. On l'a montée dans une chambre au cinquième. Aux soins palliatifs. J'avais le cœur gros, mais elle était si malade, si près de l'agonie, incapable de bouger ou presque, grimaçant parfois de douleur quand elle tentait de se lever. Parce qu'elle avait oublié que sa chute lui causait de fortes douleurs qui montaient jusqu'au cœur. Que l'oubli de tout… Sans cesse ! Gisèle était venue la voir et, dans un ultime effort, elle avait tenté de s'accrocher à elle. Elle marmonnait des choses, on comprenait plus ou moins, mais on sentait qu'elle souffrait. Ce même soir, j'étais retourné la voir et, inanimée, sans forces, je l'ai vue pour la première fois verser des larmes. J'ai dû me cramponner à un barreau du lit pour ne pas tomber, tellement ça m'avait secoué. J'ai presque senti mon cœur s'arrêter. J'ai été le seul à la voir pleurer. Pourquoi moi ? J'en déduisais qu'elle me reprochait de l'avoir placée. Ou qu'elle s'excusait de m'avoir tant malmené… Mais, non, elle n'avait plus sa raison… À quoi bon! Je n'ai pas cherché plus loin… Je lui ai pris la main, je l'ai serrée dans la mienne et j'ai senti des larmes glisser de mes paupières.

Micheline s'en va. Tout doucement. Je sens que son corps ne répond plus, que la vie la quitte. Mais elle respire encore dans cette inconscience dont elle ne sort plus. Elle souffrait terriblement dans sa tête et dans son corps. La maladie l'avait minée, la chute l'avait achevée. Durant ce temps, Michel et ses enfants vidaient sa chambre à la Résidence Sainte-Rose. J'ai passé l'après-midi et la soirée à la regarder somnoler et hoqueter, elle n'ouvrait plus les yeux, elle était déjà loin de moi… L'infirmière, habituée aux effets des soins palliatifs, m'avait dit : « Elle vous entend, vous savez ! » Et j'avais murmuré à ma femme bien-aimée : « Laisse-toi aller, ne résiste pas, Micheline… j'irai te retrouver. » J'aurais souhaité que ses doigts resserrent les miens à ce moment-là, mais je crois qu'elle était plus près du Seigneur que de ma main, sa respiration était saccadée. Michel et Carl étaient venus en soirée et, après leur départ, j'avais demandé à l'infirmière de me laisser passer la nuit par terre, sur un matelas, à côté d'elle. Au cas où elle aurait ouvert les yeux… Le lendemain, 12 juin, mon petit-fils Christian fêtait ses vingt ans. Quel triste anniversaire pour lui, que de le passer devant le triste sort de sa grand-mère… J'étais au chevet de ma femme inanimée et je lui disais : « Ne pars pas aujourd'hui, Micheline, ne lui fais pas cela, c'est sa fête. » Je savais qu'elle m'entendait et qu'elle… se retenait. Je lui avais pourtant demandé de se laisser aller, la veille, mais là, pour un jour de plus… Je priais pour que la Vierge lui en donne la force. Pour Christian! Pour qu'il n'ait pas, chaque année, à se remémorer que sa grand-mère était partie le jour de son anniversaire. Un triste souvenir à traîner quand il serait plutôt d'ordre, pour lui, de se réjouir.

Le 13 juin, en matinée, je lui serrais la main et je lui murmurais *je t'aime, je t'aime...* au creux de l'oreille. Ses sœurs, Gisèle et Françoise, étaient dans la chambre à discuter avec l'infirmière de garde. Roxane et Carl étaient venus aussi... En fin d'après-midi, les yeux cernés, exténués tous les deux, Michel et moi étions allés chacun chez soi, afin de faire une courte sieste. À six heures trente du soir, alors que je sommeillais à peine, Roxane me téléphonait de l'hôpital pour me dire que Micheline était partie. Il avait donc fallu que je lui laisse la main... pour qu'elle s'en aille ? J'aurais pourtant souhaité, dans un dernier adieu, lui fermer les yeux... Mais elle n'était pas morte seule, Roxane, Carl, ses sœurs étaient à côté d'elle au moment de son trépas. C'est mon petit-fils, Carl, qui, s'approchant du lit, s'était rendu compte que sa grand-mère ne respirait plus. À l'annonce de sa mort, j'ai pleuré, j'ai regardé le crucifix de ma chambre et j'ai murmuré tout bas : « Merci, mon Dieu. » Pour ensuite repartir avec Michel à l'hôpital, entrer dans sa chambre, et voir un drap blanc couvrant son doux visage. J'ai éclaté en sanglots, puis je me suis résigné. Elle était enfin délivrée de ses démons et de ses maux physiques. Elle ne souffrait plus et elle ne dirait plus : « Envoye ! On s'en va ! Vas-y ! » Elle était partie rejoindre son père qu'elle avait tant cherché, sa mère qu'elle avait tant aimée, et son frère Gilles qu'elle avait affectionné... Cinquante-quatre ans de vie à deux s'éteignaient avec ses joies, ses peines, ses hauts et ses bas. Elle s'était enfin enfuie de la vie, délivrée de sa terrible maladie. Pour un monde meilleur. Et je lui disais dans une dernière prière, au-dessus du drap qui la recouvrait : *Attends-moi, je vais venir te rejoindre, je ne suis pas loin... Je t'aime, Micheline, je t'aimerai toujours.*

Michel et moi avions fait des démarches pour les funérailles et j'avais choisi le salon Magnus Poirier, situé sur le boulevard Saint-Laurent, près de la rue Prieur, là où je passais souvent en promenant mes petits, naguère... À un pâté de maisons de notre loyer de jeunes mariés que j'avais eu du mal à payer certains mois. Vous vous souvenez ? J'avais laissé le soin à Michel de choisir le cercueil et il en avait désigné un en acajou avec des roses et des mosaïques incrustées de chaque côté. Pour le lieu de la mise en terre, j'avais demandé à ma fille de le choisir et elle avait jeté son dévolu sur le cimetière Sainte-Rose où reposait aussi Lauréat Lebel, époux de Céline, nos voisins et amis de nos jeunes années. Elle trouvait ce cimetière bien entretenu et plus intimiste que ceux de Montréal où personne ne se rendait par la suite. J'avais donc accepté dans les deux cas. Puis, sans aviser personne d'autre que la parenté et les proches amis, une journée de visite avait eu lieu au salon funéraire le 19 juin. Sylvie, Chris et ses enfants étaient arrivés deux jours plus tôt de Calgary, pour s'installer chez moi. Je n'avais pas fait paraître d'annonce de décès dans les journaux afin que tout se déroule dans l'intimité. Je ne l'ai fait que plus tard, une seule fois, dans *Le Journal de Montréal*. Or, en cette journée du dernier repos au salon, nous n'avions pas ouvert le cercueil, préférant placer sur le couvercle la plus jolie photo de Micheline de quelques années auparavant. Pour qu'elle retrouve, aux yeux de tous, la dignité qu'elle avait perdue durant sa longue maladie. Une photo que tous reconnaissaient, elle était si en forme, si belle, si active en ce temps-là. Juste avant de prendre sa retraite. Ses sœurs, ses frères et leur famille, mon neveu Georges et sa mère, mes nièces, Diane et Carole, avec leur mère et leurs maris, tous étaient présents au salon funéraire. Les nièces et neveux de mon épouse, Carole, Johanne, Caroline, Marie-Hélène, Benoît, Éric et Daniel, étaient aussi venus présenter leur respect. J'en oublie sûrement, il y avait tellement de monde, mais il y avait des fleurs partout, dont l'immense cœur de la part de Sylvie et mon coussin de roses blanches sur le cercueil... Des amis intimes, tels que Francine Fleury qui l'avait tant visitée, étaient venus avec conjoints et enfants s'agenouiller sur le prie-Dieu. Céline Lebel, Jacques Chaput, Yvon Provost, Jean-Luc Loiselle, et j'arrête la nomenclature de peur d'en oublier. Mais chaque visite nous avait réconfortés de cette valeureuse odyssée. On priait pour la défunte, bien sûr, mais on se penchait également sur les enfants et moi qui avions souffert autant qu'elle durant cette longue maladie. Le lendemain matin, 20 juin, Sylvie allait voir sa mère être portée en terre le jour de son anniversaire. Celui de ses quarante-neuf ans! Une date qui allait rester en sa mémoire, mais à son âge, c'était moins pénible que pour mon petit-fils, et elle accepta la coïncidence comme un geste d'amour de sa mère de trouver le repos éternel le jour où elle lui avait donné la vie. Or, en ce dimanche matin, quelques parents et amis s'étaient réunis au salon pour un dernier hommage. Madame Guay, madame Berthelet, Jean Baril et Anne Béland, des Éditions Logiques, et Louis-Philippe Hébert, entre autres, en plus de parents venus la veille et qui revenaient pour la sépulture. Un prêtre s'était amené pour une courte cérémonie au salon et Matthew avait récité un mot d'adieu à sa grand-mère au nom de ses petits-enfants. Puis, Sylvie, la voix parfois vacillante, avait composé et récité pour sa mère le texte que voici qui avait fait couler des larmes, alors qu'elle-même, à certains moments, hoquetait dans ses sanglots.

Hommage à notre mère

> *Quand je regarde mon mur de photographies, je vois une petite communiante à l'air sage et pieux... la fille de Joseph et Béatrice. Puis, une jeune femme sérieuse et*

recueillie reçoit la bénédiction du prêtre, agenouillée près de son nouveau mari... l'épouse de Denis.

Mais c'est la photographie de ma mère qui m'interpelle le plus. Cette belle femme qui nous a donné la vie à Michel et moi, qui nous a tendu les bras pour nos premiers pas, qui nous a consolés, embrassés, guidés, encouragés, bref aimés. C'est à toi, maman, que je rends hommage. Tu as fait de ta vie une belle histoire où la famille, l'amour et l'amitié étaient à l'honneur.

Les épreuves, loin de t'affaisser, t'ont fait avancer, la tête haute, le cœur confiant. Un bel exemple pour tes enfants ! Tu nous as encouragés et fait confiance même si nos décisions ont sûrement dû t'inquiéter. Nous avons toujours su que ton cœur et ta porte ne se fermeraient jamais complètement derrière nous.

Tous les gens venus ici te rendre hommage savent, comme moi, qu'il y avait une grande dame dans ce petit bout de femme. Nous voici rassemblés pour te dire au revoir. Que ce moment se produise à la même date où tu m'as mise au monde peut sembler ironique mais moi, je préfère y voir un symbole. Ce n'est pas la fin, mais la continuité, car cette foi qui animait la petite communiante et la jeune mariée, tu me l'as transmise. Au revoir, maman, sois heureuse et veille sur nous qui poursuivons le chemin que Dieu nous a destiné.

Puis, avec plusieurs mouchoirs humides, nous nous étions dirigés vers le cimetière Sainte-Rose en empruntant l'autoroute des Laurentides jusqu'à la sortie 14, en longeant le boulevard Curé-Labelle Est jusqu'à Roi-du-Nord, pour ensuite tourner à droite et descendre jusqu'à la rue Lancelot où, en entrant par cette porte, on n'avait qu'à se diriger, à gauche, jusqu'à la seconde fosse au bout de l'allée. Entourée d'autres tombes pour ne pas qu'elle se sente seule, et pas loin de notre ami, Lauréat Lebel, on avait descendu le cercueil alors que Sylvie pleurait sur mon épaule. Dieu que j'avais le cœur gros... Même si je savais qu'un jour, j'irais la rejoindre. Pauvre Micheline ! Enterrée selon son désir, mais ironiquement, tout près de la résidence qu'elle avait tant voulu fuir. Ici, dans son lot funèbre, personne ne viendrait enfreindre ses désirs. Elle avait enfin trouvé le lieu qu'elle cherchait, pas loin de Lauréat, l'ami de toujours avec qui elle allait causer... Là où son âme, séparée de son corps, irait s'unir à celles de son père et de sa mère. Chacun des assistants, lors de la mise en terre, avait saisi une rose rouge de l'énorme gerbe offerte par Michel, pour la laisser tomber sur le cercueil. Puis, peu à peu, nous nous étions dispersés, chacun de notre côté. Avant de refermer la portière de la voiture, regardant l'amas de terre recouvert de fleurs, je lui avais dit : « C'est moi qui reviendrai, seul, te voir le plus souvent, désormais. Chaque fois que ton âme m'appellera, je serai à genoux devant ta pierre. Ne crains rien, je ne t'oublierai pas. »

Michel et moi étions allés, quelques semaines plus tard, choisir la pierre tombale qui dominerait le terrain familial que nous avions acheté. Une pierre en forme de parchemin sur laquelle j'ai placé mon nom au-dessus du sien, comme pour la protéger de mon aile. Il ne restera plus qu'à inscrire l'année de mon décès quand mon heure viendra. En dessous de mon nom, on peut lire, *époux de Micheline Landry, 1935-2011*. Et, juste au-dessus de mon nom, en guise de prélude à notre roman qui se poursuivra dans l'au-delà, j'ai fait graver, avec amour... *Ensemble pour toujours.*

Épilogue

— Viens, Denis, sois pas gêné, je vais te présenter ma sœur... m'avait dit Gilles, lorsque j'avais quinze ans et que j'étais allé le rejoindre devant chez lui, rue Saint-Réal.

Il m'avait présenté Gisèle, de mon âge mais plus grande que moi et, par un pur hasard, l'aînée était passée devant nous et c'est sur elle que j'avais instantanément jeté mon dévolu. Elle avait un an de plus que moi, donc inutile d'y penser, selon son frère, mais le destin allait en décider autrement, Micheline avait accepté de sortir avec moi... Voilà comment avait commencé cette belle histoire d'amour qui devait durer cinquante-quatre ans et dont je viens de vous livrer, dans ce récit, le douloureux dernier chapitre.

Quand on m'a approché pour écrire mes mémoires, j'ai longuement hésité ; je trouvais prétentieux de vous livrer ainsi ma vie sans être une personnalité d'envergure. Mais les lecteurs et lectrices qui avaient lu *Les parapluies du diable*, l'histoire de mon enfance, me pressaient d'en écrire la suite, de leur raconter comment s'était écoulée ma vie en dehors de ma plume. On voulait lire ce qu'avaient été mes années de journaliste, celles à Hollywood, le nom de ma femme, la venue au monde de mes enfants et, surtout, ce que j'avais fait dans la vie entre vingt et quarante ans, avant d'être connu. Sur insistance de leur part et constatant que j'avançais en âge, j'ai finalement cédé en me disant que j'écrirais ce long récit pour mes enfants et que je le publierais peut-être s'ils me le permettaient. Et j'en ai tracé les premières lignes sans trop savoir dans quoi je m'embarquais. Je l'ai terminé, j'en suis fier, mais Dieu que j'ai souffert en relisant certaines pages de mes quarante journaux intimes. Des choses que j'avais oubliées et qui resurgissaient en plein visage. J'avais lu quelque part que *plus nous ressassons nos malheurs, plus ils peuvent nous faire encore mal.* J'en ai eu la preuve en relisant avec émoi, tendresse, avec rage parfois, la longue maladie incurable de ma femme. J'aurais pu être plus discret, abréger certaines étapes, mais je voulais qu'on se rende compte à quel point elle avait mérité son Ciel. Parce que sa fin de vie avait été pénible. Tout comme pour ceux et celles qui souffrent du même mal ou d'une épreuve semblable. Une si bonne épouse, une mère exemplaire, une femme au cœur d'or ne méritait pas un tel sort. Je ne reviendrai pas sur tous les sentiments que vous avez pu lire, mais voyez comme ils m'habitent encore... Chaque fois que je me rends la visiter au cimetière, je lui parle comme je le faisais au temps où elle était auprès de moi. On me dit que j'ai tort, que ce n'est que sa dépouille qui est sous terre, que son âme s'est envolée... Peut-être... mais, moi, c'est son corps et son cœur que j'ai mis en terre. Et quand je lui parle sur sa tombe, quand je lui pose des questions, j'entends inconsciemment ses réponses. D'où exactement? Je ne saurais dire, mais je la sens en moi lorsque je m'agenouille sur le gazon qui camoufle sa fosse. Depuis son départ, j'ai apprivoisé la solitude peu à peu. Je me suis graduellement habitué à l'absence, au silence, dans la même maison, avec sa chambre et son chien de soie bleu encore en place. Seul ou presque, car Coco VI me tient encore compagnie. J'écris... Oui, j'écris, parce que c'est ma passion et que Micheline, de l'au-delà, m'y encourage. Elle pourra même lire les romans qui lui ont échappé, du lieu de son éclosion, puisqu'elle a retrouvé la raison. Un fait demeure cependant, je ne me remarierai pas, je l'ai juré sur la tête de mes petits-enfants. Aucune femme ne viendra prendre la place qu'occupait Micheline dans mon cœur, je lui serai fidèle à tout jamais. Si, dans ce récit, c'est sur elle que j'ai écrit le plus, c'est parce que c'est elle que vous connaissiez le moins. C'était voulu! Je voulais parler de nous pour éviter de ne parler que de moi. Parce que c'est à deux que s'est déployée notre existence. Elle aura été la femme de ma vie, celle avec qui j'ai fondé une famille dont nous avons été fiers tous les deux. Celle qui... Il y a tant de choses que je pourrais ajouter, mais ne dit-on pas que le cœur retient ce que la mémoire oublie? Un long voyage à deux, des hauts et des bas, des joies et des peines, et je n'en changerais rien ou presque, car c'est ainsi qu'on mérite son Ciel. Et j'aimerais dire à ceux et celles qui traversent une épreuve avec un parent ou un conjoint atteint de la maladie d'Alzheimer, de ne pas tenter de le ramener dans notre monde et de plutôt s'immiscer dans son univers pour lui éviter les contrariétés et nous dispenser des discordes. Si la personne atteinte d'Alzheimer a vu un chat dans sa chambre, vous l'avez vu aussi... Vous comprenez? Et le chat s'en ira... Et si elle voit une cigogne dans la cour, rassurez-la, elle appartient au voisin, elle ne sera plus là demain... Dites plus souvent oui que non... Pour son bien-être et le vôtre. C'est en étant parfois complice de leurs hallucinations que vous pouvez aider les victimes de cette triste maladie à s'endormir moins agitées, la nuit venue. Si seulement, je m'en étais rendu compte plus tôt...

Michel me téléphone chaque soir, et sa femme, Roxane, m'invite à souper constamment. Sylvie m'appelle chaque samedi, elle m'invite aussi chez elle, mais c'est si loin... J'y suis allé toutefois pour un récent Noël. Nous avions allumé des lampions pour sa mère lors de la messe, et je sentais Micheline tout près, dans la place vide sur le banc de bois à côté de moi. On pense que, seul, je m'ennuie, et je réponds qu'on est aussi seul qu'on veut bien l'être. J'ai des amis, des connaissances, des sorties, mais je suis si bien chez moi... Je m'appartiens pour la première fois.

J'ai terminé ma longue histoire... Il n'est pas vrai que la vie est courte, elle peut être bien longue lorsque bien remplie. Et c'est un privilège que le Seigneur m'octroie de l'étirer encore... J'écris, bien sûr, je suis encore actif, je ne vis pas que dans le passé, au contraire, je respire le présent, mais dans une accalmie qui me surprend. Après avoir traversé un long sentier en semant, bien souvent, des cailloux blancs... Le cheminement n'a pas toujours été heureux, mais j'ai eu la chance de croiser sur ma route des gens qui m'ont maintes fois sauvé du découragement. Des mécènes de sentiments...

Ce récit autobiographique, je l'ai écrit avec honnêteté, respect et dignité. En aucun temps, je ne m'en suis servi pour régler des comptes en passant. Quelques injustices, peut-être, mais si peu... De toute façon, comment aurais-je pu ? Je suis un impulsif, je m'emporte facilement... mais je ne garde pas rancune. Dieu m'a quand même aimé pour avoir mis sur ma route des gens qui m'ont entraîné tour à tour dans des voies... de secours ! Ross Wood qui m'a permis de mettre du pain sur ma table en m'offrant d'écrire des textes pour des cartes de souhaits, Tillie Kish qui m'a choisi comme acheteur adjoint alors que je crevais presque de faim, Claude J. Charron qui m'a fait emprunter le sillon du journalisme et à qui je dois mes années au *Lundi* et dans ses autres publications. Grande épopée que celle-là ! Puis, Louis-Philippe Hébert à qui je dois ma carrière d'écrivain, celle de mes romans, de mes récits, celle de ma plume devenue littéraire. Ces gens devenus des amis se sont succédé dans ma vie aux moments où j'avais besoin qu'on m'appuie. Dieu, merci de les avoir mis sur ma route !

Je vais maintenant me retirer sur la pointe des pieds, j'ai l'impression de vous avoir quelque peu dérangé avec une si longue intrusion. Mais comme je vous ai tout avoué ou presque, je vais maintenant refermer les volets de mon humble notoriété pour entrouvrir ceux de ma sérénité. Un long champ libre que je partagerai désormais avec mes enfants et mes petits-enfants qui m'ont tant épaulé dans ce dernier tournant. Sans eux, je n'aurais pas tenu le coup... Demain, on annonce du soleil, ensuite, de la pluie. Qu'importe, quand la joie de vivre s'en fait le parasol, et le courage le parapluie. Qui sait si, demain, je ne me rendrai pas au cimetière pour un bref dialogue entre Micheline et moi... Tiens ! j'y pense, ça me vient tout bonnement... Si jamais l'envie vous prenait de suivre mon itinéraire et de vous rendre là où ma femme repose, je suis certain qu'elle apprécierait... une prière ou une rose.

Suivez les Éditions Libre Expression sur le Web :
www.edlibreexpression.com

Cet ouvrage a été composé en ITC New Baskerville 12/15
et achevé d'imprimer en mars 2015 sur les presses
de Marquis Imprimeur, Québec, Canada.

| certifié | procédé sans chlore | 100 % post-consommation | archives permanentes | énergie biogaz |

Imprimé sur du papier 100 % postconsommation, traité sans chlore,
accrédité Éco-Logo et fait à partir de biogaz.